国家社科基金
后期资助项目

汉语方言可能式研究

A Study on the Potential Structures of
Chinese Dialects

王自万 著

图书在版编目（CIP）数据

汉语方言可能式研究 / 王自万著 . — 成都：四川大学出版社，2023.4
ISBN 978-7-5690-5800-0

Ⅰ . ①汉… Ⅱ . ①王… Ⅲ . ①汉语方言－方言研究 Ⅳ . ① H17

中国版本图书馆 CIP 数据核字（2022）第 225226 号

书　　名：	汉语方言可能式研究
	Hanyu Fangyan Kenengshi Yanjiu
著　　者：	王自万

出 版 人：	侯宏虹
总 策 划：	张宏辉
选题策划：	黄蕴婷
责任编辑：	黄蕴婷
责任校对：	毛张琳
装帧设计：	墨创文化
责任印制：	王　炜

出版发行：四川大学出版社有限责任公司
　　地址：成都市一环路南一段 24 号（610065）
　　电话：（028）85408311（发行部）、85400276（总编室）
　　电子邮箱：scupress@vip.163.com
　　网址：https://press.scu.edu.cn
印前制作：四川胜翔数码印务设计有限公司
印刷装订：成都金阳印务有限责任公司

成品尺寸：	165 mm×238 mm
印　　张：	25
字　　数：	445 千字

版　　次：	2023 年 4 月 第 1 版
印　　次：	2023 年 4 月 第 1 次印刷
定　　价：	116.00 元

本社图书如有印装质量问题，请联系发行部调换

版权所有 ◆ 侵权必究

扫码获取数字资源

四川大学出版社
微信公众号

国家社科基金后期资助项目
出版说明

后期资助项目是国家社科基金设立的一类重要项目，旨在鼓励广大社科研究者潜心治学，支持基础研究多出优秀成果。它是经过严格评审，从接近完成的科研成果中遴选立项的。为扩大后期资助项目的影响，更好地推动学术发展，促进成果转化，全国哲学社会科学工作办公室按照"统一设计、统一标识、统一版式、形成系列"的总体要求，组织出版国家社科基金后期资助项目成果。

全国哲学社会科学工作办公室

序　言

　　过去人们大都认为，方言语法跟普通话语法的差异不大，人们讲语法一般是讲普通话语法。多年前，我想做项工作，组织博士生和熟悉的同行开展方言语法研究。研究拟从两方面展开：一是单点方言语法的专题研究，二是方言语法的专题比较研究。后一方面，选择一些重要的语法语义范畴，比如处置、被动、疑问、否定、比较、可能、程度、指代、体貌、小称等，利用已有的文献材料，结合自己的田野调查，进行较为全面深入的比较研究。做这项工作，是想了解方言语法和普通话语法的差异究竟有多大，具体表现在哪些方面，力求推进汉语方言语法的研究，揭示方言语法的特点，深化对"整体汉语"语法的认识。多年过去了，陆续做出了一些成果，这些成果大都收进"汉语方言语法研究丛书"，由中国社会科学出版社出版。

　　王自万于2009年跟我攻读博士，根据我的建议，学位论文的选题定为"汉语方言可能式研究"。他如期完成了论文，2012年通过答辩。他学习很勤奋，研究很投入，力求把论文写得完美一点。随后他申报并获批了国家社科基金后期资助项目，借助项目的机会，对论文进行拓展和深化，反复修改完善，现在呈现给学界的是经过他十多年打磨的一项成果。

　　论文考察了汉语方言可能式的标记成分、句法结构、语义类型、否定和疑问以及历史发展和层次。应该说，考察是深入的，描写是细致的，解释是充分的，结论是中肯的，较为清晰地揭示了汉语方言可能式的基本面貌。该项研究以事实为基础，在事实考察的基础上得出认识，体现了一种值得提倡的务实学风。该项成果得到国家社科基金的资助，可喜可贺，但遗憾的是未能收入"汉语方言语法研究丛书"。

　　学术研究是不断推进的。王自万对于汉语方言可能式的认识是基于当时已有的文献资料和自己的田野调查得出的，随着相关调查工作的不断拓展和深入、研究成果的不断推出，文中的结论有可能需要修正和完善，这也体现了学术发展的规律。希望本项成果的出版能够引起学界对方言语法比较研究更多的关注和重视，努力推进汉语方言语法的比较研究。

汪国胜
2023 年 2 月 15 日

前　言

"可能"是汉语重要的语义语法范畴，可能式在汉语方言中表现形式多样，语义内涵丰富。研究汉语方言可能式有助于全面认识方言语法差异，对深入理解汉语语法特点具有重要意义。本书采用"两个三角"的研究方法，从可能范畴入手，观察可能式形式和语义间的关系，依次讨论可能范畴和可能式的概念、汉语方言可能式的基本面貌、可能式的历史发展以及类型层次等内容。语料来源以公开发表的方言材料为主，以有针对性的方言语法项目调查为辅，描写语言基本事实，探索语言内在规律。

全书内容共分八章，各章主要内容和观点如下：

第一章明确研究对象。汉语语法研究通常用"可能"一词概括能力、许可和或然性意义。从语义性质来说，"可能"是一种虚范畴；从与相关主体的关系来说，"可能"是事物广义上的一种属性。整体上看，可能意义的表达要使用能愿动词和可能补语两种方式，具体来说在各地方言中的表现有所不同。从语义特征和表达形式两方面来看，"准许"及与之相对的"禁止"都不属于可能范畴。

第二章至第五章从不同侧面描写汉语方言可能式。第二章列举方言可能式的标记成分：按照标记成分和动词的相对位置将其分为前、后两类，并按照历史来源的不同加以分类；前后标记性质、功能总体上相当；方言中存在特有的标记形式，同形标记在不同方言中的语义语法表现不尽相同。第三章分析可能式的句法结构：依次描写前标型和后标型可能式的基本结构和扩展结构，包括基本式的结构关系和结构层次、扩展式的内部扩展和外部扩展、后标型可能式的同音归并和成分衍生、零标型和多标型可能式等内容。第四章讨论可能式的语义类型：首先辨析可能语义分类中几组常用的概念，然后将可能语义分为基本义和引申义两大类型，每一大类逐层划分下位语义类型，建立起基本义和引申义之间的对应关系，采用语义地图的方法分析"适于"类可能语义内部关系。第五章研究可能式的否定和疑问：方言可能式的否定存在特殊的否定词和否定方式，在普通话和一些方言中，"没有"对"能""得"的否定能力不同，有的方言后标型可能式的否定能够表达许可类意义；可能式的疑问方式以正反问为主，完整型正反问结构整齐划一，简省型正反问在方言中表现形式多样，后标型可能式在南北方言中存在"V 不 V 得 C"和"VCV 不 C"两种代表性疑问形式。

　　第六章追溯可能式的历史。可能式的历史发展表现在语义和形式两个方面：同形的可能式在不同时代表达的语义会有所变化，同一种可能义在不同时期使用的表达形式也会有所不同。可能式语义发展总的趋势是从客观描写类可能义到主观推断类可能义的演化，形式发展中最重要的变化是后标型可能式的产生，历时的发展过程在共时的方言语料中有所反映。

　　第七章划分可能式的类型和层次。可能式有结构类型和组成类型两种相关而又不同的分类方法，从组成类型看汉语方言有单一型可能式和复合型可能式两类，前者仅使用前标型或后标型可能式，后者兼用两种。同一方言中，表达相同语义的不同类型可能式常常存在出现频率、语用环境和使用主体上的差异，这些差异反映了可能式归属于不同的层次。

　　第八章是对全书的总结，包括基本结论、研究过程中的一些思考以及不足之处等。

目　录

第一章　绪　论 …………………………………………… 1
　第一节　选题背景与研究目标 …………………………… 1
　第二节　考察范围与研究现状 …………………………… 7
　第三节　基本思路与研究方法 …………………………… 27
　第四节　结构框架与材料选择 …………………………… 29
　本章小结 …………………………………………………… 32

第二章　可能式的标记成分 ……………………………… 34
　第一节　前标记 …………………………………………… 35
　第二节　后标记 …………………………………………… 57
　第三节　可能标记的来源类型 …………………………… 73
　本章小结 …………………………………………………… 85

第三章　可能式的句法结构 ……………………………… 87
　第一节　前标型可能式 …………………………………… 88
　第二节　后标型可能式 …………………………………… 99
　第三节　零标型可能式 …………………………………… 131
　第四节　多标型可能式 …………………………………… 134
　本章小结 …………………………………………………… 139

第四章　可能式的语义类型 ……………………………… 142
　第一节　可能语义分类中的相关概念 …………………… 142
　第二节　可能式的基本义 ………………………………… 162
　第三节　可能式的引申义 ………………………………… 169
　第四节　语义地图理论：以可能式适于义为例 ………… 182
　本章小结 …………………………………………………… 187

第五章　可能式的否定和疑问 …… 189
第一节　可能式的否定 …… 190
第二节　可能式的疑问 …… 216
本章小结 …… 233

第六章　可能式的历史发展 …… 236
第一节　语义的发展 …… 237
第二节　形式的发展 …… 262
本章小结 …… 289

第七章　可能式的类型和层次 …… 291
第一节　可能式的类型分布 …… 291
第二节　可能式的层次面貌 …… 317
本章小结 …… 335

第八章　结　语 …… 337
第一节　基本认识 …… 337
第二节　几点思考 …… 343
第三节　不足之处 …… 351

参考文献 …… 355

后　记 …… 386

第一章 绪 论

第一节 选题背景与研究目标

一、选题背景

（一）研究方向的确定

1. 汉语方言调查研究的趋势

汉语方言的调查研究历史悠久，但古代以"雅言"为贵，鄙视方言俚语，所以在很长的历史时期当中，并未能够以客观的态度和科学的方法去研究方言（何耿镛 1994：1）。"五四"新文化运动之后，方言的调查研究逐步走上了科学的轨道，赵元任《北京、苏州、常州语助词的研究》（1992 [1926]）开方言语法比较研究之先河，所采用的对比方法以及研究结论在今天看来仍具有借鉴意义，但总体来说，当时方言语法现象没有得到足够的重视，方言调查研究的内容主要是语音。罗常培（2004 [1933]：184）在肯定这一时期方音研究取得进步的同时指出："方音研究固然是方言学的基础，却不是方言学的全部。扬雄《方言》一类的书重视词汇，忽略语音；近年来的调查重视语音，忽略词汇；都不免各有偏差。今后必须把这两个方面结合起来，才能算是汉语方言学的全面的研究。"这里所说的词汇，除了实词，应该还包括主要体现语法作用的虚词。

此后，方言调查开始重视方言词汇以及语法方面的内容，比如河南通志馆编写的《河南方言调查》（1935）拟定了一个方言调查的基本框架，内容共分三篇，分别是音韵篇、名物篇和语词篇。后两篇调查对象皆为词语，足以显示出对词汇的重视。调查表的说明中特别提到，"表中例语，如'不值的'亦作'值不的'此乃关于文法之结构，亦务加注明"，明确要求重视俗语中体现出的方言语法特征。

1955年，现代汉语规范问题学术会议召开，丁声树、李荣在题为《汉语方言调查》的发言中提出汉语方言调查不仅要调查语音情况，还要重视方言词汇和方言语法的情况（现代汉语规范问题学术会议秘书处1956：80-88）。这一时期编写的《方言调查词汇手册》（丁声树1989[1955]）、《汉语方言调查简表》（丁声树、李荣1956）、《方言调查词汇表》（语言研究所方言组1981[1958]）等资料注重对方言词汇的调查，同时也提供若干供语法调查使用的例句。丁声树（1961）指出："只有方言的语音、词汇和语法三方面都经过了系统的调查研究，我们才能弄清楚汉语方言的全部面貌，才能把汉语方言学建立在一个比较稳固的基础之上。"这里从构建汉语方言学科的高度阐明了方言词汇、语法调查研究的重要性。这些思想和主张在当时的方言调查研究文献中得到了体现，1960年出版的《昌黎方言志》以语音和词汇为主，同时概括了昌黎方言的四个语法特点，并举出了若干标音的语法例句。同年出版的《汉语方言概要》（袁家骅等著）在语音之外，也介绍了各方言的词汇和语法特点。

20世纪80年代，朱德熙将方言语法和共同语、古汉语的研究相联系，发表了具有引领示范作用的研究成果。邢福义（1990）提出"两个三角"的研究方法，特别注重方言语法现象的发掘和研究。此后，方言语法逐步成为学界关注的热点，对方言语法的研究也从过去的粗线条勾勒发展为详细的描写，单篇的方言语法论文日渐丰富，在单点描写基础上的跨区域、跨方言间对比研究逐渐成为趋势，综合性的方言语法现象分类汇编也得以出版，如黄伯荣主编的《汉语方言语法类编》（1996）。这一时期出版的一些方言词典虽名为词典，但包含有丰富的方言语法信息，如李荣主编的《现代汉语方言大词典》（分卷本，1993—1999），许宝华、宫田一郎主编的《汉语方言大词典》（1999）对方言语法研究具有重要的意义和作用。

詹伯慧（2009）指出，改革开放以来，汉语方言研究已经从过去重点研究语音发展到语音、词汇、语法研究并举的阶段。同时，方言比较方面的研究有必要进一步加强。无论是历时的比较还是共时的比较，都是重要的研究课题。张振兴（2009）强调必须深化汉语方言调查研究的成果，在继续重视方言语音调查研究的同时，拓展性地加强方言词汇语法的调查研究，追求三者的平衡发展。李小凡（2016）认为，方言语法比较研究既可以是个别方言之间的比较，也可以是包括普通话和各种方言在内的整体汉语的比较；既可以从语法形式出发，也可以从语法意义出发。谢留文（2019）认为，目前缺少利用已有调查材料进行深入分析的研究成果，跨方言、跨语言的横向比较研究和纵向的历时研究还很薄弱。综合以上论述，我们认为跨方言的综合比较研究亟待加强，在进行深入分析和纵横比较的过程中，还会发现调查描写中的不足和缺失，从而促进对方言进行更加深入准确的调查。

2. 汉语语法研究的走向

中国传统的语文学主要包括文字、音韵和训诂等学问，被统称为"小学"，尽管在"小学"中也间或有对语法知识的论述，但多是零散的、不成体系的，而西方的语法学更注重明晰的概念和完备的体系，这是传统汉语研究中最为薄弱的地方。现代语言学意义上的汉语语法研究始于《马氏文通》，早期汉语语法著作多借用西方语言学语法体系框架来描写汉语，因而时常受到人们的批评，如陈承泽（1982［1922］：11-12）说："自有《马氏文通》以来，研究国文法者，往往不能脱模仿之窠臼，今欲矫其弊，惟有从独立的研究下手耳。"

其实，早期的著作中并非没有对汉语特点的挖掘，如马建忠（1983［1898］：323）谈到助字时说"助字者，华文所独，所以济夫动字不变之穷"，"动字不变"和后来所说的汉语没有严格的形态变化具有一致性；黎锦熙《新著国语文法》参考英语语法，建立了现代汉语句本位的语法思想，"这显然不是生硬地模仿，而恰恰表明黎先生对汉语本质特点的深刻认识"[①]。20世纪40年代汉语语法研究的代表性著作《中国文法要略》《中国现代语法》"都力图摆脱印欧语的羁绊、探索汉语自身的规律"（朱德熙 1999［1980］）。

与对汉语特点深入探寻相伴随的是对汉语语法理论的追求。王力（2002［1956］）提出语法具有民族特点和时代特点，高名凯（1957）提出语法范畴有狭义、广义、准狭义之分，又提出语法范畴具有民族性、时代性。这些论述为我们结合汉语自身的特点研究汉语语法、建立汉语语法理论指明了方向。汉语不具有印欧语的那种形态变化，这导致了汉语语法具有独特之处。西方语言学从词形变化入手，由形态而产生范畴，

[①] 引自张拱贵、廖序东为1992年再版《新著国语文法》所作的序言。

不同的形态变化代表了不同的语法意义，语法意义的聚合成类形成语法范畴。汉语不存在这种外在的显性语法特征，导致了汉语词类划分上的难题。研究汉语语法，走西方语言学由词形入手这条道路显然是非常困难的，因为形态语法范畴在汉语中无法找到语形上对应的标志。

为深入认识汉语语法特点，很多学者都注意到与形态语法范畴相对的语义语法范畴。胡明扬（1994）指出："语义语法范畴指的是一定的语义内容和相应的语法形式，主要是和隐性语法形式相结合而构成的语法范畴"，"从语义着手去寻找相应的句法组合可能性或分布特征是确立新的语法范畴的有效方法，特别是在显性语法形式不发达的非形态语言中。因此，语义语法范畴就汉语而言具有特别重要的意义"。刘叔新（1999）认为："必须从现代汉语自身的特点出发，突破西方传统的语法范畴观念，来深入研究它们。研究成果能揭示现代汉语语法体系上的许多重要特点，从而丰富、发展关于语法范畴的一般理论。"语义语法范畴研究是为探索和发掘汉语自身特点而自觉采取的一个研究取向，陆俭明、沈阳（2003：353）将由词形变化表示的语法意义称作"词法范畴"，认为是一种狭义的语义范畴，而由结构变化表示的语法意义称作"句法范畴"，是一种广义的语义范畴，也可以称作"句法语义范畴"或"语义范畴"。

邢福义（1996a：5）将自《马氏文通》开始的汉语语法研究历史分为三个阶段：套用期、引发期和探求期。在不同的时期，汉语语法研究始终指向的目标并没有改变，就是"汉语语法事实的客观规律性"。对汉语语义语法范畴的研究，就是发掘汉语特点和自身规律的尝试和探索，研究的指向和目标仍然是汉语语法事实的客观规律性。

根据汉语方言研究的趋势和汉语语法研究的走向两方面的情况，我们将研究方向确定为汉语方言语义语法范畴。很多学者都论述过方言语法范畴研究的重要性，如陆俭明（2004）提出了七条方言语法调查研究的方法，其中第一条就是"以表达范畴为纲开展调查研究"。邵敬敏、周芍（2005）也提到，"除了语法范畴之外，我们提倡从语义范畴出发来进行方言语法的研究"。

（二）研究题目的来源

本项研究的论题源于笔者导师汪国胜教授的一组文章：

（1）《可能式"得"字句的句法不对称现象》，发表于1998年。该文运用"两个三角"的研究方法，深入分析了大冶方言中可能式"得"字句的不对称现象，通过和临近地区方言中同类句式的比较，从方言的用法中得出可能式"得"字句历时演变的一些线索。

（2）《大冶方言表可能的"得"字句》，发表于1999年。该文描写了大冶方言中表示可能义的"得V""V得（V得得）""V得倒""V得了"和"V得C"等结构，详细说明了各种结构的意义特点、使用范围，全面反映了大冶方言中可能式"得"字句的面貌。

（3）《新时期以来的汉语方言语法研究》，发表于2000年。该文全面总结了新时期以来汉语方言语法研究的特点，其中特别提道：以往的方言语法研究大都是考察一些特殊的虚词、词法和句法现象，新时期以来开始重视对一些重要范畴的研究，如体貌、指代、疑问、可能、比较等，对范畴研究的重视最能体现新的研究思路和发展趋势。

（4）《新世纪汉语方言语法研究之走势》，发表于2004年。该文提出新世纪汉语方言语法研究应加强"内"与"外"的结合，既要对"内"（某种方言内部）加深，又要对"外"（各方言之间）拓宽。不仅要研究南方方言，北方官话同样有很多隐蔽的内在差异，从具体的研究对象来说，范畴、形态、类型三个方面特别值得重视。文章明确提出"可以全面考察体貌、比较、可能、否定、疑问等范畴在方言中的具体表现"。

以上前两篇文章在对具体语言事实（可能式）的发掘和拓展、研究的深度和广度上为我们提供了可资借鉴的模板，后两篇文章从宏观上总结了过去方言语法的研究特点并明确指出了未来的研究方向。从考察某一方言中各种范畴的表现，到考察某一范畴在各种方言中的表现，对范畴的研究也逐步走向深入，这些文章都指出全面调查研究汉语方言可能式的必要性。基于以上论述，加之笔者母语方言河南开封话中使用可能式"VC了"，对这种特殊的方言语法现象有更多的感性认识，最终选定可能式作为跨方言语法范畴比较研究的考察对象。

二、研究目标

汉语方言可能式的研究，总体目标是全面掌握汉语方言可能式的规律和特点，以下从三个方面具体说明。

（一）认清面貌

首先要达到的目标是认清汉语方言可能式的整体面貌，实现的途径是充分占有材料，对有关汉语方言可能式语言事实的书面文献进行整理和归类。

现有方言研究文献数量众多，形式各异，需要从中采摘和整理有关可能式的内容。方言描写中用字原则不统一，特别是涉及可能标记如北方方言可能式"VC了"中"了"、南方方言的可能标记"得"的描写，情况复杂，必须能够透过不同字形、不同读音的表面差异看到其背后的相同实质，即都是语言中的同一个成分。

同时，由于材料的收集难免有缺漏，新的文献也不断出现，掌握全部材料客观上存在一定困难，但语法研究所关注的是形式所代表的类，而不是例，即赵元任（1979：7）所指出的"形式作为类（type）而不作为例（token）"。从方言类型地理分布来说，要尽可能多地掌握方言点的情况，才能更准确地反映类型的使用情况，但对于方言点的搜集同样存在类和例的问题，比如在河南省寻找更多的使用"VC了"可能式的地点就不如在西北、东北等地找到这样的地点更有意义和价值。

（二）总结规律

现有方言材料种类繁多，有详有略，各种地方志、方言志以及单篇的专题论文、学位论文对可能范畴的反映深度是不同的，少的仅有几句话，多的长达万言。同时，这些材料并非属于同一描写框架，所依据的理论背景不同，甚至会出现同样的名词术语代表完全不同意义的情况。我们需要将这些描写放在同一个框架下进行分析，总结其中的规律，准确把握汉语方言可能式的基本特点。在这个过程中，一方面要尽量依照原作者的解释，因为语言研究中母语者的语感是不可替代的；另一方面，在不违背语句原意的基础上，需要对原作者未界定的某些结构成分的性质加以明确，使得其中的规律能够在统一的框架下得以凸显。比如我们将普通话中的可能补语"V得C"中的"得"视为可能标记，那么对于方言中的可能式"VC+X"，无论X的位置是在VC之间还是之后，也无论X是"得"还是其他的形式，都将统一视为可能标记。

可能式的基本义和引申义的对应关系更是从纷繁复杂的语言事实中看到的规律，前标型可能式和后标型可能式都有语义引申现象，不同的语表形式在语义引申规律上具有相通性，我们将其放到一个语义引申的表格中统一描写。统一描写不是将已有资料简单汇集，而是要建立一个描写框架，寻找其中的规律，尽可能全面地覆盖汉语方言可能式的语言事实。

（三）解释成因

对于语言现象给予力所能及的解释是描写归纳后进一步的工作。解释要求看到语言表面背后的东西，对于本项研究来说，主要是结合历时发展来解释方言语法现象，深入探讨汉语方言可能式的历史和类型。由于方言和共同语发展的不同步，汉语方言当中往往保留着较为古老的语言现象，比如近代汉语曾存在"V得O"可能式，今天的普通话中已没有这种形式，而在广州话中还有"放得三张床"的说法。我们可以从历时的语言事实中找到方言语法现象的来源，进一步探讨这些现象在不同地方存废的原因，从而揭示汉语方言可能式的发展规律和方向。

共同语发展中的一些问题同样也可以结合方言语料来解释，如"VC了"可能式历史上在共同语和北京话中都曾出现过，而今天却不复存在，但考察北京周边的方言，都可以发现这种可能补语形式，由此可知北京话近代以来是沿着和周边方言不同的发展道路前进的，这也间接说明了今天北京话中可能式组成类型的成因。

邢福义（2002：260）结合汉语语法研究对国外学者提出的"三个充分"做过配套性解释，我们这里借用来阐述本项课题的研究目标。首要目标是达到观察和描写的充分，其次是解释的充分，解释充分的依据和前提是观察和描写。对于已有的方言事实加以整理、归纳，是进一步总结规律、升华出理论观点的重要前提。描写汉语方言可能式的基本面貌是基础，总结规律是重点，解释成因是对事实描写和规律总结的提升。

需要说明的是，我们能做到的只是相对充分，汉语方言种类繁多，很难保证现有语料的可能式能覆盖汉语方言中所有的类型，如果有新的材料和事实发现，如果这种事实代表了一个新的"类"，就要吸收进来，进一步补充和修正现有的结论。

第二节　考察范围与研究现状

一、考察范围

本研究的考察对象是汉语方言可能式，为明确研究对象之所指，以下依次从可能、可能范畴、可能式三个概念加以说明。

（一）可能

1. 自然语言中的词语"可能"

在古代汉语中，"可能"是两个词。先秦时期的"可能"多见于句中谓语的位置，其后接语气词"也"，是对主语的陈述。这里的"可"是助动词，相当于今天的"能够"，表示具备某种能力及条件，不是"许可"；"能"是中心动词，表示实现（某种行为）。如①：

  曾子曰："吾闻诸夫子：孟庄子之孝也，其他可能也；其不改父之臣，与父之政，是难能也。"（《论语》）

  子曰："天下国家，可均也；爵禄，可辞也；白刃，可蹈也；中庸不可能也。"（《中庸》）

  民之本教曰孝，其行孝曰养。养可能也，敬为难；敬可能也，安为难；安可能也，卒为难。（《礼记》）

  若於物艰难，则不可以知，故以易而得知也。若於事繁劳，则不可能也。必简省而后可能也。（《周易》）

这种意义的"可能"在今天仍有少量使用，带有一定的文言色彩，比如经常用在标题中以问句形式出现的"……何以可能"。"何以"是文言语法中的宾语前置，整句话的意思是"凭什么能够实现"，以下是一些书名用例②：

  《地球两极的握手何以可能》｜《政社合作何以可能》｜《善待与共存何以可能》｜《有尊严的幸福生活何以可能》

据董秀芳（2002：271），三国时期"可能"出现了动词前的用法，这种位置促使其意义继续虚化，至唐代，出现了表示推测意义的用法，已经成为一个双音节词。

在现代汉语口语中，"可能"通常作为一个词出现，其意义和用法和古汉语有很大不同。综合《现代汉语词典》（第 5 版）和《现代汉语八百词》（增订本）、《现代汉语虚词词典》（张斌 2001）中的解释，"可能"的词性有形容词、名词和副词三种，分别对应的意义是"能成为事实的、可以实现的""可能性""也许、或许"。上述辞书中认定的副词词性在一些专门的语法著作中被认为是助动词，如丁声树等（1961：92）、朱德熙（1982：62）、邢福义（1996a：51）都认为"可能"是助动词，这时的意思是"事实上有没有可能"或"客观可能性"。《现代汉语词典》第 6 版将第 5 版中"可能"的副词词性调整为动词（助动词），解释也改为"表

---

  ① 以下古代汉语及现代汉语语料来源为北京大学 CCL 语料库（http://ccl.pku.edu.cn：8080/ccl_corpus/），另有标注的除外。

  ② 书名来自读秀学术搜索（http://www.duxiu.com/）"图书"查询。

示估计，不很确定"，例句为"他可能开会去了"，这种情况说明词典编者的认识和几部语法专著的观点趋于一致，《现代汉语词典》第7版维持了这种看法。

2. 语法研究中的术语"可能"

汉语语法研究史上多部著作都在讨论语义时使用"可能"一词，但其含义并不等同于自然语言中的"可能"，归纳起来有三种用法：

（1）吕叔湘（1982：246）、丁声树等（1961：90）、朱德熙（1982：62）将某些助动词所表达的意义称为"可能"，具体包括三种含义，大体上可概括为能力、许可和或然性。后两部著作分别提出"补语的可能式"和"可能补语"的概念。

（2）王力（1985：68）在论述汉语的造句法时提出"能愿式"的概念。能愿式可以分为两种，第一种是可能式，第二种是意志式。其中可能式包括表达"可能性""必要性"和"必然性"三种意义的结构。

（3）高名凯（1986：234）提出"能"词的概念，"所谓'能'就是说明历程或动作到底是属于可能或是属于应然，或是属于允许的等等"，把可能、应然和允许相并列。

以上三种观点以第一种影响最大，为今天大多研究者所采用。本研究大体依照这种观点，加上我们的理解进一步明确"可能"意义的范围。需要说明的是另两种观点并不错，只是代表了不同的认识角度和语法体系，我们对其中的一些思路有选择地采纳和借鉴，最终形成对语法研究中可能语义的认识[①]。

有学者很早就注意到语法研究中的"可能"与自然语言中的"可能"不是一回事，如范继淹（1963）曾说："一般认为'得/不'表示可能，即使就意义而言，也失之于笼统。……似乎只表示'是否具备'某种能力或条件，而不表示'客观出现的可能'。"刘月华（1980）引用了这一论述，认为"这个看法是很有道理的"。李晓琪（1985）也说："可能"这个词无法准确概括"V得V""V得A"和"V得"三类动补结构的意义，并且指出前两式勉强可以说和"可能"有关，而"V得"式无论如何不能用"可能"来概括。李文用"能性"一词来代替"可能"，这种用法近来广为接受，很多文章中出现"能性意义""能性述补结构"的说法。我们沿用"可能意义""可能补语"的说法（但引文中依原文，有时

[①] 详见第四章第一节"可能语义分类中的相关概念"。

会出现"能性"一词),是出于以下原因:

首先,这种特殊含义的"可能"在语法研究中的使用由来已久。黎锦熙在《新著国语文法》(1992:103–109、180)中说,助动词前附、后附都有表可能的用法,特别介词"得"表示可能意义。赵元任《北京、苏州、常州语助词的研究》(1992 [1926])用"可能"一词概括三地"看得见"中的语助词"得"的意思,并且指出表示可能的否定形式是将"得"换为"不",与表示状态的否定式不同,赵元任(1956:153)沿用这种说法。此后吕叔湘、王力和高名凯等学者也都使用"可能"一词,虽含义不完全相同,但都是作为语法术语使用,且并不完全等于自然语言中的词义。

其次,作为语法研究术语的"可能"和自然语言中的"可能"存在语义关联。在现代汉语中,"可能"一词主要表示或然性意义,在普通人眼中,"可能"似乎是一个单纯词,无法分开解释,但在语法学家眼中,"可能"可以理解为一个合成词,包含"可"和"能"两个语素,语法研究术语"可能"表示的多种意义和这两个语素的含义密切相关。我们推测前辈学者采用这一术语应该和他们对"可能"一词的理解有关,赵元任(1979:79)谈道:对于"如果""麻烦""组织"这些词,有些人认为是一个语素,而另一些人认为是两个语素,"比较可取的办法是采用读书识字的人的最大限度的分析,而不采用文化程度较差的人的分析,因为程度之差是渐变的,不容易得出一致的结果"。吕叔湘(1979:16)也说:"辨认语素跟读没读过古书有关系。读过点古书的人在大小问题上倾向于小,在异同问题上倾向于同。"

查询赵元任 *A Grammar of Spoken Chinese* 的中文译本,吕叔湘将原文中的"potential complement"译为"可能补语"(赵元任 1979:210),而丁邦新则译为"能性补语"(赵元任 2002:485)。考虑到赵元任早期用汉语发表的论著一直使用"可能"一词来称说这种意义,我们觉得采用"可能"这个术语是合适的。

此外,《语言学名词》(2011)[①] 一书列"可能补语"条目,该书提供的对应英译为"potential complement",不列"能性补语""能性述补结构"等名称,说明并不提倡"能性"的说法,我们选择遵循这种规范。

[①] 该书由全国科学技术名词审定委员会公布、语言学名词审定委员会编定。该书的内容简介中说:"这些名词是科研、教学、生产、经营以及新闻出版等各部门应遵照使用的语言学规范名词。"

3. "可能意义"的性质

马建忠（1983：183）描述助动字的特点是"不直言动字之行，而惟言将动之势，故其后必有动字以续之者，即所以言其所助之行也"。表示可能意义的成分属于助动字，也应具有这样的特点。吕叔湘（1982：246）指出："表示可能，必要，以及与此相近的若干概念，有'可''能'……等词。……他们有相同的一点：都以和别的动词（或形容词谓语）合用为原则，表示未实现的事情。"不仅指出了助动词用法的规律，也指出了可能、必要等意义的特点——未实现。那么如何理解这里的"未实现"呢？

首先，这里的"未实现"不是说没得到某种结果。使用"没（有）"的否定句中所述的事情通常都是未实现的，如"我没考一百分"，但句中并没有表示可能意义的词语，这种"未实现"和可能意义无关。

其次，"未实现"并不是就动作发生的时间来说的。"惟言将动之势"似乎有些"将然"的意味，而"未实现"也容易等同于"将来要实现"的意思，可能意义好像和"未来"这种时间概念相联系。但是某些可能义可以指过去的事情，如"他年轻时一顿能吃三碗饭""昨天还可以买到票"。朱德熙（1982：63）指出，"可能"可以是估计某事已经发生，如"可能已经下雨了"。

有一种理解认为"未实现"指的是"非实际发生"，和"非现实"含义有关，如沈家煊（2005：188）明确地把"未然句"叫作"非现实（irrealis）句"。"非现实"不等于"非事实"，王晓凌（2009：14）详细解释了"非现实"和"非事实"两个概念之间的交叉关系。可能义所述的内容也有事实的情况，但说话人的出发点不是已经发生的事实，而是讲的能力和条件等方面的内容。如"年轻时一顿能吃三碗饭"不是说"年轻时某天一顿吃了三碗饭"，"昨天可以买到票"也不是说"昨天买到了票"，"可能已经下雨了"不是说"已经下雨了"，尽管这些事实都可以是发生了的，但说话人的表述重点并不在此。王力（1985：75）说："能愿式往往是叙述一件未成的事实；即使是已成事实，说话人也只着重在叙述一种意见或意志。"有的学者将"可能"和"虚拟"概念相联系，如石毓智（2001：130）认为，普通语言学中广义的虚拟语气指任何非现实的动作或事件，其中包括"可能"。钱乃荣（2004）分析了上海话中的虚拟句，其中包括"能愿语态句"，和"可能"有关。

吕叔湘《中国文法要略》（1982）中对可能意义的归类反映了对其性

质的认识。该书"下卷之上表达论：范畴"第十四章为"正反·虚实"，主要内容是否定、可能和必要。"正与反"包括肯定、不定（是非问句）和否定，"虚与实"包括"实说"和"虚说"；可能、必要和设想（假设句）都属于"虚说"的内容。按照这里的归类，可能意义的性质可以概括为"虚"，可能范畴属于一种虚范畴。在"非现实"和"虚"这两种说法上，我们倾向于使用后者，因为"虚"是汉语固有的词语，而"非现实"明显是用汉语翻译的外来词汇。

"虚范畴"语义也是人类语言易境性（displacement，也译为"移位性"）（霍凯特2002：613）特点的体现。易境性是指语言可以不受时地环境限制自由表达想要表达的内容。动物在危险的情况下才发出表示危险的叫声，而对不在当时当地发生的危险不能发出类似信息。人类语言同环境可以不发生任何直接联系，即不受时地环境的限制，能传递许多不在当时当地发生的信息。可能意义描述的不是实际发生的动作行为，而只是一种观念上的认识，不依赖于说话时的环境，所以可以视为语言易境性特点的具体表现。

（二）可能范畴

吕叔湘《中国文法要略》（1982）不仅分析了可能意义的类别，而且将意义和形式建立起对应关系，首次明确提出了作为语义范畴的"可能"，这可以看作对此前有关"可能"意义研究的一个总结和提升。

1. 可能范畴是汉语的一种语义语法范畴

据《现代汉语词典》第7版，"范畴"一词有两个义项：一是"人的思维对客观事物的普遍本质的概括和反映"，另一是"类型；范围"。语法范畴就是从语法角度对语言单位所分出的类，取"范畴"一词的第二个义项。"语法范畴"这一术语其实是英文"grammatical category"的汉译，从英文中能够更清楚地看出其含义。西方语言的语法和词形的变化相关，每一种词形的变化往往有特定的语法意义，词形变化的分类就是语法意义的分类，所以"语法范畴就是语法意义的类"（叶蜚声、徐通锵1997：109）。任何语法范畴都首先是一个语义范畴，但是语法范畴又不仅仅包含语法意义方面的内容，通常说的语法范畴是"指某种语法意义和表达这种意义的形式手段这两者的统一体"（戚雨村1985：233）。

什么是语义范畴？仿照上面对语法范畴的理解，语义范畴就是语义的分类，不过这种语义分类并不同于自然世界的百科语义类别，而是语法意义的类别。可是为什么不直接称作语法范畴？这应该和汉语的特点有关。汉语不具有英语中的那些词形变化，因此，无法从词的外在形式入手归类总结语法意义，而要反过来从意义入手去归纳形式。胡附、文炼（1982）指出："在建立范畴这个问题上，西洋的传统语法凭借形态，汉语语法则乞灵于意义。"所以，汉语语法中的可能范畴首先是一个语义范畴，同时也是一个语法范畴，吕叔湘（1982：246-248）解析了作为语法意义的"可能"的含义，指出表达这种意义的词有"可""能""得"等助动词，特别提出"得"有前置和后置两种用法，其中的后置用法就是今天通常说的动补结构。在后置用法中，有的情况是只有一个"得"，有的是"得"后还有"动态词及表动作结果的动词、形容词或限制词"，这就包括了两种可能补语形式："V 得"和"V 得 C"。这些论述用具体的例子说明了汉语语法范畴是语义和形式的统一体。

从语义上说，可能范畴包括或然语义，但并不包含"测度"这类狭义的语气。有些或然语义是由副词来表示的，吕叔湘（1982：17）将副词也称为限制词，同时又将"能""可""会"这些助动词划入限制词，作为表示"判断限制"的一个小类。表示可能义的助动词以及副词（限制词）属于一个大类，而在表示或然意义时，除借用表能力和许可的词外，也用普通限制词"或许""也许"（吕叔湘 1982：250）。由此可见，表示或然语义的副词和助动词具有相似性。

按照吕叔湘（1982：257、281）的论述，语气有广狭二义，广义的语气包括语意和语势，除去这两样，剩下的是狭义的语气，即"概念内容相同的语句，因使用的目的不同所生的分别"。语意中包括正反、虚实这样的范畴，而可能、必要都属于和"实"相对的"虚"范畴；语气（狭义）包括传信、传疑这样的范畴，而与可能意义很接近的测度属于狭义的语气，测度句传疑而不发问，介于疑、信范畴之间。"很显然，测度语气和或然的语意有密切的关系，但是这两者并不是二而一的"（吕叔湘1982：299）。

2. 汉语的可能范畴与情态理论相关内容的对比

"情态"（modality）是西方语言学理论中的一个重要概念，经常和"语气"（mood）概念相联系，指由动词词形变化表示的一组句法和语义的对立，例如直陈语气、虚拟语气、祈使语气。语义上，这些对立主要涉及说话人对语句事实内容的态度；句法上，这些对立可用动词的屈折形式或用助动词来表示（戴维·克里斯特尔 2000：228）。

情态研究中有一些重要的概念,如"可能"(possible)[①]和"必要"(necessary),这些概念也是逻辑学中的重要内容。在英语中,这些概念主要用情态助动词来表示,和汉语中的能愿动词相似。但是英语中的虚拟语气使用动词的屈折形式,如"If I were you"(假如我是你),属于情态的范畴,而汉语中表达此义的动词则没有任何形式上的变化。

中西语言情态范畴的差异不仅体现在汉语缺少词形变化上,而且还体现在情态系统的分类上。以帕莫(F. R. Palmer)《语气·情态》(2007)[②]一书为例,该书首先将情态系统二分为"命题情态"和"事件情态"。命题情态包含"认知型情态"和"证据型情态"两类:认知型情态中包含"可能性"和"必要性"的内容;证据型情态是指在语句中交代所述内容来源、依据的表述方式,而这种情况在汉语中一般作为句子的插入成分来处理。事件情态中有"责任型情态"和"动态型情态":前者可以看作"责任上可能"和"责任上必要",这类似于汉语的"允许、必须"意义;后者接近于汉语中通常说的"能力、意愿"。动态型情态被排列在情态范畴分类系统中的末位,因为"能力、意愿"是指句子主语的固有特征,与说话人无关,而情态理论的根本出发点是情态中包含了说话人的主观评价,比如"允许""推测"等。动态型情态被列入情态范畴很大程度上是由于表达这类意义的词语和其他情态词语有着密切的关联。在汉语语法的可能范畴中,"能力"意义是排在首位的内容;排序的不同代表了人们认识上的区别,汉语研究中的这种处理符合情态语义演变的一般方向,即从能力意义到许可意义,从根情态到认识情态。我国语法研究者把跨越西方三种情态的内容归入同一个可能范畴来认识,反映了汉语语法研究重视意义关联的特点。

汉语语法研究区分"准许"和"许可"两种意义,只有后者属于可能范畴[③],如果按照情态理论,二者都属于责任型情态,所以汉语可能范畴和情态理论中的可能性并不是完全对应的。[④]

[①] 我们认为汉语"可能"范畴并不等于英语的"possible",结合其他研究者的做法,考虑使用"potential"作为汉语语法术语"可能"的英译。

[②] 该书为英文版,术语的汉语译名参照书中所附的"导读"。

[③] 详见第四章第一节相关内容。

[④] 三种情态分类自身具有简单明了的优点,我们在重视汉语可能范畴特殊性的同时,在不致引起混淆的地方也采用动力情态、认识情态、道义情态等说法。

（三）可能式

1. 汉语共同语的可能式

在汉语语法研究史上，曾经有过"可能式"的提法，王力（1984：100）最早提出"可能式"的概念，将"可能式"作为"能愿式"的一种，"能愿式"是一种特殊的造句法，"能愿式的谓词前必须有一个末品，而这末品又不是带限制性的"。能愿动词和动词的关系不同于一般的副词和动词，所以才作为一种特殊结构来处理。"可能式"不仅包括"助动词＋动词"结构，也有动补结构，将"得"看作后置的"能"。"这里所谓的'式'，和英文所谓 mood 并不相同。西洋的 mood 是由动词的 inflection 表示的，中国语里没有这个。我们所谓的'式'，指的是句子的结构方式。"可见汉语研究中的"式"是从意义划出的特殊结构，不过后来的研究多从形式出发，分列助动词和可能补语结构，所说的"可能式"多是指可能补语结构而不包含"助动词＋动词"结构，如丁声树等（1961：60）提出过"补语的可能式"，吕叔湘曾经建议将可能补语归入结果补语和趋向补语中，分"基本式"和"可能式"两种（王还 1987：46—59）。

根据前文对汉语研究中可能语义的分析，我们将"可能式"定义为表达可能语义的结构形式，具体包括"助动词＋动词"和可能补语结构两种类型，不包括表达或然语义的"副词＋动词"结构。但也有不易区分的情况，如"可能"一词既有认为是助动词的，也有认为是副词的，这样的情况也纳入可能式的范围。

2. 汉语方言的可能式

汉语方言的可能式就是汉语方言中表达可能语义的结构形式，共同语和方言之间不是隔绝的，汉语方言的可能式和共同语的可能式也不是完全无关的。

首先，从语义内容上说，汉语方言中的可能语义和共同语中的可能语义是一致的，都反映了汉民族的认知心理，可以借鉴共同语研究中的关于可能语义的论述来讨论方言中的情况。鉴于汉语语法研究历史上不同学者对可能语义的界定有细微差别，我们明确以吕叔湘《中国文法要略》（1982）所提的可能范畴为基础，结合丁声树等（1961）、朱德熙（1982）在讨论助动词、动补结构时对可能问题的论述，来考察汉语方言中表达可能意义的结构形式。

其次，从语法形式上说，共同语中的可能式结构都能够在方言中找到，普通话中可能式的研究对方言中的同类形式有借鉴作用，对表达同一意义的不同形式也有参考价值。方言和普通话可能式都来自历史上的汉语共同语和方言，所以，有关共同语可能式的研究成果是方言研究的重要参考文献，方言研究结论也是解说普通话可能式语法现象的重要参照。

找出方言和普通话之间的差别是本项研究的重点，就可能式来说，这种差别表现在两个方面，一个是同一语义使用的语言结构形式不同，另一个是同一结构形式意义有别。后一种差别更为隐蔽，也更需要重点考察。

二、研究现状

（一）主要研究成果

1. 现代汉语共同语领域的研究

从黎锦熙《新著国语文法》（1924年首次出版）开始，几乎每一部重要的语法著作都要谈及可能式。前文已提到，黎著率先在语法研究中使用"可能"这个术语来称说某些意义，所描写的表达此类意义的形式不仅包含助动词（含用在动词后作补语的"得"），而且还包括"V得C"中的"得"（黎著将其称为特别介词）。吕叔湘《中国文法要略》作为"迄今为止对汉语句法全面进行语义分析的唯一著作"（朱德熙1999），对可能语义的论述影响深远，后世的语法著作对可能语义的分析中大多保留有其痕迹；王力《中国现代语法》《中国语法理论》在造句法部分有"能愿式"一节，论及可能义的性质、可能式的结构等；高名凯《汉语语法论》有"能词"一章，其中"可能""许可"都和可能式有关。20世纪前半叶的研究初步划定了可能范畴的范围、语义类型，各家著作都不仅关注到了助动词，而且都涉及可能补语，尽管具体的命名不同，但所述的语言事实基本相同。这一时期的主要贡献在于界定了汉语可能范畴的概念，多角度探讨了表达形式的特征，并对形成过程提出某些线索，多数著作本身包含对古、近代汉语的讨论。

进入20世纪下半叶后，丁声树等著的《现代汉语语法讲话》（1961）首次使用结构主义语言学方法系统地描写现代汉语，将助动词按照意义分为表示可能、意志和需要三类，在补语部分中有"补语的可能式——

'得、不'"一节，将可能补语按照形式分为三类。赵元任《汉语口语语法》（1979）在助动词中描写了常见的表示可能意义的"能""得""可以"等的用法，在"复合词"一章中，将表示可能性的补语作为动补（V-R）复合词来描写，具体分为四类，并且提出傀儡补语（dummy complement）、动相补语（phase complement）的概念。朱德熙《语法讲义》（1982）对表示可能意义的助动词和可能补语有详细论述，作出可能式"V得C"和结果式"V得C"结构层次不同的论断。此外，吕叔湘主编的《现代汉语八百词》（1980）中的"现代汉语语法要点"提出了动词"可能态"的概念，具体的词条中更不乏对可能意义的论述。邢福义《汉语语法学》（1996b）将表示可能的"能""可以""会"等称为能愿动词，归属于辅助动词，其作用是和动词、形容词构成能愿短语。补语可以按照语义分为状况类补语和物体类补语，可能补语是状况类补语的一种，表示"心语行为性状的一种可能有的发展变化"。

助动词、可能补语一直是现代汉语研究的热点，相关论文很多。有关助动词的早期代表性论文有刘坚《论助动词》（1960）、梁式中《关于助动词》（1960）、王年一《也谈助动词》（1960）等，"助动词+动词"结构的性质讨论较多，如邢福义《句子成分辨察》（1993[1982]）、李人鉴（1983）《关于所谓"助动词"》、张静《汉语语法问题》（1997）等。可能补语的研究集中在类型、意义和用法等方面，以及补语的可能式的附加成分，补语的可能式与结果补语、程度补语和情态补语的关系等。

刘月华《可能补语用法的研究》（1980）是新时期以来一篇非常重要的可能补语研究文献。该文采用定量统计和定性分析的方法，从代表性现代作家作品用例入手，对可能补语的用法做了深入的研究。题目中虽然只有"可能补语"，实际内容也包含了助动词"能""可以"的用法，文章对各类型可能补语的意义给出了细致解说，并从形式上加以证明，具有很强的说服力。文中提出了与可能补语有关的"能"的五类意义，这种分类方法影响很大，后来有很多学者借鉴采用。文章用具体数据证实了可能补语肯定式和否定式的出现频率存在较大差异，这个结果成为后来学者论证的依据，石毓智《"V得C"和"V不C"使用频率差别的解释》（1990）、沈家煊《也谈能性述补结构"V得C"和"V不C"的不对称》（2005）等文章都作了解释性的研究。

可能类助动词的研究集中在辨析各个词之间、助动词和可能补语之间的表义差别上，多是从汉语教学的角度加以辨析。主要篇目有杉村博文《V得C、能VC、能V得C》（1982）、周小兵《"会"和"能"及其在句中的换用》(1989)、孟祥英《"能"与"会"使用上的几个问题》(1989)、郭志良《表示存在某种可能性"能"和"可以"》(1991)、史有为《得说"不能来上课了"》(1994)、许和平《试论"会"的语义与句法特征——兼论与"能"的异同》(1992)、渡边丽玲《助动词"能"与"会"的句法语义分析》(2000)、戴耀晶《现代汉语助动词"可能"的语义分析》(2003)、鲁晓琨《现代汉语基本助动词语义研究》(2004)以及周有斌《现代汉语助动词研究》(2010)等。

引入国外情态理论是新时期研究汉语可能问题的一个突出特点。某些研究汉语情态问题的文献不可避免地要涉及可能问题,如彭利贞《现代汉语情态研究》(2007)、宋永圭《现代汉语情态动词否定研究》(2007)、郭昭军《汉语情态问题研究》(2003)、林刘巍《汉语情态强度研究》(2019);而一些研究汉语可能意义的论文又借用情态理论,如许和平《汉语情态动词语义和句法初探》(1991)、王伟《"能"的个案:现代汉语情态研究的维度》(2003)、柯理思《"形容词+不了"格式的认识情态意义》(2005)、李剑影《现代汉语能性范畴研究》(2007)、侯瑞芬《从力量和障碍看现代汉语情态动词能、会、可以》(2009)等。

总体看来,20世纪80年代以前,现代汉语共同语中对可能式的研究以传统语法为主,其中刘月华的研究继承传统观点,并采用定性分析与定量统计相结合的方法,准确揭示了可能补语和可能助动词的使用特点,其结论广为接受和引用。此后,特别是21世纪以来的研究以引入国外情态理论为突出特征。

2. 汉语方言领域的研究

在共同语研究中常常会关注到方言,在上述以共同语为重点的著作中有不少对方言中表示可能的助动词或可能补语的论述。如王力《中国现代语法》(1985:76)、《中国语法理论》(1984:114)分别提到吴语、闽语中的不同句式,赵元任《汉语口语语法》(1979:329)、朱德熙《语法讲义》(1982:66)都提到吴语的助动词"好"的用法,《现代汉语八百词》(1999a:416)关注南北方言中"能"和"会"的使用差别。这些论述一般着墨不多,但往往揭示出方言中的一些重要特征。

赵元任(1992[1926])《北京、苏州、常州语助词的研究》指出三地"看得见"中的语助词"得"表示"可能",这揭示了三地有着共同的可能补语"V得C"形式。这是最早的专门研究方言语法的文献,其中涉及可能式的问题。

根据柯理思（1995）的介绍，20世纪初外国传教士编写的官话课本对北方官话中可能补语"VC了"形式有详细的描写。雅洪托夫（1958：162）注意到这些记录并对此现象加以分析、研究。袁家骅等（2001：52、98、302）对北方话中不同于普通话的可能补语有详细的介绍，同时该书还提到吴方言中宾补的特殊语序、闽方言区中某些地方助动词可以重叠。

前文提到，1960年出版的《昌黎方言志》中列举了昌黎方言不同于普通话的四种语法特点，其中有一条专讲"可能补语"，详细描述了方言中可能补语的各种格式。此后各地方言志都以《昌黎方言志》为蓝本，一般都会提到可能补语的问题，特别是当方言中的说法不同于普通话的时候，可能补语往往成为叙述的重点，此类资料的典型代表是山西、山东两省的方言志丛书。

随着方言语法研究的深入，方言可能式的研究文献逐渐增多。南方方言（含南方官话区）可能式研究的重点集中在标记词"得"、宾补语序、否定语序等问题上。南方方言中"得"作为助动词和可能补语的标记很常见，多篇文章讨论"得"的用法和意义，如张大旗《长沙话"得"字研究》（1985）、张清源《成都话里虚化的"得"》（1996）、汪国胜《可能式"得"字句的句法不对称现象》（1998）、彭小川《广州话的"V得(O)"结构》（1998）、陆镜光《粤语"得"字的用法》（1999）、陈淑梅《谈鄂东方言的"V得得"》（2000）、曹志耘《金华汤溪方言的"得"》（2001）、汪平《苏州方言的"得"》（2001）、张华文《昆明方言的助词"得"和"呢"》（2001）、周元琳《江淮官话庐江方言中的"得V"结构》（2006）、邵宜《赣语宜丰话"得"的研究》（2007）、李小华《永定客家方言"得"字能性述补结构》（2009）、黄晓雪《宿松方言带"里"和带"得"的述补结构》（2010）、吕建国《慈利方言的能性"得"字句》（2015）、肖萍《赣语吴城方言中带"得"字的补语》（2015）、黄群《广西昭平方言的"得"》（2016）、王求是《孝感方言的"得"字句》（2018）等。这些文章注重描写当地方言中"得"和普通话的不同之处，揭示了南方方言中"得"作为助动词和补语标记的一些特征，对于了解可能标记"得"的分布和语义特征具有重要作用。

有关宾补语序的早期文献有黄伯荣《广州话补语宾语的词序》（1959）；在李荣主编的各地方言词典中有一些关于语序的资料，如崇明、苏州、杭州、南昌等地方言词典。比较集中地反映语序问题的资料是湖南方言研究丛书（吴启主主编）、客赣方言研究系列丛书（刘纶鑫主编），如东安土话（鲍厚星 1998：229）、衡山（彭泽润 1999：295）、常德（郑庆君 1999：306）、新化（罗昕如 1998：293）、长沙（鲍厚星等 1999：374）、益阳（徐慧 2001：275）、湘潭（曾毓美 2001：97）、桂阳（邓永红 2006）、芦溪（刘纶鑫 2008：138）等地方言。吴福祥《南方方言能性述补结构"V 得/不 C"带宾语的语序类型》（2003）考察南方方言中特殊语序的形成原因及过程，认为不同语序分属不同的历史层次。关于可能补语否定语序的研究多集中在粤语，张洪年（2007）介绍了粤语中这种特殊语序，这种语法现象在邻近的湘语、闽语、广西白话中也有，如衡阳方言（李永明 1986：426）、广西南宁白话（林亦、覃凤余 2008：322）。吴福祥《粤语能性述补结构"Neg－V 得 OC/CO"的来源》（2005）从历史语法的角度对这一特殊否定语序进行了研究，彭小川（2010：144）则进一步分析了广州话中这种特殊语序的含义以及对动词、补语词义的要求。南方方言中闽语的可能式结构及标记词"会（解）"也是研究的重点，相关文献如陈法今《泉州方言的述补结构》（1992）、谭邦君主编的《厦门方言志》（1995）；李如龙、张双庆主编的《动词谓语句》（1997）中多篇文章论及可能补语的结构问题，如李如龙《泉州方言的动词谓语句》、施其生《汕头方言的动词谓语句》等。

北方方言可能式的研究多集中在特殊的助动词和可能补语式上。介绍特殊助动词的文献如吴继光《徐州话中的"肯""很""管"》（1986），侯精一《"'敢'犹可也"补例》（1999），孙立新《户县方言的"得"字》（2004），周利芳《内蒙古丰镇话的语气副词"管（兀）"和"敢情"》（2008），王鹏翔、王雷《陕北志丹话的"得 V"句》（2008），李会荣《山西娄烦方言之情态动词"敢"》（2008），郭利霞《山西方言疑问句中的"敢"》（2011），李秀红《论河南周口方言中的助动词"管""得"》（2011）等。北方方言中报告有助动词"得"的地点不多，仅陕西、河南等地，邢向东《陕北晋语语法比较研究》（2006：247）中提到助动词"得"，河南开封方言也使用助动词"得"（李逢丹 2010）。

北方方言中存在使用"了""下"等标记的可能补语结构。柯理思《北方官话里表示可能的动词词尾"了"》（1995）详细地描写了北方地区广泛分布的"VC 了"可能式，并讨论"了"和"了₁"的关系以及"了"和"得"的平行性。柯理思《从普通话里跟"得"有关的几个格式去探讨方言类型学》（2001），柯理思、刘淑学《河北冀州方言"拿不了走"一类的格式》（2001），柯理思《北方方言和现代汉语语法研究：从几个具体的事例谈起》（2006）等几篇文章对"VC 了"可能式的研究较为深入。辛永芬《浚县方言语法研究》（2006）描写了浚县方言中可能补语带宾语的特殊语序；王衍军（2015）描写了山东泗水方言中的可能标记"了"并探讨了其来源；李学军（2016：135）记录了河南内黄方言中的"VC 了"可能式；王自万（2021）详细描写了河南开封方言的可能补语式，包括"VC 了"可能式的形式语义以及"V 得"的几种表现形式。河南、山东、山西的一些方言志均记载有当地的"VC 了"可能式，如郑州（卢甲文 1992：140）、利津（杨秋泽 1990：166）、长治（侯精一 1985：112）等地方言志。

有关"了"标记可能补语形成过程的研究不多，除了上文提到柯理思（1995）的相关研究之外，辛永芬（2006）、孙利萍（2008）、王衍军（2009、2015）及清明、孙利萍（2011）均对"VC 了"可能式的产生有过论述，基本观点是和"得"标记可能补语形成机制相同。其中以王衍军的论述最为详细，文章以历史文献中的真实用例为依据，结合今天山东方言中的实际用法，分析该格式的产生过程。王自万（2016）认为"VC 了"可能式产生于动词"了"虚化为助词的过程当中，"了"在复合句的前分句末尾，语义上从表示先后关系发展成表示因果关系，当"VC 了"用在假设、条件和让步等偏句末尾时，产生可能与实现两解的现象，"了"从动补结构的动相补语逐步演变为该结构的可能标记词。宋文辉（2017）指出了以往研究的种种不足，结合河北正定方言的具体情况，提出可能补语标记"了"发生语法化的环境是假设条件句的前件句末位置，这时句子存在假设完成和能性的歧义。

使用"下"构成可能补语主要分布在西北地区，相关文献有马企平《临夏方言语法初探》（1984），王森《甘肃临夏话作补语的"下"》（1993），都兴宙《西宁方言中"下"的读音及用法分析》（2001），徐春兰《新疆汉语方言补语结构特征》（2005），王毅、王晓煜、王森《甘宁青方言"着"字新探》（2004），王景荣《乌鲁木齐方言表"完成－已成事实"体貌助词"下"》（2004），赵绿原《甘沟方言的动词后附成分》（2015）等。这些文章介绍了当地含"下"可能补语式的结构和语义特征，为全面认识后标记类型和分析"了"标记的演变过程提供了参考。

对方言中各种可能语义之间关系的讨论较少，往往分散于格式、标记的研究当中，如张大旗（1985）、汪国胜（2000a：48）对长沙、大冶两地方言中"V 得"语义引申变化的论述，这些论述揭示了语义发展、语义关联的重要信息。范晓蕾（2011、2012、2014、2016、2017）运用"语义地图模型"理论对汉语方言可能语义进行了多项研究，构建出了基

21

于汉语方言的能性情态语义地图,并就可能语义的表示方法、"能力"义的进一步解析、"会"的语义发展过程等问题进行了深入研究。新的理论方法带来新的视角,对于可能语义内部关联的研究有很大的促进,但"能力"义之外的可能语义研究还存在进一步拓展的空间,对方言中的相关语料还需要进一步搜集,以求更为准确地反映可能语义关联的全貌。

3. 汉语史领域的研究

对汉语史上可能式的研究分为断代的描写和历时的分析两个方面。

《马氏文通》以文言为研究对象,在"助动字"中列出了表示可能意义的"可""得",分析了这些词在文言中的用法。此后专门研究文言语法的著作,如陈承泽《国文法草创》、杨树达《高等国文法》等都论及助动词,但认识不尽相同:陈承泽(1982 [1922]:16)认为应属于"副字";杨树达(1984 [1930]:119)举出用于 V 后的助动词是"摇手不得"和"买卖不得"中的"得",其所列助动词还包含文言中动词前的"见""所"等。黎锦熙《新著国语文法》、吕叔湘《中国文法要略》都有关于古代和近代汉语中可能式的论述,引例中也不乏和可能式相关的句子。

古代专书语法研究著作中通常都有可能式的研究。吴福祥《敦煌变文语法研究》(1996),张美兰《〈祖堂集〉语法研究》(2003),吴福祥《敦煌变文 12 种语法研究》(2004),姚振武《〈晏子春秋〉词类研究》(2005),林新年《〈祖堂集〉动态助词研究》(2006),刘子瑜《〈朱子语类〉述补结构研究》(2008),杨永龙、江蓝生《〈刘知远诸宫调〉语法研究》(2010),曹广顺、梁银峰、龙国富《〈祖堂集〉语法研究》(2011),鞠彩萍《〈祖堂集〉动词研究》(2011)等著作均涉及近代汉语中的可能式问题。朱冠明《〈摩诃僧祇律〉情态动词研究》(2008)采用情态理论研究中古时期情态动词,包括表示可能的助动词。这些研究针对不同时代的语料,串联起了可能式的发展脉络,也展示了不同时代的可能式特征。刘利《先秦汉语助动词研究》(2000)、段业辉《中古汉语助动词研究》(2002)分别研究了这两个时期表示可能意义的助动词的情况,巫雪如《先秦情态动词研究》(2018)则采用情态理论对先秦时期典型情态动词的语义、用法和演变进行了深入的研究。

王力在《汉语史稿》(1980:300)中论述了动词词尾"得"的发展过程,先从"得到"义发展出"达到行为的目的"的意义,这样就具备了倒装的"能"的功能,进一步虚化作为递系句中的动词词尾,由于和使成式配合使用而具有了可能标记的功能；在《汉语语法史》（1989：242—247）中全面论述了能愿式的发展，具体包括助动词的发展和含"得"可能补语的产生。杨建国《补语式发展试探》（1959）中单列"可能补语式"一节，讨论了含"得"可能补语的产生和发展。祝敏彻《"得"字用法演变考》（1996［1960］）梳理了"得"字从上古一直到现代的演变历程，认为"得"从用于动词之前到用于动词之后、从实词到虚词的变化反映了汉语语法发展的一般规律。岳俊发《"得"字句的产生和演变》（1984）从"得"字的虚化入手，全面论述了"得"字句的发展历程，文章丰富的语言事实材料纠正了此前不少错误的认识。讨论"得"的历时演变还有王绍新《"得"的语义、语法作用衍变》（1985）、徐思益《汉语动词后置的"得"与"不得"》（1979）等。李思明（1991、1996）考察不同时代作品中"得"字的用法。孙锡信《汉语历史语法要略》（1992：141、325）论及可能助动词、含"得"的动补结构的发展演变过程。

吕叔湘《与动词后"得"与"不"有关之词序问题》（1990［1944］）对近代汉语研究具有开拓性意义，文章讨论了可能补语各成分的语序演变问题，并提出"V 不 C""VO 不 C"从来源上说，"未必为'得'字之省略，盖旧来自有此种句法，如'呼之不来，挥之不去'，唯本用以表实际之结果者，今用以表悬想之可能而已"。太田辰夫《中国语历史文法》（2003［1958］）对助动词、可能补语的演变历史进行了研究，认为可能式"V 得"和"V 不得"来源不同，前者"得"的语义发展顺序是"获得→实现→可能"，后者来自助动词"得"的后置。杨平在《"动词+得+宾语"结构的产生与发展》（1989）和《带"得"的述补结构的产生和发展》（1990）两篇文章中详细描写了这两种结构的演变过程，提出表示可能和表示结果是同一种结构在不同语境下的两种意义。吴福祥《敦煌变文语法研究》（1996）对敦煌变文中可能补语式的形成进行了详尽的分析，认为可能式是结果式在特定语境中的衍生。吴福祥（2002a）《汉语能性述补结构"V 得/不 C"的语法化》在上述观点的基础上进一步阐述可能补语式的形成过程，该文内容包括可能式"V 得/不 C"的语法化的背景和动因、历程，以及肯定式和否定式不同的语法化程度，等等。

有学者对可能补语式的形成提出不同观点，如郑远汉《近代汉语结果式"得"字句》（1997）认为结果式"V 得（O）"与可能式从句法、语用上来说不是同一类句式，卢烈红《"动+得+可能补语"中"得"字的语法性质》（2002）认为结果式"V 得 C"中"得"与同形的可能式中的"得"性质不同。

此外，施关淦《关于助词"得"的几个问题》（1985）详细论述了现代汉语可能式中"得"的语法意义和语法作用，也联系了相关的历史语料。李晓琪《关于能性补语式中的语素"得"》（1985）也提出分别处理"V得"和"V不得"的看法。李宗江《"V得（不得）"与"V得了（不了）"》（1994）涉及不同可能式的历时替换问题。赵长才《汉语述补结构的历时研究》（2000）详细讨论了可能补语的产生和发展过程，提出肯定和否定形式都来自虚化的观点。李明（2001）《汉语助动词的历史演变研究》中涉及大量可能类助动词的历时发展过程，对本项研究具有重要的参考价值。

曹广顺《近代汉语助词》（1995）、江蓝生《吴语中"得"和"得来"》（2000［1995］），以及由刘坚、江蓝生、白维国等主编的《近代汉语虚词研究》（1992），虽非专门研究可能问题，但其中很多内容和可能式的形成关系密切，均是本项研究的重要参考文献。梅祖麟《唐代、宋代共同语的语法和现代方言的语法》（2000）、杨秀芳《从汉语史观点看"解"的音义和语法性质》（2001）是从汉语史角度研究闽语可能式的两篇重要文献。

（二）共识和疑问

综观已有研究成果，学界对于汉语可能范畴、汉语方言可能式的研究形成一些共识，也存在一些不同的见解。

1. 表示可能的助动词的范围和意义

对共同语中表示可能意义的助动词范围认识基本一致，如丁声树等（1961：89）认为有"能、能够、会、可以、可能、得（dé）"，朱德熙（1982：62）所列与此相同，赵元任（1979：324）所列除缺少"可能"一词外，其他与此相同。

存在分歧的地方是对个别助动词语义有不同的认识，丁声树等（1961：91）提出"得"有"能"的意义，朱德熙（1982：63）仅列出"得"表达许可意义，赵元任（1979：328）则列出了上述两种意义的用法。另外"能"的肯定形式在陈述句中表达许可意义仅见朱德熙（1982：63）举有一例，其余两著举例只有疑问句和否定句。《现代汉语八百词》（1999a：592）列出"要"有表示可能的用法，否定形式用"不会"，前述三著未提及这种用法。

2. 可能范畴的语义类别

对汉语语法中的可能范畴认识基本统一，"可能"属于汉语的一种语义语法范畴，不同于测度语气。可能范畴的表达方式有在动词前使用助动词、副词或在动词后使用可能补语两种方法。可能语义分类大体上分为三种，分别是：能力上做到做不到、环境和情理上许可、或然性。

但是对某些语义类型的认识有些细微分歧，比如吕叔湘（1982：246）所述决定"许可"的因素有旁人、环境和情理三种，丁声树等（1961：90）、朱德熙（1982：63）在"许可"的决定因素中均未列入"旁人"而仅保留"环境或情理"；高名凯（1986：239）把"可能"和"许可"分列，将"可能"解释为"表示能力所及的动作或历程"，"许可"解释为"表示环境所允许而可行的动作或历程"，朱德熙（1982：63-64）同样将表示"可能"的助动词和表示"允许、许可"的助动词（"准"和"许"）分列。那么，"可能"和"许可"之间是什么关系？决定"许可"的因素到底有哪些？这是准确认识汉语可能语义语法范畴必须解决的问题。

3. 可能标记的性质和后标型可能式的结构层次

共同语研究中可能标记的词性与可能式结构的层次和关系存在争议。动词前的可能标记通常被认定为助动词，但"助动词是个有问题的类"（吕叔湘 1979：41），内部成员的性质并不一律，对某些词性质的认识不统一，如表示能力的"会"是动词还是助动词，"可能"是副词还是助动词等。动词后的可能标记"得"存在动词、助动词、助词的争议，"V 得 C"中"得"靠前还是靠后有不同认识。方言研究中对可能标记的性质认识较为统一，后标记"得"一般认为是助动词，后标记"了"一般认为是助词或语气词，闽语中后标记"会"也是助动词，在可能式"V 会 C"中"会 C"直接组合，然后和 V 构成动补式。

4. 后标型可能式的形成过程

可能补语式是汉语发展到一定的历史阶段才出现的，可能补语中的"得"和"了"（均包含傀儡补语和可能标记两种情况）都是从动词逐渐演化而来的。关于可能补语中的"得"的形成途径有争议，有观点认为是动词后作补语的"得"虚化而成，有观点认为是动词前的助动词"得"后置；关于可能补语中"了"的直接来源无争议，因为历史上"了"不用于动词前作助动词，但对"VC 了"可能式的形成过程研究不充分。

（三）薄弱之处和存在问题

1. 方言的调查研究存在不均衡现象

具体来说，东南方言研究成果较多，官话区特别是北方官话区研究薄弱。方言可能式的语法形式缺少全面系统的整理和归纳，有关可能补语的内容较多，但对方言中特殊的可能助动词反映较少，特别是方言和普通话中形式相同而语义有别的情况研究不充分。缺少对具体方言点表示可能的助动词的穷尽性列举，无法确定某一地点所使用的全部表可能义的助动词都有哪些。汉语方言中的可能标记与可能式缺乏全面的整理和归类。

2. "得"的虚化研究中对方言现象关注较少

可能标记"得"的形成过程已有相当多的研究成果，但是这些研究几乎都是利用历史上的共同语语料展开的，较少关注方言中的语言事实，而某些方言事实很有可能是其形成过程中的重要线索。比如在西南方言中发现有"得"用在动词前表示已然意义的用例，这和先秦汉语中某些动词前"得"的用法一致，也和唐宋之后某些用在动词后的"得"的意义相同，由此可以推测，在动词前后"得"可能标记的形成过程当中都有过一个表示已然的阶段。另外，促使可能补语结构形成的关键性因素是什么？闽语的"V 会 C"、南方的"V 得 C"和北方的"VC 了"三种可能补语的形成有没有类比性？是否存在能够证明后移或虚化的确切证据？这些问题的解答都需要加强对方言的考察和研究。

3. 可能语义的分类比较困难

由于缺乏明确的形式标准，仅从意义出发对可能语义进行详细分类比较困难，对于某一可能式归属何种语义细类有时认识不统一，甚至存在矛盾的现象。比如"芹菜能吃""棉花能纺线"这类可能意义是属于"条件可能"意义，还是属于"内在能力"意义，甚至同一研究者在不同时期的认识都不一致，依据的分类标准也有不同，足见这种语义归类的困难。此外，表示可能意义的助动词自身往往是多义的，各义项相互关联，差别细微，这样更增加了语义分类的难度。

4. 方言可能式的类型分布需要进一步研究

目前对方言可能式的类型研究主要集中在结构类型上，使用助动词的可能式和使用动补结构的可能式属于不同的结构类型，但除此之外，一种方言中究竟存在几种结构类型的可能式未见有详细探讨，还属于研究中的薄弱之处，个别地方的方言调查中偶有提及但也多是不完整不全面的。曹志耘（2008）用方言特征地图的方式展现了多个方言语法项目的调查结果，其中的一些地图涉及可能式的内容，需要对这方面的资料进一步加以统计分析，以得出方言可能式组成类型上的一些特征和规律。

5. 同义可能式的不同层次问题缺少关注

普通话和大部分方言中，表达同一种可能意义都可以使用助动词和可能补语两种可能式，这两种可能式应该分属于不同的层次。普通话、北京话中可能补语式使用"得"标记，和大多南方方言的情况相同，却不同于其周边方言的"了"标记，这是官话形成过程中一个关键性问题，背后的原因是什么？有研究发现，在历史语料中存在"V得C"和"VC了"两种可能式并用的情况，二者是不是一种先后替代关系？这些都和可能式的层次有关，需要进一步研究。

6. 缺少和民族语言中可能式的对比

我国不同地区分布着众多的少数民族语言，这些语言分属于阿尔泰语系、汉藏语系、南亚语系和南岛语系，民族语言和当地汉语方言交错分布，相互影响，现有研究中缺少对汉语方言和民族语言可能式的比较，这对于全面认识汉语方言可能式是不利的。

第三节 基本思路与研究方法

一、基本思路

我们的研究思路是以语法范畴为纲，统领表达形式，从方言语料入手，通过归纳整理抽绎出规则，发现背后的规律，解释形成的原因。章节编排上具体体现为由语义而及形式，由形式而及历史，由历史而及地域类型和层次差异，从而达到全面认识汉语方言可能式的目的。

（一）由语义而及形式

语义是跨语言（方言）进行比较研究的基础。格林伯格提出语言比较最终的根据是语义或者更广来说是功能。语法形式的分析不能脱离语言的功能，因为语言的功能是进行跨语言比较的基础。（Croft 2014：19）

我们将汉语语义语法范畴作为理论基础，研究表达可能范畴的语言结构形式，简单说就是从语义出发观察形式，从界定可能意义的范围入手，由此确定一个在普通话和各种方言中都能够通用的范围，然后观察各种方言中表达相同语义的不同形式。

（二）由形式而及历史

汉语书面语有着几千年未曾中断的发展历史，因此，汉语历史的研究历来都受到极大关注。寻找汉语普通话和方言中各种可能式在历史文献中的证据，是深入了解普通话和方言可能式来源的有效手段。为方言中的句法格式寻找历史来源，为历史语料中的格式寻找方言中的遗迹，从而发现演变的规律和过程，这是历时研究的主要目的。

（三）由历史而及类型和层次

语言的历时发展会在共时分布上留下印记，各方言之间共时存在的区别也能反映出历时发展的过程。目前方言的分区主要以语音为标准，而语法方面的差异是否支持以语音为标准的方言分区，可以从某一范畴的跨方言比较中加以检验。从可能式的分布类型上可以看出方言间的差异，同一种方言中为何会有多种可能式并存，各种形式分别属于哪一个语言层次，这些问题的讨论有助于更深入地认识汉语方言间的差异、汉语共同语的形成等问题。

二、研究方法

研究方法是具体的操作手段，是实现研究思路所确定路线的工具。本项研究最基本的方法是邢福义（1990）提出的"两个三角"。"两个三角"是针对共同语语法研究而提出的，这种方法对于方言语法研究同样适用。

（一）小三角：表—里—值

邢福义（2002：255）把"小三角"的具体做法概括为："由表察里，由里究表，表里相互印证。语里同义，语表异形，究其语值。"

我们主要采取这种方法来观察方言中的各类可能式，如表达善于、擅长意义的可能式"会V"和"V得"，如果要增强程度意义，可以使用前加状语，构成"非常会V"的形式，也可以后加补语，构成"V得很"的形式，通过表里互相印证，对表达同一语义的不同形式有了充分的了解。在语值考察中，主要引用原作者的说明，因为两种同义形式的语用差别只能靠当地人的语感，比如山东莱州方言中"V 不的"和"不能 V"的差别在于语气轻重程度（钱曾怡等 2005：317）。

语音也应包括在语表形式当中，是语法研究必须注意的要素。语音现象往往也是语法现象，如北方多地方言中"VC 了"靠"了"的不同语音区分结果和可能两种意义。

（二）大三角：普—方—古

邢福义（2002：257）将"大三角"的具体做法概括为："以方证普，即立足于普通话，横看方言，考察所研究的对象在方言里有什么样的表现，以方言印证普通话；以古证今，即立足于今，上看古代近代汉语，考察所研究的对象在古代近代汉语里有什么样的表现，以古印证今。"结合本项研究的实际，可以将前者改为"以普证方、以方证方"，邢福义（1996a：473）在讲到多角验证的灵活性时特别强调"两个三角不是死三角"，我们这里的灵活运用符合"大三角"方法的精神实质。

第四节 结构框架与材料选择

一、结构框架

全部内容共八章，第一章为绪论，最后一章是结语，中间六章为主体部分，主体部分每章首尾各有引言和小结，分别介绍背景、思路以及主要结论。从第二章到第七章又可分为四个部分：

第一部分包括第二章"可能式的标记成分"、第三章"可能式的句法结构"，讨论汉语方言可能式的语表形式。第二章讨论方言可能式中不同位置的标记成分，并从来源上进行分类。第三章分析可能式内部组成成分、外部附加成分的句法关系，包括各种方言中可能式的结构层次和结构关系，以及同一附加语义成分的不同句法表现，还有可能式构成中的多标记和零标记现象。

第二部分为第四章，讨论可能式的语里意义，包括可能语义的分类标准和方言可能式的基本义、引申义以及各种语义的分类、关联等内容。

第三部分为第五章，分析可能式的否定和疑问。主要涉及方言中各类可能式的否定、疑问的句法结构，以及否定的特殊语义、疑问中的特殊简省式等。

第四部分包括第六章"可能式的历史发展"和第七章"可能式的类型和层次",讨论汉语方言可能式在时间和空间上的演变。第六章分别从语义、语形两个角度观察方言可能式的历时发展。第七章从地域分布特点观察不同地区汉语方言可能式的组成、结构等特征,通过比较不同类型可能式的地位差别,讨论可能式的层次问题。

二、材料选择

本项研究属于在已有调查材料基础上的进一步综合分析,所据方言材料的准确性关乎研究结论的可信度,所以特别重视材料来源的可靠性和权威性,并且对材料进行必要的筛选、鉴别。

(一)方言语料来源

1. 汉语方言学教材和方言研究论著

如袁家骅等《汉语方言概要》(2001),贺巍《获嘉方言研究》(1989),张振兴《漳平方言研究》(1992),钱曾怡《博山方言研究》(1993),朱建颂《武汉方言研究》(1992),汪国胜《大冶方言语法研究》(1994),徐烈炯、邵敬敏《上海方言语法研究》(1998),张一舟等《成都方言语法研究》(2001),乔全生《晋方言语法研究》(2000),邢向东《陕北晋语语法比较研究》(2006)等。此外还有吴启主主编的"湖南方言研究丛书"、刘纶鑫主编的"客赣方言研究丛书"、汪国胜主编的"湖北方言研究丛书"以及近年来出版的多地方言语法研究专著。

2. 方言志、方言词典、方言语法类编和方言地图

以《昌黎方言志》为代表的各地的方言志书,有单本方言志和地方志中的"方言部分"两种形式。如温端政主编的"山西省方言志丛书"、钱曾怡主编的"山东省方言志丛书"等。

李荣主编《现代汉语方言大词典》分卷本(41卷,后加入绩溪方言,共42卷)(1993—1999)、综合本(2002),许宝华、宫田一郎主编《汉语方言大词典》(全五卷)(1999)。

黄伯荣主编的《汉语方言语法类编》(1996),该书中有助动词、中补结构以及否定、疑问等很多内容和可能式有关。

方言地图主要是中国社会科学院联合有关学术机构编写的《中国语言地图集》第二版汉语方言卷(2012)和曹志耘主编的《汉语方言地图

集·语法卷》(2008)。

3. 公开发表的与方言可能式有关的论文

全国大部分省市区的汉语方言可能式的相关文献，不再一一列举。此外，还包括笔者的母语方言语料以及调查获得的个别方言语料。

(二) 材料的处理原则

1. 相互矛盾的处理

有些方言点有多份材料，相互之间有矛盾，甚至完全抵触，甲说存在这种形式，乙说没有这种形式，作为外地人很难作出取舍、判断对错。我们认为这种相互矛盾的说法反映了方言中处于不同层次的成分。"说有易、说无难"，在方言调查中这句名言显得更加贴切真实，所以我们对方言调查材料中举出的实例采取接受的态度，但对于断定某地无某格式的论断持谨慎态度，同时结合该方言点所处区域的整体情况加以分析判断。

2. 语言事实和对事实的理解、定性

我们研究分析的材料是文献中所提供的方言事实，所以必须忠实于原记录，不能随意更改。对于方言语句意义的理解以原作者所附的普通话解释为依据，但在某些情况下，对于原作者的某些判断则会提出自己的看法，如有文章认为"VC了（喽、咧）"可能式中的"喽"表示可能意义，但按照目前通行的观点应该是作为整体的"VC了"结构表示可能意义。凡是类似情况，笔者将标明与原作者理解的差异。

3. 引用方法及体例

重视引例的代表性和典型性。兼顾不同方言区、同一方言区不同方言点的用例。同一方言点的举例兼顾不同类型，如肯定、否定，宾语是代词还是名词，尽可能不重复列举。

凡是引用方言例句必有详细出处。出自专著的具体到出版年、页码，如"朱德熙（1982：62）"；出自单篇论文的，一般只标注出版年，如"邢福义（1985）"；学位论文一般较长，为便于读者查找原文，也标注清楚引文所在具体页码；个别文献作者为集体，单位名称较长，文献本身也为大家所熟知，为行文简洁明了，则直接引用书名，后括注"出版年：页码"，如《昌黎方言志》《汉语方言词汇》等。考虑到重在呈现语料，而不是考据版本，为使例句一目了然，对选自文学作品的语料，只随文注明作者、篇名，古典文献只注篇名，不赘注版本、页码等信息，且不再列入参考文献，但取自语料库的，会标明来源。

　　个别方言例句较为繁复，根据情况适当加以简省，原文的解释也视情况简缩。方言用字尽量依原文，但有些繁难字符无法输入，用同音字代替，其中异体字、繁体字有对应规范简化字的，改为简化字，所有的变动均以不违背原义为原则。遵循方言论文的书写规则，引例中的小字是普通话解释；"＝"表示同音字；"□"表示无本字查考；"（）"一般表示可出现可不出现的内容，或是对有关情况的说明；引例前标"＊"，表示无此说法；"/"分隔开的是可平行替代的内容。为便于阅读，所有方言引例前都标明地点，放在"【】"内。

　　尽量少用标点符号。在不致引起误解的情况下，可用可不用的引号一律不用；依照李荣《现代汉语方言大词典（综合本）》（2002）体例，方言例句末尾的句号一律省略，问号等保留。来自文学作品、古典文献的语料，以及普通话语料等，凡是有语境的完整句子，则保留句末句号。

　　另外，由于行政区划的调整以及地名更改等原因，书中个别地名与现今名称存在出入，如天津蓟县（今蓟州区）、河南巩县（今巩义）等，本书引用均依照文献发表时所用地名，不再另注今名。

本章小结

　　汉语方言研究的内容最初主要集中于语音，后来逐步扩展到语音、词汇和语法并重。新时期以来，方言语法研究逐步走向深入，在已有材料的基础上进行语法范畴的跨方言比较研究正成为一种新的趋势，这也和共同语语法研究中愈来愈重视语义语法范畴的倾向相适应。"可能"作为汉语的一种语义语法范畴，在共同语语法研究中一直备受关注。就方言中的可能式考察语言形式、分析结构规律、探寻历史发展脉络、总结地域分布特征，将有助于更加全面地认识汉语的可能范畴。

　　语法研究中使用的术语"可能"和自然语言中的"可能"一词意义不完全等同。汉语语法学界一直存在着使用"可能"表示能力、许可和或然性等意义的传统，并在此基础上形成了可能范畴的概念。这是一种能够体现汉语特点的语义语法范畴，从汉语内部来说，有别于狭义的语气，从外部来说，有别于西方语言学情态理论中研究的"可能"。

　　可能式是指表示可能意义的结构形式，汉语中表示可能意义的"助动词（或副词）＋动词"和"动词＋补语"两种结构都是这里所说的可能式。语法研究中一般将典型的表示测度意义的副词（如"大概""也许"）和助动词（如"可能""能够"）分列，所以我们将考察范围限制在前用助动词和后用补语所组成的两种可能式当中。

汉语可能式的研究成果丰富，既形成了一些共识，同时也存在诸多分歧，尚有一些研究的薄弱地带。方言可能式问题值得深入研究。

本项研究利用公开发表的方言材料，从可能范畴入手，观察形式、语义之间的关系，采用"两个三角"的研究方法，全面考察汉语方言的可能式，探索形式背后的规律。

第二章　可能式的标记成分

　　吕叔湘（1982：246）指出：表示可能、必要的词语"都以和别的动词（或形容词谓语）合用为原则"。这里所说的"动词"，包括了单个动词和动词后带有其他成分（如宾语、补语）两种情况，这里所说的"合用"，包括了前加和后附两种情形。因此，所谓的"可能"和"必要"一定是和某种动作行为，或者动作行为涉及的对象、达到的结果或趋向分不开的。缪锦安（1990：37）说："能性（potentiality）是动作固有特征的一个方面，表示某个动作有没有出现的可能性，或者表示某个动作有没有达到既定目标的可能性。"

　　就可能意义来说，句法结构上总表现为动词（含形容词，下同）、动宾结构或动补结构的可能式。比较可能式和非可能式，如"能吃"和"吃"、"吃得饭"和"吃饭"、"吃得完"和"吃完"，我们把可能式中所独有的成分称为可能标记。需要说明的是这里所说的标记和标记理论中的"有标记/无标记"不是一回事。"有标记（marked）与无标记（unmarked）范畴是一种把一对成分区分开来的区别性特征。这种特征可表现在语言的各个层面。"（桂诗春 1988：249）而可能标记是一种标志成分，这种成分是可能式与非可能式之间形式上的差别。

　　既然可能式中动词是必须出现的，那么依照可能标记和动词的相对位置，可以将可能标记分为前标记和后标记两种。位于动词之前的称为前标记，也就是传统所说的助动词、情态动词，位于动词之后的称为后标记，也就是传统所说的可能补语中作为补语或补语标记的成分。本章首先按照前标记和后标记的分类，通过与普通话的对比，讨论方言可能标记成分的性质，列举方言中各种可能标记的形式和用法；然后结合世界语言的共性特征，从来源上对汉语方言可能标记加以分类，从中了解汉语方言可能标记在来源上的一般性和特殊性。

第一节　前标记

一、前标记的性质

(一) 共同语中前标记的性质

1. 语法研究史上的主要观点

在汉语语法研究中，一般把表示可能的"能""可"和表示必要的"要""应"等归为一类，自《马氏文通》开始，对其性质、所属词类存在多种不同认识。

(1) 助动字（词）。马建忠（1983：183）在《马氏文通》"实字卷之四"中的第四部分列"同动助动字"，将"可、足、能、得"等字称为助动字，原因是"以其常助动字之功也"，其功用是"不记行而惟言将动之势"，而动字则是"所以记行也"，助动字的功用是辅助动字。此后黎锦熙（1992：102）、丁声树等（1961：89）、赵元任（1979：324）、朱德熙（1982：61）等都采用"助动词"的说法，将其作为动词里的一个特殊小类来处理。对这类词的认识也从开始的"辅助动词"到"辅助性的动词"，而不是"辅助动词的词"（吕叔湘 1979：41）。并且清晰地列出其语法特征，包括自身形态的变化和组合能力，以此显示助动词和一般动词以及副词之间的区别。

(2) 副字（词）。陈承泽（1982：16）认为将"可""得"归入助动字是"仿外国文而然"，认为"助动字，就性质上，与副字殆不能区别"。王力（1984：26）认为汉语里根本没有英语中的那种助动词，"能、可"二字在现代都是副词，在古代有所不同。吕叔湘（1982：17）将副词也称为限制词，认为"能""可""会"这些词属于限制词，具体划入"判断限制"小类，副词（限制词）的上位概念是"辅助词"，和"实义词"相对。

(3) 能词。高名凯（1986：262）认为西方语言中的助动词本身即为动词，具有动词的词形变化，作用是表明动词的各种变化，汉语中的这些词不符合这个特点，所以将这类词定名为"能词"，"所谓'能'，就是说明历程或动作到底是属于可能或是属于应然，或是属于允许的等等"。

（4）衡词。陈望道（1978：71）认为一般所谓助动词都是衡量或评议事理的趋势的，所以称其为"衡词"，"衡"为评、衡的意思，其主要功能是作谓语，应该和动词一视同仁。

（5）能愿动词。这是用意义命名的一个动词小类，根据熊文（1992）的介绍，20世纪50年代的《暂拟汉语语法教学系统》最早使用了这一名称，1984年颁布的《中学教学语法系统提要（试用）》继续沿用，该名称在语文教学界有较大影响，有人认为是借鉴英语的"modal verb"而设，有人认为源于王力提出的"能愿式"。邢福义（1996：170）采用"能愿动词"和"能愿短语"的说法。《语言学名词》（2011：57）中提到，能愿动词"modal verb"又称"助动词"，表示行为或状况的可能、必要或意愿。该书将"能愿动词"立为规范名，"助动词"作为异名。

汉语研究中"能愿动词"和"助动词"两种说法基本上相互通用。在几部影响较大的《现代汉语》教材中，一般采用这两种说法。如胡裕树（1995：287）说："表示可能的动词叫助动词"，具体包括两组，第一组是表示可能之类的意思，第二组是表示应该、愿意之类的意思。黄伯荣、廖序东（2007：10）说："能愿动词又叫助动词，能用在动词、形容词前边表示客观的可能性、必要性和人的主观意愿。"邵敬敏（2016：10）的说法与此相同。这种做法说明汉语研究既重视这类词的意义特征，又尽可能照顾习惯上的叫法。汉语的助动词并不完全和其他语言的助动词相同，但这不影响其采取相同的名称，正如英语中的动词有形态变化，而汉语中这类词没有形态变化，但也不影响定名为动词一样，汉语中的助动词也可以没有形态变化，这是由汉语的总特点决定的。

综合以上观点，汉语研究中对此类词的争议存在于两个方面，一是名称，二是内容。吕叔湘（1979：9）说："纯粹名称问题不去纠缠，比如'量词''单位词'和'单位名词'，就不值得争论。也有不纯粹是名称问题的名称问题，比如'短语'、'词组'和'结构'。"汉语中的"助动词"和"能愿动词"就属于纯粹的名称问题。从内容上看，可能式前标记属于此类词中的一部分，大体上就是能愿动词中表示"能"的部分。按照目前通行的做法，可能式前标记称为助动词或能愿动词，不过这不等于说可能式前标记内部没有差别，上述对助动词的不同认识（如判为动词还是副词）在可能式前标记中仍然存在。

2. 前标记的内部差异

吕叔湘（1979：41）说："助动词是个有问题的类。助动词里边有一部分是表示可能与必要的，有一部分是表示愿望之类的意思的，所以又叫做'能愿动词'。前一种接近副词，后一种接近一般要求带动词做宾语的动词，这两方面的界限都很不容易划清。"吕先生举的例子有：

可以并且曾经进行实地观察｜他一不会抽烟，二不爱喝酒

以上两例中的"可以"和"会"都是前标记，和一般动词接近的是表示能力的"会"，和副词接近的是表示许可的"可以"，之所以会出现这种情况，根本原因在于可能意义内部的复杂性，所以表示相应意义的可能标记性质也存在差别。吕先生早期研究对此有类似论述，《中国文法要略》（1982：246）认为：表示可能、必要等意义的词通常称为助动词，但是它们的性质并不一律。"可"原是形容词，"能"的动词性仍很明显，"得"在文言里是动词，在白话里前置用法仍是动词，但后置用法几乎是一个词尾。可以与此相印证的是陈承泽（1982：16）提到，最初将"能""得"归入动字，后觉不妥（才改称副字）。

陶炼（1995）全面考察了一般所说的助动词，认为其内部成员个性强于共性，差异多于一般，主张根据语法功能将助动词分两类：一类是表示能力和意愿的，这类词和前边的名词存在主谓关系；另一类是表示必要、可能、许可的，和前边的名词没有主谓关系。第一类宜作为一般动词，第二类才是助动词。对照我们所说的前标记，其内部成员间也存在这两种差异，具体来说，表示能力的"能""能够""会"等接近于一般动词，表示许可和可能的"可以""会""可能"等属于助动词。

现代汉语共同语中，一般认为"会"是兼属于动词和助动词的。如丁声树等（1961：89）提道："会说俄文"，"会"字是助动词；"会俄文"，"会"字是动词。赵元任（1979：158）也提到"会水"中的"会"是一般及物动词，"会"兼属两类（助动词和动词）。文炼（1982）从意义和形式两个方面证明"会"在表示"有某种能力"时都是一般动词，在表示"有某种可能"时才是助动词。

再如前标记"可能"一词，对其词性有两种认识。丁声树等（1961：90）、朱德熙（1982：62）、邢福义（2003a：51）都认为是助动词，主要依据是"可能"可以进入"~不~V"格式，比如说"可能不可能去"，这和助动词的特点是一致的，而副词不能进入这种格式。赵元任（1979：324）也提到，助动词和副词的区别是"V不V"的问法不同，如"能不能来"和"还吃不吃"的区别，副词很少单用，而助动词则可以，回答时可以单说"能"但不可以单说"还"，从这些特点看"可能"都应该是

37

助动词。然而《现代汉语八百词》（1999a：336）认为"可能"是副词，助动词通常不用在主语之前，而"可能"可以这样用，这和表示推测的副词"也许、大概"是相似的。该书同时还指出："很可能"表示加强肯定估计，可以用在主语前；"不可能"表示否定估计，用在主语后，如"很可能他已经到家了""他不可能这么快就到家"。这些情况说明"可能"确实表现出了副词的某些特点，但其受"很""不"修饰的事实又说明其和副词是有区别的。同样是表达或然性，"会"的词性没有争议，而"可能"的词性存在争议，这是因为"可能"虚化程度较高，可以用在句首，而"会"不能这样用。

白晓红（1997）提出，从历时发展来看，助动词是动词向副词演变的中间阶段。前述可能前标记词性的争议反映的正是各个成员（或同一成员的不同义项）在演变过程中所处的不同阶段和位置，在方言中，能够看到普通话中不存在的某个阶段。某个标记词在普通话中接近动词，但在某种方言中可能不是这样，在不同方言中同形的可能标记性质可能并不相同，观察方言中可能标记的性质有助于全面理解普通话中助动词的内部差异。

（二）方言中前标记的性质

方言语法研究大多借用普通话的语法体系，可能式前标记一般也被认定为助动词，但其内部性质也并不一律。总体上说，由于可能语义的范围是一致的，方言中前标记的性质和普通话中的情况整体相同。但具体到单个标记上，其性质和句法功能可能并不同于普通话中同形的可能标记，有的标记是方言中特有的，其性质也需要具体分析，以下通过若干代表性例证来作观察。

1. 与普通话同形的前标记"得"的性质

在普通话中，表示能够意义的"得"一般用于比较书面化的语境当中，句法上很受限制，前边一般有表示时间的修饰成分"才"、表示否定的"不""没"等，如：

每天晚上算账算到十二点，才得休息（朱德熙 1982：63）
每天晚上不到十二点，不得休息（同上）
不得了｜没得见着他｜不得下台｜难得去看电影儿（赵元任 1979：327）

在西南官话中，"得"的使用非常自由，可后接名词宾语，也可以后接动词，而且其后动词还可以带上动态助词，如：

【贵阳】你得看了｜他得缝了一件新衣裳｜我得他帮了个大忙｜他得清静｜得好东西吃（李荣2002：3876）

【柳州】那时家里穷，哪得读书？｜妹心高，得吃龙眼想仙桃，得吃山珍想海味，得吃双料想三熬（同上）

以上用例中，"得好东西吃"的"得"是动词，"得缝了一件新衣裳"的"得"仍是动词，但后接动词的用法显然是其适用范围扩大的表现，这时"得"表示已经实现某种动作。当"得"后接的不是具体的某种动作行为时，其动词意义就会逐渐减弱，而向助动词演化，如"得吃龙眼"等，这时可以理解为已经实现，也可以理解为能够实现（不强调真正发生，叙述一种可能），按后一种理解则表达可能意义；当用于问句如"哪得读书"当中时，则更倾向于理解为表示可能意义。

这些不同的用例说明了"得"的虚化过程：起初表示得到某种实物，是动词，关涉对象主要是名词；而后表示实现某种动作结果，其关涉对象扩大到动词，这时"得"仍是动词；进而转化为表示未真正实现而只是具有这种可能，这时就成了可能前标记，其性质仍可以认为是动词。

在长沙、成都等方言中，"得"可用于表示推测意义，相当于普通话中表示有某种可能性的"会"，如：

【长沙】咯几天我还不得走｜不是老师父帮你讲话，我就不得答应｜穿哒这件衣服不得冷哒（李荣2002：3878）

【成都】吃了脏东西就得生病｜不吃脏东西不得生病（张清源1996）

【扬州】这场雨不得没有三天不得停（李荣2002：3875）

【武汉】这话他不得说｜这个活冒得三天不得完（同上）

普通话中，"会"表示能力意义时为动词，表示有某种可能性时是助动词。"得"在方言中的情形与此类似，在上举贵阳、柳州方言中可以作动词后接动词性成分，既有表示得到意义的，也有表示可能意义的，均属于动词，而在长沙、武汉等方言中，"得"可以表示有某种可能性，是助动词。

方言中"得"的自由度还体现在可以用在"～不～"中表示提问，这在普通话中是不可能的。如：

【武汉】今天得不得下雨啊？（赵葵欣2015）

【重庆】明天你得不得来？（杨月蓉 2012：251）

【常德】今朝得不得下雨？（郑庆君 1999：308）

【长沙】明天得不得落雨咧_{会不会下雨呢}？（张大旗 1985）

【成都】今天得不得下雨？（张清源 1996）

【三台】他得不得来？不得来｜他得不得受处分？可能不得（《三台县志》1992：840）

以上用例中"得"表示推测，相当于普通话中表示可能性的"会"。以下用例中"得"表示能够，同样也可以用正反重叠表示疑问：

【丹江】得不得做好｜得不得吃饱饭（苏俊波 2012：193）

【建始】这个火那么小，水得不得开？得开/不得开｜这号的家具得不得行？得行/不得行（蒋静 2018）

2. 方言中几个特有前标记的性质

（1）**晓得**　"晓得"的用法和意义与普通话动词"会"相近，可以后接名词和动词，表示知道、懂得或掌握某种技能，如：

【金华】渠晓得两子拳_{几下拳术}（李荣 2002：5696）

【武汉】他晓得说的（朱建颂 1995：206）

【萍乡】我不晓得泗水｜他俚_{他的}赤儿乃_{小儿子}还正_{刚刚}晓得走路，还不晓得讲事_{说话}（李荣 2002：5696）

"晓得"还可以表示擅长：

【萍乡】他不晓得讲事_{说话}又喜欢乱讲｜我个墨笔字写得要不得，他晓得写，请他写啰呀（李荣 2002：5696）

按照前文分析，用在动词前的"晓得"是可能标记，和用在名词前同样都是动词。

（2）**识（得）**　粤语中的"识（得）"可以后接名词，表示"知道、懂得"的意思：

【广州】唔识佢｜唔识字｜识规矩｜识大体（白宛如 1998：482）

也可以后接动词，类似于普通话中的"会"：

【广州】你识去打电报唔呢？｜识得揸车_{会开车}（白宛如 1998：482）

"识（得）"作为可能式前标记，也是动词。

(3) **管** "管"在北方一些方言中有表示可能意义的用法，既可以表示主体能力，又可以表示许可，还用来表示推测意义：

【汝南】你耳朵真尖，声音恁小都管听见（张宝胜 2012）
【开封】公园不要票，谁都管进（自拟）
【新乡、修武】他管不来了（许宝华、宫田一郎 1999：6856）

当表示能力义时"管"是动词；表示允许和有可能这种推测意义时是助动词，这时候"管"用在句中主语和主要动词之间。根据周利芳（2008），内蒙古丰镇话中的表示推测意义的"管"在句中的位置不限于动词前，还可以出现在主语前、其他副词前、句末语气词后，不同位置意义差别不大，这种分布符合副词的特征，周文将其称为语气副词，这应该是助动词进一步虚化的结果。所以，可能标记"管"在不同的方言中的句法表现分别对应三种词性：动词、助动词和副词。

(4) **敢** 按照陶炼（1995），普通话中助动词"敢"可归入一般动词。在方言中，"敢"有表示许可的用法，根据《汉语方言词汇》（1995：608），西安、太原两地方言中与普通话"别"相当的说法有"不要""不敢"两种，前者表示命令，后者表示劝告，可见后者中的"敢"实际为可义，"不敢"委婉地表示禁止和劝告，表示许可义的"敢"是助动词。在很多方言中，"敢"还可以用在句首表示推测意义，冯爱珍（1998）详细讨论了普通话和方言中表示推测意义的"敢""敢是""敢莫"等的用法，认为属于副词。郭利霞（2011）谈到山西方言中"敢"可以作助动词表示许可，还可作语气副词，在陈述句中表示猜度，从例句观察，该方言中"敢"表示推测多用于句首。

从以上几组例子来看，方言中也有动词、助动词、副词三种不同性质的前标记。与普通话同形的标记在方言中可能呈现出不同的性质，一些特有的标记也没有显示出更多的词性种类。总之，不管是普通话还是方言，可能式前标记都是由动词、助动词和副词构成的一个集合体。①

二、方言中的各类前标记

(一)"能"类

(1) **能** 普通话里，"能"可以表示主体能力，也可表示擅长、善于

---

① 这里注重前标记内部差异，区分出三种不同的性质。其他章节中不强调这种差异性时也统称为助动词。

义，还可表示或然、许可义，这时多用于问句（含反问句）、否定句中。表达肯定的许可义多用"可以"，肯定形式"能"表示许可义较少见，朱德熙（1982：63）举出一例"会骑自行车的人都能参加"。方言中"能"表示的意义比较丰富，以下分类列出。

①表示人的能力、物的用途等。

【南京】能喝的就多喝点，不要客气（李荣2002：3496）

【牟平】能说会道（同上，3495）

【扬州】这一盘棋他能赢（同上）

【万荣】这布能做窗帘（同上）

【隆德】他能担起挑得动一百斤重来担子（杨苏平2017：347）

②表示条件的具备。

【银川】路修宽了，能过汽车了｜炕上能睡下十个人（李荣2002：3495）

【隆德】这个大房间能住下住得下十个人（杨苏平2017：358）

③表示被动的许可。北方很多地方没有普通话中"V得"的说法，通常是用"能V"来表示这种意义，这是一种被动的许可。

【莱州】能吃吃得｜不能吃吃不得（钱曾怡等2005：316-317）

【即墨】能骑骑得｜不能吃吃不得（赵日新等1991：134-135）

【隆德】这个能吃，伟个不能吃那个吃不得（杨苏平2017：348）

【平邑】能吃吃得｜能用用得（黄伯荣1996：772）

(2) **能够** 《现代汉语八百词》（1999a：415）指出："能够"多用于书面，只能表示能力、擅长、用途等义，不用于表示有可能和许可意义。赵元任（2002：653）指出："能。够——大概是从南部方言而来"[①]，方言反映的是口语的情况，现有资料只有南京列出"能（够）"词条，当地也可以只用"能"（李荣2002：3496）。

王力（1985：68）认为："能"和"能够"的意义是一样的。古人只说"能"，今人往往以"能够"替代"能"字。这说明"能够"一词是后起的，在《说文解字》中仅见"彀"，解释为"张弩也"。太田辰夫（2003：185）认为《汉书·匈奴传》中的"七日不食，不能彀弓"不能作为"能够"的出典，此处的"能彀"应分别和前后组合为"不能"和

[①] 根据赵元任（2002：197），"。"表示后一音节可轻可重。

"彀弓",其中"能"表示能力义,"彀"当属于一个动词。太田氏还列举了三个"能勾"的用例:

> 要三个也不能勾(《警世通言·拗相公饮恨半山堂》)|不能勾相偎相傍(《刎颈鸳鸯会》清平山堂话本)|我何日能勾相见也(《薛仁贵2》)

第一例中"能勾"也是两个词,"勾"实际是"够",动词意味明显①,后两例和今天的"能够"相当,表示具备达到某种结果的能力和条件。对比金代董解元《西厢记诸宫调》和元代王实甫的《西厢记》发现,前者中"能勾(彀)"常常是一般动词;后者中"能够"则后接动词,且字形基本固定为今天的写法,其中"够"有强调结果实现的含义:

> 张生闻语,扑撒了满怀里愁。想料死冤家心中先有,琴感其心,见得十分能勾。(《西厢记诸宫调》)

> 人死后浑如悠悠地逝水,厌厌地不断东流。荣华富贵尽都休,精爽冥寞葬荒丘。一失人身,万劫不复,再难能彀。(同上)

> 害杀小生也。自那夜听琴后,再不能够见俺那小姐。(《西厢记杂剧》)

> 怕夫人拘系,不能够出来。(同上)

> 若不是在恩人拔刀相助,怎能够好夫妻似水如鱼。(同上)

> 人间天上,看莺莺强如做道场。软玉温香,休道是相亲傍;若能够汤他一汤,倒与人消灾障。(同上)

> 忘餐废寝舒心害,若不是真心耐,志诚捱,怎能够这相思苦尽甘来?(同上)

近代的话本和章回小说中有"得能彀"的用法,多见于否定和疑问句,其中"得"表示推测意义,而"能够/彀"表示"有能力和条件实现":

> 若得你令郎这样一个,却便好了,只是如何得能够?(《醒世恒言》第十卷)

> 不期他手下有这般徒弟,我被他坏了名声,破了香火,有心要捉唐僧,只怕不得能彀。(《西游记》第四十八回)

---

① 《现代汉语词典》第 6 版解释"够"为动词,张斌(2005:60)认为"钱够了"中的"够"归入动词或形容词都不合适,称之为谓词则较为恰当。

如今那怪物手段又强似老孙，却怎么得能彀取胜？（同上）

以上"能够/彀"表示的并非单纯的主体能力，而是包含了外部环境和条件。李明（2016：131）认为"能够"一词始见于元明时期，但早期的"能够"只表条件可能，没有表示能力的用法，这和我们的引例是一致的。由此看来，今天方言中"能够"一词表义的范围有所扩大。

（3）**能得**　在湖北赣语中，"得"可以和"能"结合为"能得"，表示有可能、有能力，或有某种用途。

【大冶】我只怕十点钟个样子才能得到屋｜渠六十出头个人了，还能得挑一百多斤｜菊花晒干了能得泡茶喝（汪国胜 2000a：45）

【阳新】我能得出去不_{我能不能出去}？｜请你帮下忙能得不_{请你帮一下忙能得不能得}？（黄群建 1994：200）

今天方言中的"能得"是汉语历史上用法的遗留。这种形式的形成有两方面的原因：一方面是"能""得"连用，李明（2016：71）、段业辉（2002：65）、朱冠明（2008：110）讨论了历史上的这一现象，最初其中的"得"还有很强的达成意义；另一方面是"能"对"得"的替换，杨伯峻（1956）指出，先秦时期，助动词"得"用于表示"客观条件可能"，"能"用于表示主观可能，"主观能力与客观情况难以区分或者互相影响的时候，常用'能'字"，说明当时"能"的使用范围更广一些。现代汉语普通话中，"得"表示可能多见于庄重严肃的书面语体，在口语中，人们更多地使用"能""可以"等助动词来表示可能。总的来说，汉语发展过程中存在着助动词"能"对"得"的替换，而在常用词替换过程中经常会出现重言形式，即由这两个发生替代关系的词组合成一个词，重言形式往往是两种次序都有（李宗江 1999：158）。在"能"对"得"替换的过程中，曾经出现过"能得""得能"这样的形式，大冶、阳新方言中的"能得"应是历史上这种用法的遗留，而在中原官话的开封方言中，则存在与之语序相反的"得能"。

（二）"会"类

（1）**会**　普通话中，"会"表示具有某种能力、擅长以及有可能等义，不表示许可义。指能力时"多半用来说要经过学习或练习获得的技能"（朱德熙 1982：62）。方言中的"会"大都也表示这些意义。唯一例外的是部分闽语中的"会"还表示可以、能够义,其本字是"解"①。以下是方言中的具体用例。

①表示懂得怎样做或有能力做。

【牟平】会骑车｜会说话｜会过过日子的省囤尖,不会过的省囤底(李荣 2002：4900)

【武汉】他会说话｜会写字｜我不会骑车子(同上)

【万荣】娃会走啦｜你会游泳么？｜骑车子我不会带人｜这道题我会啦(同上)

【绩溪】渠会打毛绳衫｜会做不如会省,会省不如会检点(李荣 2002：4901)

【金华】格个人会唱道情个｜我会打毛线衣了(同上)

【南昌】你教两遍渠就会做｜一岁多了还不会走(同上)

【平乐】解说无解做只会说不会做(张燕芬、林亦 2009：232)

②表示擅长。

【万荣】又会写又会画｜咧外人可会说哩(李荣 2002：4900)

【太原】能说会道｜能写会画(同上)

【萍乡】他蛮会画画｜我嘴巴不会讲,讲不他赢说不过他(同上,4901)

【广州】会饮会食｜会使花钱花得很恰当｜会着讲究衣着(同上)

【建瓯】佢尽会做人｜会饮酒的怀让好菜会喝酒的不用好菜(同上,4902)

【崇明】会写会话说(张惠英 1993：124)

【福州】喙野会讲善于说话；嘴巴很能说(李如龙等 1994：1)

③表示有可能实现。

【南昌】明日会落雨啵？｜个时间还冒来,怕不会来了(熊正辉 1995：103)

【福州】伊今晡晚会来｜六点会做完｜伊后日会转回来(李荣 2002：4902)

【扬州】我请他来,他不会不来(同上,4900)

---

① 《汉语方言词汇》(1995：473)中厦门、潮州、福州的"会（游泳）"加注解："会",训读字,本字为"解",胡买切,"晓也"。

45

【银川】你放心，他会来的｜说了话不会不算（同上）

【苏州】今朝阿会落雨葛｜侬放心，天㑚坍下来葛（同上，4901）

【萍乡】他肯定会来｜我讲说他他会听，别人讲他他不得听（同上）

【广州】咁夜咯，佢唔会来嘞这么晚了，他不可能来了！（同上）

【平乐】伊可能解来他也许会来（张燕芬、林亦 2009：232）

④表示可以、能够。

【福州】许件大衣会颂其㑚那件大衣能不能穿？（陈泽平 1998a：178）｜会食其㑚能吃吗？会能｜总欵事计会做礼这种事可以干（李如龙等 1994：1）｜伲囝明年暝会读书了明年可以上学了（李荣 2002：4902）

【泉州】我病好咯，会食糜咯我病好了，能吃饭了｜伊一日会写三千字他一天能写三千字（林连通 1993：260、261）

(2) **会得**

①表示有某种能力、懂得怎样做或有能力做。

【苏州】俚会得开汽车（李荣 2002：4901）

【上海】伊会得弹钢琴｜我也勿会得用电脑（徐烈炯、邵敬敏 1998：167）

【杭州】本来我不会溜冰，格毛会得唻（李荣 2002：4904）

也可表示擅长。

【上海】侬蛮会得吃吗（李荣 2002：4904）

表示掌握某种技能的"会得"在近代汉语中就有用例，如：

太公，我是蓟州罗真人的徒弟，会得腾云驾雾，专能捉鬼，你若舍得东西，我与你今夜捉鬼。（《水浒传》第七十三回）｜他也有遇着不巧，受了窘迫，却会得逢急智生，脱身溜撒。（《二刻拍案惊奇》第三十九卷）[①]

②包含客观条件的能力意义。

[①] 转引自香坂顺一（1997：226）。作者还写道：叶圣陶旧作中用"能得""会得"，新中国成立后的版本中都改为"能""会"。"能得"在福建方言里仍用，福建方言中能愿动词的复合词很多。

46

【漳平】会得入（去）进得去/能进去｜会得出（来）出得来/能出来｜会得上（来）上得来/能上来｜会得落（去）下得去/能下去（张振兴 1992：16）

【汕头】会得去去得了（施其生 1996：28）

③表示动作有可能发生。

【上海】侬可以吃勒饭去，保侬勿会得晏个（许宝华、汤珍珠 1988：444、448）

【杭州】勒哈杭州会得碰到你，我真想不到（李荣 2002：4904）

【绩溪】尔放得那搭，渠会得吃伨（也说"会"）（同上）

【萍乡】个里要跟你开门，那里菜都会得烧嘎去｜不盖正被窝，会得冻嘎去着凉（同上）

(3) **会八** 据陈泽平（1998a：176），福州话表示掌握某种技能，如"他会英语""我会计算机"等更多用"会八懂得"，这里的"八知晓"是谓语动词，"会"是助动词。李荣（2002：4902）写作"会伩"，如"做侬其原则汝会伩烩"。"会八"除了后接名词，还能后接动词。

【福州】伊会八英文烩他懂不懂英语？｜者道理汝会八烩这道理你懂吗？（李如龙等 1994：91）

(4) **会使（许可义）**

【漳平】会使看看得/能看｜会使讲说得/能说｜会使食吃得/能吃｜会使攻打得/能打（张振兴 1992：16）

【厦门】即块面包会使食烩使食可以不可以吃？｜明仔日的会明天的会议会使请假烩可以不可以请假？｜排一摆一次队会使买几张票？（李荣 2002：4903）

(5) **晓得**

在方言中，"晓得"的用法和意义与普通话的"会"相近，可以后接名词性成分，表示知道、懂得，也可后接动词性成分，表示掌握某种技能，这时是可能标记。还可以表示擅长，具体例句见前文（第 40 页）。

(6) **识（得）**

现代粤语中"识"为知晓义，也可以用作可能标记，相当于普通话中的"会"，如：

【广州】我唔识游泳我不会游泳｜佢识讲普通话他会说普通话（詹伯慧 2002：76）

47

广州话中,"识"还可以在后接动词时表示"爱好、精于此道"的意思,可以看作"会"的引申义,如:

【广州】识靓爱打扮爱漂亮｜识饮识食｜识着讲究衣着（李荣 2002：6180）

南宁白话中,"识得"表示掌握某种技术、擅长、善于,如:

【南宁白话】你识得开车嘛？盟学过,有识得你会开车吗,没学过,不会｜你睇人哋细覃就系识得讲话你看人家小覃就是会说话（林亦、覃凤余 2008：280）

根据《汉语方言词汇》（1995：473）,在有代表性的 20 个方言点中,使用"会"表示掌握某种技能（如"会游泳"）的有 19 个（有的是训读字,本字为"解"）;除了用"会",还使用"晓得"的有武汉、长沙、双峰、南昌,还使用"识得"的有梅县,广州使用"识"和"晓",阳江用"识"。

(三)"得"类

(1) 得　普通话中,用在动词前表示可能的"得"（dé）较少见,语法研究中的认识也不完全一致。丁声树等（1961：91）说"得"字也有"能"的意思,通常总是否定居多,朱德熙（1982：62）谈到"得"可以用来表示"环境或情理上的许可";赵元任（1979：328）认为"得"有"能够"和"可以"两种意义;刘月华、潘文娱等（2001：171）只在表示准许、允许义的能愿动词中列出"得（dé）",而表示对主客观条件判断的能愿动词中没有"得"。这说明在普通话中用"得"表能够意义的用法并不被普遍认同。各地方言情况不一,有的地方"得"用在动词前后表示可能的用例很多,如长沙（张大旗 1985）,而有的地方没有"得（dé/děi）",如上海（徐烈炯、邵敬敏 1998：167）。以下分意义列出方言中前标记"得"的用法。

①表示能够,不表示许可。

【长沙】要茶,茶不得到手；要饭,饭不得到手｜他在里面洗澡,我不得进去进去不了（张大旗 1985）

【南昌】你冒有票就不得进去进不去,我就得进去进得去（李荣 2002：3879）

【成都】一个星期得不得回来能不能回来？（周家筠 1983）

48

【柳州】那时家里穷，哪得读书？读了两年就没得读了（李荣2002：3876）

【萍乡】得来｜得出去出得去｜不得完完不了｜是话得出（李荣2002：3879）

【广州】你得好返，真系万幸咯你能恢复健康真幸运（同上）

【开封】上一回旅游他冇得去｜一个小孩儿忙嘞一家人不得安生（自拟）

【西安】我肚子疼，不得去（王军虎1995）

也有表示主体能力的用法。

【志丹】我爷爷坐下就不得起来就站不起来了｜早上我各儿得醒来嘞早晨我自己能醒来呢（王鹏翔、王雷2008）

【西安】娃孩子他爷现在得起来？｜娃他爷在床上不得起来（赵绿原2019）

②表示推测、估计等义。

【长沙】现在还不来，那就要晚上才得来哒要晚上才会来了（张大旗1985）

【成都】七月间才得放假｜五月间不得放假（张清源1996）

【南昌】眼瞭得屋里得干啵干得了吗？｜你这个病不吃药郎得好怎么能好？（李荣2002：3879）

【丹江】得让你去的｜小王还没来，得是生病唠｜你去唠得好一些（苏俊波2007：141）

北方话中也有"得"表示推测义的用例，如：

【沁水】红云转黑云，不得到天明（《沁水县志》1987：502）

【延川】秋分糜子不得熟，寒露谷子割一半儿（张崇1990：119）

【志丹】照那娘老子的个子，这娃娃终来不得高看他父母的个头儿，这孩子将来不会高｜露水夫妻不得久长不可能长久（王鹏翔、王雷2008）

(2) 得能　中原官话中有"得能"一词，许宝华、宫田一郎（1999：5591）标注其词性为动词，释义"能够"，注音［tɤnən］，举例："俺父女得能团圆。"

河南开封方言现有的"得能"读音和用法都与此不同，读音为

[tɛ²³·nən]，两个语素组合成一个词，重音在前，后读轻声，用法如下：

【开封】得能多干点活儿斗多干点活儿_{如果能多干点活儿就多干点活儿}｜得能不去斗不去_{如果能够不去，就不去}（自拟）

此处"得能VP斗VP"结构相当于紧缩的假设复句，意思是"如果能够VP，就VP"。

（四）"可"类

（1）**可/可以**　据《现代汉语八百词》（1999a：333），"可"在普通话中表示许可或可能，同"可以"，用于书面语，口语中只用于正反对举；"可以"表示可能时，能够单说。吕叔湘（1982：247）说："表示许可，文言用'可'或'可以'，白话只用'可以'，单用'可'字限于现成词语，或正反并说的时候。"由于这种用法方言和普通话类似，所以调查中列出"可""可以"的地点不多，如：

【乌鲁木齐】可有可无｜可大可小（李荣2002：887）

【萍乡】他病好嘎唎_{完全好了}可以出院了（同上，889）

【常宁】佢一次就可以吃两斤酒_{他一次就能喝两斤酒}（占升平2013）

【临县】摆事宴还，甚会儿也是可大可小，没甚等尽铺排_{(婚丧等大事的)宴席，什么时候也是可大可小，没有什么等级尽头}｜明儿可以走哩，就是没路费｜枣儿红哩，可以打哩（李小平2020）

（2）**可能**　在方言中，"可能"表示或然性，意义和用法都和普通话相同。

【济南】他可能已经走啊（李荣2002：889）

【贵阳】明天可能要下雨｜他没来，可能有病了（同上）

【柳州】他可能坐飞机来｜大李可能没晓得开会改了地点（同上）

【江永】天就要变了，可能要落雨_{下雨}（黄雪贞1993：85）

（五）"好"类

（1）**好**　普通话中，"好"可以作为助动词，如：

打扫干净好过年（朱德熙1982：66）

我开着门，你们好进来｜认识字，好读书｜你闹得我不好用功

（赵元任1979：329）

别忘了带伞，下雨好用｜多去几个人，有事好商量｜你留个电话，到时候我好通知你（《现代汉语八百词》1999a：258）

这些用例中，"好"都是出现在复合句的后一小句中，可以理解为"以便"。方言中，"好"所表示的可能意义有如下几种：

①表示"可以"。

【上海】风忒大，勿好开船｜这个人勿好搭交往个（黄伯荣1996：295）｜我好进来伐？（李荣2002：1584）

【平度】好吃不好吃吃得吃不得？｜好买不好买买得买不得？（于克仁1992：230）

【崇明】饭烧好特，大家好吃饭特｜你小囝好随便字相玩儿个，我里大人我们成年人就弗好随便字相玩儿个（李荣2002：1584）

【苏州】鸡黄皮好做药葛（同上）

【宁波】舅姆屋里我好去伐（同上）

【金华】好吃午饭了｜有些蕈弗好吃个｜肚脐深，好囥存放金（同上）

【潮汕】汝好转去内了你可以回家了｜教室收拾好了，好上堂教室修理好了，可以上课（李新魁1994：403）

赵元任（1979：329）又指出，"好"有"可以"的意思，并注"原为吴语"，举的例子是："好不好出去？｜不好那样子｜我又不好不告诉他"。从以上例子看，方言中用"好"表示可以的并不限于吴语，如平度属于官话区，潮汕地区方言也不是吴语，是否受吴语用法的影响有待研究。

②表示"以便"。

【南京】先找个旅馆，好住下来｜软处好起土，硬处好打墙（李荣2002：1582）

【银川】人多好干活，人少好吃饭（同上，1583）

【太原】告给我他在哪嘞，我好找他去（同上）

【绩溪】尔让下，我好放物事｜尔搭我讲渠在哪块，我好去寻渠（同上）

【丹阳】告诉他地址，我好去找他（同上，1584）

【杭州】点点人头，好分馒头（同上）

【宁波】书带本的，火车里好看看（同上）

【萍乡】我告起_{告诉}你他住到在哪里，你好去寻他（同上，1585）

③表示"应该"。

【哈尔滨】这么晚了，我好走了（李荣2002：1582）

【绩溪】九点，好爬才了_{该起床了}｜车来了，尔好去了（同上，1583）

【丹阳】你说则太多咧，好歇歇咧（同上，1584）

【上海】侬好去哒，再晏火车要赶勿上勒（同上）

【杭州】七点钟得，好到学校里去得（同上）

【温州】你好坐落罢｜你好走罢（同上）

【梅县】时间到了，好走了（同上，1585）

【南宁平话】背后有好讲人哋闲话（限于否定式）（同上）

【广州】好去食饭嘞_{该去吃饭了}｜好训觉喇_{该睡觉了}｜咁夜嘞，好收档咯嘞_{这么晚了，该收摊儿啦}（同上）

【东莞】天黑喇，我哋好走喇｜六点喇，好起身喇（同上，1586）

【雷州】到时_{时间}上课啦，好去啦（同上）

古代汉语中，"好"本是形容词，《说文解字》解释为"美也，从女、子"。根据我们对同类形式的比较分析，"好"从形容词衍生出助动词用法的过程之中经历了动词"适于、合宜"的阶段，详见本章第二节。

(2) **中** 普通话中有"中听""中看""中用"等词语，《现代汉语词典》第7版解释这些词里的"中"是"适于、合于"的意思，"中看"是"看起来很好"，并举例"中看不中吃"，这里的"中"仅是一个语素，无法独立使用。今天河南方言普遍使用"中"作为应答语表示"可以、行"，否定用"不中"，询问用"中不中"。除此之外，方言中还存在用"中"作为前标记的情况：

【河南】这中吃，那不中吃_{这个吃得，那个吃不得}（张启焕等1993：417）

【叶县】车子中骑不中？中｜菜中吃了，再炒都老了（傅丹丹2014：55）

【密县】处暑不露头，只中割喂牛①（民谚，柳长江《农业谚

---

① 意思是处暑时天气已经转凉，大秋作物如果还没结穗，只能给牛当作饲料。

语》，山西经济出版社 2017：149)

【菏泽、桓台、青岛】这种野菜不中吃_{不可以吃}｜中做饭了_{该做饭了}（董绍克 1997：421）

张启焕（1991）列举了大量例证，说明助动词"中"自先秦到宋元一直都有使用，以下是张文举例：

> 礼乐不兴，则刑罚不中；刑罚不中，则民无所措手足。（《论语·子路》）
> 武帝择官人，不中用者斥出归之。（《史记·外戚世家》）
> 美人停玉指，离瑟不中闻。（唐王健《荆南赠别李肇著作转韵》）
> 丑云：此般物件，其实不中。生云：岂有此心，只是这弦不中用。旦云：这弦怎的不中用？（高明《琵琶记》）

上例中"不中用"的"中"既可以解释为"适合"，也可以解释为"可以"；"美人停玉指，离瑟不中闻"中的"不中闻"只能解释为"不能听到、无法听到（听不到）"，而不是"不好听"。可见在汉唐时期，"中"逐渐成为表示可能的助动词。

（六）"有"类

(1) **有** 表示或然性。

【福州】只架车有去泉州_{这辆车会经过泉州的}（郑懿德 1985）

(2) **有变/有好** 表示能够。

【潮汕】我有变跑这块一圈_{我能跑这儿一圈}｜我有变骑马_{我能够骑马}（李新魁 1994：402）

【汕头】有变去_{去得了、能去}｜有好去① （施其生 1996）

李新魁（1994：402）解释说，潮汕话间或用"有能为"，意义、作用与"有变"相同。

(3) **有得** 表示准许、有条件、有无可能进行。

【金华】天公落雨来罢，今日有得嬉罢（曹志耘 2001）

【香港】好嘢，有得去_{太好了，终于可以去了}｜难得有得用_{难得有机会用}｜有得拣架_{能/可以挑选吗}｜有得唔一样架_{可以不一样吗}（陆镜光 1999）

---

① 据原作者解释，"有好去"普通话无法准确对应。

（4）有能嗨　根据陈泽平（1998a：175），福州话中的"能嗨"本字不明，是个黏附的成分，只与"有""无"结合，构成肯定、否定对应的一对助动词"有能嗨""无能嗨"，词义大致相当于普通话的"能够"和"不能"。如：

　　福州：只块布有能嗨做蜀条裙这块布可以做一条裙子｜我明旦有事计，无能嗨去我明天有事，不能去（陈泽平1998a：175）

（七）"管""敢"类

"管""敢"在现代汉语普通话中语音接近，只是有无介音的差别。根据周利芳（2008）的研究，二者在历史上有同源关系，所以这里归为一类。

（1）管

①表示能够和许可。既有表示条件许可意义的，也有表示自身能力、性质意义的。表示能力时，一般指是一种超常（一般情况下可能不具备）的能力：

　　【沈丘】他管来不管？｜这管吃不管？（黄伯荣1996：294）

　　【皖北】馊饭馊菜不管吃吃不得｜公路当中不管走走不得（《安徽省志·方言志》1997：83）

　　【徐州】芹菜叶子也管吃｜会一散，咱就管回家了｜这儿管吸烟不？｜小孩长得真快，几天不见，都管爬楼梯了（吴继光1986）

　　【郑州】二队长，这事可不管叫他知道（许宝华、宫田一郎1999：6856）

　　【确山】这小孩儿不得了，才三岁斗就管背一百多首唐诗｜他砸住脚嘞还不管下床哩（陈媛婧2011：9—10）

　　【汝南】会议室里可不管吸烟呀｜芹菜叶子也管吃（张宝胜2012）

　　【忻州】我管去看电影吗？｜小三的自行车我能啵？不管（李荣2002：5168）

　　【周口】那老人家身体真好，80多了还管下地干活｜他才学英语两个月，就管跟外国人对话｜这件衣服小了不管穿（卢君2014）

　　【开封】恁这儿管刷卡不管啊你们这里能不能刷卡？（自拟）

②表示推测，意思是可能、大约。

【新乡、修武】他管不来了（许宝华、宫田一郎 1999：6856）

(2) **管（兀）**　根据周利芳（2008），内蒙古丰镇话中"管"和"管兀"两者在一般条件下可以互换而不改变意思，口语中以单用"管"更为常见。表推测义，倾向于肯定，类似于北京话的"可能、大概"，既可推测未然情状，也可推测已然情状。如：

【丰镇】今儿管（兀）下雨呀，热得不一样的嘞_{今天可能要下雨，天气热得不一样呢}｜从大同到神木管（兀）不好买卧铺（周利芳 2008）

普通话中"管"没有助动词用法，但有一个"管保"，表示说话人对某事的推测，含有确定语气。这种用法和方言中"管（兀）"可用于推测是一致的，"管保"就是能够保证、敢于保证，"管"表示的是说话人具有某种能力。现代汉语中的"管用"为"有效；起作用"义，其形成过程和"中用"的情况相似，从"助动词+动词"结构逐渐复合成一个词。

近代汉语中有"管"用作表示推测、估计的例子，如：

唤多时悄无人应，我内心早猜管有别人取乐。（《大宋宣和遗事》，转引自刘坚 1985：222）

你是为人须为彻，将衣袂不顾借。绣鞋儿被露水泥沾惹，脚心儿管踏破也。（《西厢记杂剧》，同上，263）

甲溜晴郊似银河泻，绣旗飐似彩霞招折，管是白马将军到来也！（《西厢记诸宫调》）

孙飞虎唬得来肩磨，魂魄离壳。自摧挫，管只为这一顿馒头，送了我。（同上）

(3) **管许**

【寿光】他管许和他爷打了仗，待分家呢｜你吃吧，他管许不能来（许宝华、宫田一郎 1999：6858）

根据许宝华、宫田一郎（1999：6858），山东临朐使用"管许是"表示可能；北京使用"管莫"表示也许，如"他管莫还不知道呢""管莫又是你干的"，这里的含义相当于"可能"一词。

(4) **敢**
①表示可义。

【闽南】汝恰细，不敢开车_{你太小，不能开车}｜伊细汉啦，你不敢操伊_{他个子小嘛，你不能推他}（冯爱珍 1998）

【建瓯】心脏病的人敢怀敢嗑酒心脏病人能不能喝酒？｜我敢怀敢去佢厝嬉允许不允许我上他家玩？（李荣 2002：4071）

【福州】伊脚疼，无敢爬山（同上）

【娄烦】你可不敢给人家弄烂啊你不能给人家弄坏啊（李会荣 2008）

【西安】这事你不敢给他说，说咧他受不了｜桌子没搁稳，你不敢碰，一碰就倒咧（王军虎 1995）

【乌鲁木齐】这个蘑菇不敢吃，有毒呢｜娃娃家不敢让学底抽烟（周磊 1994）

侯精一（1999：209）提到张相《诗词曲语辞汇释》说近代汉语中"敢，犹可也"，并举出今天方言的例子：

【平遥】不敢叫卖鸡蛋的进院子儿｜小心些，不敢快走，路路路不好走（侯精一 1999：209）

②表示推测、估计。

【厦门】即粒冬瓜敢有二十斤喽｜路行敢卜到路恐怕快要走到了吧（许宝华、宫田一郎 1999：5840）

【汕头】伊敢还未食大约还没吃吧？（同上）

【闽南】雨即大，伊敢不来啦雨这么大，他恐怕不来了吧？（冯爱珍 1998）

【西宁】出门带致这么一点儿钱敢不够吧？（李荣 2002：4071）

表示推测的"敢"还可以用在句首：

【徐州】敢有了怀孕｜敢病了？（许宝华、宫田一郎 1999：5840）

(5) **敢是** 表示推测。

【哈尔滨】他咋吐了呢？敢是吃错药了吧？（李荣 2002：4071）

【徐州】敢是吃过了（同上）

(6) **敢莫** 表示推测，和"管莫"相同。

【牟平】敢莫是他？（李荣 2002：4072）

（八）"通"类

据陈曼君（2004），闽南话中的助动词"通"大致相当于普通话的"可以"，"通"前可以加上"有（无）、会（飚）、卜（唔）"之类的词，既可以置于谓词性词语前（前标记），也可以置于动词中心语和谓词性补语中间（后标记），还可以用在名词性词语之前。

（1）**通**　表示对动作行为或性状的认可。

【闽南】物件通下咧_{东西可以放着}｜物件通下下咧_{东西全都可以放着}｜挖树窟通深_{树坑可以挖深}｜挖树窟通深深_{树坑可以挖得很深}（陈曼君2004）

（2）**有通**　表示各种动作行为的可行性。

【闽南】阿姊有通去北京跳舞，小妹无通去逗落佚佗_{姐姐能去北京跳舞，妹妹却没什么地方可玩}｜小鬼行路有通远远_{小家伙可以走很远的路}（陈曼君2004）

（3）**会通**　表示各种动作行为的可行与否。

【闽南】厝会通起入来，赡通起出去_{房屋能往里盖，不能往外盖}｜小鬼行路会通远远远_{小家伙能走很远很远的路}（陈曼君2004）

据陈曼君（2004）介绍，"通"加在名词性词语前是有条件的，要求前面已有可组合的动词，可以认为其后的动词因承前而省略。因此，前面动词可以说是潜在的先行词语，"通"类词语加在名词性成分前是可能标记的一种特定用法，用例如下（仅列举肯定式）：

【闽南】选专业通文科_{选专业可选文科}｜去佚佗通桂林_{去游玩可以选桂林}｜老岁仔行路通较后面_{老头儿可以走在后面一点儿}｜先生借册会通三个月日，恁学生赡_{老师能有三个月的借书期，你们学生却没有}｜汝选厝有通较南片许座_{你能够选上靠南一点儿的那幢房子}（陈曼君2004）

第二节　后标记

一、后标记的性质

（一）共同语中后标记的性质

1. 现有主要观点

现代汉语共同语中，可能补语式有"V得"和"V得C"两种，两式中的可能标记都是"得"。对两式中的后标记性质有统一处理的，也有分开处理的，以下首先列举代表性的观点，然后加以对比分析。

（1）两式中的"得"都是助词。吕叔湘、孙德宣（1990）认为"V得"和"V得C"两式中的"得"都具有很强的附着性，详细分析了其命名的困难，结论是最好称之为助词。《现代汉语八百词》（1999a：165）维持了这种认识，将"V得"和"V得C"中的"得"都标为助词，表示可能、可以、允许等义。施关淦（1985）认为二者语音形式相同，语法意义也完全相同，书写形式也相同，无法区分出两个"得"，所以都判为助词；"V得"中的"得"是古代汉语中表示可能的助动词转移到了动词之后，变成了一个后附的助词。

（2）两式中的"得"都是词缀。赵元任（1979：210-211）将可能补语中的"得"和"不"称为中缀，添加在自由组合的动词和补语之间，"哪怕意思讲不通，语法上是通的，如'流不脆'"；"V得"中的"得"为后缀，由于"这个词的否定式是在中间插入'不'，可见这个'得'还不是一个纯粹的后缀"。吕叔湘（1982：246）也认为在白话里后置的"得"几乎是一个词尾。

（3）两式中的"得"分别是助动词和介词。黎锦熙（1992：107、178）认为"V得"中的"得"为助动词，和用在动词前的表示可能的"得"是一回事，助动词有前附和后附两种，"V得C"中的"得"为特别介词，和表示状态的"V得C"中"得"性质相同。

（4）两式中的"得"分别是动词和助词。朱德熙（1982：133）把"吃得"分析为"吃得得"，指出前一个"得"是助词，相当于"看得见"中的"得"，后一个"得"是动词，相当于"看得见"中的"见"，"V得"可能式是省略了助词而保留了动词，这样处理的结果是"V得"和"V得C"中的两个"得"词性不同，前者是动词，而后者是助词。邢福义（1996a：111）认为可能补语"V得"中的"得"是动词，而不是结构助词。

（5）两式中的"得"都是动词。卢烈红（2002）从汉语史的角度分析，认为从近代汉语到现代汉语可能式"V得"和"V得C"中"得"是同一个语言成分，都是实词，可将它们统称为后置的助动词；如果看重它们在语法位置上处于动词后，与一般助动词不一样，可不取助动词之说而将它们统称为（一般）动词，而结果式"V得C"中的"得"为结构助词。

2. 相关问题分析

上述观点中认为二者性质相同的理由一般是从语义、读音、字形等出发，无法找出二者的差别。首先说语义，传统观点认为，两式中的"得"都表示可能意义，但新近的研究认为，"V 得 C"式表示可能是整个结构的语境意义，并不是其中"得"单独表示可能（吴福祥 2002a）。而读音、字形的相同也无法说明其具有相同的语法性质，邢福义（2002：137–138）指出，"汉语里，划分词类所根据的语法特征，表现在形态、组合能力和造句功能三方面"，所以这里只能从结构出发来确定两式中"得"的性质。

施关淦（1985）认为，"V 得"之类后面往往可加上补语，如"这算得什么"可变成"这算得了什么"，"吃得亏"可变成"吃得了亏"，有时候受了句型或者上下文的限制，补语加不上去，如"用得用不得""舍不得"。如果承认"V 得"结构中"得"是动词（助动词），那么难以解释为什么加上补语之后"得"就变成了助词。

这里所说的两种"V 得"式表示的是不同的意义，《现代汉语八百词》（1999a：165）对此进行了区分。普通话中"V 得"式的一种意义是"能够"，可后接宾语；另一种意义是"可以"，通常无后续成分。对于能够再加补语的"V 得"，所加的"了"并不具有实义，而只是一个占位的傀儡成分，整体和原来的"V 得"语义相同。根据李宗江（1994）的研究，从唐宋到现代，"V 得"逐渐完成了被"V 得了"替换的过程，这种替换是受到可能补语式"V 得 C"格式的影响而发生的，换句话说，这里的"V 得"和"V 得了"并不是同一个层次的语言成分，二者虽然语义相同，但结构确有差异，两式中的"得"性质不同。现代汉语中使用的表示能够意义的"V 得"是旧有形式的遗留，而较为通用的形式是与之同义的"V 得了"，可以算是一种特殊的"V 得 C"结构。

根据以上分析，我们认为，共同语"V 得"可能式中的"得"为动词，也可以认为是置于动词之后的助动词，而"V 得 C"可能式中的"得"是结构助词。[①]

[①] "V 得"式中"得"的性质还可以从其否定形式加以证明。"V 得"式的否定形式是"V 不得"，既然"得"能够接受否定词"不"的修饰，那么"得"具有一定实义；而表示可能的"V 得 C"的否定形式是"V 不 C"，否定式中未出现"得"，所以无法由此来推断肯定形式"V 得 C"中"得"的性质。

（二）方言中后标记的性质

1. "得"的性质

后标记"得"在方言中组成的可能式有"V得"和"V得C"两种，和普通话中的形式相同，但方普之间"V得"的语义、"V得C"的扩展形式都存在一些区别。方言研究一般认为"V得"中的"得"是动词或助动词，"V得C"中的"得"是助动词。

（1）**"V得"中的"得"**　张清源（1996）认为，就成都话而言，"V得"的"得"虽然是定位的，不能单说，但是，"V得"中间可以有两种以上的扩展方式，并且"得"还保留着比较实在的语义，所以，最好承认这个"得"是个半自由的动词，而不宜把它称为助词。汪国胜（2000a：58）指出："述补结构中表可能的'得'和表结果的'得'性质是不一样的：前者当是助动词，后者才是结构助词。"莫超（2004：166）提到白龙江流域汉语方言中有"能愿词语作补语"，指的是可能式"V得"这种结构，标记"得"为能愿词语。

据张大旗（1985），长沙话中"V得"可能式中V不像普通话那样限于单音节动词，也不限于被动意义的动词才能加"得［·tə］"，如：

【长沙】要进去得，就大家都进去得｜不应该歧视自己人，外国人参观得，中国人也就参观得｜千万千万搞坏不得，搞失不得｜他已经睡着哒，头一吵醒他不得呀？（张大旗1985）

以上用法说明后标记"得"具有较强的独立性，特别是在否定形式中，"搞坏不得"就是"搞坏"这种情况不能发生，"不得"可以算是对前面动词短语的陈述性成分，将其中的"得"认定为动词或助动词是符合实际的。

此外，在北方方言中"V得"有少量分布，如哈尔滨、牟平、徐州等地：

【哈尔滨】这花儿可掐不得，掐了罚钱（李荣2002：3875）

【牟平】哭不得｜笑不得｜豆腐掉等灰里，吹不得，打不得（同上）

【徐州】顾得这头，顾不得那头｜这菜毁坏了，吃不得了（同上）

这些用法和普通话中的情况基本相当，其中"得"的性质也应一致，但值得注意的是这些用法大多已经固化、熟语化，能产性不高，因此北方话中"V 得"并不是我们讨论的重点。

（2）**"V 得 C"中的"得"**　北方方言中的"V 得 C"可能式是受共同语的影响而形成的，如哈尔滨、牟平、徐州等地，该结构中的"得"也是助词。在南方使用该可能式的方言中，"得"被认定为助动词，如张大旗（1985）认为"搬得动"是"搬而得动"，"吃得完"是"吃而得完"，这里的"得"也是用在动词或形容词前，只不过这时不是主要动词，而是充当补语的动词或形容词，但性质是一样的。

"V 得 C"可能式中的"得"被认定为助动词还有一种原因，就是该结构后接宾语时的语序，在武汉、长沙、南昌、成都等地方言中，通常是将宾语置于 C 前，有"V 得 OC"和"VO 得 C"两种语序（例见第三章），后一种语序说明方言中"得"不必紧跟动词，自身独立性较强，如果按照结构层次划分，可认为"得 C"是陈述说明 VO 的，这种情况与普通话中同类格式有所不同。

2．"了"的性质

（1）**"V 了"中的"了"**　在使用后标记"了"的方言中，"V 了"出现得不多，仅见如下几例：

【林州】一瓶茅台他喝咾 一瓶茅台他喝得了｜裤子她做咾 裤子她做得了（谷向伟 2006）

【聊城】他今天来喽 来得了｜这件事他办喽 办得了｜半斤酒他喝喽 喝得了（张鹤泉 1995：167）

【太谷】（问）一个人两碗面，吃喽吃不喽？（答）我饭量大，吃喽（黄伯荣 1996：773）

【济南】这一大篮子菜我拿唠（高文达 1992：74）

谷向伟（2006）认为林州方言中"V 咾"的"咾"既包括结果或趋向意义，又有可能意义，是作补语的"了"和可能标记"咾"由于同音而叠加的结果，这种分析和朱德熙（1982：133）对"V 得"的分析相同。从句法分析来说，"V 了"中"了"是 V 的补语，应该具有一定的词汇意义，从其来源看，是动词"了（liǎo）"虚化的结果，虽然读音发生了变化，但从词性上说，还应该归入动词。

（2）**"VC 了"中的"了"**　柯理思（1995）将北方话常用的后标记"了"称为"动词词尾"，是在比较多地"了"标记和当地动词词尾"了₁"的基础上得出的结论，这种定性和"得"标记的定性是一致的。

高文达（1992）认为济南方言中可能补语式"VC 咾"中的"咾"是语气助词。谷向伟（2006）将林州方言中可能标记"咾"称为情态助词，认为是一个修饰性虚成分，其句法功能就是为所附加的句子增添一种可能的语意。张崇（1990：112）将延川话可能补语肯定式"动＋补＋咧"中的"咧"称为语气词。

但是可能式"VC 了"中的标记"了"不是动词词尾，因为其从不黏附于动词，而是属于整个 VC 结构的，如果加宾语的话，要加在"了"之前。在虚拟语境中非可能式"VC 了"的"了"作动相补语，是虚化了的动词，但其仍充当句法成分，因而具有一定的实义，表示完结、实现等义，对 VC 的完成程度加以说明。如方言中有如下说法：

【开封】吃完喽再盛（饭）｜找着喽就不用买了（自拟）

在同形的"VC 了"可能式中，"了"仍作为 VC 的配对成分，"VC 了"成为表达可能意义的固定结构，"了"不再是动相补语，而是可能标记，语法意义进一步增强，词汇意义更加弱化，其性质相当于助词，考虑到其功能和作用，可以称其为可能助词。

在开封方言中，不存在"V 喽"可能式，但是有"V 喽喽"的说法，如：

【开封】你明天来喽来不喽？来喽喽/来不喽（自拟）

"来喽喽"属于"VC 喽"的可能补语结构，其中占据补语 C 位置的"喽"为原调上声（开封话中调值为 55），是充当补语的动词，末尾的"喽"是可能标记，读为轻声。柯理思（1995）指出，"了了"的第一个音节比第二个重读的方言较多，所说的"了了"就分别是傀儡补语和可能标记。比如在曲阜方言中，作动态助词和可能标记的"了"读音为 [lɔ]（也有读 [lou] 的），当地存在这样的说法：

【曲阜】这碗饭，他吃了了｜他的病，好了（了）（张志静、丁振芳 1992：117）

上例中末尾的"了"是可能标记，音 [lɔ]，而前一个"了"音 [liɔ]，义为"完毕，结束"，是动词。两例中的"了"语义不完全相同，前者有具体的"完"义，表示数量上的结束；后者没有数量的含义，仅是一个表示实现的补语，其后的可能标记省略后就形成了"V 了"可能式。以上事实说明"VC 了"可能式中的"了"为助词。

3. "会"的性质

李如龙（1997：131）谈到泉州话中的可能标记"会"时说："就'会'的位置说，可以在动词之前，也可以在动词之后，可以和动词相连，也可以相隔，可见它还是带着助动词的性质，不像普通话的'得'已经完全虚化为助词。"谭邦君（1996：185－186）认为厦门话中用于VC之间构成可能式的"会""会当""会得"具有实义，谓语与"会""会当""会得"之间可插进其他成分，用在谓语之前和之后意义没有改变，都是能愿动词，与普通话结构助词"得"不同。

4. "下"的性质

王森（1993）认为：临夏方言中的"下［xa］"可以用作能愿动词，相当于普通话的"能、会、可以"，充当可能补语；临夏话只用"谓词（+C）（+不）+下"表示可能或不可能，从格式中看，实际上会形成"V下"和"VC下"两种格式，其中的"下"应该有不同的性质。结合前述"V了""VC了"的情况，两种格式中的标记"下"也分别属于动词（助动词）和助词两种词性。

（三）从前后标记对比看可能标记的性质

根据前文的讨论，汉语方言可能式的前标记有动词、助动词和副词三种词性，而后标记有动词、助动词、助词三种词性，考虑到副词和助词都是比助动词虚化程度更高的功能词类，从整体上说，前后标记的性质都处在同一个范围内，这可以从两个方面来进一步说明。

1. 从位置和功能的关系看前后标记的性质

前标记和后标记都是由动词演变而来的，都处在动词虚化至助词再到词缀的链条上。从语法功能上看，后标记虚化程度高一些，独立性不及前标记，前标记词汇意义强于语法意义，后标记反之。但这是就普通话而言的，如果考虑到方言，有些方言后标记独立性也很强，如湖南长沙方言的"得"；还有的方言只使用后标记，根本不存在前标记，如甘肃临夏方言，这些方言中的后标记完全起到了别的方言中的前标记的作用。

将前后标记分别命名为不同的词类显示了汉语语法的特点。语序被认为是汉语最重要的语法手段之一，汉语中一些成分功能相似，但在句法结构中的位置不同，因此常常被认为具有不同的性质，如介词和方位词，前者被认为是虚词，后者被认为是实词（方位名词），而国外一些语言学理论则将方位词看作后置的介词。依此观点来看可能前标记和后标记，也可以将其统一起来归属于同一种词类，实际上，国外一些研究汉语的学者正是这样做的，如太田辰夫（2003：21）提出"后助动词"的概念。

2. 从名实关系上看前后标记的性质

"名"是指词类名称，"实"是指其含义。有时候，不同的"名"所指内容相同，其"实"一致，如汉语语法研究中的能愿动词和助动词，两种名称的所指没有实质区别。有时候，同一种"名"，其"实"未必相同，如"助动词"。黎锦熙所说的助动词有前附、后附两种，前附的有表示可能、必要的，也有表示或然性的"恐怕""或许"和表被性的"被""见"等；后附的三种语义，表可能、完成和持续，包括"得""了""着"。这种认识有别于朱德熙、赵元任著作中对助动词的论述。目前研究中前后标记词性不统一，和不同研究者所判定的名实关系不一致也有一定关系。前标记中的副词和后标记中的助词由于所处位置的不同，形成不同的句法特征，也获得不同的名称，但总体来看，这两类都是动词进一步虚化的结果，说明前标记和后标记中都有这种虚化程度较高的一类，从这个角度看，二者是一致的。

二、方言中的各类后标记

（一）"得"类

由于方言语音不同，各地语料中分别写作"得""哩""的""唎""咄""勒""来"等不同字形，实为同一个后标记。

（1）**得**

①V 得：

【贵阳】用得｜腊肉是课放置得的（李荣 2002：3876）

【乌鲁木齐】这个地方你来得，我就来不得唎？（同上）

【绩溪】渠吃得也做得｜渠讲得，一讲就是几个钟头（同上，3877）

【苏州】倷去得，吾亦去得｜俚拿得，吾为啥拿勿得？（同上）

【长沙】吃得、困得、做得 能吃、能睡、能做事，身体自然好｜菜淡得咸不得，淡哒还可以再放盐 菜可淡不可咸，淡了还可加盐（李永明 1991：553—555）

【广丰】菜装好嘚，咥得饭嘚 菜烧好了，可以吃饭了｜五分钟凑□sau^{21}开车嘚，归得站咯 再过五分钟就要开车了，可以进站了（胡松柏 2003）

【安庆】这个吃得，那个吃不得（鲍红 2016：274）

②V 得 C：

【牟平】办得到就办，办不到就拉倒（李荣 2002：3875）

【扬州】拿得动｜看得懂（同上）

【南京】这件衣裳你阿穿得下？｜叫王师傅来保证修得好（同上）

【贵阳】看得清楚｜这支笔写得出的｜吃得到（同上）

【柳州】拿得动｜看得到｜听得见｜读得下去（同上，3876）

【乌鲁木齐】搬得动｜做得完｜干得成（同上）

【绩溪】看得着｜讲得渠过｜尔担草我挑得起（同上，3877）

【苏州】有仔人就做得成事体｜吾拿得动葛（同上）

(2) 哩

【河南】这事干哩干不哩 这事干得干不得？｜这菜吃不哩 这菜吃不得｜这东西买不哩 这东西买不得（郭熙 2005）

(3) 的

【莱州】生柿子有毒，可吃不的！｜这事千万大意不的！（钱曾怡等 2005：317）

【德州】喝不的 喝不得｜晒不的 晒不得｜穿不的 穿不得（曹延杰 2005）

【阳谷】这种菜吃不的（董绍克 2005：318）

(4) 唎/咃

【衡山】他挑唎/咃动 他挑得动｜他做唎/咃好 他做得好（彭泽润 1999：292）

(5) 勒/嘞

【天台】佢逃勒快也弗 他跑得快吗/他跑得快不快/他跑得快跑不快？（戴昭铭 2001：200）

【舟山】奔勒过其 跑得过他｜比勒过其 比得过他（方松熹 1993：21）

【宁波】打伊勒过｜打勒伊过（阮桂君 2006：80）

【崇明】我打你勒过｜我打勒过你（张惠英 1993：17）

【开封】那个绳禁嘞禁不嘞 禁得了禁不了（能否承受一定的重量）？（自拟）①

———

① 此处"嘞"[lɛ]读作一短促降调，开封方言表示状态的"写嘞好"中"嘞"为轻声，和"禁嘞"中"嘞"调值不同。

(6) 来

【义乌】挖来动伐_{拿得动吗}？阿挖来动，佢挖勿动_{我拿得动，他拿不动}（方松熹2000：219）

据方松熹（2000：180），义乌方言中"来"作为结构助词，相当于"得"，如"生来好望_{生得好看}"，"来"读音 [le²¹³]，也念 [lai²¹³]。而当地方言中"得"音 [tai²²]，如"食得好""穿得好"等。从读音来看，二者存在相近之处，而且历史上，也存在"得""来"同作结构助词的情况（江蓝生2000），"来"应该是"得"的一种变体。根据曹志耘《汉语方言地图集·语法卷》（2008），浙江天台、永康等地也使用后标记"来"。

后标记"哩""的""嘞""来"等的本字都应是"得"，据袁家骅等（2001：52），普通话"拿得动"在石家庄说成"拿 [ti]（或 [li]）动"，可见其标记的读音韵母已经弱化为 i，声母介于 [t] 和 [l] 之间，和其他地方的"哩""的"相似。由于语音演化造成的方言读音差异，所以选用了不同的字形来表示同一个可能标记。

(二)"了"类

由于方言语音不同，各地语料中分别写作"了""嚼""唠""喽""咾""牢""哩""咧"等不同字形，实为同一个后标记。

(1) 了

【保定】拿动了 [liao]_{拿得动}（袁家骅等2001：52）

【平度】看见了_{看得见}｜说清了_{说得清}｜上去了_{上得去}（于克仁1992：229-230）

【淄博】这活又脏又累，你能干了吗？干了！（黄伯荣1996：773）

【曲阜】三个馍馍吃了（同上）

【长治】拿动了_{拿得动}｜坐下了_{坐得下}｜装上了_{装得上}（乔全生2000：160）

【莱州】吃饱了_{吃得饱}｜听清了_{听得清}（其中"了"音 [la] 或 [ləu]）（钱曾怡等2005：316）

(2) 嚼（溜）

【昌黎】拿动嚼_{拿得动}｜来了嚼_{来得了}（《昌黎方言志》1960：28）

【德州】来了嚼来得了｜干了嚼干得了｜好了嚼好得了（曹延杰 2005）①

、【定兴】拿动嚼拿得动｜坐下嚼坐得下｜听见嚼听得见（陈淑静、许建中 1997：257）②

(3) 唠

【济南】这一大篮子菜我拿唠｜这一大篮子菜我拿动唠（高文达 1992：74）

【阳谷】这张桌子我搬动唠｜这棵树我爬上去唠（董绍克 2005：314）

【微山（两城、鲁桥、马坡）】干完唠｜睁开唠｜写完唠（殷相印 2006：161）

【泗水】他考上唠考得上｜买起彩电唠｜挑动水唠（王衍军 2014）

【泰安】看见唠看得见｜拿动唠拿得动（田兆胜、张元柏 1995：113）

(4) 喽

【获嘉】这桶水你掂动掂不动？掂动喽｜这粮食你背动背不动？背动喽（贺巍 1990）

【聊城】他今天来喽来得了｜这件事他办喽办得了｜半斤酒他喝喽喝得了（张鹤泉 1995：167）

【太谷】一个人两碗面，吃喽吃不喽？我饭量大，吃喽（黄伯荣 1996：773）

【平谷】那个小虫儿我看见喽看得见｜声儿再小我也听见喽听得见（陈淑静 1988）

【邢台】上去喽上得去｜看着（zhāo）喽看得见｜拿动喽拿得动（郝世宁 2010）

【金乡】听见喽听得见｜吃了喽吃得了｜看清喽看得清（马凤如 2000：170）

---

① 曹延杰（1991：197）将标记"了"写作"溜"，如"来了溜｜拿动（了）溜｜干完了溜"。

② 原文还提到定兴话"拿动嚼、坐下嚼"中的"嚼"，也能说成"了[liao]"，例如"拿动嚼、坐下嚼"之类说成"拿动了、坐下了"等等。

(5) 咾

　　【平遥】搬转咾_能搬开_｜坐开咾_坐得下_｜担将迪咾_能担过去_（侯精一 1981）

　　【林州】一瓶茅台他喝咾_一瓶茅台他喝得了_｜裤子她做咾_裤子她做得了_（谷向伟 2006）

(6) 牢

　　【郑州】拿动牢_拿得动_｜放平牢_放得平_｜吃饱牢_吃得饱_｜穿上牢_穿得上_（卢甲文 1992：140）

(7) 哩

　　【利津】上去哩_上得去_｜推动哩_推得动_（杨秋泽 1990：166）

　　【同心】办成哩｜吃了（完）哩｜拿动哩｜看清哩（张安生 2005：295）

　　【白龙江流域】我纸烟吃下哩，旱烟吃不下_我能抽纸烟，不能抽旱烟_（莫超 2004：166）

西宁方言中后标记既用"哩"，也用 lia，应该是不同语境中读音的差异，本字应是相同的：

　　【西宁】明早儿会你来下哩不_明天的会你能不能来？_大概来不下_大概不能来_｜你说呵这一场雨下下哩不_你认为这场雨会不会下？_我看呵下下 lia_我看会下_｜这么点小事情我一个人就干下 lia_我一个人就能做好_（都兴宙 2001）①

(8) 唎

　　【延川】人不多，车上坐下唎_坐得下_｜背起唎_背得起_（张崇 1990：112）

　　【敦煌】挪过唎_能挪过_｜盖严唎_能盖住_（刘伶 1988：220）

柯理思（2006）认为：陕北方言可能标记和完成体标记的关系疏远，大概是"动词+补语+可能标记"的另一个下位类型。考察张崇（1990）

---

① 原文区分有实义的动词"下₁"和语义虚化作补语的"下₂"，引例中未加标注，但从用法可以看出。原作者认为"下"用作动词或动词性短语的后附成分，表示可能。但根据笔者的理解，此处"下"为傀儡补语，"哩"或 lia 才是可能标记，"来不下"中无可能标记，相当于普通话"来不了"。柯理思（1995、2001）均倾向于认为西宁话里 lia 为可能标记。

所记延川话的标音例句,有以下用例:

【延川】从前,有个老汉儿在石枣卜潭跟前务了［lɔ］一片儿枣树。……葫芦苗儿一天一天长大了［læ］,蔓子扯到枣树上,开了［lɔ］花儿,结了［lɔ］几个猴葫芦儿(128)

当地的完成体标记"了"音［lɔ］,出现在"VC"之后的"了"音［læ］,后者一般认为是语气词。根据刘勋宁(1985),陕北清涧话语气词"了"的读音与此相同,刘文认为其来源是近代汉语中的"了也",与此有关联的是延川话可能式"VC唎"的正反问形式中不出现标记"唎",而用语气词"也":

【延川】那袋子粮你背起也背不起_{背得起背不起}?(张崇 1990:112)

可以认为疑问句中只出现"也",未出现"了",而在正反问中不出现可能标记,是北方话的常态,如"吃完吃不完"。延川话中可能标记"唎"与语气词"了"音相近,但不完全相同,"唎"接近"了"和"也"的合音,但和语气词"了［læ］"的虚化程度不同①。

在敦煌方言中,动态助词为"唎"的用法与普通话"了"基本相当,如:

【敦煌】你老子_{父亲}上哪搭去唎? | 驴把豆子豆田啃光唎 | 鸽子飞唎 | 快关门,又起黄风唎(刘伶 1988:209)

从以上例子来看,用在名词或形容词后的"唎"并非动态助词,而是语气词。另据刘伶(1988:213),敦煌方言中"唎"和"了"都可以作语气助词,这说明当地方言中二者在某些情况下可以通用。

(三)"会"类

此类后标记主要存在于闽方言当中,根据《汉语方言词汇》(1995:473),闽方言中"会游泳"的"会"本字为"解";用作后标记的"会"和前标记"会"具有同一性,所以也是"解"。

(1) 会

【福州】看会真_{看得真切}(李荣 2002:4902) | 食会饱_{吃得饱} | 看

---

① 动词词尾"了₁"与语气词"了₂"之间的界限有时不甚清楚,可能标记"了"的前身是作动相补语的"了",而动相补语也是词尾"了₁"和语气词"了₂"的前身(详细演化过程见第六章),因此笔者认为可能标记和"了₂"同音也很正常。

69

会出看得出（李如龙等 1994：1）

【泉州】纸皮拆会破_{纸皮能撕破}｜柴破会开_{木柴能劈开}（陈法今 1992）

【厦门】即碗饭我食会了_{我能吃完}（李荣 2002：4902）｜写会好（谭邦君 1996：185）

【汕头】食会落｜搬会走（施其生 1997：151）

(2) **会得/会当**

【厦门】写会得好｜写会当好（谭邦君 1996：185）

【漳平】我带会得动，伊带䆀动（张振兴 1992：108）

【闽南】撮大碗汝食会得落去䆀_{那么大一碗你吃得下吗？}（李如龙 2001b）

【汕头】食会得落｜搬会得走（施其生 1997：151）

（四）其他类

(1) **通**　普通话中只有"V（不）得"可能补语式表达许可意义，"V 得/不 C"从不表示许可，但在泉州方言中存在可能补语式表许可的用例。陈法今（1992）描写了用标记"通/唔通"带谓词性词语作补语构成的可能补语，"通"表示动作可以进行，或可以朝着某个方向发展，"唔通"表示否定。如：

【泉州】即碗茶水啉通落去_{这碗茶水可以喝下去}｜衫裤洗通煞_{衣服可以洗完}｜即条索割通断_{这条绳子可以割断}｜青菜炒唔通熟_{青菜不能炒得太熟}｜物食唔通了_{东西不能都吃完了}（陈法今 1992）

(2) **下**　音 [xa]，在甘肃临夏、青海甘沟、新疆乌鲁木齐以及今中亚地区的东干语中都有用"下"构成的可能式，具体有以下两种形式。

① VC 下：

【临夏】信你写成下啦_{你能写信吗？}写成下呢_{能写}/写不成_{不能写}｜这个菜吃成下啦_{这个菜能吃吗？}吃成下呢_{能吃}/吃不成_{不能吃}｜这个物件你拿动下啦_{这个东西你能拿动吗？}我拿动下呢_{我能拿动}｜他说快下啦_{不他能说快吗？}我说快下呢_{我可以说快}（马企平 1984）｜兀个事情三天做完下啦_{那件事三天做得完做不完？}｜天天思慕着吃肉呢，这么办到下啦不者_{天天想吃肉，这能不能办到呀}！（王森 1993）

【甘沟】今儿个作业啊写完下哩_{今天作业写得完}｜他这么一碗吃饱下哩_{他（吃）这么一碗吃得饱}（赵绿原 2015：48）

70

②V下：

【临夏】兰州你去下啦你能去兰州吗？我去下呢我能去（王森1993）
【新疆】这个尕床睡下呢这张小床能睡得下（徐春兰2005）
【东干语】他来不下，我去下呢他不能来，我可以去（王森2000）
【甘沟】个学校里两千个人坐下哩这所学校能容纳两千人｜他明天来下哩他明天能来（赵绿原2015：47）[①]

观察这些例句，含"下"的可能式后都出现有语气词，没有独立的"VC下"或者"V下"可能式，这说明"下"作为可能标记独立使用的能力还较弱。疑问句为了表达疑问，句子本身一般有语气词，如"这个物件你拿动下啦？"中的"啦"，而在答话中必须附加一个语气词"呢"，才能成句，不像普通话"V得C"或"V得"可以单独成句。

在上述例句中有"V下呢"这种可能式，在西北地区方言中，还有用"VC呢"表示可能的例子：

【临夏】他信写来啦他会写信吗？写来呢会写（王森1993）
【新疆】京剧我唱不来，他唱来呢我不会唱京剧，他会唱（徐春兰2005）
【乌鲁木齐】我拿动呢，他拿不动我拿得动，他拿不到（周磊1995：30）
【银川】我拿动呢，他拿不动我拿得动，他拿不动（林涛2012：187）

据黄伯荣（1995：774），新疆汉语方言中，"V上V不上""V下V不下"常表示对行为动作实现的可能或能力作出估计，提出疑问；对这种提问作肯定回答时，不说"V上"或"V下"，须在其后加上语气词"呢"，如"吃上呢""吃下呢"。可见，这类可能式要成立，"呢"是必不可少的。

据孙占鳌、刘生平（2013：436），在甘肃酒泉方言中，对可能或能力提问时常用"……上……不上""……下……不下"的句式，如"吃上吃不上吃得上吃不上？｜难下难不下难得住难不住？｜吃下吃不下吃得下吃不下？"但是对这种问句作肯定回答时，不说"……上""……下"，须在其后加上语气词"呢"，如"吃上呢｜吃下呢"，作否定回答时说"……不上"或"……不下"，如"够不上｜难不下"。由此可以看出，这里的语气词

[①] 此例也可理解为"哩"是可能标记，"下"作为可能标记的独立性不强，详见下文分析。

"呢"成了可能式必不可少的成分。当地方言同时还存在其他可能后标记:"了"和"唎",也有作为傀儡补语的"下"。如:

【酒泉】这个动作我做上唎｜这个床睡下了｜我来下呢,他来不下｜京剧我唱不来,他唱来呢(孙占鳌、刘生平 2013:436)

青海甘沟话中有如下说法:

【甘沟】你吃上哩吗 你饭能吃完吗?(赵绿原 2015:41)[①]

从现有资料来看,"VC 呢"可能式中 C 主要是"下""成""上""来"几种,未见到其他形式,这几种形式在可能补语式中都能够充当傀儡补语,相当于普通话"V 得了"中的"了",也就是说这几个词都是比较特殊的补语,与前边动词组合起来表达相对固定的可能意义。而对于一般的补语 C,则用其他可能标记来构成可能补语,如:

【新疆】吃得完就吃,吃不完就算唎 能吃完就吃,不能吃完就算了(张洋 2009:272)

因此,我们还不能确定"VC 呢"可能式中"呢"具有可能标记的功能,但"呢"应用于表示可能意义的特定格式中,且某种情况下是必不可少的成分,其形成有以下两方面的原因:

一方面是西北汉语方言中句尾语气词"呢"的广泛应用,前文已经列举了许多这方面的用例。另据热西旦·马力克(2014),新疆哈密方言中陈述句的末尾,只要是肯定形式,一般都要加轻声"呢"起成句作用。哈密方言中"呢(ni)"除了表示疑问、不同时态以及起夸张强调等作用外,还可用在陈述句末尾表示愿望、可能等,肯定形式为"(会)能 V 呢"。否定形式不能用"呢"。如:

【哈密】花花会不会写信?会写呢｜过年我能不能穿那个花衣裳?能穿呢(热西旦·马力克 2014)

从用例看,可能式中已经有前标记"能、会",后边的"呢"起到一种加强语气的作用。

另一个方面的原因是对"VC 了(唎、哩)"可能式的模仿。根据曹志耘(2008:072),在西北地区方言中"VC 了(唎、哩)"可能式有着广泛

[①] 作者附加的说明是:这句话的意思大致相当于普通话的"吃下/吃不下",与甘沟话的"你吃下哩吗?"可以互相替换。

的分布，在已有文字资料中，除了上引酒泉方言以外，在乌鲁木齐也有使用：

【乌鲁木齐市米东区芦草沟乡】吃饱哩｜打过他哩（王新青等 2016）

可能标记"了"在这些方言中的表现形式为"咧""哩"等，通常也被看作语气词，那么语气词"呢"也很容易被用于类似形式中。

除了以上所列的各种后标记外，据曹志耘（2008：072），方言中可以用在"V得C"可能式中"得"的位置的可能标记还有"有"（福建莆田、广东雷州）①、"好"（海南儋州）、"尽"（福建罗源）等；可以用在"V得"可能式中"得"位置的可能标记还有"成"（甘肃永登），普通话的"吃得"在江永用"吃□nən"表示，其中的"□nən"也应该是可能标记。由于没有详细的例句资料，此处无法详细介绍，从地图上看，这些标记的分布区域都很有限。

第三节　可能标记的来源类型

琼·拜比等（2017：297）考察了多种语言中表示"能力、根可能性和许可"的语法语素，发现它们的词汇来源主要有两类："知道"义的动词和具有动态性、终结性的动词。海涅、库特夫（2012：448）认为能力意义（ability）的语法形式来源于四种意义的词汇形式：到达（arrive）、得到（get）、知道（know）与合适的（suitable），其中部分形式在演化为能力意义后可以继续虚化为许可意义以及可能性意义。这些研究把汉语共同语的可能标记"能""得"作为例证，但并没有涉及汉语方言的可能标记。从来源上看，汉语可能标记大多是由具有实义的动词演化而来的，其中部分形式还可追溯到动词之前的更为久远的意义。以下参考世界语言的共性特征，结合汉语方言可能标记的实际情况，进一步讨论可能标记的来源类型。本节仅按照可能标记来源形式的意义来分类，不再区分前后标记，因为汉语中一些分布于动词前后的同形标记，如"得""会/解"，有着共同的来源形式。

---

① 另据周长楫、周清海（2002：43），新加坡闽南话中存在使用述补式造词法形成的"看有"和"看无"，意思分别是"看得起"和"看不上"，这应该是"有"作为后标记在当地的遗留。

一、知道、懂得义动词

根据琼·拜比等（2017：301），莫图语中知道（to know）义动词 *diba* 可以用作助动词，表示身体上和心理上的能力。俾路支语中知道如何（to know how）义助动词 *zən*，与不定式连用表示心理上的能力。丹麦语助动词 *kunne*（与英语 can 同源）以前为知道（known）义，因此表示心理能力。姆韦鲁语的助动词 *manya* 为知道如何去做（know how to）义。属于这种情况的还有阿侬语的助动词 *sha*、托克皮辛语的 *savi* 等。根据海涅、库特夫（2012：252），法语中的"知道"（connaître）在泰约克里奥尔法语中表示"能"（kone），是身体能力的标记。

和这些语言相似，汉语方言中一些可能标记也来自"知道、懂得"义动词。

（一）会/解、会得、会当

"会"在先秦常用于指人或物的聚合，《说文解字》中释"会"为"合"。据张永言（1992：186、311），在魏晋时期，"会"有"领悟、领会"的意思，表示掌握某种学习得来的技能仍然要用"能"，表示善于、擅长义可用"能"或"善"。根据王力（1989：249），唐宋以后才出现现代汉语中表示学习得来的能力这种"会"，上古时期只用"能"来表示这种意义。太田辰夫（2003：185）说：唐代表示掌握技能的能力意义曾普遍使用"解"，当时的"会"仍是领悟、领会的意思；宋代以后才产生表示能够义的用法，开始接名词，后又有接动词的情况，这种用法一直保留至今。方言中的"会"像普通话一样，既可以作为动词接名词宾语，表示"懂得、知道"，如：

【牟平】会英语｜会外国话（李荣 2002：4900）
【扬州】会三种外语（同上）

也可以作为可能标记后接动词，表示"具有某种才能"，如：

【牟平】会骑车｜会说话｜会过过日子的省囤尖，不会过的省囤底（李荣 2002：4900）
【武汉】他会说话｜会写字｜我不会骑车子（同上）
【万荣】娃会走啦｜你会游泳么？（同上）

据李荣（2002：4900），扬州方言表示能力、有可能义用"会"，也用"会得"。还有一些方言使用"会得"作为可能标记，如：

【苏州】俚会得开汽车（李荣2002：4901）

【杭州】本来我不会溜冰，格毛会得哎（同上，4904）

【上海】伊会得弹钢琴｜我也勿会得用电脑（徐烈炯、邵敬敏1998：167）

根据《汉语方言词汇》（1995：473），厦门、潮州、福州的"会（游泳）"中"会"是训读字，本字为"解"。《说文解字》释"解"为"判也，从刀判牛角"，原义分开、分解，这种"分开、分解"需要一定的技术、技巧，并不是仅靠体力就能完成的，由此引申出懂得、理解义，这种意义在今天共同语中仅见于"理解""了解"等双音词，但在方言中仍可单独使用：

【徐州】说了半天，这个人还没解过弯儿来（李荣2002：4931）

【万荣】他说的我解不下（同上）

【太原】解不精明啐是咋底闹着嘞（同上）

【米脂】我解不开你们这是种什么办法（许宝华、宫田一郎1999：6643）

"解"在闽方言中有作为可能标记的用法，功能相当于普通话的"会"，如：

【平乐】解说无解做只会说不会做（张燕芬、林亦2009：232）

还可以在动词后参与构成可能补语，如：

【泉州】纸皮拆会破纸皮能撕破｜柴破会开木柴能劈开（陈法今1992）

【厦门】即碗饭我食会了我能吃完（李荣2002：4902）

在一些方言中，可能补语也可以用"会得""会当"，作用和"会"相当：

【厦门】写会得好｜写会当好（谭邦君1996：185）

【漳平】我带会得动，伊带𣍐动（张振兴1992：108）

【闽南】撮大碗汝食会得落去𣍐这么大一碗你吃得下吗？（李如龙2001b）

【汕头】食会得落｜搬会得走（施其生1997：151）

(二) 晓得

"晓得"由动词"晓"和"得"复合而成,"晓"原义天亮,后引申出知道、懂得义,扬雄《方言》卷一中说"党、晓、哲,知也","晓"和"知"是同义词。"得"是附着于动词之后表示达成结果义的后缀,来自表示"得到"的动词"得"。方言中存在"晓不得"这种否定形式,说明二者的复合过程中"得"曾经有一定的实义。

【西南官话】我晓不得他到哪里要去了｜天气恁个热,晓不得啥子时候落雨哟(王洋河 2017)

"晓得"在方言中有一般动词的用法,意思是"知道、懂得":

【武汉】不晓得｜晓不晓得(朱建颂 1995:206)

【常德】这件事他根本不晓得(郑庆君 1999:215)

【金华】渠晓得两子拳_{几下拳术}(李荣 2002:5696)

"晓得"在武汉、萍乡等地用作可能标记,表示掌握某种技能,相当于普通话的"会":

【武汉】他晓得说的(朱建颂 1995:206)

【萍乡】我不晓得泗水｜他俚_{他的}赤儿乃_{小儿子}还正_{刚刚}晓得走路,还不晓得讲事_{说话}(李荣 2002:5696)

可能标记"晓得"的否定形式只能是"不晓得",而不能是"晓不得"。

(三) 识、识得

"识"在《说文解字》中的解释是"常也,一曰知也",有知道、认识的意思。"识得"类似于"晓得",也是动词"识"和"得"复合而成的,意义和"识"相同。"识"在普通话中很少单用,但在方言中和"识得"一样单独用来表示知道,如:

【海口】识功_{会武术};会武功(李荣 2002:6182)

【萍乡】识得货｜识得好歹｜我不识得,你去问别人(同上)

在北方方言中,"识"有后接动词的情况,意思是懂得,如:

【哈尔滨】他不识闹_{懂得开玩笑},你别跟他瞎闹着玩｜他要是实在不识劝_{听从劝告},我看你也就别再多费吐沫星子了(李荣 2002:6182)

河南开封方言中有"识玩""识劝"的说法，意思是"懂得（别人的行为是）玩闹，不恼怒""懂得（听从）劝告"，常用在否定格式中，与上列哈尔滨方言情况类似。

现代粤语中"识""识得"相当于普通话的"会、能"，表示掌握某种技能，如：

【广州】我唔识游泳_{我不会游泳}｜佢识讲普通话_{他会说普通话}（詹伯慧2002：76）

南宁白话中用"识得"表示掌握某种技术、擅长、善于，如：

【南宁白话】你识得开车嘛？盟学过，有识得_{没学过，不会}｜你睇人哋细覃就系识得讲话_{你看人家小覃就是会说话}（林亦、覃风余2008：280）

在我国的民族语言中，也有类似情况。据薄文泽（2003：72），我国木佬语中，lau^{33}是一个心理活动动词，意思是"懂"，同时还可以用作可能标记，相当于"会"。

二、完成、终结义动词

根据琼·拜比等（2017：303），圭米语、拉祜语使用到达（arrive at）义位移动词来表示能力。据海涅、库特夫（2012：193），缅甸语、拉祜语、越南语以及留尼汪岛的克里奥尔法语中能力意义标记形式来源是得到（get）义动词，这些动词意义本身包含有完成义，它们能够作为可能标记和其完成义相关。在汉语方言中，存在来源于得到义动词的可能标记"得"，此外还有来源于包含完成、终结义的"了""下"等可能标记。

（一）得

在普通话和许多方言中，"得"都可以作为动词来使用，后接名词，表示"得到"，含有达到某种结果的意义，如：

【牟平】得儿便宜还卖乖（李荣2002：3875）
【杭州】中年得子｜比赛得了金牌（同上，3877）
【长沙】得咖两本书｜有么子路得啰（同上，3878）
【娄底】我得不到受个你也莫想得（同上）
【贵阳】他得了好多钱（同上，3876）

当这种含有结果意义、表示终结性的"得"用于动词之前或之后，

77

其得到义发生弱化,表示达到某种结果的意义逐渐增强,同时失去主要动词的地位,成为标示另一动作行为进展程度的成分,其本身不能附带体标记,如:

【贵阳】你得看了｜他得缝了件新衣裳(李荣2002：3876)

【梅县】做得了(同上,3879)

进一步虚化后,其功能基本上和普通话中的"了₁"相当,如:

【杭州】我养得五只鸡｜我学会得就来教你｜要是她看到得你,一定会蛮高兴的(李荣2002：3877)

【柳州】妹心高,得吃龙眼想仙桃,得吃山珍想海味,得吃双料想三熬(同上,3876)

在一定的语境中,这种具有完结意义的"得"演化为可能标记①,既可以位于动词前,也可以位于动词后,开始是表示能够,后发展出许可、可能性等义:

【广州】你得好返,真系万幸咯 你能恢复健康,真是幸运(李荣2002：3879)

【牟平】办得到就办,办不到就拉倒(同上,3875)

【萍乡】你去得,我就去不得(同上)

【长沙】咯几天我还不得走｜不是老师父帮你讲话,我就不得答应(同上,3878)

(二) 了

"了(liǎo)"在普通话中可以作为动词使用,意思是完毕、结束,如"了账""这事已经了啦"。在方言中也有这种用法,可以后接宾语、补语等:

【济南】这事已经了啊｜了了这桩心事儿(李荣2002：141)

【哈尔滨】了了这件事再走(同上)

【牟平】等我了掉这件事情再谈旁的｜事情没了,你倒想溜啦?(同上)

【扬州】上回那件事不是已经了脱了□mæ,怎么又提出来研究

---

① 详细论述见第六章相关部分。

嗲？（同上，142）

【柳州】了心愿｜这件事还没了的哦（同上）

【建瓯】了掉一件事（同上）

也可以用在动词后作为完成体标记：

【南京】他吃了两碗｜我买了三张票（李荣2002：142）

【徐州】这事我问了老赵，他给办（同上，141）

【济南】我喝了茶还渴｜照了一张相（同上）

【建瓯】你先行_{你先走}，我下了班就来（同上，143）

在不少北方方言中，"了"（方言语料中按读音分别写作"喽""唠""牢""哩"等）可以作为可能标记来使用：

【保定】拿动了_{拿得动}（袁家骅等2001：52）

【聊城】他今天来喽_{来得了}｜这件事他办喽_{办得了}（张鹤泉1995：167）

【郑州】拿动牢_{拿得动}｜坐住牢_{坐得住}｜穿上牢_{穿得上}（卢甲文1992：140）

【利津】上去哩_{上得去}｜推动哩_{推得动}（杨秋泽1990：166）

（三）下

从字形上看，"下"为指事字，最初是一个表示方位的名词，后从名词义发展出动词义：由高处向低处的运动过程，如"下雨"。当"下"用于别的动词之后时，表示运动的趋向：

【济南】下山｜下楼｜坐下｜睡下（李荣2002：197）

【乌鲁木齐】坐下｜躺下｜蹲下｜跪下（同上，199）

"下"在表示动作的趋向时还有表示动作完成的作用，因为当到达目的位置的时候，整个运动的过程也就结束了。当前一个动词的位移性不明显或者根本没有位移性的时候，"下"不再表示动作的趋向，而是表示动作的完结或完成，在动词后作补语：

【西宁】病下了｜冰冻下了｜病重下了（李荣2002：198）

【乌鲁木齐】说下底话要算数呢｜买下电视就是要看底（同上，199）

【临夏】你作业哈做下啦没_{你作业做完了没有}？（王森1993）

"下"进一步虚化为傀儡可能补语,相当于普通话中"V不了"的"了":

【乌鲁木齐】莫念过书,认不下几个字 没读过书,认不了几个字（王景荣 2008：73）

【东干语】一锄头挖不下个井｜他来不下,我去下呢（王森 2000）

【临夏东乡】这个水啊烧着开不哈（下）这个水一直烧着却不开（莫超 2010）

还可以作为完成体标记（动态助词）使用,相当于"了$_1$":

【乌鲁木齐】东西给她买下两个月咧（王景荣 2004）

【东干语】你看他瘦的成下了啥哩（王森 2000）

"下"作为可能标记出现在"VC"短语之后,组成可能补语结构:

【临夏】兀个事三天做完下呢 那件事三天能做完｜这一袋粮食你背动下啦 不这袋粮食你能背动不能（王森 1993）

从以上虚化过程来看,可能标记"下"也是由具有完成义、终结性的动词演变而来的。

琼·拜比等（2017：304）在列举了多种语言中来自终结性动词的可能标记后谈道：在这一点上,我们不太清楚这些构式是如何产生或者为什么会包含表示完成体含义的成分,我们只能指出这样的事实,成功地做完某事隐含并实际上证明了施事者的能力。这从语义的相关性上说明了二者的关系,但是对其详细的演变过程表示不解,汉语方言中此类可能标记的形成过程有助于解释这个疑问。

在我国的民族语言中,也有这方面的用例。据徐悉艰、徐桂珍（1984：85）,景颇族的载瓦语 mjaŋ˨ 作动词时,意思是"见（看到）",作助动词时表示"得（可能）"。据黄成龙（2007：96）,蒲溪羌语中动词 pa 与有关成分配合可以表示痊愈、成功、获胜以及能做某事的意义。痊愈、成功、获胜等意义都具有终结性,这和汉语的"得"意义上有相似之处。据陈国庆（2005：35）,克蔑语中动词"得（到）"是 pen³¹,在词语 tɕɯ¹³ pen³¹（记住）中,后一音节 pen³¹ 类似于汉语中"记得"中的"得",具有完成义。pen³¹ 同时也是克蔑语中表示能义的助动词。

三、适于、合宜义动词

据海涅、库特夫（2012：391）,桑戈语、林加拉语、奥图语中,都有从足够、适宜义动词发展而来的能力标记词。汉语方言中也有此类情况，不过汉语中从适宜义发展而成的可能标记常常表示许可，"可/可以"有表示能力义的功能，但更主要的是表示许可。

（一）可/可以

古汉语中，"可"有适于、合宜的意思，白晓红（1997）、李明（2016：34）均认为"可"的可能义由此发展而来。在现代方言中，"可"仍有表示适合义的动词用法：

【太原】可心｜宰褂子正可身（李荣 2002：888）
【徐州】鞋可脚，袜子不可脚适合脚的大小（同上，889）
【洛阳】这饭吃着怪可口适合口味｜这套衣裳穿上可身儿衣服穿上合体（同上）

在现代汉语方言中，有使用"可（以）"表示可能意义的：

【乌鲁木齐】可有可无｜可大可小（李荣 2002：887）
【萍乡】他病好嘎唎完全好了可以出院了（同上，889）
【安陆】他可以去，你也可以去（盛银花 2015：388）

（二）好

在普通话中，"好"有合宜、妥当的意思，作为构词成分可以用在动词前表示使人满意的性质，如"好看""好听"等。在汉语方言中，"好"也有这种用法：

【牟平】好看｜好写｜好走（李荣 2002：1582）
【柳州】这种式样很好看｜我觉得还是民族音乐好听（同上）
【银川】这个题好答得很（同上，1583）

方言中"好"作为可能标记，和"可以"相当：

【上海】我好进来伐？（李荣 2002：1584）
【崇明】饭烧好特，大家好吃饭特｜你小因好随便字相玩儿个，我里大人我们成年人就弗好随便字相玩儿个（同上）
【金华】好吃午饭了｜有些蕈弗好吃个（同上）

（三）中

从字形上看，"中"的本义表示方位，《说文解字》解释说："中，内也"。由居中、中间引申出合适、恰好之义，又引申出正对上、恰好合上的意思，如"中奖"。普通话中有"中听""中看""中用"等词语，这里的"中"是适于、合于的意思，仅是一个语素，较少独立使用。方言中，有使用"中"表示适于、合于的用法：

【万荣】这个女儿哲人漂亮得太很，可中亲哩（李荣 2002：562）

【海口】即样做中伊合他心意｜无知中伊奸心无不知是否合他的心意（同上）

【于都】百货中百客，鸟豆子中酱油客（同上）

用于动词后作补语的"中"（去声）也可表示正对上、恰好合上的意思：

【丹阳】猜中咧｜他瞎说说中咧（李荣 2002：562）

【南昌】一猜就猜中了｜一枪都冒打中（同上）

河南、山东的部分方言将"中"作为可能标记来使用：

【河南】这中吃，那不中吃这个吃得，那个吃不得（张启焕等 1993：417）

【叶县】菜中吃了，再炒都老了｜你瞅瞅衣裳小成啥了，不中穿了（傅丹丹 2014：55—57）

【菏泽、桓台、青岛】这种野菜不中吃不可以吃（董绍克，张家芝 1997：421）

"中"和"下"都是由表示方位的名词发展成的可能标记，但二者的演变过程不同。"中"是经过"合适的"（形容词）、"适合"（动词）的意义变化而来的，而"下"是从动词后的完成意义发展成可能标记的。

据薄文泽（2003：79），在我国木佬语中，ei^{24}的本义是"好"，是个形容词，还有"可以"的意思，和方言中此类情况相同。

四、能力、权力、意志义相关词语

琼·拜比等（2017：297-304）及海涅、库特夫（2012：448）所列的表示能力意义的语法形式来源中并不包含这一种。根据胡壮麟（2003），英语中的 may 来自动词 magan，原义为 to be able to，to have the power（能，有力量）。琼·拜比等（2017：302）提到，拉丁语中 potere 或 possum，意思是能够，与意思为"强壮有力"（strong or powerful）的形容词 potens 有关，后来演变成了法语的 pouvoir 和西班牙语的 poder，它们作为助动词都表示能够（can），但作为名词都表示力量（power）。这些词语的语义和具有某种能力密切相关，很自然地用来表示可能意义，这大概是不将其视为独立一类的原因。但是，在汉语中此类词语情况特殊，不仅有表示强壮事物的名词，还有和权力、意志义相关的词语，汉语共同语中的"能"、方言中的"管""敢"都属于此类可能标记。

（一）能

"能"原指一种像熊的动物，《说文解字》释"能，熊属。足似鹿。从肉㠯声。能兽坚中，故称贤能；而强壮，称能杰也"，从"能"兽自身的特点发展出"贤能"和"强壮"两种意思。"身体强壮"是具有某种体能的前提，"能"在早期汉语中表达自身能力与此有关，可以作动词，表示能够做到，如：

> 非曰能之，愿学焉。（《论语·先进》）
> 是不为也，非不能也。（《孟子·梁惠王上》）

作为助动词表示自身具有某种能力：

> 我能为君辟土地，充府库。（《孟子·告子》）
> 能徙三山，不能起大木。（《论衡》）

作为可能标记的"能"表示的是超出寻常的能力。现代汉语中，"能"表示的是有力量做到通常认为不容易做到的事情（朱德熙1982：62）；在北方方言中，"能"通常也表示具有不一般的能力：

> 【牟平】能说会道（李荣2002：3495）
> 【南京】能喝的就多喝点，不要客气（同上，3496）
> 【扬州】这一盘棋他能赢（同上）

（二）管

从字形上看，"管"从"竹"，原义是一种乐器。在先秦时期，"管"可以作名词，指钥匙：

> 郑人使我掌其北门之管，若潜师以来，国可得矣。（《左传·蹇叔哭师》）

钥匙代表着一种权力，引申出具有某种权限之义，这应该是动词"掌管"语义产生的依据，如：

山公以器重期望，年逾七十，犹知管时任。(《世说新语·政事第三》)

幸得以刀笔之文进入秦官，管事二十余年……(《史记·李斯列传》)

掌管义的"管"后接动词时，表示具有某方面的能力，这种能力也是一种超常的能力，如：

【徐州】小孩长得真快，几天不见，都管爬楼梯了（吴继光1986）

【汝南】这小孩才三岁，斗管背100多首唐诗（张宝胜2012）

【周口】那老人家身体真好，80多了还管下地干活（卢君2014）

（三）敢

"敢"作为情态动词，表示敢于，指需要具有非同一般的胆量和气魄才能够做到，所以属于和意志义相关的词语。

古代汉语中，"敢"有有胆量、敢于的意思，作为表示意志力的情态动词使用：

岂敢惮行？畏不能趋。(《诗经·绵蛮》)

非我小国敢弋殷命。(《尚书·多士》)

"敢"并不是一个动词，不能像古汉语中的"能"那样通过后接动词宾语演变为可能标记。"敢"是在劝诫、疑问、否定等语境中完成从敢于到许可的意义演变的：

子无敢食我也！天帝使我长百兽，今子食我，是逆天帝命也。(《战国策·虎求百兽》)

长者赐，少者贱者不敢辞。(《礼记·曲礼上》)

现代汉语方言中表示许可义的"敢"只用于否定或疑问，如：

【闽南】汝恰细，不敢开车_{你太小，不能开车}｜伊细汉啦，你不敢揉伊_{他个子小嘛，你不能推他}（冯爱珍1998）

【建瓯】心脏病的人敢怀敢嗑酒_{心脏病人能不能喝酒}？｜我敢怀敢去佢厝嬉_{允许不允许我上他家玩}？（李荣2002：4071）

【福州】伊脚疼，无敢爬山（同上）

【娄烦】你可不敢给人家弄烂啊_{你不能给人家弄坏啊}（李会荣2008）

【乌鲁木齐】这个蘑菇不敢吃，有毒呢｜娃娃孩子家不敢让学底抽烟（李荣 2002：4072）

与"能""管"表示能力意义不同的是，"敢"作为可能标记表示的是许可意义，其演变路径也非常独特。

本章小结

本章主要讨论了可能标记的性质、种类以及来源类型等问题。

前标记在共同语研究中一般被认为是助动词，但助动词内部成员的性质并不一律。前标记中表示能力的一类和普通动词差别不大，如"能""会"等可归入动词；表示可以和可能意义的一类是助动词，如"可以""会"；个别前标记接近于副词，如"可能"。这种区分对方言也适用，前标记"得"在西南官话中更能体现其动词特性；"晓得"既可以后接名词，也可以后接动词，和普通话中表示能力的"会"完全一致；前标记"敢""管"则具有副词的某些属性。前标记内部的成员分属多种性质和可能语义内部包含多种语义的情况是一致的。

共同语中后标记"得"的词性因所处结构不同而不同，"V得"中是虚化了的动词作补语；"V得C"中是结构助词，不作句法成分，仅为可能标记。方言中的后标记主要有"得""了""会"三个。"得"在方言中使用灵活，句法环境和组合能力均与普通话有一定的区别，被认为是助动词。"了"在"V了"可能式中作补语，是虚化了的动词；在"VC了"中附着性增强且语音更加弱化，仅作为可能标记，是助词。闽语中的后标记"会"和在动词前的功能相同，词性仍为助动词。

虽然前后标记的具体情形各异，但从整体上看汉语方言前后可能标记的性质种类基本相当，前标记中有动词、助动词和副词，后标记中有动词、助动词和助词，而副词和助词都是助动词或动词进一步虚化的结果。

汉语方言可能标记主要来源于四类形式：知道、懂得义动词，完成、终结义动词，适于、合宜义动词，能力、权力、意志义相关的词语。从直接来源看，除了"敢"之外，都来自某种意义的动词，通过语法搭配对象的改变实现自身性质的改变，即后接名词扩大为后接名词或动词。从语义来看，是通过语义蕴含关系实现词性改变的，如"已然"蕴含"能够"；"适于"蕴含"可以"；"知道、懂得"则蕴含"知道如何去做"。

从终极来源上看,"能""管"无法从名词意义直接虚化为助动词,需要经过动词这个中间环节,但"能""管"的名词意义特征、"解"的动词意义特征对各自形成可能标记后的可能语义有着直接的影响,这是语法化过程中语义滞留（persistence）原则的体现。

汉语方言可能标记的来源与世界语言具有一定的共性,但也显示出独特的个性。有的来源类别和演化路径未见于世界其他语言,如来源于能力、权力、意志义相关的"能""管""敢"等形式。有的具有同样的来源,但在汉语中表示的可能语义不同于其他语言,如来源于适于、合宜义的"中""好"等形式主要表示许可义。汉语方言事实丰富和补充了世界语言可能标记的来源类型。

汉语方言中的前标记可分为八类,有二十余个。后标记可分为四类,同一类的标记在各地的读音不同,使用不同的汉字来记录,具体如表2-1所示：

表2-1 汉语方言可能标记简表

前标记	"能"类	能　能够　能得
	"会"类	会（解）　会得　会八　会使　晓得　识（得）
	"得"类	得　得能
	"可"类	可/可以　可能
	"好"类	好　中
	"有"类	有　有变/有好　有得　有能嗨
	"管""敢"类	管　管（兀）　管许　敢　敢是　敢莫
	"通"类	通　有通　会通
后标记	"得"类	得　哩　的　唎/咃　嘟/勒
	"了"类	了　嚟（溜）　唠　喽　咾　牢　哩　咧
	"会"类	会　会得/会当
	其他类	通　下

第三章　可能式的句法结构

　　本章研究可能式各组成成分之间的组合规律,包括结构层次和结构关系两个方面。西方语言学常将可能语义表达问题纳入情态范畴,而情态范畴在西方语言中的表达方式大致有三种:动词的各种句式的形态手段、词汇手段和句法手段(哈杜默德·布斯曼 2003:338)。汉语没有明显的形态变化,汉语的可能范畴主要依靠词汇和句法两种手段。前标记大多具有相对明确的词汇意义,一部分前标记在回答问题时可以单用,所以前标记是表达可能语义的词汇手段。可能补语结构是表达可能语义的句法手段,早期研究认为后标记具有可能语义,但目前一般认为可能补语式是一种语法化了的构式,是表达可能意义的特殊句法结构。

　　助动词和可能补语向来是汉语语法研究的热点,助动词和其后动词之间的结构关系一直存在争议,而可能补语式"V 得 C"的层次切分也有不同认识。汉语方言中可能式的句法结构较普通话更为复杂多样,存在普通话中不具有的一些形式。

　　我们通过和普通话的对比来观察方言可能式的句法结构,按照所使用的可能标记类型将可能式分为前标型和后标型两类,依次讨论每种可能式的基本结构和扩展结构。基本结构是指可能式必备成分之间的组合,扩展结构是指带有附加成分的可能式各部分的组合。最后讨论零标型和多标型这两种特殊的可能式结构。

第一节　前标型可能式

一、基本结构

（一）结构关系

1. 普通话中的情况

按照传统观点，前标记一般视为助动词，前标型可能式则属于助动词短语中的一种。学界对助动词短语的内部结构关系存在不同认识：一种观点是动宾说，赵元任（1979：160）、朱德熙（1982：61）都认为助动词和其后的动词是动宾关系，吴竞存、梁伯枢（1992：70）根据"助动词＋动词"结构与动宾结构在疑问句式上具有平行的变换关系，认定助动词短语是述宾结构，张琳、邓云华（2016）从类型学的角度结合民族语言研究了"助动词＋动词"的语法关系，认为其跟动宾关系一致；另一种观点是状动说，从陈承泽（1982：16）开始，王力（1984：26）、吕叔湘（1982：17）都认为助动词属于副词或接近副词，助动词和其后动词是状语和中心词的关系。

在汉语语法教学中，普遍采用状动说。黄伯荣、廖序东（2002：15）认为能愿动词在句中常作状语，但是能愿动词作状语时与副词很不相同，它大都能构成"X不X""不X不"式。胡裕树（1995：287）说："助动词常用来修饰动词或形容词（这一点跟副词相同），有时单独充当谓语（这一点区别于副词）。"张静（1986：324）认为"能愿动词经常放在其他动词、形容词前作状语，只有在对话环境中才可以单独作谓语；不能直接重叠，后面也不能缀加'了、着、过'，很像副词"。

吕叔湘（1979：41）认为"助动词是个有问题的类"，这在一定程度上化解了上述争论。助动词短语中有的是动宾关系，有的是状动关系。此后有研究者进一步提出了新的看法，陶炼（1995）认为，助动词并不是限定动词的，也不表明主语的能力、意愿，而是对次句表达的整个事件作有关断定，助动词的主语（施事）[①] 不是句中的某一个成分，而是

[①] 这里所说的"主语（施事）"不是传统句法分析中的概念，与下文提到的吕叔湘讨论"前谓语（高一级的谓语）"所用的转换语法的深层结构理论类似。

"说话者"，这里所说的助动词排除表示能力和意愿的一类，指表示许可和可能意义的一类。这种认识类似于吕叔湘（1979：109）提出的"前谓语（高一级的谓语）"的说法，所不同的是，吕先生认为一部分助动词属于这种情况，并列举了表示可能的"会""能"的用法，并没有明确许可义助动词是否也属于此类。

根据第二章的研究，前标记分属于动词、助动词以及副词三类，表示能力类的动词前标记参与组成的可能式自然是动宾关系，而表示可以、可能的助动词、副词和其后成分的关系需要根据具体情况来分析。

表示许可义的可能式内部存在不同情况，如"苹果可以吃"这句话至少有两种意思：一是说苹果这种水果无毒无害，适于食用；二是说话人允许听话人吃某个特定的苹果。对于第一种，"可以吃"是"苹果"自身的性质决定的，并不包含说话者的主观意见，所以这时"可以"并不是高一级的谓语，"可以吃"这个短语无论从表层还是深层看都是"苹果"的谓语。第二种表述的可能意义中包含了说话人的意见，所以"可以"的深层主语不是"苹果"，而是说话人，"可以"是说话人对整个次句"苹果吃"（被动关系，即吃苹果）进行的断定。

虽然上述第二种许可意义和表示可能的"会""可能"等从深层结构上说是以说话人为主语，但在句子表层形式上这个说话人一般是不出现的，所以在句子分析时，还是常常将出现在句首的名词分析为主语，将助动词和后边的动词看作一个短语结构，并一般理解为状动关系。

从句表形式上说，表示或然性的"可能"有两种用法：一种是用在句中，如"他明天可能来"；另一种是用在主语前，如"可能他明天来"，这种用法和副词"也许、大概"相当。后一种用法属于助动词和整个次句相对待的句法结构，推测的是"他明天来"这件事，而前一种用法推测的是"来"，"他"和"明天"都是已知信息，不在助动词"可能"的辖域之内，"可能来"仍是状动结构。只有那些用在主语前的可能标记，也就是属于副词的那些词，才从表层和深层都符合高一级谓语的标准。普通话中的"可以"也有类似的两种用法，能够用在主语前表示可能意义，如：

一个人来不及抄，可以两个人抄｜两个人抬不动，可以三个人抬｜可以他去，也可以你去（《现代汉语八百词》1999a：337）

其中"可以"修饰的是后边的整个次句，而不仅仅是动词，整个结构和一般所说的"可能标记+动词"组成的可能式也有一定区别，是可能式的一种特殊形式。

2. 方言中的情况

参照普通话中的情况，方言中前标型可能式的具体结构关系也分为以下三种：

(1) 动宾关系。汉语方言中表示能力（含条件）意义的前标记"能""会"等构成的可能式，前标记和其后成分之间是动宾关系，如：

【南京】他能挑两百多斤的担子（李荣 2002：3496）

【扬州】这一盘棋他能赢（同上）｜他会游泳｜霞子两岁会说话（同上，4900）

【大冶】渠六十出头个人了，还能得挑一百多斤（汪国胜 2000a：45）

【上海】辬道题目会得做勒｜我会得讲绍兴闲话，也会得讲上海闲话（李荣 2002：4904）

(2) 状动关系。汉语方言中表示许可、可能意义的前标记"好""得""可能"等构成的可能式都属于状动关系，如：

【南京】现在好下班了｜这种病不好吃酒｜你阿好帮我个忙（李荣 2002：1582）

【汕头】好去 可以去、能去（施其生 1996）

【衡阳】我里头还穿盯很多件，不得受凉咯（汪国胜 1998）

【南宁平话】明日可能要落雨｜渠可能有识亚件事 可能不知道这件事（李荣 2002：889）

【丹阳】他可能弗晓则根交 今天要出差（同上）

(3) "前标记＋次句"的关系。此类用例不多，仅限于标记词用于主语之前的情况，如：

【开封】可能他明天不来了（自拟）

【丰镇】管兀他今不来了（周利芳 2008）

【平遥】敢是兀家他来了（侯精一 1999：209）

需要说明的是，此类助动词在研究者看来更接近于副词，周利芳称"管兀"为语气副词，侯精一解释"敢是"在平遥方言中相当于表示疑问的"可是"，以说明"敢"＝"可"。我们理解此处"敢"接近于一个疑问副词，含有推测意义，无法在前边加否定词，但这几个词都可以出现在句子主语之后、动词之前，用在句首是其进一步虚化的结果。

（二）结构层次

1. 语法结构

普通话和方言的前标型可能式的结构层次都不存在任何争议。无论是动宾关系还是状动关系的可能式，标记词和其后的动词或动词短语都是两个直接组成成分，如"能吃"和"能吃完"，第一层的位置都在标记词"能"的后边。助动词用于主语之前时，第一层的位置也是在标记词后边。

2. 语义结构

从语义结构上看，可能式"能吃"中标记词"能"的语义指向是"吃"，而"能吃完"中标记词"能"的语义指向是"（吃）完"，而不是"吃"。从这个角度看，"能VC"和"VC了"情况有些类似，前者不是说"能V"，而是说"能（V）C"；后者不是说"V了"，而是说"（V）C了"。"能VC"语义结构和语法结构存在不一致的情况，"能"和"VC"是语法上的直接组合成分，但从语义上说，"能"和"C"的关系更直接一些。从否定式中可以更明显地看到这一点，如"不能吃完""没能吃完"中的否定都是就"完"这种结果来说的。

对于"前标记+次句"这种特殊的可能式来说，其语义结构也更为复杂，有时前标记的语义指向是次句中的主语，有时是状语，如：

> 一个人来不及抄，可以两个人抄（指向主语）
> 可能他今天来，也可能明天来（指向状语）

二、扩展结构

（一）内部扩展

前标型可能式的内部扩展是指在前标记和动词（或动词短语）之间增加附加成分，这些成分主要表示时间、状态、对象和方式等。

1. 普通话中的内部扩展

（1）"前标记+动词"可能式的内部扩展。这种可能式的扩展是在动词前加上限定性成分，增加的成分一般表示时间、对象等，如①：

鲍县长能够很快回来就好了。（杨沫《青春之歌》）

那时我就可以天天和他在一起工作、斗争了。（雪克《战斗的青春》）

不过你既然想说话，有这么多领导在场，我可以跟你当面对质！（张平《十面埋伏》）

（2）"前标记＋动补"可能式的内部扩展。

①动补结构前增添成分。在动补结构前加上表示时间、状态、频率等内容的成分，和上述第一种扩展相同，如：

从干校回来以后，脚后跟变得像把锉，任什么袜子都能很快地锉出一个大窟窿。（张洁《漫长的路》）

如果没有"文革"，这些沉渣也不会迅速浮起吧？（彭荆风《绿月亮》）

多读点书并不困难，真正的困难在于随时都能通晓敌人、朋友和自己的情况，能够正确地判断形势，能够清醒地看出问题。（雪克《战斗的青春》）

前标记"可能"之后，能加其他助动词成分，如：

他们可能不敢出来，主力部队在这里。（吴强《红日》）

②动补结构中增添成分。某些述补结构中结果补语在语义上可以有程度的变化，如"看清楚"中"清楚"可以有更高的程度：非常清楚。在可能式中表现为句法上的一种扩展形式，在动补结构的补语前加上修饰限定成分，同时在动词后加上结构助词"得"，如：

叶桑坐在床上也能看得非常清楚。（方方《暗示》）

就是作家在作品中，在形象中所包含的东西，作家都能说得非常清楚……（王卫平《曹禺名剧的误解、曲解与理解》）

需要说明的是经过这种扩展之后，原来的黏合式述补结构"VC"往往需要加上"得"变成组合式述补结构。

另外，这种将程度副词加在 VC 之间的做法仅适用于对 C 的积极评

---

① 本节现代文学作品语料出自华中师范大学语言所"当代小说语料库"和"汉语复句语料库"，另有标明的除外。

价，如果是对 C 的消极评价，如"不太清楚"，则无法加入 VC 之间。如"*能看得不太清楚"的说法是不成立的[①]，原因在于"能"表示的是积极行为，而"不太（清楚）"是一种负面的评价，二者不能相容。

2. 方言中的内部扩展

上述几种内部扩展在北方官话区不同程度地存在，下面以开封方言为例详细说明。

（1）"前标记+动词"可能式的内部扩展。通常是在动词前加上表示程度、时间、方式的成分，如：

【开封】他能可_{非常}快跑回来｜他可能今天不来了｜我能用左手写字（自拟）

（2）"前标记+动补"可能式的内部扩展。在动补结构前加上表示时间、状态、频率等内容的成分，和普通话情况相同。在动词和补语之间也可以增加表示程度意义的词语，如：

【开封】戴上这个眼镜我能看可清_{能看得非常清楚}（自拟）

前文提到，普通话中的"能看得非常清楚"中"得"是必需的，而在开封方言中"得"（读作 [lɛ]，写作"嘞"）是可有可无的，并且以不用"得"为地道的方言说法。这和开封方言状态补语带有表示程度意义成分时的表现一致，具体对比如下：

跑得快（表示状态或可能）——跑得非常快（表示状态）｜写得好（表示状态或可能）——写得非常好（表示状态）

【开封】跑嘞快（表示状态）——跑可_{非常}快/跑嘞可_{非常}快（表示状态）｜写嘞好（表示状态）——写可_{非常}好/写嘞可好（表示状态）

（二）外部扩展

前标型可能式的外部扩展是指在可能式的前后增加成分，包括增加状语、补语、宾语等内容。在普通话中，前标型可能式后接宾语仅限于 V 是及物动词，且情况比较单纯，即加在整个可能式之后。方言中前标型可能式带宾语的情况与此相同，如：

[①] 可以说"看不大清楚""看不太清楚"，参见本章第二节相关部分。

【隆德】你能吃了三碗饭吗？（杨苏平 2017）
【银川】路修宽了，能过汽车了（李荣 2002：3495）
【南京】这种病不好吃酒（同上，1582）
【扬州】霞子两岁会说话（同上，4900）

可能式前加表示时间、地点状语的方式与一般的动词谓语句相比没有特殊之处，如"他明天能来"和"他明天来"、"我在家能睡觉"和"我在家睡觉"。以下主要讨论前标型可能式外部扩展如何加强程度意义。

1. 前加程度状语

（1）普通话中的"程度副词+前标型可能式"。普通话中动作行为动词通常不受"很"等程度副词修饰，如不说"＊很吃""＊非常打"，但这些动词前加上某些能愿动词后就能受程度副词修饰了，所以有时将"程度副词+前标型可能式"结构看作"能愿动词受程度副词修饰"。其形成原因有三：

一是如储泽祥等（1999）所指出的，某些能愿动词具有程度因子的作用，把其后 VP 的动作意义转化为能力意义，所以能够受到程度副词的修饰。如：

我特别能理解犯人之间为什么爱打架。（冯骥才《一百个人的十年》）

年纪轻轻，还很会保养身体嘛。（柳建伟《突出重围》）

"理解""保养"都是一种动作行为，本无程度差别，但前加"能""会"后就表示一种能力，可以加强程度，所以可受副词修饰。

二是一些前标记具有引申的可能意义[①]，如"能""会"都可以表示擅长、善于义，"可以"表示值得，这种意义本身可以有程度差别，所以可用程度副词修饰，如：

这笔账很可以算他一算，恐怕华侨投资的企业，不忙合营的好。（周而复《上海的早晨》）

真是一个很会待客的孩子。（戴厚英《人啊，人》）

如果不表示擅长、善于义，比如"能"表示客观条件的可能、"会"表示对未来的估计和推测、"可以"表示许可时，则不能前加程度副词作

[①] 这种引申义产生于整个可能式，而后逐渐凝聚于助动词上。详见第四章第三节相关论述。

状语，如：

　　我能讲课——我很能讲课｜我会开车——我非常会开车

　　他明天会来——*他明天非常会来｜我能讲一次课——*我非常能讲一次课

　　我明天可以来——*我明天很可以来

但是表示或然性的"可能"就有程度上的差异，可前加程度副词，如：

　　他明天可能来——他明天很可能来

三是有些"助动词+动词"结构已经固化为一个词语，如普通话中的"能干"、方言中的"会做"，均相当于一个形容词，而形容词一般是可以接受程度副词修饰的，如：

　　他很能干

　　【建瓯】佢老妈尽会做（李荣 2002：4904）

以上三个方面说明受程度副词修饰的是整个能愿短语，吴竞存、梁伯枢（1992：74）认为，就语法结构来说，"很"不能和助动词组合，"很+助动词+动词"的层次应该是"很+（助动词+动词）"。普通话中加上程度副词的前标型可能式中动词可以是光杆动词，也可后接宾语，如：

　　觉得自己非常有魅力，非常讨女人喜欢，非常会交际。（王朔《我是你爸爸》）

　　你提的聂云台的例子也很能说服人。（周而复《上海的早晨》）

但加上程度副词的前标型可能式中动词没有带补语的情况，因为补语本身就是要说明动作的趋向或所能达到的结果，将动作的影响程度固定了，这时就无法在前边用程度副词了。①

（2）方言中的"程度副词+前标可能式"。方言中表示善于、擅长义的可能式前可加程度副词，各地方言使用的副词与普通话中不完全一样。普通话中使用的"很""非常""真"等在方言中也有不同程度的使用。除此之外，方言中用于这种格式的副词还有河南话"可""歇（血）"

---

① 这也可以解释为什么"V得"可用程度副词修饰，如"蛮吃得"，而"V得C"则不能受程度副词修饰。

"通""忒""怪"、福州话"野"、南昌话"恶"、湖南话"好"等。方言和普通话在程度副词修饰能愿短语问题上只有词汇的区别，没有语法的不同。如：

【开封】他可会说瞎话_{非常善于说谎}｜他通能喝着嘞_{挺能喝的}｜他还歇很能吃嘞｜他忒能吃了｜他还怪能吃嘞（自拟）

开封方言中，"怪""通""歇"在表示程度高的同时有出乎意料的语气，"忒"表示超出一般水平，有些过头，含有责备、嗔怪的意味。其他方言中也有同类的用例，表示较高程度语义：

【洛阳】燕子血能说嘞_{还挺能说会道的}，三说两不说大爷都同意开门了_{没说两三句大爷就同意开门了}｜这一把儿孩子们_{这一群孩子们}，就她血会念书_{就她挺会念书}（郭笑等 2017）

【许昌（禹州）】可能吃｜可会唱（杨小静 2017）

【福州】伊野会看电视_{他很能看电视}，日日晡看半冥去_{天天看到半夜}（陈泽平 1998a：176）

【南昌】一张嘴恶会话_{特能说}｜渠恶会吃_{特能吃}，一顿要吃两大碗（李荣 2002：4901）

【湖南】好会吃｜好会做事（龚娜 2011：191）

【东安】蛮能干（蒋军凤 2016：159）

【安仁】忒会读书、忒能吃｜蛮会读书、蛮能吃（周洪学 2015：141）

【河北】新来的这小伙子忒会说话（王春、陈聪颖 2016）

【微山】俺大_{父亲}在家忒能干了，什么农活力可_{非得他干不行}（殷相印 2006：141）

2. 后附程度补语

普通话中经常用"很能吃"类的形式，但一般不使用"能吃得很"这种说法，后者是方言的表达方式。一些带有方言特征的文学作品中有这样的用例：

我们先前都很熟识，做活路得行得很，很老实，一个好人（《艾芜全集》第 10 卷）

他有些不好意思，说："这病犯了能吃得很！"（贾平凹《秦腔》）

开封方言中，前标型可能式"能吃"可以加程度副词"可"作状语，组成"可能吃_{特别能吃}",也可以后加程度补语"很",不过要带上结构助词"嘞_得",组成"能吃嘞很"这样的扩展形式。两种不同的语法手段表义略有差别,后加补语的说法在语义强度上更胜一筹。开封方言中"很"没有状语用法,只有补语用法。其他北方官话中也存在类似的后加补语表示程度的说法,如:

【乌鲁木齐】他能吃得很(黄伯荣 1996:795)

【宝鸡】能成得很_{真行}(许宝华、宫田一郎 1999:5232)

【兰州】这个小伙子木活会做,电视机也能修,能行的很(张文轩、莫超 2009:307)

【雅安】得行得很_{很能干}(罗天明、余志均 2015:158)

【重庆】这娃娃读书得行得很罗,哪个都赶不到他(《中国民间故事集成·重庆市北碚区卷》1989:8)

【六枝】他吃得完嘞_{他能吃极了}|他坐得完嘞("完嘞"是程度补语)(陈诚 2011)

上举兰州方言例句列在词条"能行"之下,原文解释"能行"的意思是能干。此处"能"原为可能标记,但"能行"整体已经词汇化了。宝鸡方言用例也将"能成"标注为形容词,说明了同样的意思。另据《汉语方言词汇》(1995:537),成都话表示能干用"得行"一词,其中"得"原为助动词,与此情况类似。

据孙立新(2004),陕西户县方言中,"得"可以用在及物动词前表示某种事很值得去干,这时"得 V"后一般要带补语"得很",这也属于前标型可能式后加程度补语的用例:

【户县】这饭得吃得很|小说得看得很|在红刚刚_{红彤彤}日头底下晒麦,得晒得很|这个问题得研究得很(孙立新 2004)

3. 助动词的重叠表示程度

在福建莆田方言中,表达这种程度意义有另外一种方法,就是将可能标记重叠。普通话中,助动词不同于动词的一个重要特点就是不能重叠,丁声树等(1961:92)、朱德熙(1982:62)都强调这一点。而在莆田方言中,能愿动词可以重叠,表示的意义和程度大、高或深有关,涉及可能前标记的例子是:

【莆田】伊会会食_{他很会吃}(《福建省志·方言志》1998:188)|能能做事际_{很能做事情}(袁家骅等 2001:301)

97

这种用法非常罕见，不仅因为只有方言中存在能愿动词的重叠形式，还因为这种重叠是表示程度高、大或深，总之是量的增加，而普通话中动词的重叠通常表示量的减少，具体来说就是表示"时量短"或者"动量小"（朱德熙 1982：66—68）。邢福义（2002：76）将动词重叠式的意义概括为时量上的短摆、分量上的轻化和说话口气上的随意。这些对普通话的解释都无法说明莆田方言中的情况。要认识方言中助动词重叠这种现象，必须从重叠式产生的历史和当地方言的发展两方面来看。

首先，重叠式产生之初并不是表示小量，而是表大量。孙锡信（1992：120—121）指出，古代的单音动词重叠"所表示的语义是动作的重复，动词的意义通过重叠得到加强，语势比单个动词浓重"。莆田方言中大量的助动词重叠应该是这种现象的遗留。现代汉语中表示短时、尝试义的动词重叠产生较晚，大体上元代开始才普遍运用。

其次，在莆田方言中，不仅助动词有这种重叠式，形容词、名词都有这种重叠式，其中表示心理活动的双音节动词重叠表示程度增加，但重叠方式有些特别：

【莆田】佩服——佩佩服｜轻视——轻轻视｜尊重——尊尊重（相当于加"很"修饰）（林文金 1958）

如果对比一下普通话中的情况，就会发现在莆田方言中能愿动词、表示心理活动的动词重叠式和普通话中这两类词用"很"加强程度意义对应非常整齐，如表 3—1 所示：

表 3—1 普通话、莆田方言能愿动词和心理动词程度意义表达方式对比

语言	可能式		心理动词	
	原级	比较级	原级	比较级
普通话	能干	很能干	尊重	很尊重
莆田方言	会食	会会食	佩服	佩佩服

这种用重叠表大量的现象，别的地方也有。据张宁（1987），昆明方言中，表示心理活动的动词也有用"V 嘞 V"的重叠方式表示程度增加的现象，如"她聪明又能干，我喜欢嘞喜欢""这条围巾，他爱嘞爱"；动作动词也存在用这种重叠表示持续不断的意思，如"桂花开嘞开""机器水_自来水_淌嘞淌"。另据林连通（1995），在福建永春方言中，也存在动词、形容词重叠表示尽然的情况，有不断、都的含义，如：

【永春】漏漏落来_不断留下来_｜黄黄去_都黄掉了_｜踢踢倒_都踢倒_｜学学

去都学走（林连通 1995）

从以上方言事实来看，莆田方言用能愿动词重叠表示程度的增加并不是一个孤立的语法现象。石毓智（2007）认为，普通话的动词重叠是动补结构发展的一个类推结果，重叠表示大量和动补式的不发达有关系。

王志敬（2009：207－208）列举了藏语拉萨话中能愿动词的重叠现象，并认为能愿动词重叠的共有特点拉近了藏语拉萨话和汉语东南方言的距离。从其描述看，藏语中助动词的重叠表示的是大量，是词义强度的提高，这和闽方言中助动词的重叠是一致的。

rlangsvkhor   btang   chogchog   red
汽车   开   可可   （助）   _{汽车随时可开}
dbinciskad   Ia   sgyur   thubthub   red
英语   （涉格）译   能能   （助）   _{完全能译成英语}
gompargyag   shesshes   red
迈步   会会   （助）   _{早会迈步了}
khyedrang   la   sprad   sridsrid   red
你   （与格）给   可能可能   （助）   _{很可能给你}

此外，粤方言的助动词也可以重叠。重叠后加上"吔"尾，表示程度微弱的意思，其中前标记重叠的例子是"会"：

【广东（粤语）】佢会会吔打波_{他有点儿会打球}（袁家骅等 2001：218）

这种重叠和现代汉语中动词重叠的语法意义是一致的，但和莆田方言中助动词重叠的意义相反。

第二节　后标型可能式

一、基本结构

（一）结构关系与结构层次

1. 普通话中的情况

（1）"V 得"　普通话中，可能式"V 得"结构关系认识上没有分歧，丁声树等（1961：60）将其称为补语的可能式，朱德熙（1982：132）将其中的"得"称为可能补语，也就是认定这种结构是补充关系，由于只有两个部分，结构层次也没有异议。

（2）"V 得 C"　虽然学界对"看得懂"之类的可能式是词还是短语有认识上的分歧，如吕叔湘（1979：25）认为"V 得 C"只能算是短语词，但普遍认为是动补结构，即"看"和"懂"之间是述补关系，一般不太强调"得"的地位和作用。但"得"的地位和作用对结构分析来说是不容回避的问题。

赵元任（1979：86）认为，可能性述补组合如"看得见""看不见"最好分析为"看见"加"得"或"不"。朱德熙（1982：125）认为：表示可能性的述补结构"V 得 C"的"得"是一个独立的助词，出现在述语和补语之间，既不属前，也不属后，"V 得 C"只能三分。施关淦（1985）认为三分说不成立，由于"V 得 C"是在"V 得"的基础上加补语 C 构成的，第一层应在"得"后。陆俭明、沈阳（2003：60）从另一个角度分析"V 得 C"，认为其内部切分不是按照线性排列进行的，而是分成"VC"和"得"两个部分。以"看得懂"为例，以上各家观点如图3—1所示：

看　得　懂　　　看　得　懂　　　看　得　懂

朱德熙（1982）　　施关淦（1985）　　陆俭明、沈阳（2003）

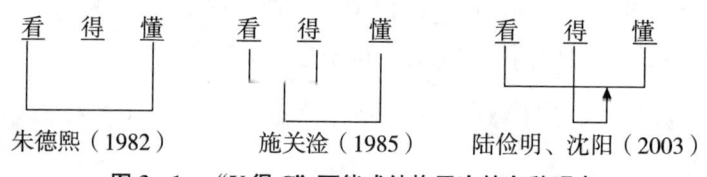

图 3—1　"V 得 C"可能式结构层次的多种观点

陆俭明、沈阳（2003：60）的分析与赵元任（1979：86）、朱德熙（1982：125）的认识有相似之处，即都把"得"和 VC 切分开，陆俭明、沈阳（2003：60）更是明确地将"得"作为"V 得 C"的一个直接组成成分来看待。如果将"得"作为可能式的一个直接组成成分，那么必须解释"V 得 C"第一层的结构关系，即"得"和 VC 之间是什么关系？

从历史发展来看，可能式"V 得 C"来自近代汉语中表示实现的同形结构。由于现代汉语中的可能式"V 得 C"近乎一个固定结构，了解其来源形式有助于解释其内部各成分的关系，为了方便地说明这个问题我们以"站得起来"为例来讨论。

普通话中"站得起来"只有可能义而无实现义，但在近代汉语中该结构是有实现义的（杨平 1990，吴福祥 2002a）。在现代汉语普通话中，要表示"站起来"的实现义有两种形式，分别是"站了起来"和"站起来了"。这两种形式的表义差别在于前者表达重心在动词上，有突出行为动作的作用；后者的表达重心在动词或趋向动词上，但即使在动词上，也没有突出行为动作的作用（杨德峰 2001）。那么近代汉语中的"站得起来"是和现代汉语中表示实现义的两种形式中的哪一种相当呢？

我们认为，近代汉语中表示实现义的"站得起来"中"得"是"站起来"的动相补语①，并非如现代汉语中"站了起来"中的"了"那样已经完全成为词缀，所以从整体意义上来说，近代汉语中表示实现义的"站得起来"和今天的"站起来了"相当。正如现代汉语"站起来了"重在表达"站起来"这个行为趋向已经完成一样，作动相补语的"得"标示了整个 VC 结构的完成，那么"V 得 C"可能式中的"得"也应该是附属于整个 VC 结构的。

2. 方言中的情况

（1）"V 得""V 得 C"　　方言中"V 得"可能式和普通话中的结构相同，不再分析；以下主要讨论"V 得 C"。

第二章提到，方言研究中一般认为"V 得 C"中的"得"是助动词，按照这种理解，"得"应该是属后的，这个结构的两个直接组成成分应该是 V 和"得 C"，这就从根本上有别于普通话中的解释。

张大旗（1985）详细描述了这种理解的原因：长沙话"搬得动"是"搬而得动"，"得"用在充当补语的动词或形容词之前，用在谓语动词前的"得"和用在补语前的"得"性质上没有实质差别，"不过一个是放在主要动词前面，表明'动作'的可能发生；一个是放在充当补语的结果动词或形容词前面，表明动作产生的'结果'可能出现。"这种语感和解读在历史语法中也有证据支持，杜轶（2007）证明"V 得 C"的一种形成途径是"V 得 O"和"得 OC"的复合，在这种格式中"得"的独立性是显而易见的。方言中"V 得""V 得 C"可能式中标记"得"虽都是助动词，但从语义上看，"V 得"中"得"语义指向前边的动词，"V 得 C"中"得"属后，语义指向 C。

（2）"VC 了"　　其中后标记"了"来自作为动词的"了（liǎo）"，与完成体标记"了₁"有着共同的来源，第二章将可能式"VC 了"中的"了"视为（可能）助词。按照传统语法的观点，助词无法充当独立的句子成分，通常所说的整个可能式是动补结构，并不是说 VC 和标记词

---

① 详细讨论见第六章相关部分。

"了"组成动补关系，而是指的 V 和 C 组成动补关系。

如果从直接来源看，可能标记"了"应该是来自用在 VC 之后的动相补语"了"，这时"了"是 VC 的补语，这种结构发展出可能和结果两种语义的"VC 了"。北方很多方言两语义中的"了"读音不同，反映了它们不同的语义虚化程度。以开封方言为例，可能义中"了"较动词来说失去了介音，韵母仍为复韵母，结果义中"了"的韵母为单韵母。由此可见，可能标记"了"和助词"了"的虚化程度有些差别，"了"原本和 VC 构成动补关系，成为可能式后"VC 了"结构的第一层仍应在 VC 和"了"之间，"了"是附着于动补短语 VC 的，相对于词缀来说可以称为语缀①。由于"得""了"句法功能的差异，"VC 了"中的语法单位组合顺序和语言的线性排列顺序是一致的，而"V 得 C"中的语法单位组合顺序和语言线性排列顺序有冲突。

综上，从来源上说，普通话中虚化而来的可能式"V 得 C"和北方方言中可能式"VC 了"的结构有相似之处，从层次切分上宜将"得"或者"了"单独作为一个部分，而南方方言中的可能式"V 得 C"是 V 和"得 C"的组合。

(3)"VC 下""V 会 C" 其中"VC 下"的情况和"VC 了"相同；闽方言中"V 会 C"可能式中后标记"会"是助动词，和前述对南方方言中"V 得 C"的认识相同，结构层次是"会"和 C 先组合，然后"会 C"和 V 组成补充关系。

(二) 标记成分的位置

后标记均位于动词之后，对于"V 得""V 咾"这种可能式来说，其中没有其他成分，无需再讨论后标记的位置。但对于述补结构 VC 的后标型可能式来说，后标记和 C 的相对位置又有两种情况。普通话中，可能式"V 得 C"中标记词"得"总是紧贴着动词，补语 C 居后，当 C 为傀儡补语"了"时也是这样。方言中的情况复杂些，和普通话相比有同有异。

1. 标记居中（V＋标记＋C）

使用后标记"得"的方言中，标记的位置大多和普通话相同，即采用"V 得 C"的形式。闽方言后标记"会"也居中，组成"V 会 C"的

---

① "语缀"一说来自徐杰（2012）。

形式。

2. 标记居尾（V+C+标记）

（1）**得** 个别方言中，后标记"得"可以位于 V 和补语之后，整个结构表示可能意义，如袁家骅等（2001：52）记录西南（云贵）方言中表示可能意义有"拿动得"和"拿动不得"的说法，相当于普通话"拿得动"和"拿不动"。长沙话中也有这样的句子：

【长沙】他睡觉连雷都打不醒，看你们哪个有本事喊醒他得_能叫醒他_｜哪个把生产搞上去得_能把生产搞上去_哪个就来当厂长（张大旗1985）①

原文解释说，这些句子只是靠着句末的"得"字，才能表现出可能语气，这样的"得"应该视为助动词。湖南新化方言也存在"得"居末尾的情况，据罗昕如（1998：293），普通话中的"上得来""上不来"在新化话中说成"上来得""上来唔得"，原文将其看作一个双音节动词"上来"加上可能补语，但这种"V得"并不同于普通话中表"许可"的"V得"和"V不得"，而是和上引云贵话中的情况相似。类似用法还有：

【永新】吃完得_能吃完_｜喊醒得几格_能唤醒他们_｜做物得_能做完_（龙安隆2012）

卢海（2010）提到河南新县有标记"得"用在补语之后的情况，认为当地方言中"得"表示可能意义之外兼有表达确认、肯定语气的作用：

【新县】吃饱得_能吃饱_｜起来得_起得来_｜教好高中物理得｜进去两个人得｜他挑动一百多斤的柴火得｜这个伢不到一岁就听懂大人说的话得（卢海2010）

此外，北京东北方向的平谷既存在普通话中的"V得了"，也有"V了得（liǎo de）"，后一种说法可能标记"得"居于傀儡补语"了"之后：

【平谷】这趟车要走不了，下趟准走了得｜这俩西红柿下霜前红了得（陈淑静1988）

天津蓟县话也存在"V了得"可能式，其中"了"为补语，而"得"

---

① 张文第56页表格中列有"打开得""打开不得"的说法，没有解释意义。笔者理解这里应相当于普通话的"V得"，长沙话中对V的限制较宽，"打开"亦可进入，表示可以、允许打开的意思，而不是有能力打开。

103

则为标记：

【蓟县】拿了得拿得了｜吃了得吃得了①

(2) 了/嚼/咾/喽

【保定】拿动了［liao］拿得动（袁家骅等 2001：52）

【昌黎】拿动嚼拿得动｜来了嚼来得了（《昌黎方言志》1960：28）

【平谷】那个小虫儿我看见喽看得见｜声儿再小我也听见喽听得见（陈淑静 1988）

【获鹿】吃完咾｜拿动咾｜去成咾｜坐下咾（陈淑静 1990：199）

(3) 下

【临夏】三碗黄酒你喝上下啦你能喝三碗黄酒吗？我喝上下呢我能喝（王森 1993）

【甘沟】今儿个作业啊写完下哩今天作业写得完（赵绿原 2015：47）

(三) 傀儡可能补语

1. 傀儡补语的概念和性质

"傀儡补语"概念来自赵元任（1979：210）：

> 有两个常用的补语"了"（liǎo）和"来"，没有什么特殊意义，其作用在于使可能式成为可能，是一种傀儡可能补语。②

傀儡补语出现在可能式"V 得/不 C"中 C 的位置，傀儡补语和一般补语在形式和功能上没有差别，但表义不同。如"吃得了"和"来得了"中的"了"，前者可以有两种含义，一种是"完"，此时是一般补语，另一种含义仅表示实现，此时是傀儡补语，而后者由于受"来"的语义制约，仅有实现意义，只能是傀儡补语。

---

① 此例以及下文引用的蓟县方言例句是委托天津师范大学支建刚博士实地调查获得，特此致谢。陈凤霞（2004）记录蓟县方言中可能补语为"拿了都"，其中"都"为可能标记。根据支建刚的调查，在蓟县 60 岁左右的老年人口中，可能补语"V 了得"中"得"接近［tɤ］音，无人发音为标准的"都［təu］"音，但有人反映偶尔听到过老年人这样读。

② 丁邦新译作"充数的能性补语：有两个常见的能性补语'了'跟'来'，没有特别的意义，只是为了方便作成能性语式而虚设的充数补语"（赵元任 2002：485）。"动相补语"丁译作"状态补语"（480）。

由此可见，傀儡补语是可能式"V 得 C"中的补语 C 的一种特殊形式，当 C 为一般补语时，整个可能式表示 V 的结果 C 实现的可能，而当 C 为傀儡补语时，是表达 V 自身实现的可能。所以傀儡补语是为表达特定可能义而采取的一种特殊补语形式，属于后标型可能式基本结构中的问题。

2. 傀儡补语和动相补语、后标记的关系

吕叔湘（1982：227-233）在时间范畴中讲到动相，认为当时间观念已经融化在动作观念里的时候，"将""方""已"等限制词表达的不是时间，而是动相，即一个动作的过程中的各种阶段。在白话中，有一些专以表示动相为作用的词，本身意义更空洞，已经接近于词尾，但把各种动相表示得更加细密，如表示方事相的"着"和表示既事相的"了"。

赵元任（1979：208）提出表"相"补语的概念：有少数几个补语是表示动词中动作的"相"，而不是表示动作的结果的。其中有的读轻声并且有时候元音变质，这样就变成了表"态"的后缀。比如"着"保留声调并带"了"尾时是一个普通的结果补语，可是当它不表示打中（要害）的意思，而只是表示接触到或尝试成功的意思的时候，它可读轻声，"了"尾可带可不带。"过"表示空间意义时可作趋向补语，用于时间意义就是动相补语。根据以上论述，可以认为结果补语、动相补语和表态后缀是动词后同一个成分的不同虚化阶段。

傀儡补语和动相补语在作用上有相似之处，但二者分别出现在可能式和实现式中。同时，傀儡补语的范围仅限于普通话中的"了"、方言中的"来""得"等；动相补语一般读轻声，但可能式中的补语都要读原调[①]，普通话中的傀儡补语"了"也是重读为 liǎo。动相补语可以是属于动词的，也可以是属于动补结构的。对于肯定式来说，傀儡补语本身的作用在于帮助表达可能意义，少了傀儡补语，动补结构仍然成立，但所表示的可能意义会不同，如"V 得了"和"V 得"；对于否定式，傀儡补语来自可能式中有实义的同形的补语，如"吃不了（liǎo）（完）"和"来不了（liǎo）"。

关于傀儡补语和可能标记的关系，我们分别从"V 得"和"V 得 C"（"得"为可能标记）两种可能式来讨论。按照赵元任（1979：210）的界定，普通话可能式"V 得"中的可能标记"得"不属于傀儡补语。

[①] 赵元任（1979：210）说：轻声的补语在可能式中恢复它的声调："看·见"，"看·得见"。唯一不恢复声调的轻声补语是"得"字本身："要·不·得"。

对于"V得C"可能式，傀儡补语和可能标记是两个不同性质和功能的语法成分，二者在可能式中的位置也不同。傀儡补语是补语C的特殊情况，和V之间是补充关系；可能标记则是和VC相对待的成分，附属于整个VC结构。

如果从虚化的角度来说，可以认为是动相补语发展成了可能标记，可能式"V得C"中标记"得"来自一种特殊的动相补语。前人提出的"动相"概念多是就动词来说的，而从近代汉语的情况来看，可以将范围从动词扩大到动补结构，即动补结构也可以有动相补语，这也是语法规律递归性的一种表现。用在复合句中前一分句末尾的"V得C"和"VC了"中"得""了"都可以认为是VC的动相补语，而当这种格式产生可能义后，动相补语"得"和"了"则成为可能标记。详细发展过程在第六章中进一步论证。

3. 各类傀儡补语

汉语后标型可能式中出现的傀儡补语有多种形式，傀儡补语帮助构成可能式，表达V的可能性。

（1）了　普通话和方言中都存在"V得了"可能式，其中"得"为可能标记，"了"为傀儡补语：

【武汉】做得了｜来不了｜忍得了｜受不了（李荣2002：142）

【杭州】格份罪，你受得了，我受不了（同上，143）

【大冶】我热惯了个我热习惯了，六月天再热我也受得了｜只要落果膏把雨，插个苕就活得了只要下一场雨，我的红薯就可以活（汪国胜2000a：50）

在使用"了"可能标记的方言中，如果使用傀儡补语"了"，则会出现两个同音（或近音）形式连用的情况，肯定式中居中的是傀儡补语：

【获嘉】恁都来老来不老？我没事，来老喽，他太忙，来不老[①]（贺巍1989：118）

【汝南】赢了赢得了｜走了了走得了（张宝胜2008）

【德州】吃了溜吃得了｜来了溜来得了（曹延杰1991：197）

普通话的"来得了"在开封方言中可以说成"来了[liau⁵⁵]喽[·lou]"，也可以说成"来喽[lou⁵⁵]喽[·lou]"，其中末尾读轻声的

[①] 此例中的"老"即傀儡补语"了"。

"喽"是可能标记,中间读上声(开封话中调值为高平调55)的"喽"为傀儡补语。

其他方言中也存在"了"作傀儡补语时和有实义的补语声调不同的情况:

【吴城】事有有几多,我一个人做得了｜有闹钟在身边,我一个人醒得了(肖萍2015)

作者解释,第一个"了"相当于"完",有实义,音[lieu²¹³],第二句的"了"无实义,只是形式上的补语,与"得"连用,一般读作轻声[lieu⁰]。

(2) **得** 当可能标记为"了"时,组成"V得了"可能式,方言中这种形式从结构和语义上都不同于普通话的"V得了(liǎo)",如:

【昌黎】吃得嘹吃得(《昌黎方言志》1960:28)
【聊城】这句话说得喽可以说｜这双鞋穿得喽能穿｜这件事办得喽可以办｜这个酒喝得喽可以喝｜那个人交得喽可以交(张鹤泉1995:167-168)

当可能标记为"得"时,形成两个"得"连用的现象,后一个"得"为傀儡补语,如:

【牟平】我见得得他?见不得他｜你担得得?我担不得｜你顾得得他?真顾不得了①(李荣2002:3884)
【大冶】带种蘑菇吃得得｜公家个车子,我也借得得(汪国胜1998)
【英山】这本书看得得｜这件衣服穿得得(同上)
【孝感】这大把年纪,他动得得?｜苹果烂得这个样子,还吃得得?(同上)
【汉阳】这东西买不买得得?买得得｜那地方去不去得得?去得得(同上)

(3) **倒**

【贵阳】吃得倒｜看得倒(李荣2002:3876)
【遵义】这个字你认得倒不?｜太阳都没得,朗咓干得倒哦?

---

① 词典原文解释说:相当于北京话的语缀"得起""得了"。

(胡光斌 2010：389)

【大冶】电脑我用得倒_{电脑我会用}｜汽车我开得倒_{汽车我会开}（汪国胜 2000a：49）

【四川】我们赢得倒不_{我们赢得了吗？}｜我这阵还走不倒_{我现在还走不了}（梁德曼 1982：151）

【平利】这个人我认得倒_{认识}｜技术太复杂的事我整不倒（周政 2009：405）

【西充】他腿杆好了，来得倒_{来得了}｜我今天去不倒，明天才去得倒_{我今天去不了，明天才去得了}（王春玲 2011：214）

【黔东南】走不倒_{不能走、走不开}｜走得倒_{可以走、能够离开}（《黔东南方言志》2007：212）

【安康】这个人我认得倒_{这个人我认识}｜这个谜子，我猜得倒_{我猜得上}（周政、戴承元 2016：292）

(4) 起

【贵阳】这两天病了，吃不起｜身体不好，做不起（汪平 1983：115）

【巧家】嗓子都哑了，唱不起了｜酸得很，吃不起（李永延 1989：145）

【重庆】这道题我做得起｜他那么歪，哪个惹得起！｜既要赢得起也要输得起（杨月蓉 2006）

【黔东南】水开得起｜炉子燃得起｜雨下得起｜水开不起｜炉子燃不起｜雨下不起（《黔东南方言志》2007：210）

(5) 来

【重庆】我游得来泳_{我会游泳}｜莫小看我，我开得来车_{会开车}（杨月蓉 2006）

【杭州】我是语文老师，数学课教不来的｜卖假烟这种事情，我是做不来的｜葡萄不熟，忒酸，吃不来的｜砒霜有毒是吃不来的（鲍士杰 1998：290）

【扬州】他们两个到还蛮谈得来的｜缺德的事我们做不来（王世华、黄继林 1996：98）

【永胜】吃不来_{不会吃}｜跳不来_{不会跳}｜说不来_{不会说}｜整不来_{不会做}（何守伦 1989：154）

【西充】呢道题我做不来这道题我不会做｜她打得来毛衣她会织毛衣（王春玲 2011：214）

【资中】这么小的娃居然都做得来这么难的题了这么小的孩子居然都会做这么难的题了｜我唱不来这首歌我不会唱这首歌｜这个字我写不来这个字我不会写（林华勇、肖棱丹 2016）

【白龙江】毛衣我织得来，毛裤我织不来我会织毛衣，可不会织毛裤（莫超 2004：167）

【定襄】我画将来唠，他画不将来我会画，他不会画｜他写不将毛笔字来他不会写毛笔字[①]（范慧琴 2007：117）

【三台】他做得来花｜我摆不来架子｜他吃不来烟（《三台县志》1992：840）

(6) 成

【南阳】饭烧糊了，吃不成｜你能去吗？我去不成（阎德亮 1990）

【绩溪】尔讲渠今朝来得成不你说他今天来得了来不了？（赵日新 2001）

【平遥】袄儿穿成咾穿不成？穿成咾/穿不成（侯精一 1981）

【临夏】这个菜吃成啦是？吃成下呢（王森 1993）

【白龙江】四川话我说得成，武都话我说不成我会说四川话，不会说武都话（莫超 2004：167）

【西充】我打不成牌了，钱着老婆没收了｜我只有晚上才看得成书（王春玲 2011：213）

据孙立新（2004），陕西户县方言"V 不得"又可说成"V 不成"，可见在当地方言的否定可能式中，"得"和"成"充当傀儡补语的能力相同。

(7) 下

【甘沟】他明天这里来下下哩吗他明天能来这里么？｜这个经典俩说是也去不下 [xa] 按照这个经典说的（我）也去不了（赵绿原 2015：48）

"来下下"中第一个"下"是傀儡补语，第二个"下"是可能标记，"去不下"中的"下"相当于普通话中"去不了"的"了"，是傀儡补语。

[①] 原文说"将"是可能标记，但根据本书的标准，"将来"是傀儡补语，可能标记是末尾的"唠"。这种双音节傀儡补语较为少见，本书不再单列，将其作为"来"中的一种特例。

二、扩展结构

（一）内部扩展

1. 普通话中的有限扩展

通常认为后标型可能式无法扩展，如孙玄常（1984：42）认为：表可能的补语常是"得、不得、得了、不了"，后头或加动词、形容词、趋向动词；"得"字后头不能有复杂的结构。吕叔湘（1979：25）谈道："这两种组合（引者注：指动结式和动趋式），没有加进<u>得</u>、<u>不</u>的时候，像是一般的复合词；加进去<u>得</u>、<u>不</u>之后，前后两部分仍然不能扩展，因而还不像一般的短语，还只能算是短语词。"朱德熙（1982：133）指出：表示状态的述补结构可以扩展，而表示可能的述补结构不能扩展，这是区分同形的状态、可能肯定式的一个标志。

但是陆志韦（1957：76）列出了"吃不饱"的扩展形式"吃不大饱""吃不很饱""吃不十分饱"等几种，并认为"吃不很饱"表示的是可能，但"想不大通""看不大清楚"是表示可能还是程度很难确定。这种分析说明此类结构是可以理解为可能的，只不过这种可能结果中包含了程度的因素。刘月华、潘文娱（2001：588）提到，有些可能补语中间可加"太、大、很"一类的程度副词，如"看不大清楚""吃不太饱""说不太准"等，也是将这些说法视为可能式的扩展形式。

和前标型可能式的内部扩展一样，后标型可能式能进行这种扩展的仅限于补语存在程度区分的情况，如"看不清楚"可以扩展为"看不很（大、太）清楚"，而"看不见"则无法扩展为"*看不很（大、太）见"；表示动作趋向的可能式也无法扩展，如"进不来"就不能说成"*进不很（大、太）来"。①

肯定形式的可能式内部可以借助傀儡补语进行有限的扩展，而状态补语几乎可以自由扩展。就否定形式来说，可能补语的扩展形式和状态补语的扩展形式几乎是平行的。表3-2呈现了两者的对比（表中部分例句参考朱德熙1982、陆志韦1957、柯理思2001）。

---

① 林焘（2001）从三个方面论证了此类扩展结构中的"不大、不很、不太"应该看作一个单位。这样看来，"看不大清楚"似乎不能理解成"看不清楚"的扩展。但从语义、形式上来说符合扩展的特征，这大概是陆志韦、刘月华等认为该结构是扩展形式的原因。

表 3-2　可能补语和状态补语的扩展形式对比

		肯定		否定	
	基本式	扩展式		基本式	扩展式	
可能	写得好	直接扩展	（无）	写不好	直接扩展	写不大（太、很）好
		加傀儡补语后扩展	写得了那么好		加傀儡补语后扩展	写不（了）那么好 写不了书法家那样好
状态	写得好	写得很好　写得非常好 写得确实好　写得好极了 写得比谁都好 写得好好儿的 写得像书法家那样好		写得不好	写得不大（太、很）好 写得不那么好 写得不像书法家那样好	

从表 3-2 可以看出，当补语是含有程度副词的偏正短语时，否定可能的扩展是"动词+不+偏正短语"，否定状态的扩展是"动词+得+不+偏正短语"；当补语是含有指示代词的偏正短语时，否定可能的扩展说成"动词+不+（了）+偏正短语"，其中"了"可有可无；当补语中含有比况短语时，否定可能扩展时"不"后通常要带上"了"。比较发现当补语部分音节较少时可直接组合，当音节较多时则一般要加上傀儡补语，否定状态的扩展与此基本相同。以上情况说明，普通话中有些否定可能式可以有限度地扩展；当扩展形式比较复杂时，往往需要用傀儡补语"了"来帮助构成可能式，这种使用傀儡补语的扩展形式类似于使用傀儡补语的可能式带宾语的结构，如"写不了那么好"和"吃不了辣椒"，二者结构基本相同。

2. 方言中的扩展

（1）"V 得 C"　柯理思（2001）讨论了方言中的傀儡补语，经过对比多地使用不同傀儡补语构成的可能式，得出的基本结论是：傀儡补语（其文中称为"虚补语"）的功能是帮助其他跟动词结合较松的语法成分构成可能式；具体分为两类，一是扩展的状态补语的可能式，二是跟趋向成分有关的可能式；否定式扩展的灵活性大于肯定式。根据现有资料观察，对于多数方言来说，否定式的扩展表现为使用傀儡补语的形式，但有些方言中可能式的扩展不像普通话要求那么严格，有时可以不用傀儡补语而构成可能式。张大旗（1985）指出："长沙话里，当充任补语的形容词前面有'咯（样）'、'那（样）'一类修饰语时，否定式除了用'不'以外，也可以用'不得'"，如"我写不得那样好｜肯定跑不得那样快"。这就是说，长沙话中否定式"V 不 C"的扩展有两种形式，应该也

111

可以说成"我写不那样好 | 肯定跑不那样快",这种扩展式和普通话中的"写不太好 | 看不大清楚"是一致的。张文同时指出,"肯定式中的形容词也可以接受这样的修饰,如'我也写得咯(样)好 | 他肯定跑得那(样)快'",对这种扩展的解释是长沙话中的"得"似乎是一身二用,把助动词和结构助词两种性质集于一身了。这种结构中,"写得好 | 跑得快"直接加入形容词的修饰成分而形成了可能式的扩展。以上现象说明,无论是肯定式还是否定式,长沙话均可以不用傀儡补语,只在基本可能式的基础上加补语的修饰成分,达到对可能式扩展的目的,可能式的扩展和状态动补结构的扩展基本对应。

与长沙话不同,大冶话中可能式的扩展无论肯定、否定,都必须出现傀儡补语"倒"。汪国胜(2000a:49)指出,"倒"作傀儡补语时,其后可以再出现补语,不过,补语通常是"(代/名)+果+形"的形式,如:

【大冶】我要脚不痛,也跑得倒果快_{也能跑得那么快} | 普通话我说得倒几句,就是说不倒你果好_{就是不能说得你那么好}

绩溪、江永、慈利方言中,也存在使用傀儡补语"得"的扩展式:

【绩溪】我写不得那的好(赵日新 2001)

【江永】这间房住不得□[toia]这么多人(黄雪贞 1993:85)

【慈利】他吃不得那门多_{不能吃那么多} | 他扫不得你门干净_{不能扫得像你扫的那么干净}(吕建国 2015)

据李小华(2009),永定客家话中"V得C"的扩展有如下否定式:

【永定】黑板顶字看唔好清楚_{黑板上的字看不大清楚}

肯定式中补语也可以由其他形式的谓词性词组构成:

【永定】唱歌偃唱得比佢可好_{唱歌我能唱得比他更好} | 佢讲故讲得大家跌目汁_{他讲故事能讲得大家掉眼泪}(李小华 2009)

作者解释说,这种结构在普通话中一般仅作情态补语,在永定话中既可以作情态补语,又可以作能性补语。闽南话中,除了使用"会"的后标型可能式外,还使用"得[lit^5]"的扩展可能式:

【南安】伊食得野肥_{他能吃得很胖} | 我写得诚紧_{我能写得很快}(吕晓玲 2010:96)

方言中的这种扩展式有时还存在语序的变化，不过相关资料较少，目前见到的例子如下：

【平远】我写咉好唔倒/我写唔倒咉好我写不了那么好｜布染得十分红倒/布染得倒十分红布可以染得很红（严修鸿 2001）

【绍兴东头（土隶）土话】学大勿好/学勿大好不太学得好｜打大勿渠过/打勿大渠过不太打得过他（陶寰等 2015）

甘肃河西地区的山丹方言还使用"V+不+得+重叠式"结构表示可能意义，其中的"得"也应属于傀儡补语，而重叠式表示的是语义程度上的变化。由重叠式充当可能式中的补语是普通话中所没有的。

【山丹】我就不信把你治不得不能把你治得伏伏贴贴的了（何茂活 2007：398）

就现有材料来看，大冶和长沙、永定两地方言的扩展方法存在一定区别：长沙话中肯定式可以不使用傀儡补语而直接扩展，否定式两可；永定话中可能补语和状态补语肯定式的扩展结构相同，否定式不用傀儡补语，直接扩展；大冶话中扩展式一定出现傀儡补语。三种方言的情况对比如表 3-3 所示：

表 3-3　长沙、永定和大冶三地方言可能式扩展情况对比

	肯定		否定	
	基本式	扩展式	基本式	扩展式
长沙	写得好	写得咯（样）好	写不好	写不那样好 写不得那样好
永定	唱得好	唱歌倕 唱得比佢可好	看唔清楚	看唔好清楚
大冶	跑得快	跑得倒果快	说不好	说不倒你果好

（2）V 会 C　普通话中，可能式"V 得 C"中 V 和"得"之间的位置不能加进任何成分，闽方言中的可能式"V 会 C"中"会 C"结合紧密，是"助动词+动词（形容词）"结构，与前边的 V 之间关系松散，所以可以加进去一些内容，形成扩展形式：

【厦门】煮久会熟煮的时间长了，能煮熟｜行紧会到走得快可以走到｜写两点钟会了写两个钟头可以写完（谭邦君 1996：185）

这种扩展式显示了闽方言中的可能式"V 会 C"的来源可能是 V 和"会 C"的复合，与普通话中在"V 得"的基础上产生"V 得 C"的情况

不同[1]。

"V会C"还存在另外一种扩展方式，就是其中的V可以重叠，然后和"会C"组成可能式，如：

【惠安】纸皮拆拆会破 <small>纸皮不断地撕，就可能撕破</small>（陈曼君2013：261）

在用普通话解释时，要拆分成为两个部分，而在方言中则是一种"谓动重叠动补式"，普通话和其他方言中的后标型可能式没有这种扩展方式。

(二) 外部扩展

1. 前加程度状语

普通话中，可能补语"V得C"（表示能够）、"V得"（表示许可）不带程度状语，但"V不了"除了表示能力之外还能表示对某种事态的判断和推测，也就是表达认识情态意义（柯理思2005）。如说"明年玉米价格便宜不了"表示一种推测，这时整个"V不了"之前可以加副词表示说话人对判断的认定程度，说成"肯定便宜不了"，这种意义和前述的"他明天非常可能来"属于同一种类型。此外，可以前加程度状语的还有以下两种语义的后标型可能式：

(1) 表示擅长义的可能式。前文提到，普通话中表示擅长、善于义的"能V""会V"之前可再加程度副词作状语。一些方言用"V得"表示这种擅长、善于义，也可以在"V得"前加副词表示程度，如：

【柳州】这人好韶吃得，三碗饭两碗菜都吃光了（李荣2002：3875）

【贵阳】那个娃娃太吃得｜他好做得呕（同上，3876）

【遵义】几多吃得｜几多睡得｜非吃得｜非睡得｜太吃得了（胡光斌2010：428）

【大冶】他一回喝个斤把酒冇得事，真喝得<small>真能喝</small>｜渠蛮吃得，我两个人都吃不倒渠果多<small>吃不了他那么多</small>（汪国胜2000a：48）

【宜丰】佢咯崽蛮吃得，一餐要吃一大钵积饭<small>他儿子特能吃，一顿要吃一大盆饭</small>｜阿哩娘越格做得，屋阿咯事一下包了<small>我妈妈真能干，家里的事全包了</small>（邵宜2007）

---

[1] 在"V得"的基础上产生"V得C"是传统的看法，杜轶（2007）提出普通话中"V得C"的来源也有"V得O"和"得OC"复合的情况。

【随州】很走得路｜很吃得饭｜很读得些书（刘村汉 1992）

【东莞】大只佬_{大个子}真系食得｜佢人仔细细几做得_{他个子小小挺能干}｜老李好捱得_{很能吃苦}（同上，3879）

【广州】佢好食_{他很能吃}｜好饮得_{很能饮酒}｜好打得_{武功好}｜好做得_{很会干活}｜好捞得_{很会赚钱}（李荣 2002：3879）

【大关】他讲话最讲得_{最能讲}（张映庚 1990：235）

【慈利】他有劲得很，硬挑得三百斤谷起｜他硬举得起一个大人_{简直能举起一个成年人}（吕建国 2015）

饶长溶（1995）谈到福建长汀客家方言中的"V 得"时说："V 得"可以前加程度副词"野_很"，句法上，"野"修饰其后的结构，而语义上是指向"得"，不是指向动词。比如"野睡得""野望得书"意思是"很能睡""很能看书"，"野"的语义都指向"得"。"得"像是个表可能的半自由后助动词，"V 得"似乎可以看作半自由组合。汪国胜（2000a：48）也指出，大冶话中有的"V 得"表示某方面的特点突出。这类"V 得"已没多少表可能的意味，结构上也趋向于凝固，有点近似于形容词。普通话中表示许可的"V 得"不具有方言中的这种特点，所以普通话中没有受副词修饰的"V 得"。

(2) 具有引申义的动趋可能式。范继淹、饶长溶（1964）指出，可能补语"V 得/不 C"可受程度副词修饰，如"很合得来""很看不上"之类。此类可能补语中补语多是由趋向词来充当，属于引申意义，或者说整个结构是固定搭配，而非实际动作的趋向，整个"V 得/不 C"结构接近于一个词，从意义上说表示某种性质。如果是表示实际位移的"爬得上来""拆得开"，一般不允许前加程度副词。方言中的此类用例如下：

【湖南】蛮过意不去｜好做得出（龚娜 2011：191）

开封方言中存在程度副词"可"修饰可能式"VC 喽"的现象，不过仅限于几个有固定含义的可能式，如：

【开封】他可说出来［tʂʰuɛ⁵⁵］喽｜他啥事儿可记住喽｜他可想起来［tɕʰie⁵⁵］喽（"出来""起来"读为合音）（自拟）

这里的"VC 喽"不再限于表面含义，如"说出来喽"表示胆量大、敢于说，"记住喽""想起来喽"是说记性好、不忘事儿的意思。

中亚地区东干语中存在一种从形式上看是外部扩展，但从语义上说属于内部扩展的可能式，如：

115

【东干语】我把他的话甚听不懂_{听不太懂}｜我也甚记不明白_{记不太清楚}哩（王森等 2015：240）

这种特殊的语序与东干语中程度副词和否定副词的相互位置有关。据王森（2000），东干语中，程度副词"甚"要放在否定副词前，如"我的窗子甚不高_{不太高}"，和普通话中的语序正好相反。

2. 后加程度补语

西南方言中用后加补语的方式表达"V得"的程度，"V得"之后要用补语标记词"得（哩）"，然后接程度副词作补语，如：

【昆明】张云逛得得很，逛一天街一点儿事都冇得（丁崇明 2005：225）

【黔东南】他吃得得很｜最野得得很｜蛮得得很（《黔东南方言志》2007：211）

【西充】他坐得哩很，一连坐四五凯钟头都可以不动一下_{他很能坐，一连坐四五个钟头都可以不动一下}（王春玲 2011：213）

【遵义】吃得得很｜睡得得很（胡光斌 2010：428）

【西安】他饭量大，吃得得很_{很能吃饭}（孙立新 2007：329）

【绥阳】他吃得得很_{他吃东西可以吃很多}｜这个娃儿睡得得很_{这个小孩睡觉可以睡很久}（姚丽娟 2011）

【独山】他吃得得很_{他能吃得不得了}（曾兰燕 2016：224）

汪平（1983：116）认为贵阳话中表示能吃很多的"吃得"中"得"前不能加字，它跟"吃"结合紧密，组成了形容词。这种形式和前文所述兰州、成都等地的"能干""得行"性质相同。

3. 后接宾语

（1）普通话中，后标型可能式"V得C"的宾语通常居于整个可能式之后，形成"V得CO"的形式，如[①]：

在夜暗里，她看得见刀锋在闪亮。（梁斌《红旗谱》）

在监狱里除了男看守，哪儿看得见男人的影儿。（杨沫《青春之歌》）

许绍早（1992）提到，当宾语是一个字，常常是代词时，存在宾语

[①] 本节现代文学作品语料出自华中师范大学语言所"当代小说语料库"和"汉语复句语料库"，近代文学作品语料出自北京大学 CCL 语料库。另有标明的除外。

用在补语之前的例子：

　　哨兵挡他不住｜除非你去，才说得他服｜我一时一刻也放心不下（许绍早1992）

在文学作品中常见到这样的用法，如：

　　他现在就怕人家看他不起。（周而复《上海的早晨》）
　　再看到他那愁眉不展、无计可施的样子，更看他不起。（刘震云《故乡天下黄花》）
　　康大叔显出看他不上的样子。（鲁迅《药》）

这样的用法在近代汉语中经常出现：

　　驴子乏了，卧在地上，任你怎样也打他不起。（《醒世姻缘传》）
　　老汉又惹他不起，只好白填嗓他罢了。（《七侠五义》）
　　谁知文七爷回来，叫他不到，生气骂船家。（《官场现形记》）

(2) 方言后标型可能式带宾语的语序，按"得"标记、"了"标记两种情况分别讨论。

① "得"标记可能式。方言中"VC得"可能式较少，这种可能式带宾语时"得"仍处于末尾，有"VCO得"和"VOC得"两种语序，如：

　　【长沙】打开抽屉得不？打开抽屉不得｜请他去得不？请他去不得（张大旗1985）

这两例均不同于普通话中表许可的"V不得"句式，而属于"VC"可能式，相当于"打得/不开""请得/不去"，表示的是动作结果是否能实现，而非动作本身是否可行。

方言中有三类常见的"得"标记可能式带宾语的情况。

第一类："V得/不C"　该式所带宾语可以有三个位置："VO得/不C""V得/不OC""V得/不CO"。其中第三种"V得/不CO"属普通话的情况，方言中也有，不再举例。以下按肯定和否定分别列举前两种语序的方言例证。

其一，肯定形式"V得OC"，如：

　　【武汉（老派方言）】吃得饭成｜打得老虎死｜跳得这道沟过｜叫得他的名字倒（李荣2002：49）
　　【绍兴】伊蛮看得我起个（同上，141）

【娄底】打得他赢｜喊得号出｜请得假动（刘丽华 2001：266）

【长沙】吃得咯碗饭完｜搬得咯块砖动｜拿得咯个篮子起（鲍厚星等 1999：335）

【南昌】吃得饭进｜困得觉着｜叫得门开｜打得渠_他赢｜做得事正_成（李荣 2002：188）

【长宁】写得字好（吴启主 1995）

【益阳】打得他赢｜吃得饭进｜考得中学起_{考得上中学}（徐慧 2001：275）

【舟山】挑勒其动_{挑得动它}｜比勒其上_{比得上他}｜写勒其过_{写得过他}（方松熹 1993：21）

【绩溪】我打得渠过｜我对得尔起了_{我对得起你了}（赵日新 2001）

【金华】我赶得尔着｜打得渠过｜火车赶得汽车着_{火车赶得上汽车}（曹志耘 2001）

【阳江】你讲得其过_{你说得过他}？｜我知实挖得其嚟_{我一定能把他挖完}（黄伯荣 2018：469）

其二，肯定形式"VO 得 C"，如：

【崇明】我打你勒过（李荣 2002：132）

【舟山】打其勒讨_{打得讨他}｜走其勒过_{走得过他}（方松熹 1993：21）

【休宁】叫渠得醒｜打渠得过｜老王讲小李得过｜吃饭得下（平田昌司 1997）

【长沙】吃饭得进（张大旗 1985）

【苏州】说俚得过_{说得过他}（袁家骅等 2001：98）｜对耐得起_{对得起你}（刘丹青 1997）

【大冶】说渠得赢（汪国胜 2000a：52）

【绩溪】我打渠得过｜我对尔得起了_{我对得起你了}（赵日新 2001）

其三，否定形式"V 不 OC"，如：

【武汉（老派方言）】：吃不饭成｜打不老虎死｜叫不他的名字倒（李荣 2002：49）

【绍兴】倷㑚看勿我起（同上，141）

【益阳】打不他赢｜吃不饭进｜考不中学起_{考不上中学}（徐慧 2001：275）

【娄底】打不他赢｜喊不号出｜请不假动（刘丽华 2001：266）

【长沙】吃不饭进｜讲不你赢｜热得穿不毛衣住｜骗不你过（张大旗1985）

【舟山】吃勿其过_{吃不过他}（方松熹1993：21）

【金华】打弗渠_他过（曹志耘2001）

其四，否定形式"VO不C"，如：

【崇明】我打你勿过（李荣2002：132）

【绍兴】偌嫖看我勿起｜一只鸡也客伊勿牢_{一只鸡也抓不住}（同上，141）

【苏州】说俚勿过_{说不过他}（袁家骅等2001：98）

【长宁】写字不好（吴启主1995）

【益阳】打他不赢｜吃饭不进｜考中学不起_{考不上中学}（徐慧2001：275）

【娄底】打他不赢｜喊号不出｜请假不动（刘丽华2001：266）

【东安花桥土话】你哄我不倒_{你骗不了我}｜他喊名字不出_{他叫不出名字}（鲍厚星1998：229）

【长沙】吃饭不进（张大旗1985）｜你找他的衣服不到（李荣2002：180）

【南昌】吃饭不进｜困觉不着｜叫门不开｜打渠_他不赢｜做事不正_成（同上，188）

【闽南】我有淡薄对伊不住_{我有点儿对不起他？}｜汝挡伊艌朝_{你顶不住他}（李如龙2001b）①

粤方言中可能补语否定式的否定词居首，带宾语时可以有如下形式：

【阳江】你无扯得其过_{你扯不过他}（黄伯荣2018：469）

以上各类在不同地方使用多寡不同，比如金华"得"后宾语通常放在可能补语的前面（曹志耘2001），而长沙三种否定形式（上列两种＋普通话一种）通用，不分主次（张大旗1985），一般来说代词作宾语和否定句语序较为灵活。吴福祥（2003）通过对比使用"得"标记的65个南方方言点的宾语语序，认为上述"V得OC"和"VO不C"属于南方方言的固有格式，来自对唐代语言的继承；"VO得C"和"V不OC"属

---

① 原文解释，闽南话的可能结果补语及其否定式如果另带宾语，宾语的语序比较灵活，可以置于动词之后、补语之前，也可置于动补结构之后，但以置于动补之间为地道的方言句式。

于类推格式，是方言中的创新。而这些地区使用的与普通话相同的宾补语序则来自北方官话的扩散。

以上方言事实体现了三个特点：一是宾语位置在普通话中固定，而在方言中自由；二是代词作宾语位置更加灵活；三是很多方言否定式语序要比肯定式灵活。

第一个特点反映了方言中述补结构的松散性。普通话述补结构组合紧密，肯定式中间不能插入宾语，这和一般的自由短语不同，吕叔湘（1979：25）认为"V 得/不 C"结构只能算是短语词也有这方面的原因。方言的动补结构中间能插入宾语，说明动补结合松散，这和历史上动补结构发展过程中的某些阶段相似。

第二个特点和代词的形式和意义有关。形式是指音节的多少，代词多为单音节，其复数形式顶多是双音节，而一般名词、名词词组音节数可能较多，置于动补之间使得补语的位置不能凸显；有的名词和代词音节数相等，但是代词意义要比名词虚一些，这也是影响其位置的一个因素。比如广东阳江方言中，可能补语式中宾语的位置视词性而定：如果是代词，置于"得"和补语之间（如"讲得其过"）；如果是一般名词，以放于补语之后为常（如"看得嚥果部书"）；简单的宾语也可以放在补语之前（如"看得果部书嚥"）（黄伯荣 2018：469）。

第三个特点应该和否定可能式的来源有关。历史上最早出现的否定后标型可能式的否定形式是"VO 不得"，其中"不得"是陈述 VO 的成分，作谓语，后来才发展成表示可能意义的补语，随着动补结构（使成式 VC）中补语的丰富，出现"VO 不成"等形式是很自然的事。北京话口语有"说他不过"的说法（袁家骅等 2001：321），开封话中也有"吃尿不成"这种粗俗的说法，这些现象说明"VO 不 C"这种语序在北方话历史上也是存在过的[①]。南方方言在发展过程中深受北方官话的影响，所以多地出现此类语序结构。而最早出现的可能补语肯定形式是"V 得 O"，宾语 O 位置的变化受到了一定的限制。

第二类："V 得/不了" 其中"了"为傀儡补语，方言中呈现为不同形式，如"了""得""倒/到""来""脱"等。在普通话中，此式和

[①] 桥本万太郎（2008：33）在论及南方话中的"VO 不/唔/勿 C"时引用过北京方言口语"说+他+不+过"的说法，并认为"假如这不是从南方方言中借来的，那就可以认为，北京口语里恰恰残存着中世纪以来的分离型使役结构的痕迹"。他同时谈到调查的很多北方话（包括开封方言）中语序是"说不过他"。笔者觉得开封方言中的粗俗说法不易被正式的方言调查发现，并且该说法已经成为一个俗语，不具有能产性。

"V 得/不 C"式带宾语时语序相同。方言中语序有以下三种情况：

其一，宾语位于可能式末尾，同普通话语序：

【大冶】我打得倒豆腐（汪国胜 2000a：50）｜我只教得了语文，教不了数学（同上，51）

【鄂东】摘得得南瓜｜这椅子坐得得人｜天冷了，盖得得毯子（陈淑梅 2000）

【黄州】他昨还吃不得饭，今朝蛮吃得饭（汪化云 2004：175）

【长沙】不聪明唱不得戏，不能干打不得锣｜杨老三病得下不得床脚（张大旗 1985）

【绩溪】尔骗得脱渠骗不脱我你骗得了他可骗不了我（赵日新 2001）

【重庆】我开得来车会开车｜我吃得来辣椒能吃辣椒（杨月蓉 2006）

【武汉】我妈妈用不到电脑我妈妈不会用电脑｜今天停电了，用不了电脑不能用电脑（张义 2005：9）

其二，宾语位于"得"（或"不"）和傀儡补语之间：

【金华】我写得墨笔字来我会写毛笔字｜渠讲得普通话来他会讲普通话（曹志耘 2001）

【长沙】冒带房门钥匙，进不门得，煮不饭得｜吃得饭得（张大旗 1985）

其三，代词作宾语出现在 V 和"得"（或"不"）之间：

【大冶】只你一个人说渠得倒，我耐哈说渠不倒只你一个人说服得了他，我们都说服不了｜渠太顽皮了，我反正是管渠不了个是管不住他的（汪国胜 2000a：50、51）

根据笔者掌握的材料，这三种语序使用频率多寡悬殊，以宾语位于可能式末尾最多，这无疑是受普通话语序的影响。曹志耘（2001）也谈到，金华话中当可能补语是"来"以外的词时，现在偶尔也说宾语位于可能补语之后的句子，如"渠买得倒彩电儿"。

第三类："V 得/不得" 据刘月华（1980），普通话中这种可能式可分为两种意思，一种与"V 得了"意义相同，为早期白话遗留；另一种表情理上的许可。从带宾语的能力上看，第一类能带结构较为简单的宾语，第二类常表被动，很少带宾语，即使带宾语，也常是单音节的词语。如果谓语动词的受事较为复杂，一般要放在动词前作为主语出现。方言中"V 得/不得"也有这两种语义，都可以带宾语，语序有两种情况。

其一，"V得/不得O"。这种可能式可以表示能够、能力义：

【金华】渠吃酒吃得一斤｜伢部车坐得五十个农这辆车能坐五十个人｜尔一厨一顿吃得几碗饭？（曹志耘2001）

【宿松】一斤米吃得两个人｜家里谷吃得半年｜渠穿得我里衣裳（黄晓雪2010）

【江永】这间房住不得□[tɕia]这么多人（黄雪贞1993：85）

【随州】走得百把里｜吃得两三碗｜住得几十年（刘村汉1992）

【广州】间房咁大，实放得三张床这间屋子这么大，肯定放得下三张床｜我唔系几食得辣嘢不大能吃辣东西（彭小川1998）

【闽南】若是饮糜一顿食得四五碗要是稀粥，一餐能吃四五碗｜许个会议室坐得五六十侬那会议室能坐五六十人（李如龙2001b）

也可以表示许可、可以义：

【广州】佢发紧烧，唔打得预防针他正发烧，不能打预防针｜个条路整返好喇，行得车喇那条路修好了，汽车可以通行了（彭小川1998）

【南宁白话】我肠胃冇好，饮得热水，冇饮得/饮冇得冻水（林亦、覃凤余2008：322）

【大冶】日头好高了，烧得火了（汪国胜2000a：48）

【安仁】吃得饭｜去得安仁｜吃不得饭｜去不得安仁（陈满华1996：109）

【章丘】要得彩礼，要不得陪送（高晓虹2011：327）

从形式上看，方言中"V得"所带宾语没有太多限制，既可以是单音节名词，也可以是双音节或多音节的词语。

从意义上讲，方言"V得O"可能式比普通话的更丰富，既有表可实现性的，又有表可施行性的。此外方言中该结构还有别的意义，陆镜光（1999）指出：香港粤语中的"我食得三碗饭"至少有三种意思，分别是"有人允许我吃三碗饭""我有能力吃三碗饭"和"我只吃了三碗饭"，前两种属于我们所说的可能义，第三种意义并非可能义，是普通话中这种句式所不具有的。

其二，"VO得/不得"。大冶话中"V不得"带人称代词宾语时，宾语可以出现在"不得"的前面，表示可施行性：

【大冶】渠是领导，咱又说渠不得｜渠死不听话，你又打渠不得（汪国胜2000a：48）

据李小华（2009），永定客家话中的"V 得 O"偶尔也可用"VO 得"，后者受到很多限制，多见于问句中，且 VO 的结构要简单，所以出现的频率不高。而否定式"VO 唔得"则相对自由，"V 唔得 O"基本上可以和"VO 唔得"自由转换，但以前者为常见。以下是该方言"VO 得"的用例，从语义来看，表示的是可实现性可能语义：

【永定】你今日唔自然会读书得_{你今天不舒服能读书吗}？｜这勺欸浪打饭得_{这勺子怎能盛饭}？｜这只碗装菜做得吔，装汤唔得_{这只碗用来装菜可以，装汤不行}（李小华 2009）

②"了"标记可能式。标记"了"总是位于整个可能式末尾，对于"VC 了"可能式来说，无论 C 是有实义的补语还是无实义的傀儡补语，其肯定形式中如果出现宾语，则宾语总是位于 VC 之后、标记之前，其否定形式的语序同普通话。

当 C 为有实义的补语时，用例如下：

【聊城】他买起彩电喽_{他买得起彩电}｜他挑动水喽_{他挑得动水}（钱曾怡 2001：285）

【郓城】他学会开车了_{他学得会开车}（同上）

【利津】我拿动这些书哩_{我拿得动着些书}｜我看清这个字哩_{我看得清这个字}（同上）

【德州】他干完这些活儿（了）溜（曹延杰 1991：197）

当 C 为傀儡补语时，用例如下：

【林州】她做了裤子咾（谷向伟 2006）

【长治】说了话了_{会说话}｜说不了话｜吃了干饭了_{能吃干饭}｜吃不了干饭（柯理思 1995）

山东方言中的"V 了"可能式带宾语有两种语序，一是宾语在"了"之前，另一种是宾语在"了"之后，如：

【郓城】二爷爷吃三碗米饭了_{吃得了三碗米饭}（钱曾怡 2001：286）

【寿光】我吃了仨馒头_{吃得了仨馒头}（同上）

(3) 方言后标型可能式宾语的特殊性体现在两个方面。其一，后标型可能式通常不带宾语。方言材料对后标型可能式带宾语的反映有限，现有的例子一般都是从方言语法调查而来，大多不带宾语。在实际使用中，方言后标型可能式常常也是不带宾语的。汪国胜（2000a：51）指出：大冶话中"V得了"虽说可以带宾语，但人们更愿意采用受事前置的说法。曹志耘（2001）也谈道，金华话中，当"得"后同时有可能补语和宾语时，若宾语为一般名词，则通常放在动词的前面（受事前置），而不是放在"动词＋得"的后面。但当可能补语是"来"时，宾语可以放在可能补语的前面，但不能放在可能补语的后面。黄晓雪（2010）所举宿松方言中的以半虚化成分"倒""脱"组成的可能补语的例子都以动词的受事成分为主语。

以上是南方以"得"为标记的方言中的情况，北方使用"了"标记的方言也是同样。柯理思（1995）说，调查可能补语常用的语法例句一般不包括带宾语的句式，所以文献中带宾语的例句很少。此外"V了"通常不带宾语，如果句中"V了"有受事成分，则受事常常作主语，如：

【林州】一碗大米他吃咾（谷向伟2006）

【郓城】这活我一个人干了 干得了｜这碗米饭他吃了 吃得了（钱曾怡2001：285）

【泗水】这些饭你吃了唠（王衍军2014）

据张成材（1997：38），在西宁话中，"说不过"不带宾语，要说成"把他说不过"。王森（1993）也说甘肃临夏方言中，可能补语的宾语总是出现在动词前面，如：

【临夏】是阿一个一嘴胖子吃不下 无论哪一个也不能一口吃个胖子｜兀个事三天做完下呢 那件事三天能做完｜你信写来啦 你会写信吗？我信写来呢 我会写信｜这个花水多地浇不成 这种花不能多浇水｜兀个话你辨过啦 那种话你能理解吗？（王森1993）

开封方言中的可能补语使用后标记"了"，习惯上按照发音[lou]写作"喽"，组成"VC喽"的形式，如：

【开封】我听懂喽 我听得懂｜我记住喽 我记得住｜他吃完喽 他吃得完（自拟）

以上可能式表示的是行为主体的能力，都是主动意义。也有被动意义的，表示事物的性能，如：

【开封】那个门开开喽 打得开｜那双鞋穿上喽 穿得上｜阀门关住喽 关得上（自拟）

这些句子中均不带宾语。张运玲（2009）提到开封方言中动词"喽"

作补语构成的可能式，举的例子都是否定形式：

【开封】我吃不喽我吃不完｜衣服干不喽干不了｜靠他那点死工资，他一块钱也给不喽他爸｜她想离婚离不喽想离婚但是离不掉｜这种事一般人接受不喽不能接受（张运玲 2009）

从这些例子来看，有的"喽"是有实际意义的，表示完，如"吃不喽"；有的"喽"只是傀儡补语，没有实义，如"给不喽""接受不喽"。其中带宾语的仅有一例"他一块钱也给不喽他爸"，句中"给"在意念上存在两个宾语：指人名词"他爸"出现在动词之后，实现为宾语；指物名词"一块钱"出现在动词之前，实现为受事主语，在整个主谓谓语句中充当小主语。

据宋文辉（2017），河北正定方言"VC 了"可能补语式存在一种用法偏好，"VCO 喽"和"话题+VC 喽"都比"VC 喽 O"更自然。这里提到的"话题+VC 喽"也就是将可能式"VC 喽"意念上的宾语置于句首，而"VCO 喽"则是北方方言中此类可能补语带宾语的一种普遍语序。

其二，后标型可能式带宾语常有修饰成分。由以上分析可知，各地方言后标型可能式带宾语的能力都较弱，但带宾语的用法不是没有。如果出现宾语，通常是带有修饰成分的名词短语，这些修饰成分一般包含数量含义，与整个可能式表示能力所及的意义有关系。如：

【开封】我吃完仨馍喽｜我看不完恁多书｜我够着那个树枝喽我够得着那个树枝（自拟）

最后一例从表面看没有数量成分，但宾语"树枝"前用"那个"来修饰，表明是特指的，结合上下文理解是包含有特定高度之类的含义，还是和量有关。河南林州方言中可能式带宾语也多为有修饰成分的名词短语，如：

【林州】桌子上放下一百本儿书咾放得下一百本书｜他搬动自行车子咾他搬得动自行车｜我瞧清黑板上嘞字儿咾我看得清黑板上的字｜你在小卖铺儿就买上这本儿咾你在小卖铺就买得到这种本子（谷向伟 2006）

宾语加上修饰成分后多表示对可能性有具体的要求："一百本书"需要占用一定的空间，"黑板上嘞字"体现字的大小和黑板距离的远近，"这本儿"体现为特定的型号。即使无修饰成分，宾语自身也在某方面有突出的特征，如"自行车"体现特定的重量，与这些内容相关的动作能否完成显示了特定的能力。

三、同音归并和成分衍生

（一）同音归并

同音归并源于掉音（haplology）（戴维·克里斯特尔 2000：167），掉音是一种语流音变现象，指发音相近的语音序列中某音的省略，也称为脱漏、删略等。这个概念最初是针对印欧语多音节单词中的音变现象说的，多是指音素的省略。在汉语中，某些相邻的同音或近音的音节也会发生脱漏，由于汉语单音节语素居多，所以经常会造成语素的减少，但从意义上说并不会造成任何缺失。施其生（2009）将汉语中的这种现象称为同质兼并，解释为原来两个音节合并为一，两个音节表示的语义由一个音节承担。汉语可能补语式中，也会遇到相邻的两个同/近音音节发生删略的情况，如朱德熙（1982：133）认为普通话可能补语式"V得"是由"V得得"省略了中间的助词"得"而形成的，仅留下动词"得"作V的可能补。根据以上分析，我们将可能补语中的这种现象称为同音归并。

1. "V得得"和"V得"

在湖北大冶（汪国胜 1998）、鄂东（陈淑梅 2000）等地，可能补语式"V得得"也可以说成"V得"。汪国胜（1998）指出，大冶话中"V得得"归并为"V得"的原因不仅是同音，还因为两个"得"功能也大体相同，一个是可能式的标记词，一个是傀儡补语，二者共同参与构成可能补语的形式。陈淑梅（2000）所列鄂东方言中的情况也属于同音且功能大体相同。

有的方言中两者读音相近也可以发生归并。据赵日新（2001），安徽绩溪方言中，补语标记"得"音［nieʔ］，而补语"得"音［tieʔ］，两者声母的发音部位相同，仅发音方法不同，可以同时出现，也可以省略补语标记"得"，只出现补语"得"。如：

【绩溪】顾（得）得尔个，顾不得那个｜尔舍（得）得舍不得？尔舍得不舍得｜渠坐（得）得，我就坐不得｜件衣裳我把尔补得穿（得）得了（赵日新 2001）

某些地方只用"V得得"的说法。柯理思（1995）提到江苏北部涟水话里，跟"吃不得"对应的肯定形式是"吃得得"，而不是"吃得"。

山西文水话有"V的的"的说法：

【文水】果子红了，吃的的了｜果子还青，吃不的｜麦子黄了，割的的了｜麦子没熟，割不的（胡双宝1981）

2. "V了了"和"V了"

在北方方言中，有一部分地区同时存在"V了/咾/唠/嘟/…"和"V了了"两种同义可能补语式。侯精一（1981）提到，平遥方言中不带补语动词的可能式是"动词+咾"，如问"这碗面你吃咾吃不咾"，答"吃咾"。有些上了年纪的人也说"吃咾咾"。北方话里这种归并既不要求完全同音，也不要求必须是傀儡补语，一些有实义的补语也可和标记发生归并。如山东临清方言，当"唠"前补语成分为"了"时，可以归并，"你拿了唠吧?"有时可以说成"你拿唠吧?"（张鸿魁1990：164），这里的"拿了"完全可以理解为"拿完"。

从意义上看，方言中有的"V了"可能式中"了"具有实义，相当于"完"，如：

【太谷】一个人两碗面，吃喽吃不喽？我饭量大，吃喽（黄伯荣1996：773）

【聊城】半斤酒他喝喽_{半斤酒他喝得了}（钱曾怡2001：286）

【曲阜】三个馍馍吃了（同上）

【林州】一瓶茅台他喝咾_{他喝得了}（谷向伟2006：99）

有的"V了"可能式中"了"无实义，仅指动作V的实现，如：

【淄博】这活又脏又累，你能干了吗？干了！（黄伯荣1996：773）

【晋源】你来咾来不咾嘞？来咾/来不咾（王文卿2007：252）

【阳谷】这件事我办唠（董绍克2005：318）

但以上这两类"V了"是不是来自"V了了"的归并无从得知。也有傀儡补语和标记同音，但不发生归并的例子：

【博兴】走哩哩_{走得了}（沈兴华2005：312）

Mullie（1937：71）记录了20世纪初的南部北京话存在"V了了"可能式，并未提到二者可以归并：

人只要有志向，什么毛病都改了了｜这个肉许够了了｜这么一

点面，我一个人吃了了

今天的河南开封方言中，存在"V喽喽"可能式，但并不发生归并，没有"V喽"可能式。由此可见，同音不必然发生归并，是否发生归并很难找到统一的规则。

3. 归并还是类推？

从历史上看，可能式"V得"先于"V得C"出现，"V得得"作为"V得C"的一种特殊形式，有可能发生同音归并而成"V得"，但无法断定所有的"V得"都来自于此，因为历史上早于"V得C"出现的"V得"并不是同音归并而来的。今天方言中的"V得"究竟是来自对历史的继承还是来自现实的删略，无从确定。罗常培、王均（2002：195）认为"很难断定短形一定是脱漏的形式，而长形是本来的形式，很可能短形是本来的形式"。这虽然是针对多音节词内部音变说的，但从道理上说，同样也适用于语法结构的分析

与此类似，对方言中"V得"和"V得得"的关系还有另一种解释。汪国胜（1998）认为"V得得"有可能是由"V得"仿照"V得C"类推得出。吴福祥（2002b）也推测大冶等地方言中"V不得"的肯定形式最初为"V得"，由于肯定和否定的不对称，说这种方言的人参照"V得C"的形式类推出"V得得"。

"V了了"的情况稍有不同，目前无确切证据证明历史上先有"V了"可能式，因此从"V了"类推出"V了了"的可能性不大，所以更倾向于认为"V了"是"V了了"的归并。

（二）成分衍生

可能式"V得"模仿"V得C"生成"V得得"的过程叫类推，类推得出的"V得得"和"V得C"结构成分完全对应，并不存在多余的部分。但方言可能补语式中还有一种过度类推的情况，具体指受某种强势结构的影响，在本已完整的结构上又增加了某种成分，从而造成成分的多余和重复，我们称这种现象为成分衍生，成分衍生是一种过度的类推。

1. 傀儡补语的衍生

据陈淑静（1988），北京话中的两种可能补语式"谓词+得（de）+补语"（如"吃得完"）"动词+补语'得（de）'"（如"吃得"）在平谷方言中都常用，此外平谷还有两种特殊说法：

一种是"谓词或述补词组+了得（liǎo·de）/了（liǎo）喽"，表示可能，如：

【平谷】这趟车要走不了，下趟车准走了得｜这个箱子我拿了喽｜这俩西红柿下霜前红了得｜那个孩子我也抱动了喽｜你放心，他这病好利落了得（陈淑静 1988）

另一种是：

【平谷】那个小虫儿我看见喽（＝看得见）｜声儿再小我也听见喽（＝听得见）｜三人一条板凳坐下喽（＝坐得下）｜这碗饭我吃了 liǎo 喽（＝吃得了）（陈淑静 1988）

从以上描述可以得知，平谷方言既有可能标记"得"（同北京话），又有标记"喽"（同很多北方方言），而用"谓词或述补词组+了得（liǎo·de）/了（liǎo）喽"表示可能的结构则存在成分衍生。

首先分析"了喽"。以"喽"为标记的可能式既有"拿了喽"，又有"抱动了喽"，不管"拿了喽"中的"了"是有实义的"完"还是仅为傀儡补语，其格式都是"VC 喽"。这种格式并不奇怪，因为平谷方言中"看见喽"等于普通话"看得见"，"坐下喽"等于普通话"坐得下"。"抱动了喽"的说法中间多了一个成分，本来按照"VC 喽"的结构，"抱动喽"就是一个完整的可能式，现在多出来的"了"显然是衍生出的一个傀儡补语。这种衍生与"V 了喽"格式有关，由于单个动词后用"了喽"可以表示可能意义，说话人会认为"了喽"是一个表示可能的固定结构（陈文正是将"了喽"看作固定组合），所以在动补短语 VC 后也用"了喽"表示可能，和可能式"VC 喽"相比，衍生出一个多余的成分"了"。

再看"了得"。平谷方言中，"得"作为可能标记与北京话用法相同，这在有"VC 了"可能式的北方方言中是不多见的，可见"得""了"在当地方言中的地位和作用基本相当。平谷方言并没有从"V 得 C"类推出"V 喽 C"，说明该方言还是默认"VC+标记"的结构方式，从"V 了喽"类推出"V 了得"也就不难理解了，所以有"走了得""红了得"这些说法，"得"是处于末尾的一个可能标记。而"好利落"本身就是一个完整的述补结构，照此标准"好利落得"即可表达可能意义，因为这已经是"VC 得"结构了，但方言中还是有"好利落了得"这种表达，其中的"了"是衍生出来的一个傀儡补语。

2. 可能标记"了"的衍生

据杨秋泽（1990：166），山东利津方言中，可能补语既可以使用标记"哩",又可以使用标记"得"。综合当地方言语料判断,"哩"就是北方话可能标记"了"的地方变体。在使用"哩"构成的可能补语式中,既有"吃哩哩"又有"吃完哩哩",都表示吃得了、吃得完的意思。分析"吃哩哩"这个可能式,其中第一个"哩"是表示完结义的"了",是述补结构 VC 中的补语 C,第二个"哩"是可能标记;而"吃完哩哩"中"吃完"就是述补结构 VC,后边除了可能标记"哩"之外还多了一个"哩",大概是受"吃哩哩"格式的影响而衍生出来的。杨著指出,利津话中如果可能补语式带宾语,宾语应置于"哩"前,如"我拿动这些书哩哩",动补结构尾部带一个还是两个"哩",多属习惯问题。

根据辛永芬（2006：303）的描写,浚县话可能式带宾语无论是肯定形式还是否定形式都有衍生可能标记"了"的情况,并且形成特殊的带宾语的语序,如:

【浚县】我听着了你嘞声音了 我听得见你的声音 | 这个布袋儿装进去了三斤了 这个袋子装得进去三斤 | 你打不过他了 你打不过他（辛永芬 2006：303）

在河南开封方言中,表示舍得有"舍嘞"和"舍嘞喽"两种说法,如:

【开封】舍嘞花钱 | 舍嘞花钱喽 | 花钱可舍嘞喽 花钱非常舍得（自拟）

其中"嘞"相当于"得","喽"是可能标记。"舍嘞喽"相当于普通话"舍得"再加上可能标记,其中的"喽"明显是受"VC 喽"格式影响而衍生出来的多余成分,因为"舍嘞"本身就表示可能意义,只是已经词汇化了,仍然属于述补结构,后加"喽"的时候一般前边要加上表示程度的副词"可",作用是加强语气。

3. 可能标记"得"的衍生

据陈凤霞（2004）,天津蓟县话中存在以下说法:

【蓟县】去亲戚家,你吃饱了都吗？| 他们走了好半天了,你快点儿,追上了都 | 他家有狗,进去了都吗？没问题,进去了都

作者说在这些格式中,"了"都不再作补语,而只是一种标记,使补语的肯定形式成为可能。如果去掉"了",就不再是可能补语式,或根本就不存在这种形式。如果把"都"去掉,句子仍然成立,人们有时也这

样说，似乎"都"只是起某种语气作用。从这段解释可以看出，"都"是一个衍生出的成分，在这里似乎只表示某种语气。但蓟县话中"都"还可以作为可能标记，实际上是"得"，如：

【蓟县】东西这么多，你拿了都吗？拿了都｜这么多肉，你一个人吃了都吗？吃了都（陈凤霞2004）

在蓟县方言中，还存在北方常见的"VC了"可能式：

【蓟县】吃完了吃得完｜进去了进得去｜看见了看得见[①]

观察蓟县方言中的"吃饱了都"，其中的"了"本可以作可能标记，"吃饱了"就是一个完整的可能补语结构，而"都（得）"则是衍生出的可能标记。因为"V了得"在当地是一个固定的可能补语式，"得"为标记，如"拿了都拿得了""干了得干得了"，当此式中的V表现为VC时，如"吃饱"，则会衍生出一个可能标记"得"：

【蓟县】进去了得进得去｜打过了得打得过

第三节 零标型可能式

一、几种零标型可能式

（一）温州话的零标型可能式

据游汝杰（1981），温州话存在用"V得"表示可能的情况，如：

【温州】吃得可以吃｜买得可以买｜讲得可以说｜动得可以动

原文解释说，温州话"吃得""吃不得"中的"得"还是一个具有实际意义的词，具有标示"达到行为目的"的作用。

根据前文的判断标准，在可能式"V得"中的"得"不管如何解释，都是一个可能标记。温州话存在的零标型可能式，是指表达VC的可能意义时所使用的语言形式和VC没有区别。游汝杰（1981）指出：北京话中有结构助词"得"，而"在温州话中没有一个助词相当于普通话作为

[①] 此例及下例蓟县方言是委托天津师范大学支建刚博士实地调查获得，特此致谢。

补语标志的'得'"。温州话可以不使用标记词而用动补结构表示可能意义，如：

【温州】射动_{跑得动}｜吃完_{吃得光}｜讲快_{说得快}｜写好_{写得好}｜用着_{用得着}
（游汝杰 1981）

另据潘悟云（1997），温州话中可能补语不带助词"得"在没有上下文时会产生歧义，如：

【温州】（站）起！（命令别人站起来）｜（站）起阿（站）不起？（问别人站得起来还是站不起来）｜（站）起阿不？（有歧义，一种意思是问人家愿不愿意站起来，另一种意思是问别人能不能站起来）

（二）正反对比语境中的零标型可能式

在普通话中，肯否并列也可使得无标记的动补结构表示可能意义，如"吃完吃不完"中的"吃完"。这种正反对比的形式很多方言都存在，其中肯定部分往往不用可能标记，或者是可用可不用。如：

【获嘉】去城里头你走动走不动？｜这馍硬你咬动咬不动？（贺巍 1990）
【大冶】事情办成办不成，你都给我回个话（汪国胜 1998：25）
【交城】这东西可重嘞，倚动嘞，荷不动嘞_{这东西很重，拿得动拿不动？}（黄伯荣 1996：773）
【中卫】一口袋粮食捎动捎不动_{一袋粮食能不能扛动？}（林涛 2012：198）

银川方言中存在只用零标记肯定式加上否定词"不"表示提问的形式：

【银川】拿动不_{拿得动吗？}（高葆泰、林涛 1993：162）

VP-neg 格式属于正反问的一种形式，所以这里还是隐含着肯定和否定的并列。

安徽某些方言中的可能补语肯定式，或使用后标记"喽"，或不出现标记，从举例来看，凡是单独出现的都带"喽"，而正反相对应的均属零标记：

【皖北】我拿动喽_{我拿得动}｜我安上喽_{我安得上}｜我拿动，他拿不动_{我拿得动，他拿不动}｜我接上，他接不上_{我接得上，他接不上}（《安徽省志·方

132

【合肥】我拎动，他拎不动_{我拎得动，他拎不动}｜我咬动，他咬不动_{我咬得动，他咬不动}（《安徽省志·方言志》1997：183）

（三）其他情况下的零标型可能式

汪国胜（1998）提到，下面这些都是大冶方言里很自然的说法：

【大冶】我照（得）倒相，不要你教_{我会照相，不要你教}｜你要说（得）倒渠算你有本事_{你要能说服他算你有本事}｜我做（得）倒带道题｜你到南方去保证找（得）倒事做

括号中的标记"得"均能省去，从而形成零标型可能式。以上例句中，除了第三句语境不明外，其他均有明确上下文，第一句属于潜在的因果关系，第二和第四两句都是出现在某种虚拟条件下，这种语境有助于形成零标型可能式。

二、零标型可能式的出现条件

根据潘悟云（1997），温州话中不含"得"而表示可能的动补结构又有两种情况，一种是以趋向动词作补语，表示可能语义或祈使语义，有可能混淆，只有利用语境来辨别；另一种情况是以形容词作补语，表示可能语义或实际状态，在成句时是有区别的。文章指出，温州话的状态补语直接加在动词之后，后头往往加程度补语"险"字，作补语的光杆形容词往往不能足句，必须依靠其他成分的帮助才能足句。如"他讲清楚"不足句，"他讲清楚，我都懂"足句；形容词补语加"险"是一种最普通的足句方式。这说明，温州话"V+形容词"格式既表可能，又表状态，但实际语言运用中，表状态时往往附有其他内容，客观上起到一种区分作用。

除了这种区分，温州方言中还利用轻声区分结果（状态）补语和可能补语。据吴越（2020），温州方言中 VC 作结果补语时，"VC"后轻自变轻声；作可能补语时，"VC"前轻自变轻声。可见，这里虽然没有独立的可能标记，但存在其他语音手段来区分两种语义的同形结构。

综上，零标型可能式的存在是有附加条件并受限制的，零标记只是音节上为零，在语言系统中往往会有其他手段来帮助区分。从以上温州话、普通话和很多方言都有的一些零标型可能式来看，真正造成歧义的机会是很少的。

第四节 多标型可能式

一、基本结构

(一) 标记共现和多标型可能式

1. 可能标记的共现与连用

(1) 可能标记共现，指表示可能语义的多个标记同时出现。普通话中，存在并用前标记"能（够）""可以"和后标记"得"的例子，如[1]：

> 她的声音并不高，可是谁也能听得出她的顽强与盛怒。（老舍《四世同堂》）

> 可以看得出来，当年靠河临街，是两间用砖头砌成的小屋。（梁斌《红旗谱》）

> 吃一份口粮，你能管得了那么多事？（白桦《古老的航道》）

以上都是表示能够意义的情况，王力（1985：76）说："得"字偶然也和"可以"相应，如"我这屋子，大约神仙也可以住得的"，这属于表示许可意义的可能标记共现。

(2) 可能标记连用是指多个可能标记连续使用。《现代汉语八百词》（1999a：336）提到普通话中"可能"表示估计、推测时可以用在助动词前，如"我想他可能会同意的"，其中的"会"也表示推测。既有"可能会"这种肯定加肯定的形式，也有"可能不会"这种肯定加否定的形式，这是由"可能"的语义特征决定的：

> 万一沪江纱厂出了事，公家要我私人赔偿，可能会来抄家的。（周而复《上海的早晨》）

> 只要能熬过这一夜，结局可能不会太糟。（柳建伟《突出重围》）

表示推测的和表示能够的可能标记也可连用，表示推测具有某种能力或条件。如：

---

[1] 本节现代文学作品语料出自华中师范大学语言所"当代小说语料库"和"汉语复句语料库"。

在后的人很可能只吃得到十碗相同的"底",实在太不值得。(白桦《古老的航道》)

他们借了监狱里的车,然后挂上假牌照,想想你们怎么会查得出来!(张平《十面埋伏》)

"得"在南方一些方言中可以表示推测的可能,相当于普通话中的"会",与普通话中连用的"可能会"相同,方言中"可能"可与"得"连用。张清源(1996)谈道,成都方言中,虽然"得"的语义很清楚,但"得 V/不得 V"还可以和别的表示意愿、估计的词同用,如"我可能不得走"。

2. 多标型可能式

本节所说的多标型可能式是指多个可能标记共现而形成的可能式,主要是表示能力、许可类意义的可能式,不包括可能标记连用的情况。

可能标记共现是多个可能标记和一个中心动词(或动补短语)发生组合关系,如"能 V 得 C"中共现的可能标记都和"VC"短语组成可能式,该结构是"能 VC"和"V 得 C"重新复合而成的形式。而可能标记连用的情况则不相同,不管是前文提到的两个表示推测的可能标记连用,还是表示推测和表示能够的可能标记连用,所连用的标记并不在同一个结构层次上。如"会 VP"表示一种近乎必然的可能意义,前边加上"可能"之后,肯定程度有所降低,结构分析应该是"可能(会 VP)","会 VP"作为一个中心语受"可能"的修饰和限制;上举"可能只吃得到""会查得出来",在作层次切分时第一层也只能在"可能""会"之后的位置。

(二)方言中的多标型可能式

1. 能够义多标型可能式

(1)前标记和后标记共现。这类标记的组合形式有"能+得""能+了""可以+得"三种,未见"可以+了",因为前标记"可以"在使用后标记"了"的方言中一般不存在。

【太谷】我饭量大,能吃喽("吃喽"已表示可能)(黄伯荣1996:773)

【曲阜】这碗饭,他能吃了 [liɔ⁵⁵] 了 [lɔ](张志静、丁振芳1992:117)

【徐州】百把斤的东西他能拿得动（李荣 2002：3875）

【丹江】能吃得｜可以做得好（苏俊波 2012：193）

【潍坊】能拿动了_{拿得动}｜能干完了_{干得完}｜能买起彩电了_{买得起彩电}（钱曾怡、罗福腾 1992：108）

【浚县】明个我能去了_{明天我去得了}（辛永芬 2006：309）

【兖州】这么些菜能吃完喽_{这么多菜能吃得完}？（杨文波 2014）

乔全生（2000：161）谈道：在山西使用"能＋V＋补"格式表示可能的方言中，有时用简略形式"V+咾"，或"能咾"，其义相同。如：

【山西】你能荷起呀荷不起呢？能咾｜医生能请来吗？能咾

这里的"能咾"特别值得注意，实际上是一种特殊形式的标记共现，山西很多方言使用后标记"咾"，"能咾"是两个标记的共现。其特殊之处在于，在答语中可以不使用任何的中心动词，而只有两个可能标记出现。

（2）多个后标记共现。根据张大旗（1985），长沙话中凡是用了助动词"得"来表示可能的句子，句末都可以再加语气助词"得"，但是这个句末的"得"，它本身似乎也可以单独表示可能语气。如：

【长沙】写得蛮好（可能、结果两可）｜他认起真来写字，写得蛮好得（能写得很好，只能理解为可能）

原文解释说，这样做是为了增强语气。可能式仅表示可能性，而"能""可以"等助动词增加了一种主观看法，也就是确认了可能式表现的可能性。常德方言也有类似现象，如：

【常德】吃得三大碗饭得｜走得几十里路得｜装得好多东西得（易亚新 2007：309）

易亚新（2007：309）认为句中第一个"得"表示能性意义，句末出现"得"，使能性意义更加明显。

根据张大旗（1985），长沙话中有时还可以在此基础上加上一个前标记，形成三标记共现：

【长沙】甲：你修得好不？乙：修得好得。丙：我也可以修得好得。

2. 许可义多标型可能式

据张大旗（1985），长沙话中"得"字能与"可以"并用，起到增强语气的作用，如：

【长沙】可以吃得｜可以去得｜可以走哒不？可以得哒。

（三）标记共现的作用和成因

1. 标记共现对表意强度的影响

有观点认为，普通话中"能 V 得 C"形式是重复和多余的冗笔[①]，这种看法实际上是将这种共现视为一种不规范现象。而另一种观点认为，这种标记共现是起强调作用，如丁声树等（1961：60）指出，"有时候为加强'能'或'可以'的意思，用了'得'字还可以再加'能'或'可以'"。刘月华（1980）指出，"能（可以）V 得 C"是"能 VC"和"V 得 C"双管齐下的混合形式，"能（可以）"是羡余成分，从语气肯定程度来看，介于"能（可以）VC"和"V 得 C"之间。杉村博文（1982）认为，"V 得 C"前面能够加用"能"的理由，是说话者本人进行逻辑思考的一种结论，是他强烈地主张"V 得 C"所表示的状态是确实可能的。

方言中这类共现的作用，一般也认为是强调。汪国胜（2000a：52）指出：大冶话"V 得 C"前面有时可以加"能"，构成"能 V 得 C"，加"能"就更突出"能/可"的意思，此式多用于假设句，如：

【大冶】你要能驮_拿得来算你有本事｜带这批货要能卖得出去当然好

前引的山西太谷话用例中"吃喽"本身就表示可能，前可再加"能"，据原文介绍，这样"语气表示得就重一些"。

通常来说，表示能够意义的可能标记共现能起加强语气的作用，但如果拿"能 VC"和"能 V 得 C"相比，后者的语气是弱的。所以说这里的共现只是加强"V 得 C"的语气，而不能加强"能 VC"的语气。

2. 标记共现的成因

（1）前后标记共现源于历史遗迹。从汉语史上看，后标记是到了一定的历史时期才出现的，所以包含后标记的共现肯定是后标记产生后才有的现象。

历史语料中存在一些"能"和动词后的"得"共现的用例，如王力

[①] 杉村博文（1982）引述伊地智、陈乃凡等的观点。

(1989：88)说："得"并不是代替"能"的；有时候，"能"和"得"可以同时使用。

李晓琪（1985）提到，在唐代，与"V 得"并行的能性补语式还有"能 V 得""得 V 得"，如果认为前后都是可能标记的话，"得 V 得"这种情况不好解释，如果把 V 后的"得"看作表示完成的动词，并且认为完成补语式"V 得"出现在特定的语境中就自然被赋予能性意义，那么就不存在矛盾了。

根据以上分析，"能 V 得（C）"和"能 VC 了/咾"格式最初形成时未必是两个可能标记共现，后边的"得""了"很可能还是一个补语。但此后"V 得（C）""VC 了"成为具有可能意义的一种结构，前边使用的"能"并未消失，所以今天的多标型可能式可以认为是可能补语形成时期语法现象的遗留。

（2）多个后标记共现源于人为添加。易亚新（2007：311）认为常德话的"V 得 C 得"结构中，很可能第一个"得"所表示的能性意义在句中已经弱化，于是句末再出现"得"，使能性意义更加明显。

湖南方言中"V 得 C"结构如普通话一样，存在可能和状态两种理解，加之当地"得"单独出现的能力较强，所以为了表义明确而添加句末的"得"。

二、扩展结构

（一）内部扩展

前文提到，普通话可能补语内部可以进行有限的扩展，如："写得好"扩展为"写得了那么好"。当前边加上"能""可以"之类的助动词变为多标型可能式后，仍然可以进行这种扩展，如：

谁能看得了那么远。（柳建伟《突出重围》）

前文提到，可能式"能 VC"有如下的内部扩展情况：

叶桑坐在床上也能看得非常清楚。（方方《暗示》）

这时，已经能听得非常清楚了，是什么东西挠动门板的声音。（王长元《鸟王》）

但是从多标型可能式的角度来看，这种可能式也可以是从"能 V 得 C"扩展而来的，扩展之后"V 得 C"由于加入了程度副词的内容，只能理解为状态补语，整个结构不再是双标记可能式，而只能理解为一个复杂的前标型可能式。

(二) 外部扩展

多标型可能式中标记共现已经起到了标明程度的作用，因此整个可能式无法再用程度副词进行外部强调，即不存在"非常能 V 得 C"之类的可能式。但是多标型可能式可以像单标型可能式那样后接宾语，如：

  他没有想到，在这漫天的炮火声中谁能听得见喊叫呢？（李晓明、韩安庆《平原枪声》）
  一看她的外表，就可以想得到她的心里是何等焦虑不安。（刘流《烈火金钢》）

前加非程度状语而实现外部扩展：

  她虽然对美国社会不是很了解，但是她也能看得出来，在这片土地上，生活的车轮是既无情又极端现实的。（白帆《寂寞的太太们》）
  人们都夸赞任大爷对领袖对党的忠心，心灵手巧，人老心红，这么大年纪眼睛还能看得见绣花儿。（白桦《古老的航道》）

方言当中多标型可能式同样可以后接宾语，如：

  【开封】天黑之前他能回到家喽 能回得到家（自拟）
  【浚县】他一回能喝了一斤白酒了 他一次能喝得了一斤白酒（辛永芬 2006：309）
  【广州】佢返咗嚟喇，可以参加得欢送会喇 他回来了，可以参加得了欢送会了（彭小川 1998）

最后一例 "可以 V 得 O" 并非表示许可意义，从普通话解释中可以看出，"参加得了" 陈述的是能力或条件的具备，和上引王力（1985：76）所说的 "可以" 和 "得" 共现语义不同。

本章小结

根据使用标记类型的不同，汉语方言可能式分为前标型和后标型两种。前标型可能式的结构层次比较简单，结构关系和前标记性质相对应。后标型可能式通常理解为补充结构，普通话中"V得"结构简单，"V得C"中"得"和VC结构二分；南方话中"V得C"、闽方言中的"V会C"中可能标记均先和C组合，然后再和V组成补充结构，北方话中"VC了"和"VC下"中可能标记"了""下"是附属于整个VC结构的。在述补结构的可能式中，句法上的切分有时和语义结构不一致，有时要突破语言单位的线性排列顺序。

  两种类型的可能式均可以扩展，以满足语义表达上的各种需要。

  前标型可能式的内部扩展主要讨论某些述补结构中对补语的积极评价，通过添加"非常""很"等程度副词来实现；外部扩展主要讨论对可能义程度的加强，采取的语法手段有前加状语、后加补语和助动词重叠三种方式。一般来说，这种可增强程度的可能式和形容词相当。

  方言中后标型可能式存在特殊的句法结构，"VC了"可能式在意义上与普通话中的"V得C"相当，但其标记"了"居于可能式的末尾。后标型可能式"V得C"（或"VC了"）在表达动作行为V（而非结果C）的可能时，其中的C表现为傀儡补语。方言中的傀儡补语有"了""得""倒""起""来""成"等形式。有的傀儡补语和可能标记在形式上相同，但性质有别，可能标记标示VC结构的可能性，傀儡补语是V形式上的补语。

  普通话后标型可能式的内部扩展能力非常有限，方言相对自由些，内部扩展有时要借助于傀儡补语。外部扩展主要有前加程度状语、后加程度补语（要增加结构助词）、后接宾语三种情况。前两种适用于"V得"可能式程度意义的加强，这时"V得"接近于凝固成词，和前标型可能式的此类扩展属于同一种性质。后标型可能式带宾语的语序在方言中有多种，"V得C"可能式中宾语的位置较普通话自由，又以否定形式和宾语为代词表现得最为突出，方言中的语序反映了可能标记"得"的虚化程度以及"V得C"结构中各成分结合的紧密程度。普通话中"V得"可能式很少带宾语，而在一些方言中该式和普通话语义不同，常带宾语。北方话中"VC了"可能式带宾语时可能标记要出现在宾语之后，反映了该结构标记词和VC之间结合的紧密程度。

  在后标型可能式中，可能标记和补语读音相同或相近时，可能造成同音归并。由于结构类推机制的作用，有时会衍生出某些赘余成分。这两种句法结构上的变化方向相反，前者造成音节减少，后者造成音节增加，方言可能式中存在反映这两种变化的语言现象。

可能式结构上还存在两种特殊情况：零标记和多标记。零标型可能式通常有一些其他手段来帮助表达可能意义，多标型可能式的形成有汉语发展历史原因和现今使用中的人为因素。

第四章　可能式的语义类型

可能式的语义类型是从语义上对可能式的分类，可能式是表示可能语义的结构形式，可能式的语义类型也代表了可能语义的分类。

汉语语法研究对可能式的语义分类和对可能语义的分类密切相关，吕叔湘（1982：246）确立三种可能语义类别，然后将不同的可能式归入相应的类别。丁声树等（1961）、朱德熙（1982）则直接对表示可能的助动词进行语义分类，同样也得出三种语义类型。刘月华（1980）将能愿动词"能"与可能补语有关的意义分为五类，并分析了各类可能补语所属的语义类型。吴福祥（2002a）在已有研究的基础上，明确提出能性范畴的五个语义次类。范晓蕾（2011，2014）结合情态分类，将能性范畴分成五个基本类型，并对某些类型进一步分类。从三类到五类的分析总体上反映了对可能语义类别（也就是可能式语义类型）研究的逐渐深入，在进行语义分类的基础上，逐渐开始关注不同语义间的关联，考察范围也从共同语扩大到方言。

本章首先辨析可能语义分类时常用的标准和所分的类别，在此基础上分析可能语义自身的性质，重新界定汉语可能语义范畴的内涵和外延，然后采用统一的标准对方言可能式语义加以分类，最后结合语义组成要素和语义地图理论的方法，对"适于"可能义进行专题研究。

第一节　可能语义分类中的相关概念

一、主观 vs. 客观

（一）"主观"和"客观"的不同理解

1. 词典释义中的"主观"和"客观"

"主观"和"客观"是一组相对的概念，《现代汉语词典》第 7 版对这两个词的解释如下：

> 主观：①属性词。属于自我意识方面的（跟"客观"相对）。②不依据实际情况，单凭自己偏见的。

> 客观：①属性词。在意识之外，不依赖主观意识而存在的（跟"主观"相对）。②按照事物的本来面目去考察，不加个人偏见的。

显然，这两个词的后一义项都是前一义项的引申，与本节内容相关的是前一义项。按照这里的解释，"主观"是人的精神世界的属性，与物质世界没有关系，而"客观"则是人所面对的物质世界的属性，是不为人的主观意识所影响的一种存在。这种分别很清楚，但是同在这部词典中，解释"能力"时使用的"主观"并非上述含义：

> 能力：能胜任某项工作或事务的主观条件。

"能力"被解释为"……的主观条件"，但是现实世界中的能力并非都是自我意识这种精神世界的条件，还有物质方面的条件，比如体力、体能方面的能力就与精神世界无关。显然这里使用的"主观"并不符合这个词的一般含义，倒是和语法研究中描写可能语义时使用的"主观"含义相类似。

2. 可能语义描写中的"主观"和"客观"

在汉语语法研究中，涉及可能语义的分类时，常常会用到"主观"和"客观"这两个词语，如：

> 总括起来说是"可能"：分开来说，有指能力够得到够不到说的；有就旁人或环境或情理许可不许可说的。还有不含能力或许可的意思，仅仅估计将成事实与否的，其实这是最客观的可能，即"或然性"。（吕叔湘 1982：246—247）

> 咱们说话，往往不能纯任客观。咱们对于事情的可能性、必然性、必要性，等等，喜欢加以判断或推测，于是咱们的话里掺杂着咱们的意见……（王力 1985：68）

> "能、能够、可以、会"表示主观能力做得到做不到。"会、能、可能"表示客观可能性。（朱德熙 1982：62）

但是，在汉语语法研究中，很少有明确按照这两个概念对可能语义进行的统一分类，因此，"主观"和"客观"只能看作可能语义分类的一组隐含的标准，并且不同的学者、不同的理论对这两个概念的理解并不一致。因此，有必要分析现有研究中的各种理解，然后再按照统一的标准对可能语义进行分类。综观以上三段关于可能语义的描述，以及刘月华（1980）、吴福祥（2002a、2002b）在可能语义分类时对这两个词的使用，可以发现国内汉语学界在可能语义分类时对所使用的"主观"和"客观"存在两种不同的观点。

一种观点认为决定可能语义的因素中与人相关的都属于主观，人之外的环境和条件因素属于客观。这种观点从 20 世纪 40 年代由吕叔湘隐含地提出，经朱德熙、刘月华等逐渐明确为主观能力、客观条件的说法。

吕叔湘（1982：246-247）在表述中，把或然性称为"最客观"的可能，显然是认为前两种"可能"都不太客观，也就是说它们都带有主观因素，"能力"有主观因素是就其发出主体来说的，"许可"有主观因素是因为影响"许可"的三个因素——旁人、环境和情理中，显然"旁人"这一项带有人的主观意志。这里所说的主观、客观是从人的因素来说的，人的能力、人的许可都含有主观因素。"估计将成事实与否"不含这两种因素，是说话人根据有关情况作出的推测，所以是"最客观"的，这个"客观"可以理解为不受个人能力、意志等因素的影响。这种主客观认识并非仅存于对可能语义的分类中，同一著作（吕叔湘 1982：251）在讨论与可能相对照的必要范畴的分类时也用到这种观念："必要的观念也有种种分别。有主观的必要，即意志的要求；用动词'要'和'欲'来表示。这个和'能'字所含的可能概念有一种对立关系"；"客观的必要，和'可'字所表的可能概念相对"。由此可知，吕著是将主客观观念贯彻到对可能、必要语义范畴分类的全过程中，并在此框架下建立起两种语义范畴内部的对应关系。

朱德熙（1982：62）把"主观"和"能力"、"客观"和"可能性"组合在一起，认为"能力"是主观的，"可能性"是客观的，这和吕叔湘的看法是一致的。刘月华（1980）指出：能愿动词"能"的意义很多，可以表示具有某种能力，或主观条件容许实现（某一动作），如"他能说三种外语""我能举起一百斤东西"；可以表示具备某种客观条件，或客观条件容许实现（某一动作或变化），如"今天气温很低，水能结成冰""只要控制饮食，你就能瘦下来"。这里把条件分成了主观和客观两类，主观和相关主体（人）有关，客观和主体之外的因素相关。吴福祥（2002a）进一步概括"能性"语义，其前两类表述分别是："表示具备实现某种动作/结果的主观能力"和"表示具备实现某种动作/结果的客观条件"，这和刘月华的认识基本相同。

另一种观点是认为含有说话人的态度和看法的为主观，不包含这些因素为客观。持这种观点的学者以王力为代表，除了前引有关论述之外，王力（1985：71-72）还提道："'配'字表示有这资格，这是最主观的一个字"；"'须'字表示环境或情况所需要，是主观中稍带有客观"；"该"比"须"的主观性重些；关于道德方面，只能用"该"，不能用"须"。这些论述中的"主观"都是从说话人的角度说的，"客观"是指说话人意见、看法之外的因素。"配"表示说话人的认定和评判，是"最主观的"，完全取决于说话人的看法。"须"是说话人按照环境或情况作出的判断，所以既有说话人的看法，又有说话人主体认识之外的因素，"主观中稍带有客观"。"该"着重于说话人的认识，可以是依据道德礼俗作出的判断，这种规则已经固化在说话人的意识当中，所以"该"比"须"主观性重些。

(二) 两种理解的对比分析

1. 两种理解是相反相对的

这两种对主观、客观的理解不仅有别，而且在某些地方恰恰相反。吕叔湘（1982：246-247）所说的"最客观的可能"是"估计将成事实与否"，而"估计"肯定是由说话人作出的，在王力观点中则应该是属于主观，因为"掺杂着咱们的意见"，即表达了说话人的看法。而王力（1985：68）所举的例子中，几乎没有表示自身能力的可能式，仅有一个"余能为此"（I can do it）的例子，其中"能"未必是表示自身能力，也可以理解为包括外部环境在内的多因素决定的"能"；另外提到"会"表示学习得来的能力，但主要论述表示将来可能性的"会"。由此看来，在这种对主观的理解中，基本上不包含表示自身能力的内容，但按照第一种观点看，能力义属于最为典型的具有主观性的可能语义。[1]

国外研究汉语的学者对主观、客观的理解一般和后一种观点相同。柯理思（2005）说："我们把能愿动词的非认识情态用法看作是表示更'客观'的语义，把认识情态用法看作是表示说话者对命题的主观判断，所以算是更'主观'的语义，这与汉语学界以往的研究中对这两种用法

---

[1] 在情态理论中，一般把表能力义的"能""会"视为不含主观性的语义范畴，并不是典型的情态，帕莫（2007）将能力看作情态是因为表示能力使用了和表示许可相同的助动词。在词性讨论中，能力义助动词被视为一般动词。这些做法和王力先生淡化能力义在可能语义范畴中的地位是一致的。

采用的术语正好相反。"接着作者列举了所说的"汉语学界以往的研究"，包括朱德熙（1982：62）、马庆株（1992：68）等，并不包括王力。孙娅爱（2009：60）认为刘月华（1980）"对主、客观条件的这种区分不够准确"，并且认为"除了行为主体的心理因素以外，主体的知识、技术、潜力、生理等方面的各种条件严格说都属于'客观条件'"。杉村博文（2010）在文章注解中特别说明："我们不但把人的生理功能、体能和智能看作是与机器的性能毫无分别的客观条件，甚至把人的心理素质也包括在客观条件之内。"这可以看作现有表述中最为彻底的一种"客观"。

2. 两种理解各有其认知基础

柯理思（2005）认为，这两种不同的理解"是角度的不同所引起的出入"。笔者认为，两种"主观"实际是从不同的层面来说的，说或然性是最客观的，是指这种可能意义是基于各种因素的判断推测，而不是人自身的能力或人为的条件决定的，这些因素通常被认为是主观的；说或然性是主观的，是指这种可能意义带有说话人的主观看法，不是对自然世界的事实的客观描写，但说话人并不一定出现在句子的表层结构当中。

人类自身是认识世界的基础，很自然地会将与人相关的因素视为主观，将外部世界视为客观，这就是第一种观点所理解的主客观。第二种观点和近年来备受关注的"主观性理论"所说的"主观"基本一致。所谓"主观性"（subjectivity），是指在话语中多多少少总是含有说话人"自我"的表现成分，也就是说，说话人在说出一段话的同时表明自己对这段话的立场、态度和感情，从而在话语中留下自我的印记（沈家煊2001）。

3. 两种理解在可能语义分类中的作用

在可能语义分类时，两种理解各有独特的作用。第一种角度便于对可能语义中能力、许可义进一步分类，第二种角度便于从宏观上区分广义的可能和狭义的可能（或然性）两种语义。

但是，就可能语义分类来说，两种理解又都有局限性。如果仅按照第一种观点，则无法区分语言主观性和客观性这个重要的特征，只能得出主观的能力意义和客观的或然性意义，对于许可类意义则需要处理为两类，即由环境等非人为因素决定的客观类和由人为因素决定的主观类。由此看传统上将可能语义分为三类，并不是全部按照主观、客观的标准进行的，支持这种分类的还有对母语的语感、对可能语义的潜在认知等因素。如果仅依照第二种观点，则只能分出两大类：一类是含有说话人观点的或然语义,另一类是不包含说话人观点的能力、能够义以及许可义①,但是要想对能力、许可意义进一步分类,则不便进行。

可能语义研究一直在对主观和客观的各种具体内容加以细化,这也是深入分析可能语义类型的需要。朱德熙(1982)将"主观能力"分为用"能"表示的"对不容易做到的事有能力做到"和用"会"表示的"要经过学习或练习获得的技能";将决定许可义的客观因素分成环境和情理两个方面。刘月华(1980)分析"能"的语义时,将影响因素分成主观条件、客观条件、他人和情理等几种。范晓蕾(2012)运用"语义结构分析法",将影响可能语义的条件分成内在条件、外在条件,又把外在条件分成物质、社会等不同类型。

因此,在接下来的讨论中,不同地方所述的"主观"和"客观"会分属于这两种角度,但避免出现"主观能力"这种说法(引文除外),而采取"主体能力""客观条件""客观条件影响下的主体能力"等说法,同时还将加入其他标准(如主动、被动,客观条件分类)对可能语义加以分类。

二、能力(能) vs. 许可(可)

研究中经常将可能语义分为"可"和"能"两种,而且常常将它们和主观、客观分别联系起来,加之上文所说的对主观、客观的不同理解,情形就显得非常复杂。分析现有的论述和可能语义本身,"能"与"可"各有两种不同的含义。

(一)主观的"能"与客观的"能"

"能"可以表示自身能力,而这种能力基本上可以认为跟外在条件无关,因而有上文提到过的"主观能力"的说法。需要说明的是,这是从人类一般的认知心理上说的,而非绝对的科学原理。比如"我能扛200斤"从科学角度说是在一定的条件下才具有的能力,但我们将其看作不受外界条件影响的主体能力,这种意义常用"能"表示,如"他能一口气上五楼"。学习来的技能使用"会"来表示,如"他会说外语"。这两种意义都是通常所说的主观的"能",这里的"主观"是就能力主体自身而言的,并非含有说话人的观点和看法的"主观性"。

---

① 情态理论认为道义情态具有主观性,我们理解的可能意义中许可类意义并不等于道义情态的全部可能类内容,按照本书的分类,只有狭义的可能性意义才具有主观性,下文详述。

客观的"能"是指受主体之外的因素影响的能力，如说"下周日我能来"，这里的"能"不仅是就主体自身的能力来说的，还取决于一些外部环境和条件，比如周日休息有空、车辆正常通行、两地距离不远，等等。

在古代汉语研究中，会对比"能"和"得"的意义，认为二者的差别在于主观和客观，如王力（1989：245）认为，"得"字也是可能式助动词，它表示客观条件的可能。祝敏彻（1996）解释说，"得"字一般表示客观条件的许可（可能），而"能"字专表示人的主观可能性。如：

吾未见能见其过而内自讼者也。（《论语·公冶长》）
君子之至于斯也，吾未尝不得见也。（《论语·八佾》）
不幸而有疾，不能造朝。（《孟子·公孙丑下》）
滕，小国也，竭力以事大国，则不得免焉，如之何则可？（《孟子·梁惠王下》）

以上用例中，"能"表示的都是从主体自身而言的能力，而"得"表示的是在外界条件影响下能否达到某种目标。

（二）被动的"可"与主动的"可"

主体能力一般是和有生命体联系在一起的，很多情况下描述的是人自身的潜能。无生命体通常不会主动发出某种动作行为，所以不存在主体能力，其可能语义一般表现在两个方面：一是其自身的性能，二是其对人类的功用，如"时间长了苹果会烂"和"苹果能吃"，第一句话表示物的性能，第二句话表示物的用途[①]，被动的"可"指的就是后者。从主语和动词的语义关系上看，主语是受事。

这种可能式在文言中的表达方式是"可+V"，如"天下国家可均也，爵禄可辞也"（《中庸》）。王力（1984：102）讨论过这种可能式，认为这是一种特殊的被动式，这种"可"和被动词合成一个描写语的表达法，只和西洋的一个形容词相当，如汉语的"可食"等于英语的"eatable"。在一些现代汉语方言中，文言的"可食"说成"吃得"，吕叔湘（1990）认为这种"得"是从动词前转移到动词后，其情形类似于英语的"able"转为"-able"。

这种结构中的被动意义是有争议的。马建忠（1983：164）指出：

[①] 关于用途意义和性能意义的详细论述见本章第二节。

"可""足"两字后加动字，概有受动之意。陈承泽（1982：16、43）认为这种被动的理解不妥，因无法补出"其所从被之副语"。王力（1989：242）认为，在上古时期，"可"字表示被动的能，"可"字后面的动词都有被动意义，同时又认为把这种句子译成现代汉语的被动形式"似乎有点别扭"，认为只是"有这个意思，不是说实际上有这种说法"。我们认为，这种特殊的被动意义和无生命体的可能义特性有关，是由主语和动词的语义特征决定的。

主动的"可"这种可能语义的主语是动作的施事，主语与谓语是主动关系。在现代汉语普通话中肯定形式多用"可以"，而否定一般用"不能"，如"没事了，你可以走了""小孩儿不能喝酒"，其中决定"可以走""不能喝酒"的是外在的环境、条件、情理等因素。这种情况和前文讨论的客观的"能"有些类似，即都是由外部因素决定的可能语义。

（三）"能"与"可"两类意义的区分

1．"能"与"可"表义的复杂性

根据上文的分析，"能"既有由主体自身决定的能力（主观），又有由外部条件决定的能否实现（客观）；"可"既有内在性质决定的（被动），又有和客观环境、情理等密切相关的（主动）。"能"与"可"的两种意义有时非常容易混淆，加之后世"能""可"两字所表示意义的界限逐渐模糊，如"可食"又可以说成"能吃"（王力 1989：245），"可"成了具有文言色彩的词语（刘月华 1980），与"能"相比主要用在不同的语体环境中，对"能""可"两种意义的区分不易从形式（字形）上找到标志，"能"字既可以表示能义也可以表示可义，"可"字也同样能表示这两种意义，语义类型的术语名称和使用词语本身的多义性缠绕在一起，呈现出一种非常复杂的局面。

一些著名学者的相关论述也不统一。杨伯峻（1956）论述说："可能"实际上可以判别为"可"和"能"两种意义，在上古时期"能"和"得"意义上的区别正在表"能"与表"可"的分工。"能"一般用以表示行事者主观能力的能与不能，"得"则只用以表示客观情况的可与不可。如：

孔子下，欲与之言。趋而避之，不得与之言。（《论语·微子》）

杨先生对此例分析说：孔子之不得与之言，是由于他"趋而避之"，这是客观情况的不许可，不是孔子本身能力所能决定的。但是吕叔湘

(1982：248)指出，《论语》中的"得"既有表示"能"的，又有表示"可"的。以下是吕先生的举例，括号中是吕先生对其的归类：

  圣人吾不得而见之矣，得见君子者斯可矣。（能）

"不得与之言"和"不得而见之""得见君子"中的"得"应该是同一类，"圣人""君子"都不易见到，不是单靠个人的能力就能实现的，还取决于客观条件，所以用"得"表示客观的因素。这种"得"的意义一方认为是"可"，另一方认为是"能"，造成这种分歧的原因是"能"和"可"既作为语义类别名称使用，同时也是表示这些意义的词语形式，不同学者对术语的理解和使用不完全一致。

  2. "能"与"可"语义类别的区分方法

  吕叔湘（1990）解释了"能"和"可"两种意义的区分标准："能与不能，以行事者自身之能力而言，可与不可，则取决于外在之势力，如情理之当然，如他人之好恶，而非行事者本人所可以左右者也。"这样看来，对这两种意义的区分从根本上说是表述时的着眼点："能"着眼于"行事者自身之能力"，"可"着眼于"外在之势力"。李宗江（1994）使用"X→V→Y"的图示来区分"V得"的两种意义，这两种意义就是平常所说的"能"和"可"，当着眼于从事前条件 X 是否具备、是否足以使动作 V 实现时，这种意义是"能"；当着眼于从动作实现后的结果 Y 来看动作 V 本身是否适宜进行时，这种意义是"可"。这种区分方法虽然是针对"V得"可能式提出的，但从语义上看适用于包括助动词在内的所有可能式。

  根据以上论述，笔者认为："得"在前述例句中表示的是客观的"能"，这种意义不同于"可"。在表示主体能力时，"能"一般不涉及主体之外的客观环境和条件，仅说"能够"；而"得"是指在外界条件影响下的能力，而且"得"在作实义动词时表示得到、达到，在作助动词使用时，受语法化过程中语义滞留原则的影响，仍保留有完成义，所以文言中的"得 V"是指能够实现受客观条件影响的某种结果。上例中的"见"是含有结果意义的动词，"得见"意思是"能见到"，也可以说成"见得到"。古汉语中，"视"是表示看的动作，"见"是表示动作达到结果（王力 2000：1248）①。如果单是谈论"视"这个动作本身，属于上文

---

  ① 《论语》中"回也视予犹父也，予不得视犹子也"中的"视"并非单纯的动作"看"，杨伯峻（1980：113）将其解释为"看待"。

150

说的主观能力，但涉及动作行为结果的实现，则必然受客观环境和外部情况的影响，"得"表达的就是客观条件影响下的"能"。

3. "能"与"可"语义类型同施事、受事的关系

汉语的被动句可以分为两类：一类带有被动标记，如"被""叫"等；另一类不带被动标记，全凭意义来分辨。表达被动的"可"的句子都是无标记的被动句，主语都是受事，而能力义通常是有生命体发出的，在句法上一般表现为施事主语。吕叔湘（1990）对可能语义的类别和施事、受事之间对应的情况作了这样概括：

> 句之主语之于动词，或为施事，或为受事，二者之别与"能""可"之别有甚大之相关度。如（1）"这孩子吃得"，施事之式也；（2）"这个菜吃得"，受事之式也；同时一则表能，一则表可，如上所述。施事之式亦有表可者，如（3）"大人吃得，孩子吃不得"是也。

这段话提出了三种情况：施事主语表能、受事主语表可、施事主语表可，从逻辑组合上来说还缺一种受事主语表能的情况，补充如下：

这一锅饭能吃三十个人｜这一锅饭吃不了三十个人

丁声树等（1961：36）举出上述例句，认为句中宾语类似施事，从语义关系上说主语是受事。例句说的是"一锅饭"是否足以供"三十个人吃"，按照前述区分标准，这种可能语义是"能"。和此例语义类似的还有如"一间房住不下十个人"，表示的也是"能"，不过这时主语和动词之间非施受关系。再如"那个刀切不动肉"中主语既非施事又非受事。由此可见，能可二义和施受关系并不严格对应，无法从施受关系直接确定意义。

4. "能"与"可"在方言研究中的区分

方言研究中，在描写可能式疑问句的意义时经常使用"可否""能否"的说法，如：

【昌黎】你们来了噜哇？｜这块石头很沉，拿动噜哇？｜这房子你上去噜哇？（问能否）（《昌黎方言志》1960：29）

【武汉】说不说得？（问可否）（朱建颂 1992：38）

【平遥】袄儿穿成（咾）穿不成（或作：袄儿穿成咾）上衣可以穿不可以穿？（"动＋成＋咾"的问句形式是问可否，即动作可以不可以进

行，不是问能力，也不是问情况）（侯精一1981）

以上例句及分析中，"问能否"指询问是否具备足以完成某种动作行为的能力和条件，有的完全是施事者主体自身的能力，如"拿动嚼哇"；有的还包括施事者自身所处的外在条件，如"来了嚼哇"，从回答的句子"我没事，来了嚼"可以看出，这不单单是由主体自身能力决定的。

"问可否"指询问是否可以进行某种动作行为，这是从动作行为是否适宜的角度来说的，是典型的"可"义。再如：

【昌黎】这果子吃得吃不得？｜这是熟的，吃得嚼。那是生的，吃不得（《昌黎方言志》1960：28）

原文并没有注明这是哪一种可能语义，但这里是从某个标准来判断动作行为是否可行，这个标准就是"生的不宜吃，熟的适宜吃"，这是和受事主语"果子"自身性质相联系的一种常理。

三、许可 vs. 准许

（一）"许可"之中的"准许"

1. "许可"的促成条件

吕叔湘（1982：246）认为，可能语义"有就旁人或环境或情理许可不许可说的"，丁声树等（1961：90）、朱德熙（1982：63）都只提到"环境或情理上的许可"，没有提到"旁人"。这些论述说的是"许可"的促成条件，但也可看作从促成条件对许可义的进一步分类。刘月华（1980）认为"能"的许可类语义中有"情理上的许可"和"准许"，后者的用例是"没有我的命令你不能动"，从举例来看，这种准许意义实际上就是由旁人决定的许可意义。吴福祥（2002a）沿用了这种分类。

比较各家的意见，都认为有情理因素决定的许可，而对于环境、旁人因素的认识不一。环境和情理因素之间的界限有时明显，有时很难划清，如：

医院里能请客办事吗？（老舍）（丁声树等用例）
教室里不能抽烟（朱德熙用例）

从表面上看两例说的是某个地方是否允许发生某种行为，属于环境因素决定的许可意义，但说有情理上的原因也未尝不可，所以在分类时只说情理因素而不提环境不等于否认这种因素的存在。而旁人这种因素和情理、环境都是不同的,许可语义的分类中由旁人决定的"准许"有哪些特征需要深入分析,以下通过例句来谈谈对这几种因素的理解。如:

你不能穿那件衣服

这句话中的"不能"表示不允许,是一种许可意义。如果是根据天气原因来说的,应归入环境因素;如果是由参加活动的场合影响的,应属于情理因素[①]。旁人可以是指说话人,也可以是听说之外的第三人,如果由说话人决定,也就是说这句话表达了说话人自己的观点,带有指令意义;如果是受第三人影响的结果,这句话仍倾向于是一种客观的描述。

2. 描述性许可和指令性许可

其实不仅由旁人决定的"许可"有这两种分别,由环境和情理决定的"许可"也会在两种语境中使用:一种是用来描述一种客观事实,这时说话人仅是叙述者,在句中并不表达自己的看法;另一种是用来进行指令,这时说话人自身也参与允许意义的促成条件中,成为环境、情理因素的执行者,即语句附加了说话人的看法和观点。

在情态理论中,不管是描述性许可还是指令性许可,一般都被归入道义情态,帕莫(2007:75)提道:

> 道义情态通常被用来表达从说话者发出的允许和义务,但是这并不意味着这种情态总是具有主观性。在如下例句中,说话者可能并不被包含其中:
> You can smoke in here
> You must take your shoes off when you enter the temple
> 然而,一般来说这些句子暗含着说话者同意这种义务或允许。[②]

我们认为,表示静态描述的许可都不具有主观性,当这种静态描述用于表达指令时,就带有了说话人个人的色彩,这时就带有了主观性,表达的是"准许"意义。

描述性许可和指令性许可的区别还在于主语是类指性的还是非类指性的[③],描述性许可中陈述对象有类指性的,也有非类指性的,但指令

[①] 前两项之间很难分清,情理也可以算社会环境,一切的环境、习俗等都可以算是情理,但和"旁人"因素是不同的。
[②] 原文英文,笔者自译。
[③] "类指""非类指"这两个概念的相关讨论参考蒋绍愚(2007)。

性许可陈述的对象一定是非类指性的,因为指令肯定是针对某个(些)具体对象而言的,是有具体所指的。

(二)"许可"之外的"准许"

1. 其他表示允许、许可的助动词

朱德熙(1982:64)列举了表示允许、许可的助动词"许"和"准":

> 考试的时候许不许看书? | 不准攀折花木

这两个助动词是和表示可能语义的助动词并列的,也就是说,这两个助动词和可能语义助动词不属于同一类。但是上述例句中的"许"和"准"如果换成表示可能的助动词"能"和"得",句子完全成立:

> 考试的时候能不能看书? | 不得攀折花木

比较两种情况下句子语义上的差别,我们发现"许"和"准"表示的许可、允许义倾向于权威方的授权批准,一般表达的为指令性的允许,而"能""得"表示的意义则有情理、环境影响的因素。"能"既可以表达描述性意义,也可以表达指令性意义;"得"表示许可时多为指令性的,且强度较高,否定形式表示禁止义。

"许""准"也可以用作静态描述,这时的语义和可能语义中的许可义基本相当,但"许""准"一般不归属于可能助动词,原因在于"可能"是一种语义语法范畴,不仅有语义方面的要求,也有语法形式方面的要求。表达可能语义的语法形式都是多功能语法形式,即表达多种可能语义,同一个形式的多种可能语义或者是共时并存的关系,或者是历时演变的关系,如"能"既可表示能力,也可表示允许,还在疑问句中有认识可能的意义。助动词"许""准"不是这个范畴中的成员,它们仅表示允许义,并不存在其他可能语义[①],所以不列入可能助动词的范围。

范晓蕾(2017)描述了一种类似的现象:在方言中有的情态词仅表道义许可,不表条件许可,如北京话的"许"、邢台话的"叫"等,但有条件许可义的情态词(如北方方言的"能"、南方方言的"可以")一般也有道义许可义。其文中所称的道义许可义用例都是否定形式,表示禁

---

① "许"可作副词,表示也许、或许;"准"可作副词,表示"一定"。但不确定和二者的允许意义有关联。范晓蕾(2014)否定了"许"具有从"许可"到"认识可能"的语义演化关系。

止，这些仅表示道义许可的词应归入"准许"类助动词。

2．"准许"不属于可能语义

助动词"许""准"表示的许可、允许义不属于可能语义，原因在于两个方面。首先这两种意义有区别，"许""准"的语义一般用于表示指令，指令意义的允许不是可能语义的范畴，可能语义主要是对事物属性的静态描述（详见下文）。当表示可能语义的形式用于表指令时，和准许语义的指令在语义强度上有差别。刘月华（1980）引用下例说明"V 不得"比"不能 V"的语气要重：

那寿木是四川漆，不能碰！碰不得！（曹禺）

因为"V 不得"表示可能语义，是受相关事物自身所处的环境、情理等因素影响的，而这些环境、情理因素虽处于事物外部，但被视为事物的一些固有特征。"碰不得"可以视为由事物自身性质特征所决定的，所以语气较强；而"不能碰"可以表达两种意义，一种等于"碰不得"，另一种无法换成"碰不得"，只是说话人自己的意志，与事物性质无关，这种意义用于制止一种行为时，语气就弱一些。[①]

其次这两种语义使用的表达形式有区别，准许语义不用可能补语表示。刘月华（1980）指出，"能"的语义中有一项为"准许"，与情理的许可同属于一个大类；表示情理上不许可的"不能"，有些可以变换作"V 不得"，但表示不准许的"不能"就不能变换成"V 不得"。以下是刘文的原例：

一个人不能去，看掉在沟里！｜一个人去不得，看掉在沟里！
没有我的命令你不能走｜＊没有我的命令你走不得

这一方面说明"能"的语义并非都是可能语义，另一方面也说明可能补语式没有和助动词"准""许"相当的功能。根据以上讨论，许可语义都可以在语用中表示允许和禁止，传达某种指令，但这已经不是汉语语法研究中所说的可能语义了。

汪国胜（1998）认为："不得入内""不得有误"等说法中"不得"通常不表示可能，而表示禁止，且带有文言色彩。根据以上分析可以得

[①] 这里的"V 不得"也属于表示指令的用法，其中含有说话人的意见，但我们所指的可能语义不是指令义，而是说话人所据以表示指令的基础，这是一种静态描写的可能语义。在本书的大量方言用例中不乏这种使用可能式在对话中表达指令的用法，所说的可能语义是其指令意义所据的基础。

出如下结论:"禁止"是来自权威方的一种指令,而"可能"是事物自身特征(所处环境、观念、情理也被视为事物的一部分)所决定的一种广义的性质,所以"禁止"不属于可能语义。

(三) 从言语行为理论看"许可"和"准许"的区分

1. 言语行为三分说

言语行为理论通常是指言语行为三分说,是奥斯汀(J. L. Austin)在1955年提出的,该理论将言语行为分为以言指事、以言行事和以言成事三种不同情况。以言指事包括发出声音和组成词语;以言指事可以同时是,或者本身就是以言行事。能够以言行事的言语行为,首先必须是一个以言指事的行为,但反过来则不一定,以言行事旨在说明说话人的用意,即他的话所表达的功能。言语行为一旦有了"言外之力",如"陈述""命令""警告""请求"等,当这些话语在听话人身上产生作用的时候,就具有了"言后之果",即达到以言成事的阶段,比如"说服""恫吓""欺骗"等。(何自然1988:129-134)

以言指事行为即发出一系列的语音,表达相应的意义,基本上可以认为是无具体使用环境的静态的词或短语,也包括一些科学意义上的解释和说明的句子,如"地球是圆的",这种语句不依赖具体语境,表达的意义具有恒常性。而以言行事则是将这些静态的语法单位置于具体的语境中加以使用,进入使用中的句子则具有"语力",可以去"行事",即发挥一定的交际功能,进而产生一定的结果,即"成事"。

2. "许可"和"准许"分属以言指事和以言行事两种不同的言语行为

可能式本身并不是使用中的句子,而是一个短语,按照邢福义(2002:4)的观点,词和短语属于汉语中的单位语法实体,是构件语法单位,可能式即属于这种情况。在语言使用中,可能式可以通过加上句子语气而形成句子,句子语气也是一种汉语语法实体,属于非单位语法实体,具有成句功能。我们找到的语料大多是包含可能式的句子,但在讨论可能式的语义分类时必须区分以下两种情况:作为构件语法单位的可能式和使用中的包含可能式的句子。后者有时仅仅是"可能式+句子语气",由于句子语气属于非单位语法实体,所以,书面语中由可能式构成的句子和作为短语的可能式没有结构上的差别,仅在标点符号上得到体现,但两者分属于不同层级的语法单位,在性质上存在不同。

许可义可以是可能式语义的一种，也可以是由可能式构成的句子的意义，而准许义一定是一个句子的意义。从言语行为理论上说，许可义属于以言指事范畴，可以从逻辑上判断其是否与事实相符，有真假之分；准许义属于以言行事范畴，因其并非陈述现实事件，而只是表达一种指令，故不存在真假，只有合适与不合适之分。

当表示许可义的句子用于表示指令时，其意义就变成了准许，通常以否定形式出现。如"教室里不能抽烟"，可以是讨论教室使用规章时提出的，这时候无具体的语言使用环境；也可表示指令，这时有具体的受话对象，而且说话人也把自己的观点加入语句内容当中，即自己是支持或者执行这种规定的，这和可能语义的静态描述不同。将许可义用于指令表示准许时句子通常是否定式，对应的肯定形式是祈使句，比如"不能走"的肯定指令不是"能走"而是"走吧"。

表示禁止和命令（指令、建议）的语句属于汉语句类中的祈使句，这些都属于以言行事的言语行为，和以言指事的言语行为有着一定的区别，比如祈使句不用第一人称单数主语，经常用第二人称主语，或者是无主句。准许义一般用在对话中，如"你不能走"，有时是一种隐形的对话，如门上贴的"不得进入"，其对象虽不确定，但这句话是假定有一个交流对象存在的。

通常来说，兼具有许可义和准许义的句子是无主句或者第二人称主语句；部分第一人称复数主语句也有这种功能，如"我们可以走了"，第一人称单数主语句无这种功能；第三人称主语句可兼有这两种意义，如"他可以走了""苹果可以吃了"。

四、对可能语义的界定

以上讨论了可能语义分类中用到的几组概念："主观"和"客观"是分类时的视角，"能"与"可"是所分的类别，"许可"和"准许"是两种近似但有区别的意义，"描述性"和"指令性"是从语用的角度来划分的两种言语行为。在明确了这些概念之后，我们对汉语语法研究中的可能语义进一步加以界定。

（一）可能语义的内涵

1. "可能"是事物和相关动作事件之间的一种情态关系

语句中表示事物（包括人、物、事件或情况）和动作行为（包括动

157

作行为以及达到的结果或趋向）的成分之间存在多种关系：句法、语义、情态。表示事物的成分在句中有时不出现，但从和动作行为的语义或者情态的关系上看，这个事物还是存在的。

情态关系的一组重要区分是现实和非现实，Mithum 认为，"现实"将情境描绘成已实现的、已发生的，或正在发生的，通过实际感知获得认知，而"非现实"把情境描绘成纯粹存在于思维领域中，仅仅是通过想象获得的认知。（帕莫 2007：1）[1]"可能"正是这样一种非现实关系，指事物是否具备发生与之相关的动作事件的能力或条件，也用来描述说话人对这种关系的推测。

在汉语中，可能语义通常使用某些固定的功能词、固定结构来表示，这些词语或结构和表示动作事件的动词（含某些形容词或动词结构）组合起来，表示潜在的可能事件。可能式中的动作事件既可以是未实现过的，也可以是已经发生过的，可能式对动作事件加以虚拟化，从而形成汉语语义语法中的虚范畴。如"他能考上大学"可以是在"未考上"的情况下说的，也可以是在"考上了"的情况下说的，用"能"对动作事件加以虚拟，形成可能语义。这是主体和相关动作事件之间的一种情态关系，这种情态关系并不限定于某一种具体时态，不管是过去、现在、将来，还是没有具体时间的恒常性的道理，均存在可能意义。

2. 可能语义表达的是一种广义的"性质"

汉语语法研究的观念中，可能语义表示的内容相当于事物的一种性质，这里所说的"性质"并不是"一种事物区别于其他事物的根本属性"，而是指围绕该事物可能发生一些动作事件。"事物""动作事件"所指的范围非常宽泛，如：

……切实让符合条件的家庭想生、敢生、能生，确保"全面二孩"生得下、生得好、养得起。（《人民日报》2015 年 11 月 5 日 05 版）

……乡村教师的职业吸引力仍然还不够强，"下不去、留不住、教不好"的现象依然存在，严重制约了乡村教育的进一步发展。（《中国教育报》2015 年 6 月 9 日 03 版）

工信部：确保员工回得来、原料供得上、产品出得去（工信部官网，2020 年 2 月 25 日 22:07）

---

[1] 中文译文参考李战子为该著所写导读、巫雪如（2018：33）。

兔子的尾巴长不了。（俗语）

以上例子中，"能生"和"生得下"是说具备"生"的所有条件，"下不去"是说不具备"下去"的条件。这些条件是相关主体自身的一种属性，与其密切相关的外部环境也被视为其自身的一部分。"长不了"表达了一种推断，这是根据事物自身特点作出的，也可认为是"兔子的尾巴"的一个特性。

以上讨论的是能力类语义和预测的或然性语义，那么许可义是否也可视为相关事物的性质呢？我们认为许可义虽然是判断行为本身是否适于施行，但很多时候是由相关事物本身的特征决定的。如：

教室里不能抽烟

长期以来，干部"能上不能下"问题成为制约我国干部队伍建设的难题之一。

可开可不开的会议不开

"不能抽烟"可以看作是教室的一种性质。"能上不能下"表示可以升职，不能降职，这是干部级别调整中的一种不合理的现象。"可开可不开"作定语来修饰"会议"，即表示会议的一种性质。

在汉语语法研究中曾经有过将可能语义视为事物属性的做法，王力（1985：48）将句子分为三类：叙述句、描写句和判断句，认为"V（不）得"或"能/会V"之类的都属于叙述带描写性的，如"他很会做菜""偷来的锣儿打不得"，而"描写句是用来描写人物德性的"。这种认识有一定的哲学基础。亚里士多德在讨论基本范畴时提出"性质"范畴，其中包括"能力"这种性质。所谓能力，"不是根据一个人所处的状态而是根据他天生的能干或无能、即根据他能否容易地干某件事或避免某种失败而被用来述说他的"（亚里士多德2005：31），这里的"能力"，就是可能语义中的一种。

从可能式的有些引申义上也可以看出这种特点。普通话中表示动作行为持续时间长、涉及结果数量大等意义用"能V"，如"他能吃能睡"，这句话可以认为是说一个人的特征。在英语中对应的说法既不能用 He can eat and sleep，因为谁都可以吃和睡；也不能用 He can eat well and sleep well，因为 eat well 可能指吃得好，肯花钱在食品上面；比较可靠的说法是 He is a good eater and a good sleeper（王宗炎1998：160），这种译法说明将可能式看作叙述带有描写性是合适的，将可能意义理解为相关主体的一种性质也是符合汉语实际的。

（二）可能语义的外延

无论是将可能语义分为三类，还是在此基础上进一步分为五类，都是基于各自对可能语义内涵的理解而进行的，比如前文提到的对影响许可义的各种因素的理解，会直接影响到分类的结果。因此以下按照前文对可能语义内涵的界定，对可能语义重新分类。

1. 客观描写类和主观推断类

这两类意义的区分标准是主观性，即可能意义是否含有说话人的观点和看法。如果将主观性作为一个语义构成要素，可以将这两类意义描写为：

客观描写类 [－主观性]；主观推断类 [＋主观性]

客观描写类可能语义按照观察角度的不同进一步分为两种：一种是从可能事件发生的条件来观察，看是否满足相关的要求（是否具备实现的条件），这种语义可以称为"可实现性"；另一种是从可能事件的结果来看事件是否适于进行（是否适于实施这种行为），这种语义可以称为"可施行性"。

如果将"可能视角"作为一个语义构成要素，可以将这两种语义描写为：

可实现性 [＋条件视角]；可施行性 [－条件视角]

或者是：

可实现性 [－结果视角]；可施行性 [＋结果视角]

"可实现性"描写的完全是客观事实，没有说话人的任何主观参与，所以没有主观性。"可施行性"不包含前文讨论过的准许义及其反面禁止义，仅有许可义，陈述的多是普遍的常识和规则，并非说话人个人的观点和看法，所以也没有主观性。

主观推断类可能语义即狭义的可能，也就是或然性意义，是说话人根据有关情况对动作事件所作的推测和估计，情态理论将其归属于认识情态，是典型的情态范畴，具有主观性。这类可能语义按照强度可进一步分为推测和推断两种，前者肯定程度弱，个人猜测成分较多，后者逻辑推理性较强，近乎必然。

情态理论通常区分根情态和认识情态，这和在可能语义中区分客观描写类和主观推断类的做法是一致的。客观描写类包括可实现性和可施行性，按照情态理论的观点分别属于动力情态和道义情态，而根情态一般是动力情态和道义情态的合称。帕莫（2007：70）将动力情态和道义情态合称为事件情态，与命题情态相对，而命题情态包含认识情态和传信情态，这和我们的做法具有一致性。

　　从历时的角度来看，将客观描写和主观推测两类意义分开也是符合汉语实际的。在先秦汉语乃至更古老的甲骨文当中，已经有了进行客观描写的可能助动词，但表达主观推测的可能语义多使用句子语气以及副词，而不是助动词①，这说明当时或然性语义还属于句子语气层面，并没有真正进入语义和形式相统一的可能范畴。一些表达可能语义的语言形式也是先有客观描写意义，然后逐渐发展出主观推测意义，如普通话中的"能""V不了"以及北方方言中的"VC了"，这也说明在汉语可能范畴中客观描写类是基础和根本，这和西方语言学中情态范畴以认识情态和道义情态为核心的情形有着根本的区别。②

　　另外，在讨论可能语义和必要语义的关系时常将"可能"和"或然"分开处理，如吕叔湘（1990：254）指出"或然和必然不像可能和必要那样完全对立"，这是把"或然和必然"从"可能和必要"中分离出来了，可能中不包含或然性，"必要"和"必然"的关系与"可能"和"或然"类似，"必要"是基于现实中的条件，而"必然"是基于人的主观判断。

2. 基本义和引申义

　　可能式的语义可以分为基本义和引申义，这里说的引申义不同于一般词语的引申意义，是特指基本可能义在程度上加以强化而形成的特定意义。

　　朱德熙（1982：62）指出："能""会"表示主观能力做得到做不到，同时"能""会"都可以表示擅长、善于义，前常加"很""真""最"等程度副词。可以认为前者是基本义，后者是引申义，引申义是指对基本可能语义加以强化和引申所得到的固定意义。蒋绍愚（2007）指出：近代汉语中"会"表示"擅长"意义是由基本意义"具有发出某种动作的能力"在具体的语境中发展而形成的，"擅长"意义即"充分具有某种能力（=善于）"，在具体语境中，这种"充分"语义有时用前加程度副词

---

① 详情参阅第六章相关内容。
② 甚至可以说，表示或然性的狭义的可能（possibility）并非汉语可能范畴的典型成员，这和西方语言学情态理论从模态逻辑的可能性概念出发很不一致。

来表示。

可能式引申义和基本义之间存在着系统的对应关系,接下来分别列举汉语方言中可能式的基本义和引申义,并讨论这两类意义间的关系。

第二节 可能式的基本义

一、客观描写类

(一) 可实现性

可实现性语义即传统上所说的能力、能够类语义,指主体是否具有实现相关动作事件的条件。根据条件的类别以及主体的性质,可进一步加以分类。

1. 能力

主体自身条件决定的性能,属于能力类可能意义,具体指事物(包括人、物)个体自身具有完成某种动作行为、实现某种发展变化的条件,这种条件是客观存在的,不以他人的喜好、意志为转移。有的能力是自身先天条件决定的,有的能力是经过后天学习训练得来的;前一种主体可以是有生命体,也可以是无生命体,后一种主体限于有生命体。

(1) 自然能力,又分人的生理能力、物的性能两小类。

①人的生理能力,如:

【南京】他能挑两百多斤的担子｜能喝的就多喝点,不要客气(李荣 2002:3496)

【徐州】百把斤的东西他能拿得动(同上,3875)

【绩溪】我担得起,渠担不起(赵日新 2001)

【广州】佢行得企得,冇乜大病_{他能走能站,不会有什么大病}｜我唔系几食得辣嘢_{不大能吃辣东西}(彭小川 1998)

【黎川】十个人吃不倒该锅饭_{吃不了这锅饭}(颜森 1993:85)

【宜丰】佢哩爷七十岁了还做得_{他父亲七十岁了还能干活儿}！(邵宜 2007)

【桂阳】担得两百斤(范俊军 2008:59)

②物的性能。性能指事物所具有的某种自然属性,如"植物能产生

氧气""太阳会发光""水能结冰"。自然属性不包括用途，用途是人类社会对属性的利用，是依赖于人类社会而存在的，而属性则是自然具有的。如"青霉素可以治病"是用途，而"青霉素能杀菌"则是属性。① 方言材料中描写物的属性的可能式例句较少，如下例：

【福清】天花会过侬会传染（冯爱珍 1993：26）

（2）获得的能力，即经过学习训练而获得的技能，既有智力方面的，也有技术技巧方面的，如：

【福州】伊会/不会开汽车｜老王会/不会讲广东话（陈泽平 1998a：176）

【大冶】渠是师范毕业个，小学我想渠教得好②｜广州话和上海话我哈都听得懂（汪国胜 2000a：51）

【萍乡】我不晓得泅水｜他俚他的赤儿乃小儿子还正刚刚晓得走路，还不晓得讲事说话（李荣 2002：5696）

2. 能够

这种可能不是仅靠事物自身条件就能完成，而是受制于其外部条件和环境等因素，在文言中这种意义用助动词"得"来表示。李明（2016：8）、范晓蕾（2011）将其称为"条件可能"，我们用"能够"来概括，具体可分为事实能够、事理能够两种。

（1）事实能够，指在现实条件下，某件事有没有实现的可能。如：

【昌黎】你们来了来不了？｜我没事，来了喽，他忒忙，来不了（《昌黎方言志》1960：28）

【黎川】汝多来得来不得你们能不能来？｜我□mou 事，来得我没事，能来｜渠忙特了，来不得他太忙了，不能来（颜森 1993：88）

【潍坊】借到钱借不到钱？｜离得不远，他看见你了（钱曾怡、罗福腾 1992：108）

【广州】我好想买件衫，但系冇钱唔买得（李荣 2002：3879）

（2）事理能够，指在假设条件下，某件事有没有实现的可能。如刘

---

① 用途义应归入可施行性类，因为是从"事中、事后的影响和效果"来判断适宜性，而且用途义很多都是用被动形式来表示的，不是主动施行某种行为。详见下文。
② "教得好"是客观实际，不带有主观性。"我想"是插入语，表示具有主观性。我们所说的属性意义没有说话人的观点和看法，是指的可能式结构本身表达的是客观实际，不包括可能式之外的插入成分。

月华（1980）所举"只要控制饮食，你就能瘦下来"，认为表示的是"客观条件容许"，丁声树等（1961：90）举例"钻进去，几个月，一年两年，三年五年，总可以学会的"，认为表示的是"力量做得到做不到"。这种侧重从道理上讲的能力可以称为事理能够。这种意义不掺杂说话人自己的估计和推测，仅陈述一个客观的道理，这和或然性意义是不同的。

（二）可施行性

可施行性语义大致相当于传统所说的许可义，根据李宗江（1994）的分析，许可义是从事件的结果来看事件是否适于进行，我们将其称为"结果反观型"可能义，这种结果有时在语句中出现，有时不出现。如前文引用例句（刘月华 1980）：

　　一个人去不得，看掉在沟里！
　　那寿木是四川漆，不能碰！碰不得！

在实际的语感中，可施行性并不是从动作事件的结果上说的，而是从相关主体的自身和外围条件来说的，如上例中影响可能性的是"一个人"和"四川漆"这样的条件，事件施行之后的结果也是由这些促成条件决定的，所以从这些条件来划分可施行性语义的类别也是合理的。

1. 适于

这种可能语义由事物主体自身条件决定，具体指受事物特性影响，某种相关的动作行为是否适于实施，从事物主体和动作的语义关系看一般是被动的。这类意义和能力义相同之处是都直接和事物自身性质有关，不同之处在于能力义的句子主语一般是施事，而这种适于义句子主语通常表现为受事。但是二者的根本差别在于可能视角不同，一个是看动作行为是否具备相关条件（可实现），另一个是看其结果是否积极（可施行）。适于义具体又分自然属性适于和社会属性适于两种。

（1）自然属性适于，即由事物的自然属性决定的是否适于接受某种行为，从根本上说是从动作行为施行后的结果来判断的，如下例中武汉方言"一煮就化了"。但更多的用例只说明事物的属性条件[①]。

　　[①] 从科学的角度来说，决定"适于"的除了事物本身因素，也包括施加动作行为一方的性质，但这种因素通常被默认为一般情况。如表示被动的"吃得"，主要是吃的施行对象的性质，而施加动作"吃"的个体一般认为是正常"人"，不是有特殊限制条件（如生病、年幼）的人或其他动物。这种关系就像能力义一般只考虑施动者自身的条件一样，如"能走"，默认动作"走"是在标准的气压、引力、环境等条件下施行的。

【柳州】那种果子吃得的，没有毒（李荣 2002：3876）

【长沙】那块肉还有臭，吃得（同上，3878）

【牟平】豆腐掉等灰里，吹不得，打不得（同上，3875）

【于都】这样东西食唔得，那样食得（同上，3879）

【遵义】不要紧，我打得青霉素（胡光斌 2010：597）

【大冶】带水烧开了个，喝得这水烧开了的，可以喝（汪国胜 2000a：45）

【建始】她肠胃不好，鸡蛋吃不得不能吃鸡蛋！（蒋静 2018）

【临桂四塘平话】豆角煮熟就吃得豆角煮熟才吃得（于丽娟 2011）

【武汉】这徽子煮不得，一煮就化了｜隔夜茶喝不得（赵葵欣 2012：147）

【滩溪】这个苹果能剋吃不能剋？这个苹果滑甜家伙，能剋（郭辉 2015：256）

【常宁】格种料子嘅衣服晒得这种衣料做的衣服可以晒｜树上嘅李子吃得树上的李子可以吃（占升平 2013）

（2）社会属性适于，即由事物的社会属性决定的是否适于施行某种行为。事物存在于自然界中，同时也存在于人类社会当中，在具有自然属性的同时也具有社会属性，这些社会属性也会影响到其具有的可能性。

【哈尔滨】这花儿可掐不得，掐了罚钱（李荣 2002：3875）

【大冶】公家个屋我也住得得公家的房子我也可以住（汪国胜 2000a：47）

【咸阳】这事情咱做得，利人利己咩（侯小丽 2009：11）

有的可能语义是以上两种属性的适于义共同作用的结果，比如用途意义。事物的用途既要求其自然属性适于（施行某种行为），又要求其社会属性适于（施行该种行为），如"苹果能吃""棉花可以织布"等。

首先，用途义是一种特殊的可施行性可能语义。用途确实取决于事物的内在属性，但用途不是其自身属性的自然实现，而是人类对其的利用，是从利用的效果来判定其具有这种可能性，属于从结果反观动作行为的可施行性，不属于能力义，应归属于适于义。比如"棉花可以织布"和"棉花可以燃烧"两句中的可能意义，都是由棉花自身性能特质决定的，但属于两种不同的类别。"可以织布"是从实践结果发现的适宜性，属于结果反观型可能语义，是可施行性；"可以燃烧"也是其内在属性决定的，是人类从经验中获得的知识，但不是从结果来判定其可施行性，而是其自身具有可燃的条件，属于前文说的"物的性能"类可能语义，是可实现性。这两类意义都可以用"能""可（以）"来表示，很容易混淆，除了从可能语义视角上区分外，一些用例还可以利用变化形式来区分。用途义可以在助动词后加上"用来"，而性能义通常可将助动词换为"会"，反之则语句不通，如：

棉花可以织布——棉花可以用来织布——＊棉花会织布

棉花可以燃烧——棉花会燃烧——＊棉花可以用来燃烧

铜金属可以当导线——铜金属可以用来当导线——＊铜金属会当导线

铜金属可以弯曲——铜金属会弯曲①——＊铜金属可以用来弯曲

用"钨丝可以作灯丝"这个例子更容易说明用途是一种结果反观型可能语义，因为这是通过多次反复试验并综合考虑其经济性等多种社会因素而得来的结果。

其次，事物的用途会随着其社会属性的变化而变化。用途基于事物自然属性和社会属性两个方面的适于性。比如"肉可食"可有两种理解：一是自然属性适于，基于肉本身的自然属性，只要无毒无害就具有这种可能性；二是社会属性适于，建立在符合风俗习惯、法律道德等社会因素的基础上。社会属性适于常常是以自然属性适于为前提的，只有这样的可能性才有意义，这也是形成用途义的必备条件。

过去一些词典在野生动物类条目的释文中有"肉可食，皮可制革"等内容，有文章（王晓华 2001）批评这是缺乏环保意识的体现，后来词典据此作了修改。从对适于义的分类来看，词典的解释是基于当时对事物自然属性和社会属性的认识作出的，也可能仅是指其自然属性适于。自然属性一般具有恒久稳定性，而社会属性有时会随着社会观念的改变发生变化，这样，事物的用途义也会发生变化。词典的释义理应跟上社会与时代的发展，真正做到与时俱进，但如果将词典释义解读为"支持猎杀野生动物"，显然是将适于义当成了许可义，这并非词典释义的本意。

2. 许可

许可义并不是就实施行为主体的能力来说的，其决定因素也不是相关主体自身的性质，而是其所处环境的属性。外部环境可以分为自然环

---

① 此处"会 V"理解为"在一定的条件下能够发生的变化"，而不是"具有某种技能"。

境和社会环境,自然环境多是有形的物质层面的因素,而社会环境多是无形的精神层面的因素。这类可能语义有被动的,也有主动的。

(1) 自然环境许可,即由外界自然环境决定是否适于施行某种行为。如:

【大冶】清明了,谷种浸得了_{清明了,可以浸谷种了}(汪国胜 2000a：45)

【金华】天公落雨来罢,今日有得嬉罢_{天下雨了,今天可以玩了}｜停电儿罢,电视无得望罢_{停电了,电视没得看了}(曹志耘 2001)

【新疆】冬天个洋衫子穿不成_{冬天不能穿连衣裙}(徐春兰 2005)

(2) 社会环境许可,即由情理、风俗、道德和法律等因素决定是否适于施行某种行为。有时可能式所在语句很简短,并不直接显示这些决定因素,但这种社会环境因素往往是一个社会集体的共识。所以尽管下面例子中有些仅显示可能语义,但其背后的依据并不含糊,基本上是人所共知的道理和常识,如:

【文水】现在长大了,这种书看的的了｜你还小,这种书看不的(胡双宝 1981)

【大冶】渠是我生个,渠个事我管得得｜带个片子大人看得(汪国胜 2000a：45、47)

【武汉】伢_{孩子}啊,这种苕_傻事做不得啊(赵葵欣 2012：147)

【章丘】要得［ti］彩礼,要不得陪送(高晓虹 2011：327)

这种许可义所据的社会环境是作为背景而存在的,而"社会属性适于"中的属性已经和事物融为一体,无法分开,如前述例子中的"这花""公家个屋"。

二、主观推断类

主观推断类意义也称为或然性意义,或然性意义内部可以有程度的差异,这和对客观事件的推测与估计的语义性质有关,所据的各种条件充分一些,则把握大些,反之则把握小些。吕叔湘(1982：254)说:"或然和必然不像可能和必要那样完全对立。可能尽管强化,不会变成必要,但这里所说的必然,实即高度的或然。"这是把或然从可能中分离出来了,可能中只有"可"和"能"这样的客观描写类可能语义。客观描写类和主观推断类可能语义的不同在于前者内部各类意义存在内容上的差别，后者内部只有对估计结果确定程度的不同。以下根据对可能性肯定的程度是高是低、依据的条件是充分还是不足，将主观推断类意义分为推理、推测两类。①

（一）推理

推理义是指说话人根据一些条件对事态的推断，肯定程度较高。前述"事理能够"类意义和这种推理非常相似，不同之处在于："事理能够"是一个静态的陈述，其中所述既可以是非类指，又可以是类指；推理义所述的对象一定是非类指，而且必须是有定的，有定并不限于指人，像下面例子中的"不得冷了"必定是有具体的时间、地点。普通话中，这种意义一般用"会"来表示，如"看样子会下雨"（《现代汉语八百词》1999a：415）；"能"在反问句中也用来表示推理类意义，如"干这种事的人还能是好人"（朱德熙 1982：62）。与普通话一样，北方方言常用"能""会"表示此类意义，南方方言有用"得"表示的：

【开封】不好好学习咋能考上好学校嘞？（自拟）

【牟平】不会不来（李荣 2002：4900）

【扬州】我请他来，他不会不来（同上）

【西安】这事你会知道的（同上）

【建始】你放心，我这个电视机放在屋里不得坏（蒋静 2018）

【大冶】渠不腮我，我也不得腮渠 他不理我，我也不会理他｜渠总个紧细个，不得瞎花钱 他非常节约的，不会乱花钱（汪国胜 1998）

【重庆】出太阳了，不得冷了｜我们这么穷，他不得到我们屋头来的（杨月蓉 2006）

"V 不了"在北方方言中表示能力义，在部分地区产生了认识情态的用法，属于此类推理意义，详见第七章相关部分。

（二）推测

推测指说话人根据一些情况对事态的猜测，肯定程度较低。普通话中常用"可能"来表示这种意义，可加程度副词来修饰，如"他可能来"可以扩展为"他非常可能来"，以此提高肯定程度。方言中除了用"可

---

① 需要说明的是，从客观事实上看存在这两种类型，但方言用例一般缺乏明确的上下文，不易判断。以下举例只是大致归类，实际上是从标记词和结构来判断的。

能"之外,还用"会""敢""敢是"等词语①:

【柳州】他可能坐飞机来｜大李可能没晓得开会改了地点(刘村汉 1995：116)

【万荣】置么这么迟啦还不见影儿,敢是不来啦?｜天置么这么冷不穿棉袄,敢是铁打的?(李荣 2002：4072)

【厦门】即粒冬瓜敢有二十斤喽｜路行敢卜到_{路恐怕快要走到了吧}(许宝华、宫田一郎 1999：5840)

【汕头】伊敢还未食_{他大约还没吃吧}?(同上)

【开封】他可敢不来了_{非常有可能不来了}(自拟)

【福州】明日会/觠遏雨_{明天会/不会下雨}｜伊今旦会/觠来上班_{他今天会/不会来上班}(陈泽平 1998a：176)

第三节 可能式的引申义

一、具有引申义的可能式

(一) 助动词的引申义从可能式中获得

普通话中,可能式的引申义主要体现在一些助动词的语义上,如"能""会"都可以表示擅长、善于义,前边常加"很""真""最"等程度副词。"可以"除了基本的可能语义外,还表示"值得"。

方言中也有类似的助动词多义现象,上述"能""会"的引申义在北方方言中大量存在。除此之外,方言中可能补语还存在意义引申现象,如张大旗(1985)谈道:长沙话中"得"的意义比普通话丰富,这些不同的意义都是从可能、可以、允许义引申出来的,如"你吃得,我没有你吃得"中的"得"相当于"能"(有能力),这里的"吃得"表示饭量大。汪国胜(2000a：48)在分析大冶话中的"V得"时指出:有的"V得"表示某方面的特点突出,结构趋于凝固,类似于形容词,如"吃得""困得"表示"能吃""能睡",这正是从"V得"的基本意义引申而来的。

---

① 在疑问句(非反问)中,又用"能"表达这种不太肯定的推测,如"下这么大雨,他能/会来吗?"(《现代汉语八百词》1999a：416)。这类句子北方方言多用"能",其他方言多用"会"。

现有研究一般认为助动词具有这些引申意义，在词典中也有将引申义作为助动词的独立义项标注的。我们认为引申义的产生并非助动词自身的原因，而是由助动词和某些动词组合而成的可能式在特定语境中形成的。由于助动词可以和不同的动词组合，助动词作为该结构中的常项保持稳定，而其后的动词作为变项发生变化，所以在结构中产生的引申义逐渐集中到助动词上。但如果是单个的助动词，则无法产生引申义，也无法受到程度副词的修饰，这说明具有擅长义的助动词在用法上和"擅长"一词并不相当，可以说"很擅长"，但不能说"很会"或者"很能"，"能""会"只有组合成完整可能式才能接受程度副词的修饰。至于后标型可能式"V 得"，一般认为是整个结构具有引申义，因为单个后标记独立性差，其引申义不是由孤立的可能标记来承担的。

在我国一些民族语言中也可以发现类似的用法。据孙宏开等（2007：399），藏缅语族彝语支的桑孔语能愿动词放在动词后边，不直接受形容词或副词修饰，这说明桑孔语中程度副词修饰的是整个能愿短语：

po³¹　tɕaŋ³¹
写　　会　会写

mbja³¹ a⁵⁵ mba³³　　po³¹　tɕaŋ³¹
很　　　　　　　　　写　　会　很会写

据李永燧（1990：106），哈尼语中能愿动词也是放在动词之后，一般动词不受程度副词修饰，但带能愿动词时则可以。例如：

daov　aol　qivq
很　　做　　会　很会干

daov　zaq　qaol
很　　吃　　能　很能吃

据孙宏开、刘光坤（2005：101），阿侬语中有如下用法：

ŋ³¹ ba³¹ ʂɿ³¹ ɛm⁵³ da⁵⁵ ɛ³¹
他 很　　 吃　 能（陈述后缀）　他很能吃

以上事实证明，在这些民族语言中"程度副词—动词—能愿动词"这种序列并不表示程度副词修饰动词，更不表示程度副词修饰能愿动词；从结构关系上说，程度副词修饰的是整个能愿短语，通常所说的能愿动词的引申义只有在能愿短语中才能得到完整的体现。

（二）产生引申义的可能式结构特征

并非所有的可能式都能产生引申义。动词（可带宾语）的可能式具有产生引申义的条件，个别动趋式的可能式也有引申义，而动结式的可能式则无法产生引申义。这是因为动结式中的补语表示了动词所达到的结果，无法再加强其程度。如：

能吃——非常能吃
能吃完——*很能吃完

同样道理，只有"V 得"可能补语式有引申义，而"V 得 C"可能补语式（个别动趋式除外）则无法引申：

V 得——好 V 得
V 得 C$_{结果}$——*好 V 得 C$_{结果}$

需要说明的是，引申义仍然具有可能语义的属性，如"会"的擅长意义中含有掌握某种技能的意思，"能吃"表示饭量大也是基于具有"吃"的能力这个前提的引申，这也是把这种引申义归入可能语义的原因。

二、可能式引申义的产生条件

（一）语义基础

可能式语义的引申对基本的可能语义有一定的要求，具体来说是这种可能语义存在程度上的变化。根据前文的分类，"能"的基本可能语义是能力和能够，能力强调体能方面的条件，体能有强弱之分，可以在程度上加强。"能吃""能喝"之类的都有引申义，但"能来""能去"则没有引申义，因为能够义不是完全由主体自身内部条件决定的，而是一种受客观因素影响的可能。

同样，"会"表示掌握某种技术和技巧以完成某事，侧重指技能方面的条件，技能有熟练程度的区分，因此可以有强化程度的引申义：擅长。表示被动许可的"可食"基本可能语义是食物本身无毒无害、有营养，适于食用，在此基础上可以强化为"食物不仅无害，还味美可口等"，产生引申义：值得。北京方言中表示客观条件具备的"得"有尽情、充分执行某种动作行为的意义，也是在程度上从条件基本具备到条件完全、充足的变化基础上产生的引申义。

（二）语用原则

在具备了一定的语义基础之后，还需要有一个触发其产生引申义的条件，这个条件就是话语交际过程中的"信息量"原则。引申义是根据会话原则产生的语用推理，开始表现为一种言外之意，后来逐渐固化为可能式的稳定含义①。

我们采用格赖斯（H. P. Grice）的会话含义理论和合作原则来说明这种引申义的产生过程。在一个对话中一个人说了"这个人会做饭"这个句子，如果听说双方都了解"这个人"的所指和其"掌握做饭的基本技能"这种情况的话，这个句子中的"会做饭"就存在信息量不足的问题，这是违反"足量准则"的。说话人有意违反会话原则肯定是有言外之意，这就会促使听话人去进行语用推理，在相关的交际背景下得出"会"的引申义。

再如"这个人能说"这句话，对于一个健全人来说，如果将"能说"理解为"具有说的能力"，那么这句话中的"能说"是没有交际价值的，因为健全人都能够说话。既然交流肯定要遵守会话原则的基本要求，那么显然说话人在"能说"中传达了新的信息，那么在相关的背景下，听话人能够从中推出"能说"表达的引申义。

（三）使用环境

在上述语用原则的影响下，可能式如果用于以下这些语境，可以使其引申义得以强化和凸显：

（1）多个可能式并列，并列的可能式多是表示同类的技能，并且通常是超出一般水平的能力。

【万荣】又会写又会画（李荣 2002：4900）
【太原】能说会道｜能写会画（同上）

（2）直接或间接用于比较，在比较语境中，高程度意义能够得到凸显，但比较的项目必须由整个可能式来表达，单个的助动词无法达到完整表义的作用。

【萍乡】我嘴巴不会讲，讲不他赢说不过他（李荣 2002：4901）

---

① 前标型可能式进而成为其中助动词的一种固定含义。

【开封】他比我会说话（自拟）
【福州】伊比我解做 他比我能干（蔡国妹 2018）

(3) 用程度副词修饰。

【平乐】顶解饮酒 (他)很会喝酒（张燕芬、林亦 2009：231）
【萍乡】他蛮会画画（李荣 2002：4901）

以上语境都能够达到强化语义的表达效果，这和可能式引申义的性质一致，即某种结构的使用环境和该结构语义的形成与固定是相互影响的。

三、可能式引申义的种类

（一）显著的能力

普通话中，"能""会"可能语义的引申笼统说都是善于、擅长，但二者实际上是有区别的，如朱德熙（1982：62）说："能走路"和"会走路"意思不一样，"能走路"是说有脚劲，能走长路；"会走路"是说走路的技术好，善于走。史有为（1994）指出：表示善于的"能"多和数量有关，而"会"多与技术有关。陈泽平（1998a：176）将二者分别称为"勤于"和"善于"，范晓蕾（2017）将二者分别称为"多量能力"和"高质能力"。本书采用"勤于"和"精于"来指称这两种引申义。

1. 勤于

勤于是指动作行为能够持续的时间长、涉及的结果数量大等。普通方和北方方言常用"能"来表示，南方方言多用后置的"得"，有些地区也用"会"。

(1) 能

【开封】他可能吃 他非常能吃，指饭量大（自拟）

(2) V 得

【柳州】这人好韶吃得，三碗饭两碗菜都吃光了（李荣 2002：3875）

【广丰】一餐三大碗，渠真是咥得☐me 一顿三大碗，他真是能吃（胡松柏 2003）

【贵阳】那个娃娃太吃得｜他好做得呕（李荣 2002：3876）

【绩溪】渠吃得也做得｜渠讲得，一讲就是几个钟头（同上，3877）

【大冶】他一回喝个斤把酒冇得事，真喝得_{真能喝}｜渠蛮吃得，我两个人都吃不倒渠果多_{吃不了他那么多}（汪国胜2000a：48）

【随州】很走得路（刘村汉1992）

【成都】你硬是_{真是}写得，一天写十页｜他写不得，一天写半页（张一舟等2001：380）

【东莞】大只佬_{大个子}真系食得｜佢人仔细细_{他个子小小}几做得_{挺能干}｜老李好捱得_{很能吃苦}（李荣2002：3879）

【遵义】太坐得了，几个钟头了都没有动一下儿｜不要看他个个小，几多吃得_{别看他个子小，特别能吃}（胡光斌2010：594、596）

【昆明】李书记太讲得了，不拿稿子讲了一早上｜这张车太装得了，我们家那么多东西一车就拉完嘚（丁崇明2005：220）

【户县】吃得_{饭量很大}｜喝得_{很能喝水}｜坐得_{能坐好久}（孙立新2004）

【维西】这个人才讲得，几个小时也不兴打一下格噔（吴成虎2007：487）

【六枝】他好吃得哦，一大钵钵面条都吃归一噢_{他很能吃，一大碗面条都吃完了}｜他硬是坐得，都在家头坐咯一天噢_{他很能坐，居然一天都不出门}（陈诚2011）

(3) 会

【福州】会做_{能干——勤快}｜会食_{能吃——食量大}｜会困_{能睡——睡的时间长}（陈泽平1998a：176）｜伊老妈真会做_{他老婆很能干}（李如龙等1994：91）

据马贝加（1996），温州话"会"可作能愿动词，表示"有能力（做某事）"，还有很能干、有能力的意思，是形容词，我们理解这种意义来自其能愿动词的引申义。另外，据何守伦（1989：154－155），云南丽江永胜方言中，"吃不得"意为吃得少①，"苦不得"意为吃不了苦。作者解释说这种"动词＋不得"的结构表示不善于做某件事，应属于勤于义的反面。上引成都话中"写得"和"写不得"在表达勤于义上互为反义。

---

① 根据原作其他例子，"吃不得"还可表示不能吃。

2. 精于

普通话中,这种含义用"会"来表示。在方言中,这种含义也多用"会"(含闽方言中的"解"),福州话还用"会八"。

【开封】他可会做饭_{他非常善于做饭,指烹调手艺好}(自拟)

【海口】会讲会写｜即枚医生会做齿镶牙(李荣 2002：4902)

【建瓯】佢尽会做人｜会饮酒的怀让好菜_{会喝酒的不用好菜}(同上)

【萍乡】他蛮会画画｜我嘴巴不会讲,讲不他赢_{说不过他}(同上,4901)

【广州】会饮会食｜会使_{花钱花得很恰当}｜会着_{讲究衣着}(同上)

【福州】喙野会讲_{善于说话;嘴巴很能说}(李如龙等 1994：1)｜会八做_{掌握了做某事的技能}｜会八讲_{说得有技巧,可能是要言不烦}(陈泽平 1998a：176)

【平乐】顶解饮酒_{(他)很会喝酒}(张燕芬、林亦 2009：231)

此外,广州话中"V 得"可能式既表示勤于(前两例),也表示精于(后三例):

【广州】佢好食得_{他很能吃}｜好饮得_{很能饮酒}｜好打得_{武功好}｜好做得_{很会干活}｜好捞得_{很会赚钱}(李荣 2002：3879)

(二) 突出的特点

1. 易于

易于在普通话中可以用"爱"和"好"(去声)来表示[①],常是针对缺点(说话人主观上不希望发生的)来说的。易于发生的事情总是会经常发生,因此,表示易于的词语一般同时还有经常、时常的含义。方言中表达易于义有用助动词"能""好""肯"[②] 的,还有用"会"的,这类可能式往往带有程度状语。

[①] 如吕叔湘(1999a：49)指出:"爱"有"容易发生"的意思,必须带动词、形容词宾语。宾语通常是说话人主观上不愿发生的,如"铁爱生锈"。这种用法和表示可能的助动词用法相似,但看作可能语义的引申似乎证据不足,因为普通话中"爱"不表示可能。

[②] "好"在吴语中用作可能标记,在历史上也有相关用例;"肯"在现代方言中未见可能标记用法,但在历史上有相关用例(李明 2016：47、59、60)。因此将这两种结构列入可能式引申义的讨论范围。

（1）能

【万荣】这娃可能哭哩｜这种料子可能瘷缩水哩｜这车子真真能跑气哩（原文解释"能"表示时常和易于）（李荣2002：3495）

（2）肯

【河北南部】站岗放哨趴土窝，衣服肯脏（许宝华、宫田一郎1999：3332）

【商县】他实在肯流鼻血（同上）

【徐州】春天小孩最肯生病了｜土墙一遇上连阴天就肯倒｜小王肯迟到（同上）

【山东西部】肯喝凉水（同上）

【洛阳】这句话儿洛阳肯说（同上）

【包头】今年冬天肯刮风｜他肯来我这儿（同上）

【武汉】这伢真肯长，这样高！（同上）

【汝南】一到这季节小孩儿就肯感冒（张宝胜2012）

【常德】这屋里伢儿也肯长呢，猪也肯长（郑庆君1999：218）

此外，在陕西北部，有用例"夏天食物可［k'ən^{313}］坏容易坏"（许宝华、宫田一郎1999：1174），从读音上推测应为"肯"。

（3）好

【银川】这丫头好哭鼻子（"好"指常容易发生某种事情）（李荣2002：1583）

【开封】他小时候胳膊可好掉非常容易脱臼（自拟，"好"读去声）

（4）会

【绩溪】尔个妹子好会嚎（"会"指经常、容易）（李荣2002：4901）

【台湾】他很会发脾气｜我的小女儿很会感冒（汤廷池1979）

2. 耐受于

一般认为普通话的"可"有被动许可的意义，即某事物可承受某种动作行为，如果耐受力特别强就成了该事物的一种特点。但是普通话中"可"没有耐受于的意义，表达耐受于要用"禁"，如"这件衣服禁穿"。太田辰夫（2003：187）将近代汉语中表示承受义的"耐""禁"视为表

示可能语义的助动词,这和将耐受义视为可能语义的引申义有相通的地方。① 有方言用"V 得"来表示这种意义,如:

【成都】这件衣服洗得(周家骖 1983)

原文解释说,这句话有两个意思:①可以洗,指衣服脏了,可以拿去洗;②禁洗,指衣服质量好,久洗不烂。可以看出,后一种意义来自前一种的引申。同一文中还提到,成都话中"绿豆煮得"是指绿豆质地硬、禁煮。遵义方言中也有类似用法:

【遵义】这种鞋硬是穿得,五六年了都还没有烂 | 这种底子就是磨得 | 这个绿豆儿硬是煮得,半天都煮不烂(胡光斌 2010:592)

和普通话一样,在开封方言中可以说某物"耐用",但更为本地化的方言说法是"受嘞使",其中"嘞"相当于普通话的"得","使"相当于"用",整体即"受得用",可以认为是从"受得"表示能承受使用的意义引申而来的。

以上用例主语都是物。也有主语是人的,四川中江方言中有如下说法:

【中江】他太苦得了 | 我妈妈太累得了(邹欣芝 2015)

原作者解释说,这里"苦"是吃苦、苦干的意思,"苦得"是说吃苦的能力强、苦干的能力强;"累"不是一种静止的状态,而是受累的意思,"累得"是累的时间很长却不抱怨,能坚持下来,忍受苦累的能力强。这些都应该属于耐受于义,和前文"吃得""睡得"这种显著的能力并不是同一类意义。"太 V 得"是指承受 V 的能力强,但这不是一种主动的能力,而是一种被动的承受力,所以归入此类。

(三)便利的条件

1. 以便

普通话中,助动词"好"有可以的意思,用于后一小句,表示前一小句中动作的目的。如"别忘了带伞,下雨好用"(《现代汉语八百词》

---

① 普通话中"耐看""耐劳""耐用"中"耐"都是"禁得起"的意思,开封方言还说"耐脏",意思是"禁得住脏,脏了不易显露出来"。泉州方言中的"有",也表示这种耐受意义,如:即种米有煮(这种米耐煮)| 即领裤野有穿(这条裤很耐穿)(林华东 2008:119)。叶雅琪(2014:40)认为,泉州方言中的"有"表示对动作行为或事物性状的肯定、强调,用在动词性成分前,具有肯定某一行为、强调某一性状的作用。

1999a：258)。方言中也有类似用法，一般将这种"好"解释为便于、以便。本书区分"便于"和"以便"，认为"以便"之后的动作是未然的，而"便于"之后的动作是已然的，"好"表示的这种引申义属于"以便"，如：

【南京】先找个旅馆，好住下来｜软处好起土，硬处好打墙（李荣2002：1582）

【银川】人多好干活，人少好吃饭（同上，1583）

【太原】告给我他在哪嘞，我好找他去（同上）

【绩溪】尔让下，我好放物事｜尔搭我讲渠在哪块，我好去寻渠（同上）

【丹阳】告诉他地址，我好去找他（同上，1584）

【杭州】点点人头，好分馒头（同上）

【宁波】书带本的，火车里好看看（同上）

也有用"不好"表示不便于的，不过总是配合"V得"使用，如：

【武汉】我是想说的，但是他又冇问我，我就不好说得｜别个屋里的事，我不好插嘴得｜他不想说的样子，我也就不好多问得（赵葵欣2012：148）

2. 便于

太田辰夫（2003：186）指出：现代北京话中，"得"有可以充分、自由地做某事，有这个机会做某事的意思，例如"一个人一桌菜，真得吃"。董树人（2010：108）将这种"得"解释为"形容词，方便、容易"。"得"的原义是得到，有完成的含义，在语法化过程中这种含义得以保留，助动词"得"表示已然实现行为的可能语义，其引申义也具有这个特征。从形式上看"得V"后可带"了"，本书用"便于"来称代这种意义。如：

【北京】猪八戒掉进泔水桶，得吃得喝（高艾军、傅民2001：202）

【开封】一放假小孩儿可得玩儿了（自拟）

【忻州】我帮搂他摇耧，俺两个配合哩挺得干（李荣2002：3885）

北京话中，助动词"得"有时候的引申义时间性不明显，和有的方言中的"好"意义相同，如：

【北京】等开了戏，往侧幕边一站，是又得听又得看，给个包厢都不换（高艾军、傅民 2001：202）｜人多得研究，得商量（陈刚、宋孝才等 1997：84）

（四）鲜明的倾向

此类引申义分为值得和必要两种，具体来说是建议或要求去进行某种行为，体现出鲜明的倾向性。

1. 值得

根据《现代汉语八百词》（1999a：333、338）介绍，普通话中表示许可的"可"和"可以"都可以表示值得义，单音节的"可"多用于"可+动+的"格式，双音节的"可以"前边常加"很""倒"，后边的动词常重叠或带动量。如：

我没有什么可介绍的了，就说到这儿吧｜北京可游览的地方不少

这个问题很可以研究一番｜美术展览倒可以看看

值得是从价值方面的判断，隐含可能性（吕叔湘 1982：250）。方言中，有些表示许可义的可能式也有值得的含义，具体如下：

（1）V 得

【柳州】他们的戏看得一下｜这个事没担风险，亘当然做得（李荣 2002：3876）

【绩溪】尔个电影看得｜尔个菜咦好吃咦便宜，吃得（同上，3877）

【东莞】呢出这台戏睇得下㗎｜个单那椿生意做得下（同上，3879）

【遵义】跑一趟就赚一两万块钱，当然干得啰！｜这个西瓜才五角钱一斤，买得（胡光斌 2010：588）

【南昌】这个戏看得一下子｜西瓜三角钱一斤，买得（徐阳春 1998）

【临桂四塘平话】这功夫做不得，又累又没得钱这工作做不得，又累又不赚钱（于丽娟 2011）

【黎平】这部缝纫机我加你五十块钱让把我，做得划算可以做没？

179

（熊赐新 2014：444）

【六枝】这件衣裳又高档，又好看，才 100 块钱，买得合算，可以买（陈诚 2011）

【岳阳广兴洲】九寨沟去得九寨沟值得去｜个份工做得这份工作值得干（杨雨蒙 2015：14、23）

【广丰】个来月赚几千块，样个工打得个一个月挣几千块，这样的工是值得打的（胡松柏 2003）

广州、建瓯使用"V 得过"来表示值得，属于"V 得"的变化形式：

【广州】食得过｜买得过｜识得过朋友值得交（李荣 2002：3884）

【建瓯】三块钱一斤的牛肉馇得过牛肉三元钱一斤，合算｜机票摆对折，坐得机票打对折，值得坐｜戏票鲙贵，觑得过戏票不贵，值得看（同上）

江西樟树、湖南常宁方言中，用"VV 得"表示"值得 V"：

【樟树】这地方风景蛮漂亮，来来得｜人家又贤惠又能干，农村的老婆娶娶得（李劲荣 2010）

【常宁】格甲生意还做做得这桩生意还值得一做（占升平 2013）

(2) V 着了　根据于克仁（1992：230），普通话中"V 得"在平度方言中分别用"好 V""可 V"和"V 着了"来表示，"V 着了"从合算、值得、应该等义方面表示动作行为的可行性，否定形式是"V 不着"。[①]

【平度】我看这块营生干着了，工钱不算低｜现在肉吃不着，一斤肉能买斤半鸡蛋｜这块营生干不着，工钱太低（于克仁 1992：230）

(3) V 的（唠）

【武乡】宰种布买的买不的买这种布合算不合算？买的唠可以买（柯理思 1995）

(4) 得

陕西户县方言中使用前标记"得"来表示值得：

【户县】这饭得吃得很｜小说得看得很（孙立新 2004）

[①] 平度方言中有可能式"VC 了"，和普通话中"V 得 C"意义相当，但是"V 着了"并不相当于普通话的"V 得着"，而是相当于"V 得"。

(5) 能/管

河南开封方言中不存在表示可能的"可以",普通话中所有使用"可以"表示的意义在开封话中均使用"能"(也用"管")来表示,包括值得这种引申义。

【开封】这个饭店嘞的饭能吃 值得品尝(自拟)

2. 应该

普通话中,作为前缀的"可"既能表示可以(如"可取""可行"),也能表示应该(如"可耻"),都构成形容词(《现代汉语八百词》1999a:335)。"可以"属于事实上的可能,而"应该"则属于情理上的必要,"可"的前缀用法和其助动词用法有关,但普通话中作助动词时只有可能义,没有必要义,只在作前缀的时候既有可能义又有必要义。吕叔湘(1982:252)认为:客观的必要和"可"字所表的可能概念相对,又可以分为事实上的必要和情理上的必要两类。本节所指的正是从"事实上的可能"引申出的"情理上的必要"这种意义。

在方言中,存在既有可能义又有必要义的形式,比如"好"和"V得"都可以表示许可义,同时也表示应该、应然义,必要义可以看作从可能义引申而来。

(1) 好

【哈尔滨】这么晚了,我好走了(李荣 2002:1582)

【绩溪】九点,好爬才了 该起床了|车来了,尔好去了(同上,1583)

【丹阳】你说则太多咧,好歇歇咧(同上,1584)

【上海】侬好去咾,再晏 晚火车要赶勿上勒(同上)

【杭州】七点钟得,好到学校里去得(同上)

【温州】你好坐落罢|你好走罢(同上)

【苏州】八点钟哉,倷好起来哉(同上)

【广州】你好食药喇 你应该吃药了|我哋好扯喇 我们该回家了(詹伯慧 2002:76)

(2) 中

【寿光】中走了,时候不早了(许宝华、宫田一郎 1999:708)

【梁山】中做饭了(同上)

【叶县】水都滚了,中下面条了 水都开了,该/应该下面条了|西红柿都

熟透了，中摘了该/应该摘了（傅丹丹2014：57）

(3) V得了/唠

据苏俊波（2007：142），湖北丹江方言中"V得（O）"除了表示可能意义外，还可以表示"到动作的时间了，该做某事了"，这时句尾总出现句末语助词"唠"，没有相应的否定形式。四川成都也有类似用法，在"V得"后必用"了"，用于规劝、提醒别人"到V的时候了，应该V了"（张一舟2001：380）。而在贵州六枝、遵义"V得"都有应该、必须的意思。如：

【丹江】去得唠｜吃得饭唠｜抓紧时间，上得学唠（苏俊波2007：142）

【成都】时间不早了，走得了｜饭煮好了，吃得了（张一舟等2001：380）

【六枝】8点钟上班，7点半了，你走得了｜天气这么冷，毛衣穿得了（陈诚2011）

【遵义】这个天烤得火了（可以烤火、应该烤火两解）（胡光斌2010：603）

【泸州】12点了，吃得饭了该吃饭｜要安逸了就困得瞌睡了该睡觉了（工怡瑶、王春玲2020）

此外，在河南开封方言中，不用普通话中的"可"或"可以"表示可能，但有表示不应该的"不可"，如"他啷的事你不可管"，语气上比"不应该"弱些，通常是对已经发生的事实表达一种委婉的批评，多用否定，也有少量肯定用法，表示应该、适于，如：

【开封】像恁这个档儿可买个车像你们这种情况适于买辆车（自拟）

这种情况说明某些可能助动词在普通话和方言中语义功能的不平衡性和复杂性。

第四节　语义地图理论：以可能式适于义为例

一、语义地图理论和可能式的语义研究

语义地图（semantic map）是语言类型学中的一个概念，是一种在

概念空间基础上分析多功能语法形式与语法意义关联模式的方法，通俗地说，"多功能语法形式"就是语法领域里的"同形多义"现象（张敏 2010）。

世界上多种语言事实表明，表示情态的功能词和语法形式通常是多义的，所以，语义地图模型是研究情态语义的一个理想工具。人类语言共性特征的研究表明，情态语义间的关联是系统的、普遍的。国外学者通过考察多种语言的情态语义表达形式，构建了情态语义地图，展示了情态语义的关联模式，但是这些研究对汉语事实的关注不够，得出的有些规则并不完全符合汉语实际。汉语不仅在情态表达上有不同于西方语言的特点，如在情态动词之外还使用述补结构，而且汉语还拥有众多的方言。既然语义地图是分析跨语言现象的一种有力工具，那么也应该适用于汉语跨方言的分析，汉语研究的成果必将丰富、补充世界语言情态语义关联的模式和规则。

范晓蕾在其系列研究（2011、2012、2014、2017）中，利用语义地图模型工具，以汉语方言能性情态为考察对象，构建了以汉语方言为本的语义地图，对国外学者的情态语义地图的理论和方法进行了修正和补充，尤其是对以能力义为核心的语义地图进一步精细化，对汉语"许可—认识可能"演化路径的缺失作了细致入微的讨论，并且在研究中结合语义结构分析各种语义之间的联系。

已有研究对能力类可能语义关注较多，如范晓蕾（2017）详细分析了此类语义的组成和内部区分，以及相应的引申意义。但是对于可施行性语义（即许可义）关注较少，尤其是其中的适于义未见深入细致的分析。以下根据本研究所掌握的方言材料详细分析适于义的内部情况，并采用语义地图的方法构建出相关意义概念间的关联模式。

二、可能式适于义的分类和引申

（一）适于义的促成条件

本节所说的适于义专指自然属性适于，如下面句子中的"V 得"可能式表示的意义：

【长沙】那块肉还冇臭，吃得（李荣 2002：3878）

一般认为这里的"吃得"相当于文言中的"可食"，表示一种被动的可能，这是一种无标记的被动形式。

从使用的可能标记来看,此类可能语义使用表示许可义的助动词,范晓蕾(2011)将其归入条件许可,是由"外在于参与者的客观物质条件或者说客观情理"决定的。按我们的理解,这种情理应该是"食物无毒,食后有益无害"这样的基本常识。巫雪如(2018:162)认为"桂可食"这类可能语义属于"条件可行",说话者认为在"桂"吃了对人体有益无害的客观条件下,"食桂"是可行的,"条件可行"进一步发展为"条件许可"。但根据前文的讨论,汉语中表述这种可能语义通常不列出事后结果,而是将相关主体的一些特性作为其促成条件,比如"生的""熟的",这些促成条件也是造成相应结果的原因,因此按照这些促成条件来划分许可义的类别是合适的。条件有属于事物内部的,有属于事物外部的,在能力义中从这两个角度划分出了主体能力、客观能够两种语义。对于许可义,也可以作类似的划分:"吃得"受事对象内在性质决定的许可,定义为适于义,具体来说是"自然属性适于",不同于外部条件决定的"社会属性适于"以及许可义。这是前文已经论述过的分类方法和分类结果,接下来在此基础上进一步划分"自然属性适于"语义的类别。

(二)"自然属性适于"的内部分类

1. 两种基本义:"有益"和"无害"

在汉语南方官话中,自然属性适于义常用"V得"表示,如:

【柳州】那种果子吃得的,没有毒(李荣 2002:3876)
【成都】这件衣服洗得(周家筠 1983)

这两句中的"V得"相当于普通话中的"可以V",按照本章的分类,都属于从结果反观的适于义,促成条件都是受事主语的内在性质。但是两句所据以进行反观的着眼点是不同的,意义上有一定的差别。"果子吃得"是从"吃"的施事在吃后的效果而言的,有益于食用者;"衣服洗得"是从"洗"的受事在洗后的效果而言的,无害于被洗物。因此这两种意义可分别概括为"适于(有益)"和"适于(无害)"。"有益"和"无害"只是为了区分这两种意义而从不同对象身上选取的特征,实际上"吃得"对人也是无害的,但这种意义更接近于用途,是积极正向的性质,不同于"衣服洗得"这种承受某动作行为的特性;"无害"也可以说是"无损",是一种消极被动接受某种动作行为后的结果。"吃得"可能语义相当于用途类意义,而"洗得"可能语义类似于性质类意义。前文提到过"物的性能"意义，属于内在条件决定的可实现性意义，这里所说的"洗得"和物的性能有相似之处，但归属的大类不同，可能语义的观察视角存在着根本的不同。

2. 两种引申义："值得"和"耐受于"

前述两种适于基本义分别有不同的引申义。前文提到，普通话中"可以"有值得的意思，这是从其适于义引申出来的，巫雪如（2018：208）认为这种引申体现了"说话者对事件或动作的可行与否由客观条件判断到主观价值认可的转变"。根据前文对适于义的分类，引申出值得义的是适于（有益）义，客观上是对施事有益的，如果有益的程度足够大的话，那么从主观上判断就是"值得"去做的。而适于（无害）义则无法引申出值得义，因为没有对施事"有益"这个语义要素。适于（无害）是指可以接受某种处置，如果在接受处置的程度上加重（比如多次施行某种处置），结果仍然无害的话，那么这种意义就是"耐受于"。

三、可能式适于义的内部关联

（一）形义关系

在普通话和多种方言中，表达适于义的形式都是多义的，同时具有相关的引申义，但具体来说各方言情况不尽相同。

1. 一式三义

普通话用"可以"、河南开封方言用"能"或"管"表示三种适于义：

　　苹果可以吃（适于[有益]）｜这个衣服可以水洗（适于[无害]）｜那个展览可以一看（值得）

　　【开封】这个瓜熟了，能吃，那个生，不能吃（适于[有益]）｜这个衣服能水洗（适于[无害]）｜那一家嘞的饭能吃（值得）（自拟，例句中"能"均可换用"管"）

2. 一式两义

（1）江西南昌方言用"V得"，山西武乡方言用"V的（唠）"，广东广州、广西昭平等地方言用"有得"表示两种适于义：

　　【南昌】生柿子吃不得，熟柿子才吃得（适于[有益]）（魏钢强

1998：83）｜西瓜三角钱一斤，买得（值得）（徐阳春 1998）

【武乡】宰东西吃的吃不的_{能不能吃}？吃的唠_{可以吃}（适于［有益］）｜宰种布买的买不的_{买这种布合算不合算}？买的唠_{可以买}（值得）（柯理思 1995）

【广州】餸煮好喇，有得食喇_{菜煮好了，可以吃了}（适于［有益］）｜呢单生意有得做_{这笔生意值得做}（值得）（彭小川 1998）

【昭平】菜煮好了，有得吃了_{菜煮好了，可以吃了}（适于［有益］）｜有使睇学生生意，有得做头嘅啵_{别小看学生生意，值得做的}（值得）（黄群 2016）

（2）成都方言用"V得"表示两种适于义①：

【成都】这件衣服洗得（适于［无害］，耐受于）｜绿豆煮得（耐受于）（周家筠 1983）

3. 一式四义

遵义方言用"V得"表示四种适于义：

【遵义】这个菌儿_{蘑菇}没有毒，吃得（适于［有益］）｜这个衣服洗衣机洗得（适于［无害］）｜跑一趟就赚一两万块钱，当然干得啰！（值得）（胡光斌 2010：588）｜这种鞋硬是穿得，五六年了都还没有烂（耐受于）（同上，592）

（二）语义地图

根据以上列举的语言事实，可用表 4-1 来表示不同可能式和四种适于义的对应关系（+表示存在，空白表示不存在）：

表 4-1 "适于"类意义的语义地图

方言点（可能式）	耐受于	适于（无害）	适于（有益）	值得
普通话（可以 V）；开封（能 V）		+	+	+
遵义（V 得）	+	+	+	+
南昌（V 得）；广州、昭平（有得 V）；武乡（V 的唠）			+	+
成都（V 得）	+	+		

---

① 这里仅指可施行性可能语义。此外还可表示可实现性，与此处讨论无关，不列于此。

续表4-1

方言点（可能式）	耐受于	适于（无害）	适于（有益）	值得
不存在		+		+
不存在	+		+	

按照语义地图连续性原则的要求，可以得出四种适于义间的概念关联：

耐受于—适于（无害）—适于（有益）—值得

其所反映的语言形式和相关概念之间的蕴含关系是：当一个可能式有耐受于义时，一定有适于（无害）义，但反之不行。上表也证明：适于（有益）义和值得义相关，从语义上说二者有共同的构成要素"有益"；适于（无害）义和耐受于义相关，但二者并不是必须共现，基本义和引申义的关系一目了然。

表4-1反映出普通话、开封方言中"可以（能）V"有适于（无害）义，但没有耐受于义。表示耐受于义另有专门的词语和结构，如普通话中的"禁""耐"和开封方言中的"受嘞V""搁住V喽"等；西南部的成都和遵义的方言之所以用"V得"表示耐受于义，应该和当地后标型可能式"V得"高度发达、使用频率较高有关系。

本章小结

本章首先辨析了可能语义分类中常用的标准和所分出的语义类别，分别从语义和形式两个角度说明表示说话人指令的"准许"（及与之相对的"禁止"）不属于可能范畴。在此基础上明确了可能语义范畴的内涵和外延；从内涵上说，"可能"是事物和相关动作事件之间的一种情态关系，可能语义表达的是一种广义的性质；从外延上说，可能语义包含基本义和引申义，基本可能义可以分为客观描写类和主观推断类，两者的差别在于是否有主观性。客观描写类可能语义按照可能视角的不同进一步划分为可实现性和可施行性；主观推断类可能语义按照对推断事件的确定程度分为推理和推测两种。引申可能义是从基本义的客观描写类发展而来的。汉语方言可能式的语义类型、基本义和引申义之间的对应关系可以用表4-2来说明。

表 4-2　汉语方言可能式的语义类型

类　别				例　句
基本义	客观描写类	可实现性	能力	自然的	生理（人）	这房子你上去噢哇？
					性能（物）	天花会过侬
				获得的		伊会/不会开汽车
			能够	事实		我好想买件衫,但系冇钱唔买得
				事理		只要控制饮食,你就能瘦下来
		可施行性	适于	自然属性	有益	带水烧开了个,喝得
					无害	那个衣服可以水洗
				社会属性		公家个屋我也住得得
			许可	自然环境		清明了,谷种浸得了
				社会环境		渠是我生个,渠个事我管得得
	主观推断类（或然性）		推理	有充足的条件,肯定程度较高		渠不腮我,我也不得腮渠
			推测	无充足的理由,肯定程度较低		置么迟啦还不见影儿,敢不来啦
引申义	可实现性的引申		勤于	能力的引申	自然的	他一回喝个斤把酒冇得事,真喝得
			精于		获得的	我嘴巴不会讲,讲不他赢
			易于	物的性能的引申		夏天饭菜肯坏
			便于	能够的引申		还是柏油马路得走
	可施行性的引申		值得	适于（有益）的引申		他们的戏看得一下
			耐受于	适于（无害）的引申		这件衣服洗得
			以便	自然因素许可的引申		人多好干活,人少好吃饭
			应该	社会因素许可的引申		12点了,吃得饭了

第五章　可能式的否定和疑问

否定和疑问是两个重要的语义范畴，它们在可能式中有独特的表现。

先说否定。普通话中，前标型可能式的否定既可以是外部的，即"否定词+助动词+动词"，也可以是内部的，即"助动词+否定词+动词"，不同的否定词与助动词的结合能力不同。后标型可能式的否定较为特殊，并不是在肯定式前加否定词，而且"V得"和"V得C"有着不同的否定形式，前者在中间加否定词"不"，后者将可能标记"得"换为"不"。方言当中，否定可能式使用的否定词和否定方式都有特殊之处，特殊的否定词属于词汇上的不同，特殊的否定方式属于语法上的差别。本章"可能式的否定"一节分别从前标型和后标型两类可能式展开讨论，着重分析方言中不同于普通话的否定词、否定方式和否定意义。

再说疑问。吕叔湘（1982：287）按提问内容的性质将问句分为特指问和是非问，特指问是"对于事情的某一部分有疑问"，而是非问的"疑点不在这件事情的哪一部分，而在这整个事情的正确性"。选择问句（抉择问句）、反复问句都是由特指问和是非问变化而来的形式。从可能语义的性质来说，可能式的疑问正是对"事情的正确性"的提问，这里的"事情"就是指可能语义本身。由于可能语义的正确性只存在是和非两种选择，所以只能使用是非问和正反问（即特殊形式的选择问）这两种形式来提问。

普通话中，可能式有是非问和正反问两种提问方式，正反问的组成和可能式的否定有密切关系，涉及否定词和否定方式的问题，后标型可能式的正反问有完整式和省略式两种情况。方言当中，可能式的疑问也存在是非问和正反问这两种方式，以正反问为主，南北方言可能补语式正反问的简省式存在结构差别，省略的成分和形成的过程都有所不同。本章"可能式的疑问"一节分别从是非问和正反问两种类型观察可能式的提问方式，每一类再分前标型和后标型两种可能式对疑问格式和相关问题加以讨论。

第一节　可能式的否定

一、前标型可能式的否定

（一）否定词

普通话中，最常用的否定词有两个："不"和"没（有）"，它们都可以用来对前标型可能式进行否定，但具体组合能力有所不同。据《现代汉语八百词》（1999a：384），否定词"不"能和所有助动词结合，而"没有"限于和少数几个助动词结合，受"没有"否定的可能意义助动词只有"能"和"能够"。

一般认为，动词前的"不"用于否定意愿（朱德熙 1982：200），"没（有）"用于"否定行为的已经发生"（丁声树等 1961：197）。但是当它们用在表示可能的助动词前，情况有些不同，如"他不能来｜他没能来"里"不"并不包含意愿的成分，仅是对事实的陈述。"没（有）"也不是否定行为的已经发生，因为"能来"本身不是一种行为，也不存在"已经发生"这种性质。所以这两个否定词对前标型可能式的否定意义不同于对一般动词的否定。

各地方言与普通话"不"和"没（有）"相当的否定词有不同形式。表 5-1 是部分地区方言的否定词[①]：

表 5-1　部分地区方言否定词形式对比

北京	开封	武汉	安陆	锦屏	永福	南宁白话	上海	天台	福州	广州
不	不	不	不	没	没	冇	勿	弗/勿	伓	唔
没有（未）	冇	冒（有）	冇	没得	没曾	盟	唔没	没	无	未/未曾
没有（无）	冇	冒得	冇得	没得	没得	冇有	唔没	没	无	冇

[①] 资料来源是北京、广州（《汉语方言词汇》），武汉（朱建颂 1992：25），安陆（盛银花 2010：219），锦屏（肖亚丽 2010），永福（肖万萍 2010），南宁白话（林亦、覃凤余 2008：287），上海（徐烈炯、邵敬敏 1998：185），天台（戴昭铭 2001），福州（陈泽平 1998b）；开封方言来自笔者的调查。下文对这些方言的讨论所据资料出处与此相同，另有注明的除外。

从中可以发现，方言中与普通话不同的否定词可以分为两种情况。一是古汉语遗留下来的普通话中不再使用的词语，如上海话的"勿"、天台话的"弗"。二是一些合音否定词，如开封话中的"冇"是"没"和"有"的合音。

(二) 否定方式

1. 外部否定和内部否定

外部否定是指对可能式的否定，如"不能 V"或"没能 V"；内部否定是指对可能式中动词的否定，如"能不 V"或"可能没 V"等。对于客观描写类可能语义来说，外部否定是认为可能事件无法实现或不可施行；而对于表示或然性的可能语义来说，外部否定实际上表示必然的意义，如丁声树等（1961：90）指出："不可能"是一定不能，比"不能""不会"的语气要确定得多。内部否定形式"可能不"则表示一种或然性的推测，对于过去的情况推测也可以用"可能没（有）"。

2. 否定词和助动词的结合能力

同一个否定词（功能相当的不同词汇形式视为同一个否定词），在方言与普通话中和助动词的组合能力可能有差异，比如安陆方言中，否定副词"冇"不能用来修饰能愿动词（盛银花 2010：219），而与之相当的普通话中的"没有"却可以否定"能"。福州方言中，相当于普通话"不"的"怀"只能组合成"怀使（不要）""怀肯（不肯）""怀爱（不爱）"，和其他助动词（会、可以、可能、能嗨、兴、应该、乐意）等不能组合；否定"能嗨"要用"无"，肯定则在前边加上"有"，形成与普通话"能"与"不能"相当的对立形式（陈泽平 1998a：170）。如：

【福州】只块布有能嗨做蜀条裙这块布可以做一条裙子｜我明旦有事计，无能嗨去我明天有事，不能去（陈泽平 1998a：175）

3. 双重否定

如果既用外部否定又用内部否定，则形成双重否定，如"不能不去"。一般认为双重否定的意义等于肯定，但由于某些助动词语义的特殊性，其双重否定后的意义不同于一般动词的双重否定。吕叔湘（1982：255）指出：因为可能和必要之间有对立关系，所以在"可""能""得"等字上下各加"不"字，并不依两个"不"字相消之通例。丁声树等（1961：201）指出："不能不"不等于"能"，而是"必须"的意思。

在广州方言中，同样存在利用对许可义的双重否定表达必须义的用法，不同的是广州话用到的两个否定词并不相同：

【广州】咁重要嘅会，冇得唔参加这么重要的会，不能不参加｜大家轮流讲，冇得唔讲大家轮流说，不能不说｜个个都要去，冇得唔去个个都得去，不能不去（彭小川 2010：219）

根据彭小川（2010：219）介绍，广州话"冇"的否定形式是"冇[mou¹³]"，与 VP 之间可嵌进"得"，形成"冇得/有得+VP"句式；"冇得"加上"唔"表示"必须"。从结构上说，"冇"和"唔"是用在助动词"得"前后的两个否定词，这是一种较为特殊的双重否定形式。

普通话中，当用于表示认识情态义的"可能"时，也会出现两个不同的否定词分别用于外部和内部而形成的双重否定，如：

他不可能没有去｜他不会没去上海（许和平 1991）

(三)"没"对能愿动词"能""得"的否定

1. 普通话中的"没能"和"没得（dé）"[①]

（1）**没能**　《现代汉语八百词》（1999a：384）指出："不"可用在所有助动词前，"没有""没"只限于"能""能够""要""肯""敢"等少数几个助动词。传统观点认为，现代汉语否定副词"没有"否定行为的已经发生（丁声树等 1961：197），"表示动作没有完成或是事情没有发生"（朱德熙 1982：70），而"能"作为能愿动词表示的既非实际的动作行为，也非具体的事件，所以这些解释并不适用于"没能"。值得注意的是讨论"没能"时一般都会加上动词结构 VP，这说明在研究者的语感中这种否定一般要有 VP 的参与。施关淦（1990：62）认为"没有能够帮助你"这话可以说，但这个"没有"是否定后面的整个短语的，光说"没有能够"站不住。语言事实支持这种语感，查询北京大学 CCL 语料库，"没（有）能（够）"无后续成分的只有三例：

它实际上是一块红色的大桌布，那是我向格里沙借的，他要我

[①] 本节所说的"没能"包括"没有能""没能够"和"没有能够"，下文所说的"没"包括"没有"。"没有"否定的对象是"能（VP）"结构，不包含否定 NP 的情况，如："此人既不懂建筑，也不懂施工技术，手下也没有能够施工的一兵一卒。"一般认为这里的"没有"是动词，而本节讨论的用在"能够"之前的"没有"是副词。"没得"的情况与此相同，这里"得"不读 děi。

记着还给他,可惜没能。

我很想说一些让年轻人更高兴的话,但在当时,我没有能够。

这位16岁就扛起大枪跨过鸭绿江的老战士,眼圈红了,几次想把话说下去,可是都没能够。

在这些用例中,"没(有)能(够)"的存在依赖于上文的相关内容,可以认为是一种承前省略,能补充出所省的内容,实际上还是"没能VP"。

研究者一般认为"没能VP"既有现实意义的成分,同时也不排除情态意义的成分。赵元任(1979:323)在比较"不"和"没有"否定助动词的差别时说:"他昨儿不能来"说明一种静止的情况,"他昨儿没能来"说明他昨儿没来成或者发生了什么事阻碍他来。这里的描述既包含有现实意义(没来成),同时也有情态意义(发生了什么事阻碍他来,即不具备来的条件)。宋永圭(2007)一方面认为"没能VP"是非情态表达,另一方面也认为整个结构的语义是"主语在心理上愿意做V,可是由种种因素的干扰,没做成V"。张立飞、严辰松(2011:92)认为该结构是否定动作的实现,还隐约表达了事件没有实现的原因在于能力不足这层意思。张立飞(2015)的研究明确说该结构的语义描述应该包括两个方面:一是对事件的现实性进行否定,二是对事件未能实现的原因进行阐释。上述语义描写均指明该结构有两层意思,一层意思是表示现实中的未实现,另一层意思是不具备实现的条件,属于情态范畴的内容。

(2)**没得** 现代汉语中,能够受"没(有)"否定的助动词还有"得",其后也必须紧跟动词结构。"没(有)得VP"用例不多,北大CCL语料库中有如下一些例子:

我才开始问他说:"久住在这样寂静的山中,山前山后,一个人也没有得看见,你们倒也不觉得怕的么?"(郁达夫《半日的游程》)

但是在另一方面,说非看不可,或者没有得看,就要跳脚拍手,以至于投河觅井。这个,我真觉得不必。(俞平伯《中年》)

四号夜里,登高只顾估计第二天的情况,一夜又没有得睡好觉。(赵树理《三里湾》)

那次摇旗来找他,因李过来报告潼关的官军动静,摇旗没得把话说出来,从潼关回来后,他因为天天忙,竟然把这事忘得一干二净。(姚雪垠《李自成》)

俺们俗儿不去干那瞎端子勾当,从有了妇女会,我们家里就没

得安生过,门限子也叫你们给踢破了!(孙犁《风云初记》)

我小时没得上学念书,在工作上遇到很多困难,想起来是很大的损失。(同上)

这一程子,别的倒没什么,就是你大娘嘴碎一点,小孩子好发废,你们没得安生!(同上)

我这一哭不要紧,你哥哥对他的老师说:"你看她,病病拉拉的身子,跟着我可没得过一天好。"(同上)

田耀武一贯对这些活动没有兴趣,他积极奔走官场,可也没得攀缘上去,考试完了,只好先回家里来。(同上)

敌人有生以来还没见过这样严重的阵势,它着急施放毒气,也没得逃过死亡。(同上)

这些用例均出自老一辈作家笔下,有六例都出现在20世纪50年代初期孙犁创作的长篇小说《风云初记》中。丁声树等(1961:91)提到,"得(dé)"字也有"能"的意思,通常以否定居多,举例中包含"得"受"没有"否定的用法:

他已经两三天没得好好的睡了。(老舍)

傻孩子呀!这个圈子,你妈半辈子没有得跳出去……(赵树理)

赵元任(1979:328)也指出:"得(dó)"有可以和能两种意义,后一种意义的例子中也有"没得"用法,如"没得见着他"。现有研究中没有关于"没得"结构意义的更多解释。

2. "没能VP"语义的多角度考察

(1)"没能VP"和"没有VP"的比较。"能"表示的不是动作行为的实际发生,而是主体和动作行为之间的关系,属于情态意义。情态意义并不是就动作发生的时间来说的,有的情态意义和将来相关,比如表示或然性推断的"会"后边一定是将来发生的事件;有的则和过去相关,比如文言中的助动词"得"后接带有结果义的动词,表示已经发生的事件的可能情态。"没能VP"的背景是"没有VP"这个事实,但说话人的目的显然不在于陈述这个事实,而是要表达"由于某种原因,没有能够实现VP"这个意思,这是一种情态意义。如:

邹安没能给孩子喂成奶的原因,不是邹安。兔唇的孩子根本就无法吮吸母亲的乳汁。(CCL语料库)

尽管他听得极为认真,极为仔细,但依旧也没能品出任何重要

的情况和信息。(同上)

　　文天祥含着眼泪说:"国破家亡,我身为宋朝大臣,没能够挽回局势,死了还有罪孽,怎么还能贪图活命呢。"(同上)

　　张立飞(2015)认为此类结构中的"能"通过转喻,从表达潜势转而表达现实情境,即表达重心不在于阐明能力,而在于陈述事实,其中"能"的存在给句子增加了语用蕴涵。"没能VP"的阐释义是:虽然事件主体付出了很大努力,但由于能力上的欠缺,事件仍没有实现。句中通常会出现一些表达付出努力、克服障碍的成分与这一阐释义相呼应。这种解释一方面认为该结构"不在于阐明能力,而在于陈述事实",另一方面又认为其中的"能"给句子增加了语用蕴涵,这种语用蕴涵及阐释义和"能"的情态意义没有区别,这两个方面显然存在相互矛盾的地方。至于句中通常会出现与阐释义相呼应的内容则是为了更充分地表达情态意义,而该结构所具有的现实意义是通过其情态意义来实现的,即通过否定事件实现的可能从而达到否定该事件的实现,可以说情态意义是该结构的表达重心。从相关例句来看,"没能VP"的原因并不在于主体的能力不足,而是主体之外的客观原因使然,上述第一个例句中"没能给孩子喂成奶"的原因特别能够说明这一点。

　　(2)从"没能VP"的肯定形式看该结构的性质。"没能VP"的肯定形式是"能VP"。需要说明的是"能VP"既可以是"不能VP"的肯定形式,也可以是"没能VP"的肯定形式,与不同否定形式相对应的"能VP"使用背景有别。

　　"能VP"指有能力或有条件完成VP,表达的是情态意义。这种说法既可以是虚事虚说,即VP是非事实;又可以是实事虚说,即VP是事实。如:

　　　　他成绩很好,今年能考上大学。
　　　　他能考上大学是刻苦攻读的结果。

　　第一句的背景是还没有考大学,第二句的背景是已经考上大学,两句中的"能考上大学"都是指具有考上大学的能力和条件。从各自的否定式能够看出其差别:第一句的否定用"考不上"(不用"不能考上")[①],第二句的否定用"没能考上",即:

---

　　① 表能力的"能VC"的否定形式用"V不C";"不能VP"多作为"可以VP"的否定形式,表示"不允许"。

他学习不努力，考不上大学。

他高考时生病了，没能考上大学。

郭志良（1993）说：用副词"没/未"否定的能愿动词，所联系的事实是偶发性事实；用副词"不"否定的能愿动词，所联系的事实可能是偶发性的，也可能是恒常性或真理性的。上述例句可以解释其中的原因，由于"没能 VP"总是在"没有 VP"发生过、发生时说的，所以这总是一个偶发性（或者说是一次性）事件，而"不能 VP"既可以指某一次具体的事件，也可以是无具体背景的常理，所以可以是偶发性事件，也可以是恒常性或真理性事实。

从否定和肯定形式都可以看出，情态意义可以是在现实基础上的虚拟表达，反映说话人的观察视角和表达重心。

（3）作为答语的"没能 VP"。情态动词"能"及否定形式"不能"可以单独回答问题，这意味着它们可以用作某个问句的答语，如："你能来吗？能/不能。"

由于对"能"的提问是针对"是否具有能力和条件"的提问，属于非现实语义的内容，提问时所涉及的动作行为并未在现实世界中发生，所以才有这样的疑问；而"没能 VP"是在相关行为事件已发生背景下的情态表达，对其提问没有专用的形式。在实际语言运用中，使用"没有 VP"做答语的提问也可用"没能 VP"来作答，如："你昨天来了吗？没能来/没有来。"

前引赵元任（1979：323）详细解释了这两种回答的语义区别，从话语交际原则来看，"没能来"的回答超出了提问所要求的信息量，即不仅答出了事实，还显示了造成这种事实事出有因，其现实意义是通过情态意义表达出来的。

从以上三个方面来看，"没能 VP"表达的首先是一种情态意义，其所具有的现实意义是从情态意义中推导出来的。前文提到，"能 VP"本身不表示行为，也不存在"已经发生"这种性质，那么它为什么能够用"没"来否定？以下从"没能"和"没得"的关系方面来讨论这种结构的来源。

3. 从历时语料看"没"对"能""得"的否定

首先，近代汉语中的"没能 VP"和"没得 VP"出现的时间不同。文学作品中的"没（有）能"出现较晚，最早用例见于清代：

今晚因学台请吃饭，没有能留铁老爷在衙门里吃饭，所以叫厨

房里赶紧办了一桌酒席。(《老残游记》)

我那日夜里忽然心里疼起来,这几天刚好些就上学去了,也没能过去看妹妹。(《红楼梦》第八十五回)

前文提到,现代汉语中可以接受"没有"否定的助动词还有"得(dé)","没得"和"没能"意义相当,这种意义的"没得"在近代汉语中比"没能"出现得要早,明清时期"没得"用例较多,如:

我数次索取,那窦秀才只说贫难,没得还我。(《窦娥冤》)[①]

薛姨妈道:"还是昨儿过来的。因为晚了,没得过来给老太太请安。"(《红楼梦》第九十一回)

司棋被众人一顿好言,方将气劝的渐平。小丫头们也没得摔完东西,便拉开了。(同上,第六十一回)

王主事还是那年朝考,中堂派了阅卷大臣,照例拜门去过几趟,没有得见,只好在刘厚守门房里坐坐。(《官场现形记》)

以上用例中的"没(有)能"和"没(有)得"都是指没有能力或条件实现某事,直接表达的是一种情态意义,间接地也表达了现实意义,属于实事虚说的虚拟化表达。

其次,"没能 VP"和"没得 VP"存在历时替换关系。检索明清到现当代的一些文学作品,统计其中"没能"和"没得"[②]的使用数量,具体的数据如表5-2所示:

表5-2 明清以来部分文学作品中"没能"和"没得"使用情况

作品(时代)	醒世姻缘传(明后期)	歧路灯(清中期)	红楼梦(清中期)	儿女英雄传(清后期)	骆驼祥子(1936)	四世同堂(1944)	王朔全集(1978—1992)
没能	0	0	1	0	5	80	28
没得	51	7	4	11	1	0	0

可以看出,在近代汉语中,"没能"较少见到,"没得"较多;而在现代汉语中,情况则恰恰相反。由此可以归纳出一种明显的倾向:从近代汉语到现代汉语,"没能"逐渐取代了"没得"。上述材料中,《歧路

[①] 关汉卿《窦娥冤》不见于《元刊杂剧三十种》,最早见于明臧晋叔编《元曲选》,一般不被认为是纯粹的元代语料。

[②] 此处专指属于"否定词+助动词"结构的"没能""没得",不含"没能耐""没得到"等中的"没能""没得"。"没得吃、没得喝"也写作"没的吃、没的喝",也不包含在内。

灯》带有清初河南方言的特征，《醒世姻缘传》带有明末清初山东方言的特征，其余作品具有相应时代的北京话特征。"没能"和"没得"的使用情况就是这些方言特征在作品中的反映，从表5-2中可以清楚地看到清代北京话、河南话、山东话在这两种否定结构的使用上是一致的，而到了现代北京话中，两种结构的使用发生了转换。

今天普通话中表示能够义的"得"使用频率很低，或者说是一种旧时的用法。朱德熙（1982：63），刘月华等（2001：171）都不列"得"的能够义，仅列许可意义。《现代汉语八百词》（1999a：155）只列"得"的许可义，其否定形式只有"不得"。现代汉语共同语中，随着表示能够义的"得"使用的衰落，"没能"逐步替代了"没得"。①

最后，可以从"没得VP"结构看"没能VP"的内部关系。目前对"没有能VP"内部结构的认识有所不同。肖辉嵩（1984）认为该结构中"没有"直接否定的是助动词，间接起到了否定VP的作用。宋永圭（2007）认为"没+能+VP"是一个非情态表达，否定词"没"对V具有制约作用。张立飞、严辰松（2010）认为此类结构中"没"否定的并不是这些单个的能性成分，而是能性成分所在的结构，表示的仍是对动作实现的否定，属于典型的现实范畴。按照前文的分析，既然"没能VP"是对"没得VP"的替换，可以从"没得VP"的结构划分来说明"没能VP"内部各成分的关系。

"得VP"中能愿动词"得"来自动词"得"的语法化，"得"原有得到的意思，在古汉语中用在动词前时产生实现意义，进一步虚化则形成接近于完成体标记的用法②。这种用法在一定的语境中可转化为表达可能语义的情态标记，但其原有的实现意义并未完全丧失，而是得以保留，这体现了语法化过程中的滞留原则，也就是说"得VP"结构在表示情态意义的同时并未完全丧失实现意义。

一般认为，否定词"没有"内部包含两个要素③，一是否定（neg），一是完成体，王士元（1990）将"没有"视为一个语素复合体，由否定标记（没）和体标记（有）组成。这样的分析可以在方言中找到根据，因为我国闽语、粤语中"有VP"结构确实可以表示实现。"没有"的这

---

① 前举孙犁作品中"没得"用例在2004年人民文学出版社的《孙犁全集》（第4卷）中有的已改为"没能"，这也说明"没得VP"的可接受度在逐步降低。

② 详见第六章中相关论述。

③ 这里为和引文一致写作"没有"，与其相当的"没"本身也包含了否定（neg）和完成体两方面的要素。

两种语义要素和"得 VP"的两种语义要素是相对应的,即:否定(neg)——情态义;体标记(有)——实现义。而情态义和实现义都是由"得"来承担的,所以"得 VP"受"没有"否定是合乎语义语法规则的。

前述历时语料的统计证明,"没能 VP"来自对"没得 VP"的替换,二者表达的语义是相等的,也就是说,在普通话的这个结构中"能"完全取得了"得"的表义功能,即具有情态和实现两方面的意义,由此它能够接受"没有"的否定也就不奇怪了。

前文提到,"能 VP"有两种情况:一种是虚事虚说,即 VP 是非事实;另一种是实事虚说,即 VP 是事实。"能"用于后一种情况说明其不排斥实现意义,"能"的这种特性和其在古汉语中本来就具有实现意义有关①。与之相对,普通话中和"能"基本相当的"可以"则无法用于"实事虚说",因此"可以"不能受"没有"的否定②。

4. 从方言语料看"没"对"能""得"的否定

(1)部分方言中"没"不用来否定"能"。在方言中,"没"同"能"的组合能力并不完全与普通话和北京话相同,河南开封方言中,相当于普通话"没有"的"冇"并不否定"能",可以说"他冇来",但不存在"他冇能来"的说法。

上海方言中,不同否定词同助动词结合的能力也是不一致的。"勿"(和普通话"不"大致相当)可以跟所有的助动词结合,但"唔没"(和普通话"没有"大致相当)不行,只能和少数几个结合,表 5-3 取自徐烈炯、邵敬敏(1998:147)所列的上海话否定词和助动词配合表:

表 5-3 上海话否定词和前可能标记配合表

助动词	勿+助动词	唔没+助动词	勿曾+助动词
可以	勿可以(去)	*唔没可以(去)	*勿曾可以(去)
能够	勿能够(去)	*唔没能够(去)	*勿曾能够(去)
会	勿会(去)	*唔没会(去)	*勿曾会(去)
会得	勿会得(去)	*唔没会得(去)	*勿曾会得(去)

---

① 详见第一章第二节中对古汉语中"可能"的解释。
② 这里所说的是副词"没有",而不是动词"没有"否定带有"可以 V"的名词短语的情况,如"我实在没有可以报答的方式""没有可以挑剔的地方"。

从中可以看出，上海话中，"唔没"不能和"能够"结合，可以说"勿能够"，不能说"唔没能够"，这和开封方言中"冇"不能限制"能"的情况是一致的。

据李小华（2014：136），闽西永定客家方言中，否定副词"唔"（相当于普通话"不"）可以修饰所有的助动词，包括"可以""能够"，但是"无"（相当于普通话"没有"）修饰助动词时，只能用在"可能"之前，当地也不存在"无能够"（相当于普通话"没有能"）这种说法。

据朱彤、郭玉贤（1999），柳州方言中从字面上看有"没能去"，但由于当地是用"没"表示普通话中的"不"，所以这种形式并不是本节讨论的"没能VP"。

（2）"没能"在方言中的替代形式。前文提到现当代文学作品中"没得"的用例，其中有六例出现在孙犁创作于20世纪50年代初期的长篇小说《风云初记》中。该作品具有冀中方言特色，其中的"没得"用法可以认为代表了河北省中部方言的情况。

值得注意的是在《风云初记》中有一个"没有能够VP"的用例（无"没能VP"用例）：

他已经能够在春儿家的小院里走动几步，因为技术和器械的限制，有一小块弹片没有能够取出来，好在他的身体过于强壮，正在发育，青春的血液周流得迅速，新生的肌肉，把它包裹在里面了，他也并不在意（《孙犁文集2》）

对比发现，《风云初记》中的"没得VP"有多例出现在对话当中，而唯一的"没（有）能（够）VP"用例出现在叙述话语当中，两者之间存在语体的差别："没能"是书面语，代表了共同语的影响，"没得"是口语，代表了方言的说法，二者分属于文白两个层次[①]。由此来看，20世纪50年代的冀中方言对"没能"的接受度不高，而比较倾向于使用"没得"。

河南开封方言中，表达普通话中"没能"的意义，要说"冇得"，"得"后的动词有时带补语，如下面例中"来"后的"成"或者"了[lou^{55}]"：

【开封】他冇得来｜他冇得来成｜他冇得来了[lou^{55}]（自拟）

[①] 这和第七章第二节将讨论的"V得C"和"VC了"的文白层次类似。

"成""了"是句中的否定焦点，整句话的意思不是没有来的意愿和行动，而是由于某些原因没有能够完成"来"这一动作事件。

广西南宁白话中，助动词"得"既可以用"冇"（相当于普通话"不"）否定，又可以用"盟"（相当于普通话"没"，"未曾"的合音）否定，如：

【南宁白话】我有票做乜嘢冇得落去_{我有票为什么不可以进去}？｜系啊，阿排时忙多，重盟得去医院睇下佢_{是啊，这段时间太忙，还没到医院看看他}（林亦、覃凤余：2008：284）

在林亦、覃凤余（2008：280-284）所列的南宁白话的助动词中没有"能"，在南宁白话中"盟得"应该相当于普通话中的"没能"。

据胡松柏（2003），江西广丰方言中有"未得"的用法，用于事后的评述，含有对本应该或本可以发生而未曾发生的动作行为感到惋惜的意思，从语义上看，相当于普通话的"没能"，如：

【广丰】乙转军训渠未得晒日头_{这回军训他没能够晒晒太阳}

吴语绍兴话中，相当于普通话"没有"（未）的否定词是"无（有）得"，陶寰等（2015）在描写其对动词的否定时，有如下例子：

【绍兴】介许多日子无得看见渠哉_{这么多天没能看见他了}

作者将方言"无（有）得"语义用普通话解释为"没能"，虽然将其作为单个否定词，但从解释中可以看出该否定词含有情态意义。结合在不少南方方言中存在的"冒得"（武汉）、"冇得"（广州）等包含情态意义的否定词，该词应该是"无（有）"和能愿动词"得"合成而来的，可以看作用"否定词+得"来表达普通话中"没能"含义的一个例子。

此外，能够起到普通话"没能"表义效果的还有湖南方言中用"冇"否定的后标型可能式，详见下一小节。

5. 方言中不同性质的"没得"及其演变关系

（1）很多方言中存在"没得""冇得""冒得""不得"的说法，但并不都相当于普通话的"没能"，具体情况可以分为以下三种：

①后续只接动词性结构，相当于普通话的"没能"，如前文所举的冀中方言、开封方言以及南宁白话。①

---

① 开封方言中可以说"这道题冇得分"，其中"得"为实义动词，和这里讨论的"没得"不具有同一性。

②后续只接名词性结构，相当于普通话中的"没有"（无），如南京、成都、武汉、长沙、荆门等地方言：

【南京】我身上没得零钱｜他从小没得爹妈｜不干活没得饭吃（李荣 2002：1914）

【成都】没得钱｜没得路走（同上）

【贵阳】没得钱了｜屋里没得人（同上）

【武汉】你有书□pə? 冒得书（朱建颂 1992：25）

【长沙】眼睛冒得一点神，脚杆子冒得一点劲（张大旗 1985）

【巧家】这事没得你的相干｜他没得书（李永延 1989：139）

【荆门】他没得摩托车得｜外头没得人得（赵和平 1999）

属于这种用法的还有扬州方言、双峰方言（《汉语方言词汇》1995：475）。扬州、贵阳方言中还存在使用"不得"表示"无"的用法：

【扬州】这场雨不得_{没有}三天不得停（李荣 2002：3875）

【贵阳】天一黑，街上就不得_{没有}车了（黄伯荣 1996：569）

③后续既可接动词性结构，也可接名词性结构，主要存在于西南方言中。据肖亚丽（2010），贵州锦屏话中"没得"既可以否定事物的存在或对事物的领有（肯定形式是"有"），又可以否定动作曾经发生（肯定形式是"得"），如：

【锦屏】他没得钱读书_{他没有钱读书}｜屋头没得人_{家里没有人}｜兹个话我没得讲过_{这个话我没说过}｜我没得听倒他喊我_{我没听见他叫我}（肖亚丽 2010）

在柳州方言中，也存在两种意义的"没得"，如：

【柳州】我哪点条件没够，为什么没得报名（等于普通话"没+动+成"）｜莫找我，我没得空（等于普通话"没有""无"）（刘村汉 1995：191）

以上三种类型"没得"的性质是不同的。武汉等地的"没/冇/冒得"是一个词，相当于文言的"无"；开封等地的"没/冇得"是两个词，即否定词和助动词；而西南（锦屏、柳州）方言中，"没得"则包含这两种情况。

（2）从方言中三种不同性质的"没得"可以看出其从短语到词的演化过程。在"没得"从两个词的临时组合到一个词的演化过程中，内部结构层次和关系发生了一些变化，后接词语也从动词性结构转变为名词性结构。具体来说，"没+得+VP"中的VP一般是带有结果义的动词或动结式，整个结构的意义是"没有能够实现某种动作的结果"，结构层次应该如图5-1中的a；当后接兼类词时，则会有歧义的产生，相应有两种结构层次，如图5-1中的b1和b2；当后接名词时，结构层次如图5-1中的c。

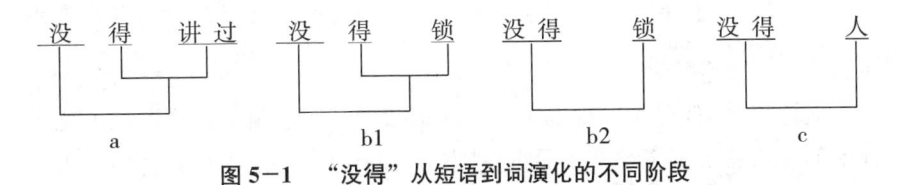

图5-1 "没得"从短语到词演化的不同阶段

桂北永福方言清楚地显现出这种变化的两端。据肖万萍（2010），桂北永福方言中用在谓词性成分前的"没得"跟名词性成分前边的"没得"性质是不同的。谓词性成分前的"没得"是否定得到某种动作结果，可以解释为"没有得到"①，是两个词；名词性成分前边的"没得"是对"有"进行否定，"没得"是一个动词。如：

【永福】我没得时间管你我没有时间管你｜没得人告诉我没有人告诉我｜他来晏了，没得买到票他来晚了，没能得以买到票（肖万萍2010）

"没得"后接兼类词时，整个结构会产生歧义，这就是语法化过程中重新理解的环节。柳州话中存在这种歧义的情况，当地的歇后语"狗吃粽子——没得解"，字面意思是"没有能够解开"，其引申义是"对某个问题一时说不清楚，或弄不明白。有时含有迷惑不解或分辨不清的意思"②，引申义中不仅"解"的含义发生了改变，从一种具体的动作行为变成了抽象的"答案"，而且"没得"也从两个词趋于成为一个词，相当于普通话中的"没有"。

据肖亚丽（2010），锦屏方言中，"没得"是一个否定词，既可以否定领有，又可以否定"曾经"。"门没得琐"的意思既可能是"没有锁具"，也可能是"没有锁门"。肖文并不认为锦屏方言中"没得"后接动词时是两个词（没+得），也不再具有情态意义，这说明当地人语感中"没得"已经完成了词汇化的过程。

---

① 更为准确的解释应该是"没有能够"。
② 歇后语及相关说明参考了戴义开《骆越风情》（光明日报出版社，2006：145）和欧阳若修《中国歇后语大辞典》（广西人民出版社，1990：212）

(3)"没得"的其他用法。柳州话中,"没得"还存在相当于普通话的"没有+V+的"的用法,如:

【柳州】槟榔只在书上见过,这些年根本没得卖│自己都没得吃,哪能待客?(刘村汉 1995:191)

广州话中,则有"冇得"用法与此类似:

【广州】冇得卖没有卖的│冇得睇没有看的│冇得坐没有坐的(饶秉才等 2010:158)

这种"没/冇得 V"接近于一个固定结构,应该是"没得"词汇化过程中形成的一个固定组合。另据戴昭铭(2001),浙江天台方言中,也存在有相当于西南官话的"没得+V"结构的"没/呒嘞+V",与北京话中的"没有 O 可 V"意思相当,如"呒嘞吃没什么可吃""没勒做没活可干",这说明"没得"词汇化过程的中间阶段在多种方言中都有保留。在浙江台州,有"呒得"的说法,被认为是否定性助动词,后接动词:

【台州】天亮落雨,外头也呒得开明天下雨,外面也去不了│个间店女装呒得卖咯这家店没有女装卖的(丁健 2011:140)

二、后标型可能式的否定

(一)否定词

普通话中,后标型可能式只能用"不"来否定,"V 得"的否定式是在中间加入"不","V 得 C"的否定式则是将其中的"得"换为"不"。

"没(有)"可以用于部分前标型可能式的否定,但不用于后标型可能式的否定。后标型可能式否定形式中的"不"无法换成"没有",这是因为"V 不 C"是一个语法化的固定结构;"没有"也不能用在后标型可能式的前边构成对整个可能式的否定,这是因为二者在意义上是不相容的。朱德熙(1982:70)指出,"没有"用在谓词性成分前边表示动作没有完成或是事情没有发生,是对"了"的否定。后标型可能式表示的是具有完成某动作事件的可能性,并非实际的动作行为,因而也就无所谓是否已经发生或完成,"带可能补语的述补结构之后不能加动词后缀'了'和'过'"(朱德熙 1982:132),就是这种意义特征在搭配关系上的反映,因此,普通话中后标型可能式不受"没有"的否定。

北方方言后标型可能式大多使用"不"构成否定,情况和普通话相同，如：

【郑州】放不平｜搬不来（卢甲文 1992：140）

【济南】拿不动｜来不了（高文达 1992：73）

【长治】搬不走｜放不平（侯精一 1985：113）

【曲阜】那书他拿不了｜那毛病他改不了（张志静、丁振芳 1992：116）

南方地区方言（包括部分南方官话）后标型可能式的否定除了使用"不"外，一些方言还使用"勿""弗""唔""冇""靡"等否定词，这些否定词在普通话中基本不用。如：

【上海】保勿定｜压勿牢｜轧勿上｜困勿着（黄伯荣 1996：425）

【苏州】花蘑菇有毒，碰勿得葛｜俚拿得，吾为啥拿勿得？（李荣 2002：3877）

【天台】吃弗饱｜弗吃饱做勿动 不吃饱干不动｜逃弗快（戴昭铭 2001）

【台州】你在讲嘎咍，我听弗着 你在说什么，我听不见（丁健 2011：128）

【金华】性命都保弗住｜爬弗起（李荣 2002：1101）

【崇明】吃勿得 不能吃（李荣 2002：3877）｜我打勿过夷 我打不过他（张惠英 1993：206）

【广州】食唔饱 吃不饱｜听唔出 听不出来｜信唔过佢 信不过他｜揾唔到佢 找不到他（彭小川 2010：134—135）

【汕头】食唔落 吃不下｜搬唔走 搬不走（施其生 1997：151）

【南宁白话】食冇饱 吃不饱｜鲁种野菜有毒，食冇得 不能吃｜香港啲地方去冇得，乜嘢都贵得鬼魂 香港那地方不能去，什么都贵得不得了（林亦、覃凤余 2008：322）

【独山】他走靡倒 他不能走，走不开｜水开靡起来 水开不起来（曾兰燕 2016：225）

这些否定词虽然形式上有很大差别，但在当地方言中，功能和普通话的"不"基本相当。有的方言中存在"V没C"的形式，如：

【柳州】拿没起｜吃没饱（李荣 2002：1908）｜做未完｜吃未

饱（蓝利国 1999）①

【黎平】吃没完｜看没见｜拿没动（熊赐新 2014：437）

这些方言中的"没"不等于普通话的"没"，而是相当于普通话的"不"。朱彤、郭玉贤（1999）详细分析了柳州话中的"没"的用法，熊赐新（2014：444）也指出，黎平方言中，老派一般不用"不"来表示否定，"不"的语法功能基本上由"没"或者"没得"承担。

综上，汉语方言后标型可能式的否定词具有相同的特征，即都是相当于普通话中"不"的否定词②，在各地方言中的具体形式可能有所不同，但这些差别只是词汇上的，不是语法上的。

（二）否定方式

朱德熙（1982：125）将述补结构分为黏合式和组合式两种，表示可能性的述补结构"V 得 C"属于组合式，否定形式"V 不 C"虽然不带"得"，但也是组合式而不是黏合式。黏合式述补结构可以将否定词置于整个结构之前构成否定，如"吃完"的否定是"不吃完"或"没吃完"，组合式述补结构无法这样否定。

同样属于组合式述补结构，普通话中表示可能和表示状态都使用"V 得 C"，但二者的否定方式不同。表示状态的"V 得 C"的否定形式是"V 得不 C"；表示可能的"V 得 C"的否定形式是"V 不 C"，否定式中不再出现可能标记"得"。这种否定形式显得比较特殊，从形成过程来看并不是在肯定形式的基础上形成的，而是另外一个独立的语法化过程的结果③。普通话中可能式"V 得"的否定形式"V 不得"从共时结构上看，是在肯定形式中间加"不"形成的，但是从历时角度说否定形式出现的时间早于肯定形式，说明二者各自有着独立的形成过程。

王力（1984：114-115）把中国方言分为两派：官话系和吴语为一派，把"不"字插进叙述词和末品补语之间，以表示不可能。粤语、闽语和客家话为一派，把"得"插进叙述词和末品补语之间，构成可能式，然后在可能式的前面加一个"不"字，构成其否定形式。前者和普通话

---

① 根据两处引文原作者的解释，柳州话中的"没""冇"大抵与普通话的"不"相当，两处所标注的读音相同，都是 [mei]¹³，引文中依原文的用字。下引柳州话情况与此相同。

② 长沙方言中存在用否定词"冇"（没有）否定"V 得 C"可能式的情况，其否定意义特殊，下文详细讨论。

③ 详见第六章中相关内容。

的否定方式相同，而后者则是方言特有的否定方式。随着方言调查的深入，更多的方言特有形式被发现，以下详述。

1. 否定词居中，否定形式中有可能标记

南方一些方言中后标型可能式的否定形式中有可能标记，如：

【滇南】（这颗钉子）拔不得动｜（门）关不得上（严）｜修不得好｜（这间房子来十个人）住不得下｜叫我唱歌）唱不得来｜（羽毛球掉房顶上）够不得着（杨信川 1994）

【广州】食唔得饱吃不饱｜听唔得出听不出来｜信唔得过佢信不过他｜搵唔得到佢找不到他（彭小川 2010：134、135）

【南宁白话】食冇得饱吃不饱（林亦、覃凤余 2008：322）

【汕头】食唔得落吃不下｜搬唔得走搬不走（施其生 1997：151）

在闽方言中，否定词和标记词会发生合音，表现为一个音节，书面上写作一个汉字，其实质仍是否定式中包含可能标记，如：

【福州】讲䆀完讲不完｜扛䆀定动抬不动｜讨䆀着找不到｜买䆀起买不起｜掏䆀出拿不出（陈泽平 1998b）

【厦门】拍伊䆀着打不着他｜洗伊䆀清气不能把他洗干净（谭邦君 1996：186）

据李道勇等（1986：56），在云南西双版纳地区的布朗语中，可能补语的否定形式和滇南地区的类似：

laʔ¹　un²　pun²　ɣik¹
说　　不　　得　　完　说不完

2. 否定词居首

（1）**否定词**+VC 湖南一些方言中用"不"或者"唔"加在"VC"前构成可能式的否定形式，如：

【衡阳】外边墨黑咯，不望见外边漆黑的，看不见｜你看得见不？不看见看不见（黄伯荣 1996：777）

【汝城】墨墨黑，唔相见黑漆漆的，看不见｜夜度，唔视见度天黑了，看不见了（黄伯荣 1996：778）

【桂阳】看也唔看见看也看不见｜唔听见听不见（邓永红 2006）

【长沙】大声一点吵，不听见咧听不见（伍云姬 2006：37）

这些地区方言调查并未报告 VC 表达可能语义，当地"不 VC"结构作为可能式的否定形式非常特殊，但目前所见例子中 VC 语义有限制，"看见"中的结果不是人为控制的，只要发出"看"的动作，能不能够达到"见"并不受人的主观因素控制，所以"不看见"不可能是主观意愿上的（可以对比"不吃完"），因此"不看见"只能理解为表达可能语义。湖南一些方言否定词居首的否定方式是受到临近的粤语同类结构影响而形成的。

(2) **否定词+V 得**（C）　吴福祥（2005）研究表明，将否定词置于后标型可能式前表示否定的用法是粤语的特征，其他地区使用这种否定形式明显是受到了粤语的影响，目前见到的这种否定分布在粤语以及与其相邻的方言中，如：

【柳州】未吃得_{吃不得}｜未睡得_{睡不得}｜未做得完_{做不完}（蓝利国 1999）

【广州】唔食得饱_{吃不饱}｜唔听得出_{听不出来}｜唔信得过佢_{信不过他}｜唔揾得到佢_{我不到他}（彭小川 2010：134−135）

【阳江】果支笔无写得_{这支笔不能写}｜脚好疼，无走得_{脚很疼，不能跑}（黄伯荣 2018：468）

【南宁平话】亚啲嘢冇喫得_{这些东西吃不得}｜亚件衫冇穿得_{这件衣服穿不得}｜亚种话冇讲得_{这种话讲不得}（李荣 2002：216）

【南宁白话】冇食得饱_{吃不饱}｜我肠胃冇好，饮得热水，冇饮得冻水_{喝不了冷水}｜冇拧得阿桶水_{提不动这桶水}（林亦、覃凤余 2008：322）

以上例句中的否定词均和普通话中的"不"相当。粤语、闽语都采用否定词居首的方法对后标型可能式加以否定，粤语中仅仅是前加否定词，闽语中前加的"𣍐"是否定词和可能标记的合音词。福建建瓯方言中可能补语式的否定形式是"𣍐+V+得+（C）"，前加成分是否定词和助动词的复合，后边的"得"的作用是在动词、形容词后面连接补语（李如龙、潘渭水 1998：71）：

【建瓯】我𣍐做得来_{我做不来}｜牛𣍐走得过马_{牛跑不过马}｜我𣍐觑得佢_{我看不到他}（李如龙、潘渭水 1998：17）｜我𣍐话得来福州事_{我说不了福州话}（李荣 2002：5936）

在长沙方言中，否定词"冇"（相当于普通话副词"没有"）可以否定后标型可能式，形成"冇 V 得 C"结构，详见下文"否定的意义"

部分。

在曹志耘《汉语方言地图集·语法卷》(2008)中，列出了可能补语式前加否定词构成的三种否定形式的分布情况，分别是："不V得"或"无解V得"、"不V得C"或"无解V得C"以及"不V得CO"或"无解V得CO（OC）"。具体的情况如表5-4、5-5、5-6所示（凡注明"两说"的地方指还存在普通话的说法）：

表5-4 "不V得"或"无解V得"的分布地区

省份	方言点
广东（52/108）	阳山　英德　佛冈　从化　龙门₁　龙门₂　增城　东莞　宝安 怀集　广宁　四会　三水　南海　顺德　中山　斗门　新会 鹤山　高明　德庆　封开　云安　郁南　罗定　信宜　阳春 阳东　阳西　高州　化州　茂名　电白闽　电白粤　吴川　廉江 遂溪闽　遂溪粤　湛江闽　湛江粤　雷州　徐闻　海丰　恩平 开平　新义　番禺　广州　花都　连山　台山　清新
福建（24/69）	太田　漳平　德化　安溪　南安　泉州　惠安　晋江　厦门 漳浦　闽清　罗源　宁德畲　霞浦　福安　柘荣　福鼎　政和 建瓯　建阳　松溪　寿宁　武夷山　浦城闽
海南（14/14）	海口　琼海　文昌　三亚　定安　澄迈　屯昌　琼中　万宁 儋州　昌江　东方　乐东　三亚
湖南（6/92）	会同　靖州　绥宁　洪江　中方（两说）　麻阳（两说）
广西（25/66）	三江　融水　罗城（两说）　梧州　柳州　象州（两说）　钟山 贺州　平南　藤县　桂平　贵港（两说）　玉林（两说）　横县 兴业（两说）　合浦　北海　钦州　崇左　扶绥　宁明　防城港 北流　南宁平话　南宁粤（两说）
浙江（1/84）	泰顺闽
港澳（3/3）	香港　新界　澳门
台湾（1/15）	南投

注：表中省份后括号内的数字表示"该省符合条件的方言点/该省全部调查方言点"。后同。

表5-5 "不V得C"或"无解V得C"的分布地区

省份	方言点
广东（3/108）	德庆　茂名（两说）　遂溪闽
福建（6/69）	政和　建瓯　建阳　松溪　武夷山　浦城闽
湖南（4/92）	靖州　绥宁　洪江（两说）　会同
广西（2/66）	贵港（两说）　北海

209

表5-6　"不 V 得 CO"或"无解 V 得 CO（OC）"的分布地区

省份	方言点
广东（9/108）	怀集　鹤山　德庆　阳春　阳西　吴川　廉江　化州　高州
福建（16/69）	武夷山　浦城闽(两说)　宁德畲(两说)　宁德闽　建瓯　建阳　霞浦　福安　松溪　政和　屏南　周宁　平潭　尤溪(两说)　永泰(两说)　闽清
湖南（5/92）	会同　靖州　绥宁　洪江　益阳(两说)
广西（1/66）	宁明
江苏（1/40）	邳州

从以上列表可知，这类否定形式主要分布在广东、福建两省以及相邻的一些闽、粤语地区，但江苏邳州的"不 V 得 CO"显然是个例外。这三种否定形式在闽语、粤语中的分布并不均衡，并非所有闽、粤语都同时具有这三种否定形式，分布最广的是"不/无解 V 得"类，另两种分布的地点相对较少。

就粤语来说，"V 得"结构最为保守，"得"不能和所附动词分开，实际已经成为词尾（杨敬宇2005）。"V 得 C"结构最为开放，因为"不 V 得 C"有歧义（详见下文），所以才采用"V 不 C"以达到减少歧义的目的。闽语一直以来受共同语影响较小，其采用"否定词+助动词"的合音构成否定形式，二者很难拆开重新组织语序，因此结构比较稳固。另一个现象也说明闽语语法的稳定性：同时使用上述三种否定形式的方言点只有11个（广东德庆，福建政和、建瓯、建阳、松溪、武夷山、浦城闽，湖南靖州、绥宁、洪江(两说)、会同），其中以福建为最多。

一个地方三种可能式完全采用否定词居首语序的情形是很少的，造成这种状况的原因应该是共同语的影响。闽、粤语的很多方言点除了这种特殊语序，还存在普通话的语序，在这些地区，普通话的说法正在逐渐取代否定词居首的否定方式。

在表5-5、5-6中有不少方言点是重合的，说明这些地方存在否定词居首的可能式，同时这些可能式也能带宾语。两表中不重合的地方分两种情况：一是存在否定词居首的可能式，但此时可能式不能带宾语，如广东遂溪闽、广西北海；二是不用否定词居首的可能式，却要用这种否定形式的可能式带宾语，如广西宁明、湖南益阳，即可能式带宾语后需要否定时更倾向于使用否定词居首的语序。① 这两种情况截然相反，说明后标型可能式带不带宾语会影响否定的方式。

3. 北方官话中的"V 不十数量短语"

普通话中，当可能补语后接表示数量的短语时，需要有补语 C 或者是傀儡补语"了"出现，如：

> 我吃不完三碗｜他在这住不了三天

湖南方言中相应的表达方式是使用傀儡补语"得"：

> 【永顺】他来这儿坐不得一两天就要转他个儿屋去的_{他来这里住不了一两天就会回他自己的家}（彭慧 2019）

> 【汨罗】手疼不得两三日就会好_{手疼不了两三天就会好}（杨佳 2017）

当有后续顺承关系的成分时（通常用"就"连接），普通话中傀儡补语可以省略：

> 每当看到一批批西装革履的蕲春籍教授、博士、科学家从海外回来探亲，住不几天就要离开，作为分管统战工作的黄治富，总是红着脸无法挽留。（北京大学 CCL 语料库）

> 沙面的鬼子住不长了，过不几天就要滚蛋了！咱们有出头的日子了！（同上）

这种表示方法在河南开封方言中较为常见：

> 【开封】他饭量小，吃不三碗就饱了｜他还有事，在这住不三天就得走｜他贪玩，这本书看不一会儿就跑去玩了（自拟）

在有前行内容的铺垫、没有后续成分时，也可以这样说：

> 【开封】他饭量小，吃不三碗｜他还有事，在这住不三天｜他贪玩，这本书看不一会儿（自拟）

在 20 世纪早期北部北京话中也有这种用法：

> 他住不三天（Mullie 1937：71）

在 Mullie 的记录中，有的"不了"省略"了"后在前一音节"不"的基础上加上一个边音（原文音标为 [pul]），显然这是完全省略"了"

---

① 第七章第一节中谈到吉林省吉林、桦甸两地没有"VC 了"，却有"VCO 了"，与此属于同一类现象。

前的一个中间环节。值得注意的是，当时的这种省略用法还见于后接宾语的情况，如：

他那个地走不^了手｜他扎不^了茨

以上两例中的"了"都可以自由省去，这种带宾语的方式在今天的开封方言中是没有的，也没有见到其他北方方言中有用例。

（三）否定意义

普通话中，后标型可能式的语义可分为两种类型，刘月华（1985）认为"V 得 C"（含"V 得了"）表示甲类可能意义，"V 得"表示乙类可能意义。甲乙两类意义大抵相当于我们所说的可实现性和可施行性，其各自的否定形式也相应地表示这两类意义，前者是没有能力、条件去实施某种行为动作或达到该动作的特定结果，后者是不适宜去实施某种动作行为，做了之后会产生不良的影响。

动结式或动趋式（VC）的可能补语结构通常表达可实现性，其可施行性意义通常要用前标型可能式来表达，说成"（不）能 VC"结构。比如食物没有人吃了，无需留下，只能说"可以吃完"；如果还有人要吃，要留下一些，要表述为"不能吃完"。普通话中后标型可能式"V 得 C"及其否定式"V 不 C"无法表达这种意义。

大部分方言中后标型可能式的否定意义与普通话相同，"V 得"和其否定式表示可施行性可能语义，"V 得 C"（或与其相当的结构"VC 了"）和其否定式表示可实现性可能语义，用例见前文相关章节。但是在个别方言中，后标型可能式的肯定及否定形式表达的语义和普通话不同，具体有以下几种情况：

1. "V 得"及其否定式表达可实现性意义

在某些方言中，"V 得（O）"表示可实现性意义，其否定式"V 不得"也表示同类意义，不具有普通话中后标型可能式"V 得"的语义①。比如北方地区河南周口、开封方言中有少量"V 得（嘞）"式：

【开封】那个绳禁嘞禁不嘞_{禁得了禁不了（能否承受一定的重量）}？（自拟）

【周口】这一桶水提嘞提不嘞_{这一桶水能不能提动}？（杜明鸳 2012：35）

---

① 普通话中具有可实现性语义的仅限于一些已经凝固成词的"V 得"，如"顾得""舍得"，一般已不认为是后标型可能式。

又如广州方言中的"V得O"表示具备某种能力,其否定式"唔V得"也表示这种意义:

【广州】你一餐食得几多碗饭呢?｜你出得几多人工呢你能出多少工钱｜我好想买件衫,但系冇钱唔买得（李荣2002：3879）

2. "V得C"及其否定式表达可施行性意义

（1）广州、香港粤语"V得C"可能式的三种否定形式及意义。三种否定形式分别是"V唔C""V唔得C"和"唔V得C",但"V唔C"和"唔V得C"的否定意义并不完全等同。张洪年（2007：126）指出：香港粤语中,"'唔打得烂'和'打唔烂'略有不同,'打唔烂'就是无论你怎样摔掼,东西也摔不破,而'唔打得烂'既可能有这个意思,也还可以是说"这样东西不可以摔破"。

（2）"唔V得C"表许可义的制约条件。彭小川（2010）指出,"唔V得C"具有不可的意思和其中补语C的语义指向和可控性相关,只有符合某些条件才会具有不可、不能两种语义,否则只能表示不能,即没有能力、条件达到某种结果。

"唔V得C"表示不可义离不开特定VC语义的支撑,不可义同时也是这种可能式本身所具有的一种语义功能。可以借用普通话中的相关结构从正反两个方面来说明这一点。普通话中若要用"不能"表示不许可的意思,则VC结构只有语义符合相关要求时,才能进入该格式构成前标型可能式的否定:

还有人没吃饭,你不能吃完｜我们自己还要用,不能卖完

有些VC的语义如"买起""听懂"不具有可控性,不容许理解为不可,所以无法进入该格式,如:

﹡这东西很贵,你不能买起｜﹡这节课你不能听懂

"吃完""卖完"语义具有双重性,既有可控的一面（表达许可义）,又有不可控的一面（表达能力义）。在某些可能式如"V不C"中,只能有一种理解,这体现了可能式的作用；当其进入"能……"中,就可以有两种理解,这两种理解依赖于"能"的多义,也是可能式的作用。

以上情况说明可能式和具体词汇对整个结构语义的表达都有影响,相较而言,可能式的作用更大些,具体词汇无法改变可能式,而可能式可以选择、限制词汇的进入。这有些类似于逻辑学命题中常项和变项的

关系，逻辑式的意义和性质并不取决于变项，而是由常项决定的。普通话中表达不可义的"不能 VC"可能式也不是任何 VC 都能进入，但这并不影响它是普通中唯一的表达不可义的可能式①。同样道理，广州、香港粤语中可能式"唔 V 得 C"表不可义是该格式的一种固有含义，这种格式对能够进入的 VC 有语义上的要求。

（3）"唔 V 得 C"的许可义和"得"有关。杨敬宇（2006：125－126）讨论了清末以来广州方言否定句式的变化，回答了粤语"唔 V 得 C"式不可义的两个问题：一是不可义和"得"有关；二是该格式的不可义是清末才产生的。

"唔 V 得 C"具有不可义应该与其肯定式相关。张洪年（2007：127）指出，与否定形式语义相似，肯定形式"出得去""打得烂"也有两层意思，这一点和英文的 can 有点相像，既有 to be able to 的意思，又有 may 的意思②。

吴福祥（2005）详细研究广州话的"Neg－V 得 OC"和"Neg－V 得 CO"结构的来源，并将结论推及"Neg－V 得""Neg－V 得 O""Neg－V 得 C"，认为它们都是组构性的短语而非成语化的构式。按照这种观点，"唔 V 得 C"的整体意义可视为由否定词"唔"和"V 得 C"两个构成单位的意义组构而成，也就是说，"唔 V 得 C"格式整体的意义可直接由其构成单位的意义推导出来。在"唔 V 得 C"的不可义中包含两个义素：一是否定意义，一是情态意义（许可）；否定意义来自否定词"唔"，那么情态意义就应该来自"V 得 C"③。照此推导，粤语中"V 得 C"可能式有可以、允许的含义，这和张洪年的描述是一致的。

3. "V 通 C"及其否定形式表达可施行性意义

据陈法今（1992），在泉州方言中，"通"可以用作可能补语标记，表示动作可以进行，或可以朝着某个方向发展，其否定用"唔通"，如：

【泉州】即碗茶水㑚通落去这碗茶水可以喝下去｜青菜炒唔通熟青菜不能炒得太熟｜物食唔通了东西不能都吃完了（陈法今 1992）

这种否定形式和粤语中的情况不同，并非由否定词和可能补语式临

---

① 当然，其中的"能"可以换成"可"，"唯一"的意思是说只有前标型，没有后标型。
② 原文附注说，和英语的比较来自王力《中国语法理论》。
③ 根据《汉语方言词汇》（1995：608），广州话表达别、不要的意思要用"咪"（系同音字，本字不明）、"唔好"，其情态意义来自"好"，否定词"唔"本身只有否定意义，而没有情态意义。

时组构而形成，而是将否定词置于肯定式中间形成固定结构，类似于一些方言中的"V不得C"；这种结构在语义上是单一的，即只有许可义。

此外，青海甘沟话中有如下用例：

【甘沟】这个椅子你坐下哩_{你能坐这个椅子}（赵绿原2015：47）

从作者的解释来看，这里的"V下哩"表示许可义。

4. "冇V得（C）"和"没VP下"兼表否定可能和实现

在长沙方言中，否定词"冇"（相当于普通话副词"没有"）可以否定后标型可能式，如：

【长沙】你冇做得作业完_{没能做完作业}｜咯件事，我冇告诉他得_{没能告诉他}｜那件衣服你冇买得_{没能买下来}（鲍厚星等1999：337）

作者解释说，在带"冇"的否定句里，往往隐含着"不满"的语气，前引例句中第一句有责备警告的意思，后两句有后悔之意。据笔者理解，这里虽然形式上是"冇"对可能式"V得（C）"的否定，但实际上"V得（C）"不仅有可能义，同时还有实现义；否定式"冇V得（C）"既含有否定可能的意义，同时又有否定实现的意义，该结构整体上与前文讨论过的"没能"语义功能类似。

陈郁（2012）根据湘潭方言中"冇V得C"可能式句法、语义各方面的表现，证明该结构是否定词"冇"与能性述补结构"V得C"的句法组合，认为该式通过否定主体能力或客观条件达到否定结果实现的语义效果。

青海甘沟话中也有类似现象：

【甘沟】嗳傢一转儿看着，看着，没进下［xa］_{她转悠着看着，看着，没能进去}｜按时节没起来下呗_{没能按时间起来}｜吉山们的车坏下着没到来下_{没能来成}｜饭个没吃给下着_{没能让（她）吃饭}｜一个看是害怕呗，价可三四天班没上下［xa］_{看一下的话害怕，又三四天没能上班}（赵绿原2015：47）

从作者给出的普通话释义可知，这里"没VP下"的语义相当于"没能VP"，而"VP下"在当地方言中是表可能的述补结构。

第二节　可能式的疑问

一、是非问

（一）可能式是非问的构成

朱德熙（1982：202）把疑问句看成是由陈述句转换而形成的。普通话中，可以通过改变陈述句的语调将其变成是非问句，前标型和后标型两种可能式都能使用这种方法构成是非问。单纯的语调是非问不足以区分更为细致的疑问语义，也不便于在书面上表示，后接不同的语气词可以弥补这些不足。普通话中用于是非问之后的语气词有"吧""吗""啊"，"啊"由于音变也可能写作"呀""哇""哪"等。如：

能来。——能来吗？
能看清。——能看清吧？
来不了。——来不了啊？
看得清。——看得清吗？

这组例句中第一、三句是问动作的可能性，第三、四句是问动作结果实现的可能性。既可以在肯定可能式的基础上转化成是非问，也可以在否定可能式的基础上转化成是非问，区别只是发问的角度不同。

各地方言中的是非问句总体上看也分为语调和语气词两种发问方式，前标型和后标型两种可能式都可以采用这两种方式构成疑问。

1. 使用疑问语调

【西安】他的病得好？｜你都拿得动你们拿动拿不动？（黄伯荣1996：763）｜你把饭吃得完？｜剩饭吃得得能不能吃？｜致这本书看得得？｜致这条河咱得过去能不能过去？｜致这次考试得过关能不能过关？（兰宾汉2011：336、337、343）

【广州】呢种人会发善心这种人会发善心？（邵敬敏等2010：201）

【宝鸡】你看得来你能不能看出来？（黄伯荣1996：690）

【潍坊】拿动了［liou⁴⁴］拿得动吗？（同上）

【合阳】你看这事得成？｜这工程明年得完？（邢向东、蔡文婷

2010：324)

2. 使用语气词

主要有"啊""吗""么""呗""哦""哞""啵""哇""呀""靡"等语气词，有的是方言中特有的语气词。

【万荣】这饭你能吃了么？能吃了（李荣2002：143）你会稷山话么？｜你会游泳么？（同上，4900)

【忻州】能拿动哇？（温端政1985：130）

【吉县】医生能请来吗？｜本钱能收回吗？（乔全生2000：161）

【合肥】你能拎动吗？｜你能看懂吗？｜你能咬动吗？（《安徽省志·方言志》1997：184）

【成都】你这阵子不得走哇<small>不会走吧</small>？｜水库子工程今年不得完吗？（周家筠1983）

【上海】我好进来哦？（李荣2002：1584）

【宁波】舅母屋里我好去哦？（同上，1584）

【南昌】晾得屋里得干啵？｜明日会落雨啵？（同上，3879、4901)

【黎川】渠会来么？（李荣2002：4901）

【保定】你拿动了呗［pei］（袁家骅等2001：53）

【昌黎】你们来了嗗哇？｜这块石头很沉，拿动嗗哇？｜这房子你上去嗗哇？（《昌黎方言志》1960：29）

【定兴】耶箱子你拿动嗗哇？｜那箱子你拿动嗗哇？｜那东西吃得呀？（陈淑静、许建中1997：258）

【南阳】你打成球了吗？我打不成（阎德亮1990）

【临夏】一麻袋洋芋你背着起来下啦<small>你能背起来吗</small>？（王毅等2004：284）

【获鹿】这箱子他拿动咾哞？｜这个活他干咾哞？（陈淑静1990：200）

【平谷】北京你去了喽哇？｜我去行喽哇？（陈淑静1988）

【绩溪】尔种话讲得啊？（李荣2002：3877）

【上海】饭吃得脱哦？（同上，3877）

【亳州】桌子上的草莓还管吃吗？（王钱超2016：168）

【合阳】你看咱这个做<small>这样做</small>能行呀？｜你看今后晌把这些地锄得完呀？｜你做下这些饭吃得完呀？｜撑到十点你的作业做得完呀？

217

（邢向东、蔡文婷2010：323）

【独山】奶还看得见靡奶奶还看得见吗？（曾兰燕2016：218）

(二) 是非问的地位和作用

普通话中不同的语气词功能是有区别的，用"吗"字是不知而问，用"吧"是为了让对方证实，用"啊"只是给原来的疑问句带上某种语气，其本身并不表示疑问（朱德熙1982：211-212）。陆俭明（1984）的结论是：现代汉语中的疑问语气词只有两个半，"吗""呢"是完整的两个，"吧"只能算是半个。其中"呢"不出现在是非问句之后，"吧"的功能在于求证，并非真正的询问。那么最为典型的疑问语气词"吗"用于是非问句的频率怎么样呢？彭小川（2006）认为普通话中的"吗"字是非问有一般询问和表达诧异、怀疑两种功能。根据这些论述，普通话中使用语气词的是非问表示一般询问的比例很小，更多的是表达求证、征询、诧异等语气。

有的方言根本没有是非问句，如白龙江流域的汉语方言（莫超2004：181）；有的方言没有语调是非问，只能用语气词构成是非问句，如连城客家话（项梦冰1997：374）、湘方言新化话（邵敬敏等2010：45）、赣方言宜丰话（邵敬敏等2010：59）等。在使用语气词构成是非问的方言中，很多地方没有"吗"这个语气词：辛永芬（2007）提到山西、陕西、河南的大部分地区都没有"吗"类是非问；甘肃、湖北的一些地区也是这样，兰州不说"他来吗？"而说成"他来哩（么）不来"或"他来不来"（黄伯荣1995：694），安陆的是非问有语调问和使用语气词"啊""吵"构成是非问三种情况，当地方言没有语气词"吗"（盛银花2010：179）；据黄国营（1986）的研究，现代汉语北方话中，"吗"字句主要甚至只能用于反问。

湘方言新化话中有疑问词"吗"，但和普通话的"吗"有本质不同，在新化话中，"吗"主要用于带有惊讶色彩的求证问以及反问型是非问（邵敬敏等2010：45、47）。北方话开封方言属于无"吗"问句的范围，开封方言中存在用语气词"吧"构成的是非问，但并不是表示一般性疑问，而是同普通话一样属于求证性问话，如"你吃完喽吧？"意思是"你（应该）能吃完吧"；开封方言中的语调是非问更多是表示反问语气，也不表示一般性询问。根据汪国胜（2011），大冶方言的是非问句一般用来表示猜测和求证。如"带果多你吃得完啊/个吗这么多你吃得完吗？"大冶方言中,"吧"问句和"吗"问句是正反问,人们总是习惯于用这两种问句来表示询问,很少用到是非问句。广州话的是非问句中,用于一般询问的"嘛"类是非问的询问语气比较弱,而其他的是非问则不表示一般性询问(彭小川 2006,邵敬敏等 2010:108)。

从以上罗列的语言事实基本可以得出如下结论:无论普通话还是方言当中,是非问都不是表示一般性询问的主要方式。在方言当中,或者根本不存在是非问(白龙江),或者存在是非问,但使用频率很低,而更多使用正反问(安陆),是非问的功能主要在于求证而不在于一般询问(大冶、新化、开封)。前文提到,由于疑问点的性质决定可能范畴的询问方式只有是非问和正反问两种,而是非问又不是表示一般性询问的主要方式,那么无论是普通话还是方言,都更多地采用正反问的形式来问可能,在一些没有是非问句的方言当中,正反问是可能式唯一的提问方式。

二、正反问

(一)可能式正反问的构成

普通话中前标型可能式的完整型正反问由肯定和否定的叠用构成,如:

到底能走不能走?(刘绍棠《运河的桨声》)

不过完整型的正反问在实际使用中很少出现,通常是使用简省型正反问,如:

会哼一声不会?不会,我教给你!(老舍《骆驼祥子》)
你会武功不会?(金庸《天龙八部》)

以上例句省去了否定部分可能式中的动词,也有省去肯定部分可能式中动词(短语)的,如:

能不能剖析一下你的文章?(《李敖对话录》)

句尾有时也用语气词,如:

她大大喘口气:"可不可以吃呢?"(琼瑶《水云间》)

上例中不仅省去了肯定部分的动词,同时也将"可以不可以"简省为"可不可以"。

普通话后标型可能式有"V 得"和"V 得 C"两种形式，其对应的正反问完整形式分别是"V 得 V 不得"和"V 得 CV 不 C"，也是通过肯定和否定叠用而形成的。如：

> 文题我已经拟下了。你看怎样，用得用不得？（鲁迅《肥皂》）
> 杨军大声问道："走得动走不动？"（吴强《红日》）

在实际使用中，两种正反问常常分别省略为"V 不 V 得"[①] 和"V 不 V 得 C"：

> 田七眼角瞟着李寻欢，笑道："这碗饽饽你说吃不吃得？"（古龙《小李飞刀》）
> 倒不妨慢慢说给五哥听一听，看看行不行得通？（高阳《红顶商人胡雪岩》）

一般认为，简省型正反问是由完整型省略某些成分而来，吕叔湘（1985）提到这种简省的过程，总的原则是：如果谓语很短，只有一个格式（你去不去）；稍微长点就要省去后一部分，只反复前一部分；反复的部分又有相连和不相连两种格式。以下是吕先生（1985）的例子（为便于称说，统一排序）：

(a) 你喝得了这一杯喝不了这一杯？
(b) 你喝得了这一杯喝不了　　　？
(c) 你喝得了　　喝不了这一杯？
(d) 你喝不　　　喝得了这一杯？
(e) 你能去不能去？｜你能跑一趟不能跑一趟？
(f) 你能去不能　？｜你能跑一趟不能　　？
(g) 你能　不能去？｜你能　　不能跑一趟？

句（a）（e）都是完整式，（b）（f）中反复的部分不相连，（c）（g）中反复的部分相连。所谓省去后一部分，是指省去动词短语中后边的内容，这里将"能"作为动词处理。这些例子既包括前标型可能式，也包括后标型可能式，绝大多数都是先正后反，只有句（d）是先反后正，显得非常特殊。太田辰夫（2003：372）提到这种说法在北京话中原来是没有的，而且几乎不见于文献。朱德熙（1991）说："西南官话、粤语、吴

[①] "V 不 V 得"及其完整形式"V 得 V 不得"用例极少，北京大学 CCL 语料库中仅各找到一例。

语、闽语、客家话以及一部分北方官话（山东话、东北话）使用 V 不 VO 句式。"所举方言中不包含北京话。一般来说，一种方言若使用"V 不 VO"，则同时会有"V 不 V 得 C"，北京话也是符合这个规则的。

如果按照先反后正的顺序将句（d）补充完整，就得到如下句子：

你喝不（了）喝得了这一杯？

但是，补充完整的这种说法在普通话中是不成立的，在方言中也没有看到这种先反后正的完整反复问形式。

方言中除了利用肯定、否定重叠构成的正反问形式，通常还把 KVP 问句、VP-neg 问句归入反复问。邵敬敏、王鹏翔（2003）将 VP-neg 称为正反是非问，认为它是从正反问向是非问发展的一个中间形式；汪国胜、李罂（2019）提出方言中存在一种是非型正反问句，具有是非问句的结构形式，表现出正反问句的性质。以下从结构方式上对上述三种正反问形式在可能式中的表现进行讨论。

1. "VP 不 VP"问句

（1）方言完整型"VP 不 VP"正反问和普通话结构相同，利用肯定、否定的重叠构成疑问。粤语后标型可能式的否定形式中否定词居首，所以构成的正反问格式稍有不同，不过仍然是肯定和否定的重叠。

①前标型：

【获嘉】他能画画儿不能画画儿？｜他会办这事儿不会办这事儿？（贺巍 1991：338）

【绥德】他的病得好不得好 好得了好不了？｜这门亲事得成不得成 成得了成不了？（刘育林 1988）

【平邑】能坐车不能坐车？（黄伯荣 1996：697）

【莆田】福州话，伊会讲𣍐讲 福州话他会讲不会讲？（同上，703）

【泰县】你能来不能来？（张建民 1991：190）

【晋源】这话能说啊不能说嘞？（王文卿 2007：242）

【合阳】今黑开会你得来不得来？｜这事能成不能成？（邢向东、蔡文婷 2010：327）

【濉溪】麦管割不管割？（郭辉 2015：256）

②后标型：

【哈尔滨】三天之内做得了做不了？（李荣 2002：141）

【南京】你在那块过得惯过不惯？（同上，3875）

【广州】你去得唔去得你能去吗？（同上，3879）

【黎川】汝多来得来不得你们能不能来？（颜森1993：88）

【晋源】你们来咾啊来不咾嘞？｜这个东西可重嘞，荷动咾荷不动？（王文卿2007：242）

【合阳】你做得下做不下？｜报上去批得下来批不下来？（邢向东、蔡文婷2010：327）

【兰州】你不就菜吃着下去吃不着下去？｜这一麻袋粮食你背着起来背不着起来？｜钱借着来借不着来？（王毅等2004：285）①

以上例子中，晋源话的问句在句中和句尾用到了语气词，这种现象在下面提到的洪洞话、定襄话中也有体现。

③混合型。在一些方言中，还存在利用前标和后标两种可能式的正反结合组成的混合型正反问：

【洪洞】你能荷起呀荷不起呢？｜你能吃完呀吃不完呢？（乔全生2000：161）

【定襄】你能看完也看不完？（范慧琴2007：117）

【莱州】能吃饱吃不饱？｜能听清听不清？｜能进去进不去？（钱曾怡等2005：318）

【合阳】电话能打通么打不通？｜撑开学前暑假作业能做么做不完？（邢向东、蔡文婷2010：328）

混合型正反问"正"的部分用"助动词+VC"，"反"的部分用"V不C"，这种组合方式普通话中没有，应该和这些方言中缺少肯定形式的可能补语式有关。根据柯理思（1995）文后所附结果补语可能式分布图，在山东莘县、菏泽、即墨，山西大同、怀仁、汾西、临汾等很多地方，与"V不C"相对立的主要形式是"能VC"，那么在这些方言中形成混合型正反问也就很正常了②。上举晋源、洪洞方言的问句句中和句尾都使用了语气词，定襄方言中仅句中用语气词。

(2) 简省型"VP不VP"正反问在前标型可能式中有前省、后省两种形式，在后标型可能式中有"V不V得（C）""VCV不C"两种

---

① 据王毅等（2004：285），在甘肃兰州、古浪、景泰、榆中、陇西、甘谷一带使用［V+着+趋］＋［V+不+着+趋］格式进行提问，其中"着"是"得"的变体，当地方言中可能式的否定中也带有标记词"着"。

② 当然这并不是说一定要使用这种混合型正反问，如即墨方言也用"能不能走动"来提问（赵日新等1991：135）。

形式。

①前标型前省式是指正反问的前一部分略去动词，只出现可能标记，如：

【太原】他会不会不来咧？（李荣 2002：4900）

【吉县】这些柿子能不能吃？｜这河面能不能走？（蔡权 1990：55）

【子洲】带 100 块钱得不得够？（郭利霞 2015：238）

【济南】能不能去？（黄伯荣 1996：696）

【成都】我们得不得坐飞机去哟_{会不会坐飞机去}？（周家筠 1983）

【耒阳】你能不能来？｜你能唔能来？（王箕裘、钟隆林 2008：370）

【杭州】你会不会下围棋？（黄伯荣 1996：701）

【泰县】你能不能来？（张建民 1991：190）

【湖北（荆楚地区）】你们单位领导得不得批你的假？｜我这鬼病得不得好的？（芜崧 2014：222）

【亳州】还管不管吃？（王钱超 2016：168）

有些多音节前标记也可以构成简省型正反问，即省去多音节中的一个音节。汪国胜（1998）提到大冶方言中反复问除了"能不能 V"，还有"能不能得 V"，后者是助动词"能得"的不完全反复构成的问句，从形式上看是将"能得"部分省略后叠用而成的。普通话中也有"能不能够""可不可以"的说法，如：

表兄弟可以换帖，表兄妹能不能够换帖？（欧阳山《三家巷》）

范大昌听说，又试探着问："可不可以当场讲几句？"（李英儒《野火春风斗古城》）

前标型后省式与前省式情形相反，如：

【寿阳】他能来不能？（朱德熙 1991）

【南阳】26 路车能坐到港达不能？（任溪 2013：33）

【合阳】你得来不得？（邢向东、蔡文婷 2010：327）①

【福州】汝会讲英语觞_{你会不会说英语}？｜伊今日会去觞？（陈泽平 1998b）

---

① 合阳方言还存在"你得不得来？"的问法。

【开封】还能吃不能？（自拟）

②后标型可能式的简省型正反问有两种形式，分别是"V 不 V 得（C）"和"VCV 不 C"。"V 不 V 得（C）"在普通话和很多南方方言中都有出现，如：

【江永】这碗菜吃不吃得吃得吗？（黄雪贞 1993：84）

【武汉】他说不说得快？｜这东西蛮重，拿不拿得动？（朱建颂 1992：38）

【长沙】搞不搞得完？｜写不写得好？（张大旗 1985）

【新化】一个夜更你看唔看得完以本书唉？（邵敬敏等 2010：57）

【杭州】你吃不吃得光？（黄伯荣 1996：701）

【广州】去唔去得呀能不能去呀？｜睇唔睇得完呢本书呀能不能看完这本书？（同上，704）

"VCV 不 C"主要见于北方方言中，如：

【昌黎】这房子你上去上不去？（《昌黎方言志》1960：29）

【绥德】你们荷动荷不动拿动拿不动？（黄伯荣 1996：763）

【榆林】这些果子吃成吃不成？（同上）

【获嘉】去城里头他走动走不动？｜这衣裳他洗净洗不净？（贺巍 1991：338）

【洛阳】这首歌儿他唱好唱不好？｜这根钉你拔出来拔不出来？（贺巍 1993：25）

【敦煌】被儿盖严盖不严被子能盖住吗？｜立箱大木柜挪过挪不过？（刘伶 1988：220）

【内黄】怎重嘞这活儿，你顶住顶不住？能顶住/顶住喽（李学军 2016：135）

(3) 特殊的正反问（正正重叠式）。普通话的正反问句中，总要包含否定成分，或者是独立的否定词，或者是可能补语式的否定形式。而在方言中，存在不含否定词的正反问形式，这实际造成了动词（含助动词、形容词）重叠构成的正正重叠式问句，其中含有可能式的问句。按照重叠成分的不同可以分为以下几种类型：

①助动词重叠：

【安陆】你会会开车嘞？｜你会会打拖拉机耶？我们来玩下（盛

银花 2010：165）

【招远】能能不干这种丢人的事？① （许卫东 2005）

【平鲁】他明儿会会来？｜能能爬上哩_{爬上去}？（郭利霞 2010）

【朔县】我能能试达试达_{我能不能试试}？｜你能能吃完？｜你会会做饭？（同上）

【代县】你会会打篮球？｜能能讲清楚？（同上）

②可能补语式动词重叠：

【安陆】乇_这杯水我喝喝得嘞？｜你说乇些话我说说得嘞？（盛银花 2010：164）

【招远】你的学习赶赶得上他？（许卫东 2005）

【赣榆】赶赶得上车？｜赶赶不上车？｜赶赶上车？｜车赶赶上？（苏晓青、万连增 2011：356）

【于都】这只事做做得倒？做得倒（李荣 2002：3232）

【会昌】底些果子食食得_{这些果子能吃不能吃}？（邵敬敏等 2010：225）

【随州】吃吃（得）完？｜吃吃（得）饱？（黄伯荣 1996：695）②

这些重叠方式中有的带有可能标记，有的则可有可无，如赣榆和随州方言。以上例句都可视为"V不V得（C）"格式中否定词省略造成的重叠。但以下例句无法看作是否定词的省略，因为在重叠动词之后接的是否定形式，所以只能看作前一部分动补可能式仅留下了动词：

【平鲁】起起不来？（郭利霞 2010）

【朔县】看看不清？｜写写不完作业？（郭利霞 2010）

【浠水】买这个牛你出出不起钱？｜三大缸子水，你喝喝不了完？｜这话说说不得？（郭攀 2003）

此外，白龙江流域舟曲（城关话）省略否定词构成正反问的方式比较特殊，是由"助动词＋动词""动词＋补语"作为一个反复单位，形成如下这种正正重叠问句形式：

【舟曲（城关话）】你能来能来_{你能来不能来}？｜致开东西重子很_{这个}

---

① 招远话中，如果助动词是双音节 AB，则形成 AAB 的反复格式，如"今晚能能够完成这个作业？｜可可以走了？"（许卫东 2005）。

② 原文注："不"完全省去，"得"可有可无。

东西重得很，拿动拿动拿得动拿不动？（莫超 2004：185）

③可能补语式补语的重叠：

【连城】写得好³⁵好写得好不好/写得好写不好？｜飞得高³⁵高飞得高不高/飞得高飞不高？（项梦冰 1990）

【于都】佢字写得好⁵好他字写得好不好/他字写得好写不好？（谢留文 1995）

这种重叠中伴随着变调，应该是受"好不好""高不高"中"不"和前一音节融合影响而成的。在连城话中，"写得好³⁵好？"和"写得好唔好？"含义相同，都有两种理解，既可以是问可能，又可以是问状态。这种包含歧义的提问方式在普通话中是没有的，在普通话中，如果"V得C"可以理解为可能补语和状态补语两种含义，如"写得好"，那么区别在于正反问句形式不同，可能补语的正反问用"V得C V不C"，而状态补语的正反问用"V得C不C"。而连城、于都方言中"V得C不C"既可以表示对状态的提问，又可以表示对可能的提问。

2. KVP 问句

KVP 问句中的 K 代表疑问副词，在不同方言中表现为不同形式，如"可/克"（合肥）、"阿"（上海、苏州、南京）、"格"（昆明）、"咸"（新丰）等。疑问副词通常用在可能式之前，既适用于前标型可能式，也适用于后标型可能式。如：

【阜阳】你可会弹琴？（黄伯荣 1996：689）①｜介门亲可能成这门亲事能不能成？（王琴 2008）

【蒙城】你可拿得动？｜他可能吃完？｜你可能拿动？（胡利华 2008）

【泰县】你格能来？（张建民 1991：190）

【庐江】坐火车，一天咯得到北京坐火车一天到得了到不了北京/能不能到北京？｜鸡叫以前你咯得动身鸡叫以前你动得了身动不了身/能不能动身？（周元琳 2006）

【南京】这件衣裳你阿穿得下？（李荣 2002：3875）

【上海】阿写得好？（徐烈炯、邵敬敏 1998：211）

【皖北】你可拿动喽你拿得动吗？｜你可接上喽你接得上吗？（《安徽省

---

① 原作者认为是是非问，此处将其归入正反问。

志·方言志》1997：184）

【合肥】你克看懂你看得懂看不懂？｜你克咬动你咬得动咬不动？（同上）①

【新丰】你咸买得倒你买不买得到？（黄伯荣 1996：714）

【昆明】黑板上的字你格看得清？（丁崇明 2005：173）

【永胜】我格能去我能不能去？（何守伦 1989：154）

疑问副词也有不用在可能式前边的。据刘祥柏（1997），在安徽六安丁集话中，表可能和表状态的述补结构的肯定形式都是带"得"字的，KVP 正反问中的疑问副词为"克"，后标型可能式的正反问不仅有"克 V 得 C"，还有"V 克 C"和"克 VC"格式，这时不出现可能标记"得"。如果出现"得"，构成"V 得克 C"格式，则是表状态。以下是刘文的举例：

表示可能：站克稳当站得稳站不稳（＝克站稳当＝克站得稳当）｜讲克好讲得好讲不好（＝克讲好＝克讲得好）｜举克高举得高举不高（＝克举高＝克举得高）

表示状态：站得克稳当站得稳不稳（＝站克稳当）｜讲得克好讲得好不好（＝讲克好）｜举得克高举得高不高（＝举克高）

对比发现，该方言中"V 克 C"格式有歧义，既可以问可能，又可以问状态。

据朱德熙（1985），在合肥话中，还存在 KVP 问句和"VP 不 VP"混合的形式，如：

【合肥】可拿动拿不动？

3. VP－neg 问句

标准的 VP－neg 正反问句应该是 VP 接否定词构成的，但方言中这类问句有两种情况，一种是 VP 之后接否定词"弗""不"等，另一种 VP 之后接语气词，但当地人并不认为后者是是非问，而认为是正反问，此处将其列入正反问②。

---

① "看懂""咬动"为零标型可能式。
② 有些材料中没有注明，本书按照句末是语气词还是否定词将其分别归入是非问和正反问，如前文是非问中的一些例子。以语气词结尾的问句，如果当地人仍然认为是正反问，则恰恰支持前文讨论是非问的地位和作用时的观点：可能范畴的疑问以正反问为主。

【金华】格桶水侬拎得动弗？（李荣 2002：3878）

【长沙】可以走哒不？｜咯场戏看得不？（张大旗 1985）

【衡阳】起得来不？（彭兰玉 2002：102）

【成都】你明天来得倒不？｜后天写得起不？（黄伯荣 1996：609）

【西宁】明早儿明天会你来下哩不明天的会你能不能来？（都兴宙 2001）

【神木】你会耍水不你会不会耍水？｜这道题你解下不能不能懂？（邢向东 2005）

【绥德】得切细不切得细切不细？｜得完不完得了完不了？（同上）

【扶风】你能看着啊不你能不能看见/你看得见看不见？｜你能看来啊不你能不能看清楚/你看得清看不清（毋效智 2005：326）

【银川】你能来不你能不能来？｜拿动不拿得动吗？（高葆泰、林涛 1993：161、162）

【东北】你能来不你能来不能？（康瑞琮 1987）

【临夏】这个舞她跳成下啦是这个舞她能不跳好呢？[①]（黄伯荣 1996：565）

【白龙江】"团拳"你划下那？｜"团拳"你会划那团拳你会不会划？（莫超 2004：166）

【东平】你会种地啵？（罗福腾 1996：229）

【菏泽】你写完喽啵？（《山东省志·方言志》1993：547）

【成都】你明天来得倒不来得了吗？｜他写得起他的名字不会写自己的名字吗？（梁德曼 1993：13）

【阳新】我能得出去不我能不能出去？｜本钱收得回不本钱收得回收不回？（黄群建 1994：200）

（二）可能补语式正反问和动宾短语正反问的比较

1. 完整型正反问的比较

无论是动宾短语还是可能补语式，完整型正反问句均采用肯定和否定连用的方式。动宾短语正反问是"VO 不 VO"；由于可能补语式的否定一般是"V 不 C"形式，所以其正反问形式为"V 得 CV 不 C"或者

[①] 原文解释"是"为语气词，但从普通话对译的句子看仍属于正反问，故将其列入正反问。

"VC 了 V 不 C"。

对于可能补语式正反问的这种特殊性，黄正德（1988）认为像"你看得懂看不懂这本书"这种句子，虽然其中"看得懂看不懂"在语音上无法严格地分析为"A 不 A"，但可以假定这类句子首先经过重叠得到"你看得懂不看得懂这本书"，然后再经过一条规律把"不看得懂"变成"看不懂"。这种解释从生成语法的角度说明可能补语式正反问符合肯定和否定叠用的规则，具有一般正反问句式的特征。可能补语式正反问形式特殊是因为可能补语式"V 得 C""VC 了"以及"V 不 C"都是固定结构，而不是像动宾短语那样的自由组合。

可能补语式的否定形式中否定词居首的方言，其可能补语式的完整型正反问和动宾短语正反问完全一致[①]，如：

【广州】你去得唔去得你能去吗？（李荣 2002：3879）

2. 简省型正反问的比较

（1）南方方言的"V 不 VO"和"V 不 V 得（C）"。南方方言中动宾短语正反问的简省形式主要是"V 不 VO"，邵敬敏、周娟（2007）通过对 38 个方言点的统计，提出"V 不 VO"正反问由于焦点集中、语义顺指和格式类推几个方面的原因，所以使用范围逐步扩大。

南方方言中动宾短语正反问"V 不 VO"和可能补语式正反问"V 不 V 得（C）"形式上对应程度较高，区别仅在于一个是 O，一个是"得（C）"，但是两者在内部结构和语法意义上有着明显的不同。朱德熙（1991）指出，"V 不 VO"句式中，"V 不 V"和后边的宾语两段在句法上都是独立的，离开了宾语，"V 不 V"可以独立提问，两段之间也可插入别的成分。如：

买不买书？——买不买？——买不买历史方面的书？

可能补语式的正反问形式"V 不 V 得 C"无法做这样的变化，也无法用"V 不 V"来代替"V 不 V 得 C"进行提问，因为"V 得 C"是固定组合，在正反问中无法随意删除其组成部分。

（2）北方方言的"VO 不 V"和"VCV 不 C"。北方方言中动宾短语正反问的简省形式主要是"VO 不 V"，本地区大部分方言可能补语正

[①] 据单韵鸣（2017），完整型正反问"VO 唔 VO"在广州话中几乎未见，广州话多是用简省型正反问，过去有"VO 唔 V"的形式，现在则使用"V 唔 VO"形式。

反问的简省式是"VCV 不 C",二者都呈现先正后反的语序。具体来说,动宾短语正反问是否定部分省去宾语 O,肯定部分完整,而可能补语式正反问中省略的是肯定部分的可能标记"了",否定部分完整。可能补语式正反问没有遵守本地方言动宾短语正反问的后省规则,也没有在后部呈现以 V 结尾的开放性结构,因为"V 不 C"是固定的结构而非临时的组合,这是和动宾短语不同的地方。

(三)可能补语式简省型正反问的形成

1."V 不 V 得（C）"的形成

（1）现有主要观点及相关分析。第一,来自特殊完整型的省略,如前文所述的来自"你喝不（了）喝得了这一杯?"中"了"的省略。但是,这种完整形式在普通话中是不成立的,在方言中也没有这种先反后正的完整型正反问形式,简省型不可能是从一个并不存在的完整型省略而来的。同样,"V 不 V 得"也不可能来自"V 不得 V 得"的省略,因为后者并不存在。

第二,来自"V 不 V"带可能补语"得 C"。黄伯荣(2018：469)在描写广东阳江方言可能补语式正反问格式"V 不 V 得 C"时所作的分析是"肯定与否定并举的动词后带可能补语",即"（V 不 V）得 C",将"得 C"整体视为可能补语。汤廷池(1988：332)将表示能力的动补式复合动词（即我们说的可能补语）正反问句如"跑不跑得快"看作是动词"跑"反复而形成的。这两种分析的共同之处是都认为这种正反问来自动词自身正反重叠后带补充成分,而不是来自完整型"V 不 CV 得 C"的省略。

这种分析暗含的观点是"V 不 V"和"得 C"之间是一种组合关系,"得 C"是可能补语表示可能意义。但新近的研究成果表明,表示可能语义的"V 得 C"结构并非一个临时的组合,而是一个已经语法化的固定结构(吴福祥 2002)。所以上述说法只是从语言单位的线性排列顺序上进行的一种切分,虽然回避了"先反后正"的特殊语序,但并未从结构上解释该正反问格式的形成。

第三,来自"V 不 VO"格式的类推。邵敬敏、周娟(2007)认为吴方言、湘方言中"V 不 V 得 C"是"仿照'V 不 VO'而成,即用'V 不 V'作为疑问焦点,随后原先的宾语 O 用补语'得 C'来替换"。南方方言中"V 不 VO"正反问形式的类推作用不容忽视,诸如"喜欢""感冒"等词语也可按此方法形成正反问"喜不喜欢""感不感冒","V 不 V 得"格式也有可能是在这种类推的作用下形成的。但动宾短语和动补可能式内部结构关系不同,前者可以视为完整型"VO 不 VO"的省略,后者和动宾短语的差别没有得到反映,其形成过程中的特殊性没有得到反映。

(2) 我们认为,"V 不 V 得 C"由多种因素促成。首先,从形式上看动宾结构和可能补语式的简省型正反问完全对应,而且可能补语式简省型正反问的出现总是滞后于动宾短语简省型正反问,因此不能排除有类推的影响。从历史上看,这两种结构出现的时间也符合这种推测,根据伍巍、陈卫强(2008)的研究,早期广州话反复问句中有"VP 唔 VP"格式,而在现代广州话中通常简略为"V 唔 VP"格式,也可以用"VP 唔 V"格式。早期广州话到现代广州话的转变是从 20 世纪 20 年代开始的,而广州方言中可能补语式的正反问格式"V 得 C 唔 V 得 C"演变为"V 唔 V 得 C"格式的时间是在 20 世纪 40 年代(金桂桃 2018),其时间先后顺序说明后者的形成一定程度上是对前者的模仿。

其次,"V 不 V 得 C"是带有疑问功能的"V 不 V"进入可能补语式"V 得(C)"中 V 的位置后形成的一种带有疑问功能的可能补语结构,该结构的疑问功能是由动词正反叠用"V 不 V"赋予的。这种解释吸收前述"肯定与否定并举的动词后带可能补语"说法中的合理之处,同时强调以下两点:一是"V 不 V"格式成为一个带有词汇意义的语法功能范畴,二是"V 得 C"格式是高度语法化的固定结构。"V 不 V"形式既表达了 V 的词汇语义方面的内容,同时还承担了负载疑问信息的功能。一般来说,正反问被认为是一种特殊的选择问,选择问句"V,还是不V"中的"不"需要重读,具有否定词的实义;当去除其中的"还是"之后形成真正的正反问"V 不 V"时,其中的"不"读音完全轻化,一定程度上失去原有的否定词实义,演变成一个纯粹的构成正反问的标志,这时"V 不 V"成为一个类似于汉语疑问词的形式。正因如此,黄正德(1988)将这种正反问视为一个带有"疑问屈折词组"的简单句,其句法类似于特指问。由于"V 得 C"结构强大的构式功能,"V 不 V"和"得C"组合之后形成了一个复杂的"V 得 C"结构,于是就产生了"V 不 V得 C"这种特殊的正反问形式。

2."VCV 不 C"的形成

(1)"VCV 不 C"源于"V 得"类可能式的完整型正反问。"VCV

不 C"不仅是"VC 了"可能式的简省型正反问，同时还是北方方言中"V 哩/咾/喽/嘞"可能式的完整型正反问①，这时的补语 C 表示动作 V 的完成与实现。如：

【河南】这事干哩干不哩_{这事干得干不得}？（郭熙 2005）

【开封】那个绳禁嘞禁不嘞_{禁得了禁不了}？（自拟）

【晋源】你们来咾啊来不咾嘞？（王文卿 2007：242）

【平遥】去咾去不咾？｜拾掇咾拾掇不咾？（侯精一 1981）

【周口】这一桶水提嘞提不嘞_{能不能提动}？（杜明鸳 2012：35）

以上用例中充当补语的成分仅表示动作的实现，有时"咾"作补语是说明动作达到的结果，相当于"完"，如：

【平遥】这碗面你吃咾吃不咾？吃咾（侯精一 1981）

（2）"VCV 不 C"源于"VC 了 V 不 C"中标记的省略。上述例句答语"吃咾"实际由"吃咾咾"缩略而成，上了年纪的人也说"吃咾咾"。当补语 C 由形式更为丰富多样的词语来充当时，可能补语"VC 了"的简省型正反问形式"VCV 不 C"就形成了，山西部分方言中有这样的用例：

【平遥】窗户糊住（咾）糊不住？｜算将来（咾）算不将来？（侯精一 1981）

【长治】这箱子三十斤重，你拿动（了）拿不动？｜有三十个人开会，这个家_{房间}坐下（了）坐不下？｜只有两个馍，你吃饱（了）吃不饱？（侯精一 1985：112）

括号中的"咾""了"可用可不用，这种形式正是从完整型到简省型之间的过渡。省去"咾"之后，VC 可以看作一个零标型可能式，之所以能够以零标记的形式表示可能语义，是由于与之并列的"V 不 C"的对比作用。

（3）共同语中"VCV 不 C"的意义和性质。刘月华（1980）提到，在假设句中"VC"和"V 不 C"相呼应，"V 不 C"不一定包含可能语义，或者可能语义不明显，而只表示做了某个动作，但没有取得某种结果。在普通话书面语料中，"VC"和"V 不 C"也存在连用的情况，多

---

① 这种格式也是南方方言"V 得"可能式的完整型正反问形式，不过南方更常用其简省形式"V 不 V 得"。

用于陈述而非疑问，表示的是两种相对的情况，如：

> 不管明天看见看不见贺疯子，反正得把咱们的战马先喂饱。（姚雪垠《李自成》）

> 最后碰见了杜逢时和周仁，也不管金一趟听见听不见，在当院就大声叫起来。（陈建功《皇城根》）

以上用例均出现在"不管"之后，是一种虚拟的情况，既可以理解为可能，也可以理解为现实，与假设句中的用法相似，所以这种正反对举表示可能语义和其用于虚拟语境有关。不过在书面文献中这种格式作为正反问的用法很少见，我们仅找到一例，也不是标准的对话中的提问：

> 他们究竟打开打不开？战斗的结果将会怎样？这里先不必说。（刘流《烈火金钢》）

由于在书面文献中"VCV 不 C"提问方式非常罕见，所以该式在普通话中颇受怀疑，张志公（1957）提到对此类简省型正反问的规范问题。杉村博文（1982）提出，既然可能补语式的正反问有完整形式"V 得 CV 不 C"，那么实际口语中非常普遍的"VCV 不 C"该如何理解？其通过观察实例最终得出的结论是：在和"V 不 C"相对待时，"V 得 C"和"VC"二者是可选择的（optional）。通过对方言中可能补语式的正反问形式的考察，可以知道这种格式本质上是一种方言成分，在现代文学作品中一般出现在带有方言色彩的口语当中。

3. 南北方言简省型正反问格式形成的必然性

南北方言简省型正反问的形成，一方面是受当地方言动宾短语同类形式的影响。可能补语式的正反问是在当地动宾短语正反问大背景下形成的，所以在结构上存在着内在的一致性，不可能完全冲突。另一方面，相应的简省型和两种可能补语式内部结构特征有直接关系。一般认为南方方言可能补语式"V 得 C"中"得"为助动词，"得"和"C"是直接组合成分，所以能够形成"（V 不 V）得 C"这样的疑问形式；北方方言的"VC 了"可能补语式中，"VC"的结合紧密，可能标记"了"是单独成分，所以不会形成"（V 不 V）C 了"这种疑问形式。

本章小结

和普通话相比，方言可能式的否定既有词汇上的差异，也有句法上的不同。

　　从词汇上说，方言和普通话中形式相同的否定词功能可能不同，如桂北地区的"没"相当于普通话的"不"，有的方言使用特有的否定词如"勿""弗""怀""冇/冒"等。从句法上说，相同的否定词在普通话和方言中对可能式的否定能力未必相同。普通话中，"不"可以否定所有的助动词，"没（有）"可以否定"能（够）"和"得（dé）"，但是"没得"使用较少，"没能"并不单纯否定过去行为的实现，还表达了不具备相关能力和条件的情态语义，这种语义在近代汉语中原本由"没（有）+得"来表达。在现代汉语普通话中，"没得"逐步被"没能"替代，而在方言中，"没（有）"并不是都可以否定能愿动词"能"，有的方言表示相应的意义仍要使用"没得"。方言中存在"没/冇/冒得"从词组（否定词+助动词）到词（否定词）演化的证据。

　　对于后标型可能式的否定，方普差异主要在否定方式和否定意义上，以闽、粤方言表现最为明显。否定方式上区别之一是否定式中是否出现可能标记词，区别之二是否定词在可能式中的位置。前者如广州"食唔得饱"、福州"讲𣍐完"，否定可能式中包含标记词；后者如广州"唔食得饱"、南宁白话"冇食得饱"，将否定词置于后标型可能式前。从否定意义上说，闽、粤方言中有的后标型可能式及其否定能够表示可施行性可能语义，不同于普通话中的同类结构。广州话"唔V得C"具有可实现性和可施行性两种可能语义，和其肯定形式的语义相对应；泉州话"V通C"和其否定形式都只表示可施行性可能语义。闽、粤方言中否定词居首的后标型可能式的使用区域正逐渐萎缩。

　　可能语义的性质决定了可能式的疑问只有是非问和正反问两种形式。在多种方言中，表达一般性询问均不采用是非问，有的方言不存在是非问。

　　"VP不VP""KVP"和"VP-neg"三种正反问形式都可用于对可能式的提问。"VP不VP"问句在方言中有多种简省式，最具代表性的是南北方言中的"V不V得C"和"VCV不C"。KVP问句除了可将疑问副词置于可能式前，还可将疑问副词置于后标型可能式中间，方言中还存在同一形式既能问状态又能问可能的现象。

　　汉语南北方言可能补语式的完整型正反问句结构规则统一，均采用肯定、否定叠用的形式。南北方言可能补语式的简省型正反问结构规则不同，南方方言的"V不V得C"结构是在该地区动宾短语简省型正反问形式的影响下，由具有疑问功能的"V不V"代入"V得C"可能式中 V 的位置而形成的。北方方言"VCV 不 C"作为"VC 了"类可能式的问句形式，是由其完整型正反问中可能标记省略而形成的，也是对"V 哩 V 不哩"类结构的一种模仿；在普通话中，该形式一般用于虚拟语境下对事实情况的陈述，较少用于疑问。

第六章　可能式的历史发展

　　从古到今，汉语语法在保持稳固性的同时发生了一些重要的变化，赵元任（1979：13）在说明汉语方言语法的一致性时指出："甚至连文言和白话之间唯一重要的差别也只是文言里有较多的单音节词，较少的复合词，以及表示所在和所从来的介词短语可以放在动词之后而不是一概放在动词之前。"王力（1989：1-2）在肯定"有史以来，汉语语法变化不大"的同时，又指出了古今汉语语法发展的几个重要事件：双音词的发展、动词的情貌（aspect）的产生、处置式的产生和补语的发展等。

　　从可能式的历史发展来看，在古代汉语中，只存在前标型可能式，后标型可能式（可能补语式）是进入中古、近代之后才逐步形成和发展起来的，这一发展过程和汉语词汇的双音化、动词的情貌以及补语的发展都有密切的关系。比如：可能式"V得C"的产生必须建立在动补结构出现的基础上，北方方言可能式"VC了"形成于动词"了"虚化为词尾的过程当中。所以，对可能式历史发展的讨论必须在汉语语法发展的大背景下进行，可能式历史发展的研究也有助于更深刻地认识汉语语法的历史。

　　可能式的历史发展包括语义和形式两个方面，同形的可能式在不同时代语义有所变化，同一种可能义在不同时代所使用的表达形式也有所不同。本章第一节考察可能式语义的发展演变，包括助动词语义的发展和可能补语式语义的发展。第二节考察表达同一可能义所使用的形式的发展演变，首先观察汉语历史上或然性语义表达方式的变化，然后讨论后标型可能式的产生，主要是"V得（C）"和"VC了"两种可能补语式的产生和发展。

第一节　语义的发展

一、可能式的多义现象

无论是普通话还是方言，很多可能式都存在多义现象，这也是汉语多义词、多义动补短语在可能式中的具体表现。虽然能愿动词的意义需要在能愿短语中才能完整地体现，但由于能愿动词具有较强的独立性，一般认为具有明确的词汇意义，所以以下直接使用助动词（或前标记）的多义来讨论前标型可能式的多义。后标型可能式的多义则体现在整个短语的意义上。

（一）前标记的多义现象

现代汉语普通话中，前标记一般具有多种意义。以下举例选自《现代汉语八百词》（1999a）相关条目：

能：（1）表示能力；（2）表示善于；（3）表示有某种用途；（4）表示有可能；（5）表示情理上许可；（6）表示环境上许可

会：（1）懂得怎样做或有能力做；（2）善于做某事；（3）有可能

可以：（1）表示可能；（2）有某种用途；（3）表示许可；（4）值得

方言当中，很多前标记也是多义的，比如北方话的"能"和南方话的"得"：

【开封】我能看清楚（能够）｜公园能进（可以）（自拟）

【长沙】他在里面洗澡，我不得进去_{进去不了}（能够）｜现在还不来，那就要晚上才得来哒_{要晚上才会来了}（会）（张大旗 1985）

（二）后标型可能式的多义现象

1. "V 得"的多义性

"V 得"在普通话中有两种意义，一表能力，如"顾得""舍得""记得"，这些用法多已经凝固成词，失去自由组合的能力；二表许可，如

"吃得""打得""管得"等，还具有一定的自由组合能力。

广州方言中，"V得"除兼有能力和许可两种意义，还表示善于和值得，如：

【广州】你重行得吗_{你还能走吗？}（能力）｜入得嚟吗_{可以进来吗？}（许可）｜呢个演员真唱得_{这个演员真能唱}（善于）｜星湖去得下唧_{星湖值得去一下}（值得）（饶秉才等 1997：160）

以上所列意义中，善于和值得属于引申的可能语义，分别是从能力义和许可义中引申而来的，在第四章已有讨论。而能力义和许可义同属于基本的可能语义，二者共用同一个形式来表示。

2."V得C""VC了""V不了"的多义性

香港粤语中，"V得C"既可以表示能力，也可以表示许可[①]。北方方言中，一些地区的"VC了"可能式既有能力义，也表示推测可能发生，属于认识情态语义。如：

【开封】我看见嘹_{看得见}（能够）｜吃太多撑着嘹_{会撑着}（会）（自拟）

【阳谷】这张桌子我搬动唠_{搬得动}（能够）｜跑这么快，摔倒唠_{会摔倒}（会）（董绍克 2005：314）

普通话中的"V不了"一般表示不具备某种能力或条件，但当V为某些形容词的时候，该格式表示某种推测义，如"他父母个子都高，这孩子将来肯定低不了"（柯理思 2005）。

(三) 情态动词多义性在不同语言、方言中的表现

英语中的情态动词一般具有多义性，帕莫（2007：86、89）指出，英语中下列句子既可以理解为认识情态，又可以理解为道义情态：

He may come tomorrow.

He must be in his office.

上面第一句中的 may 既可以理解为"可以"，又可以理解为"可能"；第二句中的 must 既可以理解为"必须"，又可以理解为"肯定"。这种多义现象不仅表现为认识情态和道义情态使用同一个语言形式，还

[①] 详见第五章第一节"后标型可能式的否定"部分。

表现在道义情态和动力情态的共同语言形式中，can 既可以表示个体能力，如下列第一句中的用法，又能表示许可、被允许，如下列第二句中的用法：

  He can run a mile in under four minutes.
  He can come in now.

  帕莫（2007：87-88）引用多种文献证明，情态动词的多义现象不仅存在于印欧语当中，在一些非印欧语中也大量存在，表示可能语义的情态动词具有多义性是一种跨语言的普遍现象。

  有的语言中表示能够、许可、有可能（或然性）可以使用同一个词语，集三种情态的可能语义于一个词语，比如法语中的 pouvoir。王力（1984：101）提道："能""可"的观念，在某一些族语里，只有一个词表示，例如法语只有一个 pouvoir。柯理思（2005）提到法语中的 pouvoir 既可以表示客观条件的允许，又能表示说话人主观的推测。

  在闽南方言中，普通话的"会"和"能"都用同一个"会"来表示，不区分习得的能力和条件上的可能（黄丁华 1958），"会"也可表示或然性的推测。北方官话区的河南开封方言中，由于没有普通话中的"可（以）"，表示可施行性和可实现性两种可能语义都使用"能"，"能"也用在反问句、疑问句中表示推测义。由此看来，闽南方言中的"会"、开封方言中的"能"都是用一个词语表示三种情态的可能语义，和法语中的 pouvoir 相类似。

  有的语言中表示自身能力和表示外部环境因素的能够，使用的是同一个词语，比如我国民族语言布兴语。据高永奇（2004：88），布兴语中表示"能"和"会"的形式都是 tʃaŋ，如：

  ba tʃaŋ ʔuaʔ ham ra
  不能　回去　过　河　不能过河回去
  ŋa tʃaŋ suan，tʃaŋ tem
  他　会　算　会　写　他会算，也会写

  以上用例中，"不能过河回去"中 tʃaŋ 表示外部环境因素的能够，而"会算会写"中 tʃaŋ 表示不依赖外部条件的自身能力。帕莫（2007：77）说："在很多种语言中，表达允许和能力的词没有区别，但在英语中存在区别，因为 may 不用来表示能力，然而表动力情态的 can 不仅用来表示体力和心智的能力,还包括与人相关的可能会影响人的环境因素。"① 英语中的 can 和布兴语 tʃaŋ 存在一致性。

在有的语言中,自身能力被区分为体力和智力两种类型,分别用不同的词语来表示。如汉语普通话,表示身体上的能力通常用"能",如"他能举 100 斤";表示知道如何做的能力通常用"会",如"他会读外语"。据帕莫(2007:77),在傈僳语中,有明显不同的形式表达身体上的能力和知道如何做的能力。然而英语中的 can 既可以表示身体上的能力,如 I can climb this cliff(我能爬这个悬崖),又能表示知道如何做,如 He can drive a car(他会开车)。

表 6-1 可以更直观地显示不同语言或方言中可能标记的多义性:

表 6-1 可能标记的多义性在几种语言(方言)中的表现

语言(方言)	词语	可实现性 — 自身能力 — 体能	可实现性 — 自身能力 — 智能	可实现性 — 含有外部因素的能够	可施行性	或然性
普通话	能	√		√	√(限于否定)	√(限于疑问)
开封话	能	√		√	√	√(限于疑问)
法语	pouvoir	√	√	√	√	√
闽语	会	√	√	√	√	√
布兴语	tʃaŋ		√	√		
英语	can	√	√	√		
英语	may				√	√

同一可能式的多种含义具有内在联系。据柯理思(2005:267),多位学者都从英语史的角度研究过英语的助动词是如何产生认识情态意义的,其结论就是"认识情态意义是从非认识情态意义(包括义务、能力、意愿等)派生出来的"。

吕叔湘(1982:250)曾指出汉语中的类似现象:"表示一件事情的'或然性',多数借用表能力或许可的词,如'会'、'能'(反诘句),这些原是动词;'许'原来也是动词,但'或许'、'也许'已用如普通限制词,可以和'会'字同用在一句之内。"这里所说的"借用",表现在历时层面就是语义的演变。从最初表达实义的动词发展为表达可能性的助动词,本身就是一个语法化(或虚化)的过程。"能""会"等词从动词

---

① 中文为笔者自译。

虚化为助动词，其意义由表示具体动作行为演变为表示具有某种能力，进而被借用来表示或然性，这种变化符合情态动词演变的共同路径，反映了语言发展过程中主观性逐渐增强的普遍规律。

二、前标型可能式语义的发展

（一）从动力情态到道义情态

普通话中，能够同时表示可实现性和可施行性的助动词有"能""可（以）""得"。在历史上，这三个词都经历了从表示动力情态到表示道义情态的意义演变，这种演变并不表现为后一种语义取代前一种语义，而是表现为不同语义的叠加，在现代汉语中这些助动词都兼有多种语义。李明（2016：166）认为："能"等助动词表许可，是从反问句中发展而来的一种用法，在现代汉语中，这种意义上的"能"可以独立使用在否定句和反问句中，但仍不能出现在肯定句中。贝罗贝、李明（2008）以"得"为例详细解释了其中的推理过程：说话人为了委婉起见，不说不许可怎么样，而说不能够怎么样，于是表示能够的词语发展出许可义，这种意义首先见于否定形式"不得"，到汉代才类推出肯定用法，"能""好"的语义发展过程与此相同。朱冠明（2003）认为"能"的语义演变经历了从指雄壮有力的动物到指具有此特征的人这一转喻过程，然后经过多次隐喻，依次产生了表示身体能力、心理能力、综合能力、中性可能、道义许可和知识许可等多种意义。这些研究指出了助动词语义演变的过程和机制，既适用于普通话，也适用于方言，下文将在此基础上针对演化结果中的几个具体问题来展开讨论。

1. "能"表示许可义的肯定用法

"能"独立表示许可义的用法出现很晚。据朱冠明（2008：41），在东晋时期的《摩诃僧祇律》中，"能"可以用于表动力情态和认识情态，但没有表道义情态的用法，也就是说没有许可义。据李思明（1996），北宋时期的《祖堂集》中依然未见"能"有许可义；按照助动词解释成分（熊文1999）的作用，在是非问句如"（主语）+能+VP+吗？"中，"能"倾向于解释为许可义，这也是其发展出许可意义的一种途径。而李思明的上述研究表明，《祖堂集》中"几乎没有"用在是非问句中的"能"。直到现代汉语中，"能"才用于表许可义，多见于反问和否定中。在肯定句中，表示许可义所用的助动词通常是"可以"。

根据刘月华（1980）对代表性现代作家作品的统计，"能"表示乙类意义①的肯定形式存在少量用例，在老舍、赵树理、姚雪垠、曹禺四家著作中有17例，而这种意义使用"可以"表达的高达184例②。刘文得出的结论是：表示肯定的乙义，一般用"可以"；否定的用"不能"，只有文言色彩较浓的作品有时用"不可"，"不可以"是很少见的；表示疑问多用"能"，也可以用"可以"，"能"更口语化。这个结论表明普通话中表示许可义肯定形式基本不用"能"。朱德熙（1982：63）举有下面的例子，认为"能"表示环境或情理上的许可：

  会骑自行车的人都能参加

  根据上述统计数据，"能"在共同语中表示许可义的肯定用法是很罕见，此例中的意义更倾向于用"可以"来表示。多个语料库的检索结果支持这种猜测。③

  方言中的情况和共同语有所不同。在开封方言中，表示可能的助动词中没有"可（以）"，所以普通话中使用"可以"的句子在方言中都使用"能"，如：

  我能走不能啊？能走了／不能走

  这种现象不是开封方言所独有，在河南大部分地区都没有"可以"这个助动词，用于表示同意的应答普遍使用"中"，而非普通话的"可以"。在宁夏银川方言中有"路修宽了，能过汽车了""炕上能睡下十个人"（李荣2002：3495）这样的说法，其中的"能"表示事物条件的具备，由此发展出表示许可的用法是很自然的。北方方言中用"能"表示许可义的肯定用法应该不是个别地方的孤立现象。

  在刘月华（1980）的统计数据中，使用肯定形式的"能"表示许可义的17个例句在四位作家的作品中的具体分布情况是：老舍作品2例，赵树理作品6例，姚雪垠作品9例，曹禺作品中未见。从以上数据可以

---

  ① 刘文的"乙类意义"包括本书所说的许可和准许两种。
  ② 而在否定句中，表达乙类意义使用"不能"的有252例，使用"不可以"的有35例；在疑问句中，使用"能""不能""能不能"的有112例；使用"可以"的各种形式共有15例。刘月华对此的解释是"不可以"文言色彩较浓。
  ③ 检索北京大学CCL语料库"都能参加"有47条结果，"都可以参加"有60条结果；华中师范大学语言所当代小说语料库"都能参加"有0条结果，"都可以参加"有2条结果；华中师范大学语言所汉语复句语料库"都能参加"有2条结果，"都可以参加"有12条结果。不同语料库的检索结果倾向是一致的。

看出山西、河南方言背景的作家中用例偏多，河南籍作家姚雪垠作品中用例最多，因此可以推论这种现象的形成不能排除方言的影响。所以，表示许可义的"能"的肯定用法在普通话中少量存在，在北方一些方言中大量存在，形成这种局面的原因和这些方言中少用或不用"可（以）"有关系。

2. "得"和"可（以）"许可义的区别

尽管"可以"一词早在先秦时期就有许可义，如"中人以上，可以语上也；中人以下，不可以语上也"（《论语·雍也》），然而这并未影响"得"又发展出许可义，二者在使用语境上基本形成互补格局。

"得"的许可义属于道义情态的范畴，也是由动力情态的能够意义发展而来。作为助动词的"得"最初表示客观的可能，"不得"表示客观条件的不具备而无法实现某种行为，如：

且予纵不得大葬，予死于道路乎？（《论语·子罕》）
回也视予犹父也，予不得视犹子也。非我也，夫二三子也。（《论语·先进》）
孔子下，欲与之言。趋而辟之，不得与之言。（《论语·微子》）

根据刘利（2000：290）的研究，表示禁止义的"不得"最早出现在《荀子》中，对应的肯定形式表示许可。李明（2016：45）认为表示肯定许可的"得"是在否定的基础上类推而来的，直到汉代才出现。这种用法沿用到今天，主要出现在政令警示当中，多见否定形式，如：

库房重地，不得入内。（《现代汉语八百词》1999a：156）
身份证新规出炉，不得擅自复印扫描身份证。（中国网 2016-08-11）

肯定形式少见，主要出现在法律公文当中，意思是允许施行某种行为，如：

符合以上条件者得优先录取。（《现代汉语八百词》1999a：156）
得委托代表出席。（赵元任 1979：327）
国家在必要时得设立特别行政区。（《中华人民共和国宪法》第三十一条）
代表候选人获得参加选举的选民过半数的选票，始得当选。（中国人大网 2000 年 11 月 28 日）

"可以"（许可义）的存在使得共同语中极少在肯定句中用"能"表许可，然而"可以"并未影响同是表示许可的"得"的出现，这是因为二者适用的语体环境不同，语义也有一定的差别。以上用例中将"得"改为"可以"也能说通，但使用"可以"完全不能显示法律条文的严肃性。是什么原因造成了这种差别呢？应该和二者语法化前的词义有关。"得"的原义是"得到"，而"可"的原义为"合宜、适宜"。按照语法化的语义滞留原则，这些原义在虚化后的词义中会有所保留。表达许可义的"得"和"可以"相比，语气较为强硬，具有很强的刚性，而"可以"的语气较为缓和，具有一定的柔性。以下从"得"的虚化过程及"得 V"的语义特点进一步说明。

　　"得"本是及物动词，可后接名词宾语表示得到某物，一些带有结果语义的动词，如"见""闻"也可以出现在其后，这样就形成了"得 V"结构，这时"得"是助动词，表示客观条件的可能，不过不再是得到某种具体事物，而是能够实现某种行为结果。先秦时期"得 V"中的 V 一般为结果语义的动词就是这个原因[①]，而"可 V"中的 V 则没有这个要求。

　　"得 V"结构有两个特点：一是"得到"的是某种动作行为的结果，或者说该行为有了结果；二是 V 所表示的通常是积极正面的行为，人们常常把"得"跟"失"相对照也体现了这种含义。杨平（2001）对先秦时期大量"得 V"用例进行调查，发现"V 一般是发出动作者想实现的、希望达到的行为"。想得到某种东西一般需要主动努力去追求，通常也是有利的，这里所说的"有利"并非一般所理解的有收益，而是一种更广意义上的不受损，比如在"不得大声喧哗"中的"喧哗"即可视为对发出此行为者有利。

　　基于以上两点，一种行为是对与事者有利的，那么决定这种行为能否实现的条件主要是客观因素，"得 V"表示 V 这种行为结果的实现，而不仅仅是"可以开始 V"，所以需要客观条件的满足；当用于表示许可义时更多地表现为权威方的一种授权，即权威方对实现 V 的客观条件予以满足，因此"得"用于许可义比"可以"语气强烈得多，使用场合也多为文告法令。

[①] 杨伯峻（1956）指出，先秦时期的"得 V"从来不能表达主体能力；刘利（1998：289）也认为对于先秦汉语来说，助动词"得"可以表示客观条件许可、事理许可、禁戒，但不表示"行事者自身的能力"。

3. 助动词"管""敢"的词义演变

(1) **管** "管"在普通话中不表示可能义,而在中原官话的很多方言中,具有能力、能够、许可等义,在豫、苏、皖三省部分地区有着广泛的分布。"管"的这些可能义之间存在着演变关系。

从字形上看,"管"和竹子有关,其本义为"竹管":

> 子乃规规然而求之以察,索之以辩,是直用管窥天,用锥指地也,不亦小乎?(《庄子·秋水》)

> 寸之管,无当,天下不能足之以粟。(《晏子春秋·内篇谏下第二》)

也用来指竹管做的乐器:

> 众君子听竽笙箫管之声则思畜聚之臣。(《礼记·乐记》)

> 雕琢刻镂,黼黻文章,所以养目也;钟鼓管磬,琴瑟竽笙,所以养耳也……(《荀子·礼论第十九》)

在先秦时期,"管"还表示"钥匙":

> 郑人使我掌其北门之管,若潜师以来,国可得也。(《左传·僖公三十二年》)

> 命司徒循行积聚,无有不敛;坏城郭,戒门闾;修楗闭,慎管籥……(《礼记·月令》)

钥匙代表着一种权力,引申出具有某种权威的意思,这应该是动词"掌管"语义产生的依据,如:

> 山公以器重期望,年逾七十,犹知管时任。(《世说新语·政事第三》)

> 幸得以刀笔之文进入秦宫,管事二十余年……(《史记·李斯列传》)

> 诸行军立营,驴马各于所管地界放牧。(《通典》卷一四九《兵二》)

掌管意味着"具有某种权威和能力",当其后接动词时,"管"则向表示可能义的助动词转化。在元曲中,有不少表示主体能力的"管"的用例:

> 据胸次,那英豪;论人品,更清高。他管跳出黄尘,走上清霄。

（《倩女离魂》）

  凭着我舌尖上说词，更和这简帖儿里心事，管教那人来探你一遭儿。（《西厢记杂剧》）

带有清代北京话特色的小说《儿女英雄传》中有表示能够的"管"，是包含了客观条件的可能义：

  须臾吃毕，车夫道："这可走罢，管走得快了。"（第十四回）

  那才算得酒菜里的一品珍馐海错，管叫你连吃十大碗，还痛快得不耐烦哩！（第十五回）

今天北方话中表示许可义的"管"正是从这种能力义中发展而来的①，其演变机制和前述"能""得"相同。当"管"的能力义不限于主体自身能力而扩大为客观条件的可能后，便具备了表示许可义的条件，开始先用于否定形式，今天方言中也以否定形式居多。李秀红（2011）提到周口方言中的"管"在"表示情理上的许可和环境上的许可时，多用疑问句或否定句"。徐州方言也有类似用法。如：

  【周口】谁说这儿不管钓鱼啊_{谁说这儿不能钓鱼啊}？（李秀红2011）

  【徐州】这儿管吸烟不？｜铁栏杆不管爬，爬了要罚款（吴继光1986）

在有的方言中可以见到用"管"表示许可的肯定用法，如：

  【开封】这个公园不要票，谁都管进_{谁都可以进去}（自拟）

这说明"管"已经具有固定的许可义，像"能"一样在方言中用来表示肯定的许可义，作为"可以"的替代形式出现。

（2）敢 "敢"在现代汉语普通话中表示"有胆量做某事"，属于动力情态。林刘巍、张寒冰（2016）认为在普通话中"敢"还有许可义，通常用于否定形式，属于道义情态，如"千万不敢再劳累""下次可不敢一惊一乍的"等用法。

"敢"在古代汉语中可用来表示许可，如：

  子无敢食我也！天帝使我长百兽，今子食我，是逆天帝命也！（《战国策·楚策一》）

---

① 另据杨永龙、江蓝生（2010：66），在《刘知远诸宫调》中有表示许可义的"管"，主要用于否定句，实则表示禁止，肯定用法仅有一例，且出现在肯定、否定对举的语境中。笔者认为这种"管"类似于今天的"允许""准（许）"，和今天方言中"管"的关系有待研究。

长者赐，少者贱者不敢辞。(《礼记·曲礼上》)

巫雪如(2018：375-378)认为"敢"的许可义来自从"毋敢"到"不敢"的重新分析，禁戒义从"毋"转移到"敢"，"敢"也便获得了许可义。李小军(2018)认为，"毋敢"比单纯的"毋"禁止语气更强，说话人不仅要禁止听话人的行为，还要控制听话人内心的意志(不允许有胆量去做)，表示许可的"敢"直到元代才脱离禁止性话语和否定形式，用于询问当中。由此可见表示许可义的"敢"使用很受限制。

"敢"的许可义常用于否定，在古汉语中肯定用法很少，并且有特定的句法条件限制。"敢"本来表示敢于义(有胆量去做)，即使后来获得许可义，按照语法化的滞留原则，敢于义仍有所保留。现代汉语中表示许可义的"不敢"和表示许可义的"不能"有些差异，"不敢"的语气较"不能"更为强烈，因为没有胆量去做(不敢)的事情肯定是很可怕或者是会带来严重后果的事情。但"不敢"和"不得"又不同，因为二者后接的动作行为的性质不同。前文提到，"不得V"中V是对与事者有利的，而表许可的"不敢V"中V是对与事者有害的。"敢"表许可义的用例在方言中有着广泛的分布，如：

【开封】小孩可不敢拿刀，有闪_{小孩千万不能拿刀，有危险}｜不敢走快，走快绊倒喽_{不能走快，如果走快了会绊倒}（自拟）

【南阳】这东西有毒，可不敢吃（阎德亮1990）

【方城】到学校可不敢给同学们打架（王黎阳2013：32）

所以，"不敢"是用一种较恳切的语气来表示劝告或提醒，而非严厉的命令。据《汉语方言词汇》(1995：608)，太原方言中相当于普通话否定词"别"的词语是"不要""不敢"，前者表示命令，后者表示劝告。要进行劝告，显然要站在听话人的角度，所以把说话人(或者是客观形势)的不许可说成听话人的"不敢"。这本身就是一种表达策略，即将客观情理的要求用表示主体胆量的词语来表达，把对听话人的要求、限制(不允许)改成了从听话人角度出发的不使自身利益受损(不敢)。从根本上说，这是遵循了会话中的礼貌原则，使所说的话更容易被听话人接受，也更容易达到劝说的目的。

表示许可义的"敢"不用于肯定的陈述句，因为肯定形式的"敢"表达许可义和其敢于义有冲突。敢于的行为对于主体来说通常是需要努力或勇气才能做到的，这样的行为一般无需外界许可，对其许可也是违反常理的。如"我敢走夜路"表示我有胆量去走夜路，而"你敢走夜路"通常无法解释为许可义,但"你不敢走夜路,不安全"中"敢"就可以很自然地理解为表示许可。正因如此,方言中表示许可的"敢"多以否定形式出现,只有在疑问句中有肯定形式的"敢":

【娄烦】正月敢使唤针勒不_{正月能不能使用针}?(郭利霞 2011)

【陕北】这车还敢坐不敢坐呢_{能不能坐}?(中国广播网 2012－08－29)

【方城】这个黑黢黢的东西敢吃不?(王黎阳 2013:32)

上述疑问句中表示许可的肯定形式的"敢"所指的动作行为都是需要勇气或努力才能做出的,同时这些行为有可能带来不好的结果①,所以用疑问的方式询问其可施行性。

根据林刘巍、张寒冰(2016)的研究,普通话中表示许可的"敢"只能出现在祈使句中用来提出道义要求,而无法出现在陈述句中表示道义的存在,从其所举例句看也都是出现在对话中。在方言中"敢"表示许可的用法大多出现在对话当中,按照我们对可能语义的理解,这种指令性的许可义属于"准许"。但在方言中,有的"敢"无法理解为指令,只能理解为是一种陈述性的许可,如:

【方城】这天可不敢再下了(王黎阳 2013:32)

河南开封方言也有类似说法,_{是在雨水过多以致影响人们生产生活}的背景下说的。显然,说话人无法对"天"提要求、发指令,这是从客观事实来描述某种行为的可施行性,属于可能语义。这种用法说明在当地方言中"敢"已经完全具有表达可能语义的功能,可以在陈述句中表示道义的存在。

(二)从动力情态到认识情态

普通话中表示或然性的助动词有"能""会"和"可能"② 三个,方言中常用的表示或然性的助动词还有"得""解(会)"③。这些词原本都是表示动力情态的,其中"能""会""解"表示主体能力,"得"表示客

---

① 第一句里"正月使唤针"可能是不合某种风俗,触犯某种禁忌;第二句的背景是 2012 年 8 月 26 日包茂高速公路延安段发生长途客车特大交通事故,乘客出于自身安全的考虑,用"敢不敢坐"来询问长途客车司机;第三句中"黑黢黢"通常不是正常食品的颜色。

② 其中"可能"作为一个双音化而来的词语,其演化过程不同于单音节词,绪论中介绍了其来源,这里不再讨论其语义发展过程。

③ "敢"和"管"也表示或然性,但通常认为是副词,用例见第二章。

观条件的可能，后逐渐发展出表认识情态的语义。

1. "得"从客观可能到主观推测

主体能力总是和一定的生理、心理条件分不开的，并且总要处在具体的外部环境和客观条件当中，所以表示主体能力的助动词可以发展出包含外部条件的能够义，在能够这种意义上，助动词如果用于反诘句，则带上了说话人主观推测的含义。古汉语中"得"可与疑问词"安""焉""何""那"等连用，构成反问句，表示谓语所举事项是不可能的，可译为"怎么可能……""怎么会……"，如：

管氏有三归，官事不摄，焉得俭？（《论语·八佾》）

人非尧舜，何得每事尽善？（《晋书·王述传》，转引自《古代汉语虚词词典》1999：90）

在此基础上，当以上疑问句用于表达某种条件下的中性疑问和推论时，整个句子的主观推测义就逐渐依附于助动词之上；当助动词用于陈述句时，这种语义演变的过程就全部完成了，助动词可以不再依赖语用环境而独立地表达主观推测义。《论语》中就有表示或然性意义（推测）的独立运用的"得"：

天之将丧斯文也，后死者不得与于斯文也。（《论语·子罕》）

杨伯峻（1980：88）将此句中的"得"译为"会"。这种意义的"得"在现代汉语普通话中都已经由"会"替代，但在一些南方方言中仍有使用"得"表示推测的用法，不过多用于否定[①]：

【萍乡】我讲说他他会听，别人讲他他不得听（李荣2002：4901）

【长沙】穿哒这件衣服不得冷哒（同上，3878）

【成都】吃了脏东西就得生病｜不吃脏东西不得生病（张清源1996）

2. "会""解"从主体能力到主观推测

普通话中"会"表示具有某种能力，如"会游泳"，属于动力情态；还表示具有高度的可能性，如"会成功"，属于认识情态。普通话中的

[①] 据黄伯荣《汉语方言语法类编》（1996：294），安徽巢县方言有"得"表示会（能）等意义的肯定用法，但究竟是"会"还是"能"，缺少更详细的资料。

"会"没有许可义，也没有客观条件可能的意义，一般认为这两种意义是从动力情态演变为认识情态的中间环节。

目前对"会"的语义发展有不同的解释。李明（2016：112）认为，"会"是由表能力直接虚化为表示认识可能的。蒋绍愚（2007）将《朱子语类》中助动词"会"的语义分为五种，认为"对于几个不同的助动词'会'之间的发展关系，只能从词义发展的一般规律来分析，但缺乏历史的证据"。傅书灵、祝建军（2004）认为表有能力做某事或善于做某事的"会"与表可能性的"会"不存在必然的联系，后者来自中古"会当"的助动词"会"。王鹏、马贝加（2011）认为"会"的语义发展走了一条从认识情态到动力情态的反方向的道路。范晓蕾（2016）将普通话中"会"的意义确定为一种认识必然性而非可能性，而这种认识必然性是由心智能力经条件必然发展而来的，三种意义的语义构成要素存在较大的一致性。

杨秀芳（2001）认为助动词"解"的虚化过程依次是：表示主语内在能力→表示外在客观形势→表示推测和判断，在历史上"解"的音义演变过程非常清晰。杨文提到"会"的语义发展过程中条件可能这一环节的缺失，认为"会"是由能力义发展出可能义的，原因是当时表示可能意义的"解"普遍使用，"会"受"解"的这种意义吸引而产生同类用法。"解"的影响促使"会"完成了意义的演化，汉语共同语中"会"从能力义到可能义演变过程中缺失的环节是由"解"来填补的。

从历时语料看，表示可能义的"会"出现时间较晚，王力（1989：249）提道：表示能力的"会"上古时期没有，到了唐宋以后才出现。调查发现，"解"在唐代表示能力义的用法很常见，如唐诗中的例子[①]：

汉月何曾照客心，胡笳只解催人老。（刘长卿《疲兵篇》）
夜中归梦来又去，朦胧岂解传消息。（刘商《胡笳十八拍·第四拍》）
江燕不能传远信，野花空解妒愁颜。（刘禹锡《望夫山》）
能持剑向人，不解持照身。（李贺《走马引》）

这些例子中有的将"解"和"能"相对使用，更能说明其含义。宋词中既有同类例子，也有发生变化的情况：

不解犁田分亩步，却能对客鸣花鼓。（惠洪《渔父词》）

---

① 这段中唐诗、宋词用例均来自北京大学CCL语料库。

青山非不佳，未解留侬住。（辛弃疾《生查子·独游西岩》）

最后一例中的"解"表示的是一种条件可能。随着"会"的出现，表示能力义的助动词"解"在共同语中迅速消亡了，蒋绍愚（2007）统计《朱子语类》中只有3例，可见在宋代共同语中发生了从"解"到"会"的演变。

在方言中"会"大多有动力情态意义，表示具有某种学习来的技能，但在认识情态意义上，除了一些方言和普通话情形相同，也有方言有一定的句法限制。比如湖北武汉方言中，"会"表示认识情态意义仅用于肯定形式，否定要用"不得"来表示（赵葵欣 2012：408）；江西萍乡方言情况与武汉方言相同，"会"表示有可能实现，否定形式用"不得"而不是"不会"（李荣 2002：4901）。这种肯定、否定不对称的情形还有别的例子，如普通话中"能"和"可以"都可以表示有某种用途和可能（能够），但这两种意义的否定通常用"不能"，而不是"不可以"。一般来说，因为涉及和否定词的搭配习惯，一种方言中否定形式的用词更稳固一些，不易受到外来词汇的影响。[①] 普通话中，"能"是北方地区基础方言的固有因素，"可以"是外来因素。[②] 与此类似，武汉、萍乡方言中表示或然性的"得"是固有的，"会"是外来的，这些方言中存在的"得不得"正反问也说明"得"在当地方言中是固有形式。

北方方言很少使用"会"表示认识情态意义，《现代汉语八百词》（1999a：416）指出：表示"有可能"，可以用"能"，也可以用"会"，在北方口语中多用"能"，在其他方言中多用"会"。如：

下这么大雨，他能（会）来吗？｜早晨有雾，今天大概能（会）放晴了

在北方"VC了"可能式分布的地区，还有使用"VC了"表示认识情态意义的用法，其含义相当于"会VC"。即使在用"会"表示动力情态意义的方言中，也有方言还同时存在别的同义形式，如"晓得"：

【萍乡】题目不会做｜十个月就会喊爷（魏刚强 1998：18）｜

---

① 如第五章中讨论的"没得"和"没能"，在多地有"能"而无"没能"，无"得"的肯定用法而有否定用法"没得"。从历时资料看，"得"是旧有的形式，"能"是新出现的形式，二者存在先后替换关系。

② 河南方言中多不用"可以"这个词，而南方（如南京、四川等）方言中常见。"能"和"可以"在南北方言中大致呈互补分布。北京话、普通话中用"可以"是其特殊形成过程导致的，与"V得C"的分布规律和原因相同。

我不晓得泗水（同上，249）

有的方言使用"V得来"表示"会"的意义：

【重庆】莫小看我，我开得来车_{会开车}（杨月蓉2006）

山西长治、潞城等地用"V了了"表示掌握某种技能：

【长治、潞城】我骑了了_{我会骑（马）}｜他打了了_{他会打（乒乓球）}（柯理思1995）

汉语方言中只有闽方言的"会"具有许可义和客观条件可能义。李如龙（2007：226）讨论闽方言和普通话的语法差异时说：闽方言中"能""会"往往不能区别，不少人说普通话时把"能、不能"说成"会、不会"。闽方言中前标记"会"本字其实是"解"，福州话存在这几种不同意义的"解"（文献中使用的都是"会"字）：

【福州】我会做｜依弟会爬了（能力）｜伲囝明年暝会读书了_{明年可以上学了}（条件可能）｜伊今晡会来｜六点会做完（推测可能）（李荣2002：4902）

条件可能义是普通话中的"会"所没有的，这种意义在普通话中要用"能"或"可以"来表示。从闽方言中保留的"解"的用法来看，"解"的语义演变路径清晰，"会"极可能是在"解"的影响下发生语义变化的。单从方言"会"（不含闽方言的"解"）的语言事实中无法看清其语义发展演变的脉络。

以上情况表明，相对于"会"在共同语中所具有的两种可能语义，在有些方言中"会"并不是表达这些语义的唯一语言形式[①]；并不是在每个方言中"会"都完全具有这两种意义，一些方言在某个意义的使用上有特定的句法要求（如肯定句）。这些语言事实提示，"会"并不是这些方言中的固有成分，也不是相关意义的唯一表达方式；方言不能体现"会"情态语义演化的全部基础和过程，"会"在各方言中的用法是受历史上书面共同语影响的结果。

---

① 普通话中，"会"也不是表示心智能力义的唯一形式，"能"可以在某些情况下表示心智能力，详见范晓蕾（2016）。

三、后标型可能式语义的发展

(一)"V(不)得"语义的发展

1. 现代汉语中"V(不)得"的语义

根据《现代汉语八百词》(1999a：165),现代汉语普通话中,"V+(不)得"这种格式里的V限于单音节词,一般都是被动意义,不能带宾语,但是"顾得""顾不得""舍得""舍不得""怨不得"等是主动意义,可以带名词、动词作宾语。刘月华(1980)认为"V(不)得"在普通话中绝大多数是表示许可义,仅有少量表示主客观条件允许实现某动作,而"顾得""舍得""认得"这些词语则是由早期的"V得"短语凝固而成。早期"V得"结构不表许可义,杨平(1989)、吴福祥(1996)、刘子瑜(2008)对近代汉语不同历史阶段文献的研究表明,历史上的可能补语式"V(不)得"曾经存在"能"和"可"两种含义。在今天的广州话中,"V得(O)"仍然可以表示"能"和"可"两种含义(彭小川1998)。可以认为"V得"在共同语中发生了语义的变化,语义范围缩小了。那么历史上该可能式两种语义是否有先后演变的关系,今天的广州话是不是反映了该式产生之初的情形?

如果从可能语义发展的内在逻辑关系来看,正如前文所讨论的助动词从动力情态意义到道义情态意义的演变一样,"V得"的两种语义也应存在演变关系,即从表示条件可能发展出许可义。以下结合实例讨论这个发展过程。

2. 早期"V(不)得"的语义[①]

从目前掌握的历史语料看,"V(不)得"可能式经历了从能够义到许可义的变化,历史上有很长一段时间两种语义并存。

早期出现的"V(不)得"多带有宾语,否定形式为"V(O)不得",出现较早。很多文献都引用过以下这两句话,认为是可能补语式"V不得"早期的例子:

> 今壹受诏如此,且使妾摇手不得。(《汉书·外戚传》)

[①] 早期的"V(O)不得""V得(O)"是否为可能补语式尚存争议,但争议本身正说明这些用例和后来标准的可能补语式高度相似,这种相似表明了承继关系,所以在语义上将其作为早期可能补语式来讨论是可以的,其形式上的结构关系下节详述。

田为王田，卖买不得。(《后汉书·隗嚣公孙述列传》)

杨伯峻（1981：23）认为这两句中的"不得"表不能，置于动词后或者动宾结构后。然而他对这两句话中"不得"的翻译并不相同："摇手不得"译为"摇手都不行"，"卖买不得"译为"不能卖出买进"。刘坚（2005：183）也认为"田为王田，卖买不得"中"不得"表示不允许。赵长才（2000：79）则认为这两例中"得"表示实现义，"不得"表示前述行为的未实现或未取得结果。查阅"卖买不得"句的上下文可以发现，"卖买不得"是在陈述一种结果，即没有办法、没有条件实现买卖，而非发出指令不能买卖：

……是其逆天之大罪也。

分裂郡国，断截地络。田为王田，卖买不得。规锢山泽，夺民本业。造起九庙，穷极土作。发冢河东，攻劫丘垄。此其逆地之大罪也。

……此其逆人之大罪也。(严可均《全后汉文》)

这段话的主题是历数王莽的各种罪状，"卖买不得"应理解为"卖出买进都无法实现（实现不了）"，而非"不允许卖买"。当然，造成这种结果的原因可能是"不得卖买"的禁令，但"卖买不得"中的"不得"并非表示禁止，历史语料中也没有用"V不得"表示禁止的用例。李小华（2007）认为《汉书·王莽传》中的"奴婢曰'私属'，皆不得卖买"和上例"卖买不得"所表达的内容相似、功能相同，只是语序不同，是"不得"从前向后移的证明。我们认为"皆不得卖买"是体现权威意志的禁令，而"卖买不得"是客观存在的结果和事实。以上情况说明早期的"V不得"的语义相当于今天的"V不了"，表示可实现性，而非可施行性。

再看早期肯定形式"V得（O）"的意义。太田辰夫（2003）、岳俊发（1984）、杨平（1989）都认为以下两例中的"V得"是可能式：

祥尝在别床眠，母自往暗斫之，值祥私起，空斫得被。(《世说新语·德行十四》)

击鼓之人，诚如何耳，使诚若申包胥，一人击得。(《论衡·顺鼓》)

然而刘坚（2005：116）认为"空斫得被"中"得"表示动作结果，赵长才（2000：73）认为"一人击得"表示的是动作实现。但不管理解为实现还是结果，"V 得"所述的都不是许可义，而是指某一行为结果的实现或者能够实现。吴福祥（2002a）论述说：一个动作实现了某种预期结果/状态，也就意味着这种结果/状态的实现具备了充分的主客观条件，按此理解，早期"V 得（O）"无论是表实现还是可能，都包含了具备完成某种行为的能力和条件的意义，在这一点上实现义和可能义是一致的。

3. "V（不）得"许可义的产生

（1）从能力到能够。如前所述，潜在能力成为事实、取得一定结果总离不开具体的环境和条件，于是表达情理许可、客观条件许可义的"V 得（O）"自然就出现了：

瞿昙少小在深宫，色境欢娱争断得？（《破魔变文》）

杨平（1989）、吴福祥（1996）都引用这个例子，杨文认为此例表示客观条件允许，吴文将其归入情理上的许可，这说明客观条件允许和情理许可之间的界限模糊。反问句"争（怎）V 得"是无疑而问，说话人用肯定的反问表达否定的意思，应当仍属于表示客观条件允许，即可实现性意义；如果说这样的反问句中有说话人的主观性，则应当属于主观推测含义中的内容，即说话人用反问传达观点，而非表示许可。

（2）在一般性疑问中发展出许可义。据张美兰（2003：296），《祖堂集》中的可能式"V 得（O）"结构处于产生和发展的初期阶段，用在未然的语境中，表未然状态中的可能结果。我们观察，这时该结构表示的多是能够类意义。以下是张文引用的部分例子：

僧曰："和尚病，争看得他？"
"若有人邈得吾真，呈似老僧看。"
若识得这个佛光，一切圣凡应幻无能惑也。

只有当"V 得"用于一般性问句表达有疑而问（非反问）时，其意义理解倾向于许可，如杨平（1989）认为下例中的"还坐得不"表示的是准许：

大夫问南泉："弟子家中有一片石。或坐或踏，如今镌作佛像，还坐得不？"（《祖堂集》）

这里的"V 得不"含有情理方面的原因（镌作佛像），并非仅仅由个人意志决定的准许。可能式"V 得"的许可义最初产生于这样的问句中，后来逐步发展出陈述句中的用法。

(3) 从可实现性到可施行性的过渡。吴福祥（2004：281-282）统计《朱子语类辑略》中表示"是否具备实现某种动作行为的能力或条件"和"情理上是否许可实现某种动作行为"的"V（不）得"结构，两种语义肯定形式的比例是50：11，否定形式的比例是61：13，二者的使用频率并不相同。其中有些反问句中的"V（不）得"语义处于从可实现性到可施行性的过渡阶段，如：

> 天下有必亡之势，这如何慢慢得，若许多宦者未诛，更怎地保养过几年，更乖。这只是胡说。（龙文玲等编著《朱子语类选注》下册）

> 看来看去，方有疑处也，此个物事极密，毫厘间便相争，如何恁地疏略说得？（同上，上册）

只有独立用于陈述句中，才是标准的许可义，如：

> 紧要便读，闲慢底便不读；精底便理会，粗底便不理会。书自是要读，恁地拣择不得。（同上）

这样看来，在宋代"V（不）得"以表达能够义为主，表达许可义的用例较少。李崇兴（2009）分析元代"V+得"结构，认为当时此结构尚不具有今天普通话中"V得"常用的被动可能义。和今天表示许可义的"V不得"（不带宾语，V为单音节）完全相同的用法出现在明代，《警世通言》中有如下用例：

> 得贵摇手道："做不得，做不得！我也没有这样胆！"（第三十五卷）

> 大尹道："你且开盒子先看一看，是甚物件。"再理告大尹："看不得。揭开后，坏人性命。"（第三十六卷）

> 张胜道："使不得……要来张胜家中，断然使不得。"（第十六卷）

同时该书中仍有大量的表示能够义的"V不得"结构：

> 告恩王，可常连日心疼病发，来不得。（第七卷）

> 近日新荷眉低眼慢，乳大腹高，出来不得。（同上）

> 孩儿感些风寒，这几日身子不快，来不得。（第十六卷）

> 周三忽然害着病，起床不得，身边有些钱物，又都使尽。（第二十卷）

你说话好欺人，我读书读到《孟子》，难道这三个字也认不得，随你叫谁看。(第二十四卷)

李宗江（1994）讨论了"V（不）得"的意义的分化与替代问题，认为在元明时期，表达能够义的"V（不）得"由于其自身（语义负担过重、V为单音节限制）和外在（"V得C"结构的影响）两个方面的原因，逐渐被"V得了"替代。整个过程在清代的《红楼梦》和《儿女英雄传》中有非常明显的表现，而到了老舍的《骆驼祥子》中，表示能够义的"V（不）得"多已凝固成词，仅存少量自由组合的搭配，而且已经不能算是严格意义上的现代汉语普通话中的说法。这就是说，此结构在共同语中的语义逐渐过渡到仅表示许可义。

据傅书灵（2005），在清初带有河南方言特色的小说《歧路灯》中，"V不哩"（"哩"相当于普通话的"得"，下同）可以表示两种意义：表示能力和能够类意义，115例；表示许可义，39例。能力和能够类意义的"V不得"多是重复出现，说明已经熟语化，能产性减弱；表示许可义的"V不哩"有一些用例，说明此结构当时已经出现。

《歧路灯》中的语言事实说明方言中"V（不）得"的变化速度滞后于共同语。在今天的河南方言中，依然可以见到表示这两种意义的"V（不）得"，"得"在不同地方呈现为不同的变体——"哩"或者"嘞"。表示可实现性的用例有：

【周口】这一桶水提嘞提不嘞能不能提动？（杜明鸳2012：35）

【开封】这个绳禁嘞禁不嘞禁得了禁不了｜顾嘞前顾不嘞后顾得了前顾不了后（自拟）

也有表示可施行性的用例，但较少见：

【周口】这些苹果吃嘞吃不嘞这些苹果能不能吃？（杜明鸳2012：35）

郭熙（2005）提到河南方言中有此类说法：

【河南】这事干哩干不哩这事干得干不得？｜这菜吃不哩这菜吃不得｜这东西买不哩这东西买不得

从我们的了解来看，"V（不）得"结构在今天河南方言中仅存一些固定的短语，无能产性；河南大部分方言使用"VC了"表示能够意义，使用"（不）能V"表达许可义。

至此可以证明：共同语中"V（不）得"产生之初表示可实现性，

此后经历了可实现性、可施行性两义共存的阶段,又逐渐过渡到以表示可施行性为主。在北方一些方言中该式保留有可实现性这类意义,较少用于可施行性意义;在南方方言如广州话中该式可以表示可实现性、可施行性两类意义。

(二)"V 不了"[①] 语义的发展

1. 从动力情态到认识情态

"V 不了"中的"了"最初表示完结的实义,后来这种含义逐渐虚化,从指向 V 的受事转移到指向 V 本身。如"看不了整本书"和"看不了英语书",前者表示"看不完",是就"整本"这个数量来说的;后者表示"没有能力看",是就"看"这种行为本身来说的。据李宗江(1994),上述变化大致发生在元代,在这个过程中,"V 不了"中 V 的范围逐渐增大,一些不及物动词,甚至表示动态的形容词开始进入这个结构,但该结构的意义类型并未改变,仍表示可实现性意义,这是动力情态内部的意义发展。当其肯定形式用于反问句中时,会产生否定的推测义,如:

  他如果连自己的父母都不孝顺,他能好得了吗?(北京大学 CCL 语料库)

  不彻底消灭你们这个阶级,农民生活怎么好得了?(同上)

否定形式"V 不了"则在一些环境下产生了认识情态意义,柯理思(2005)详细讨论了这一转化过程。

2. 普通话"V 不了"的变体形式

普通话中具有或然性语义的可能补语式并不限于"形容词+不了"的形式,其中形容词的位置上还可以出现非自主动词,"了"的位置上还可以出现其他傀儡补语,形成"非自主动词+不下来"和"A 不过 O""A 不到哪去"等变体。

(1)**非自主动词+不下来**　刘月华(1980)认为下面例句里的"V 不 C"表示不可能,是根据主客观条件进行的估计:

  老营的事情你只管放下,交待别人替你半天,天塌不下来。

[①] "V 得了"及相关形式在反问句中表示否定,意义和"V 不了"相当,所以本部分所讨论内容包含用在反问句中的肯定形式。

258

刘文注解中又说，凡是根据主客观条件进行的估计，一般能用此格式，而根据其他情况进行的估计，往往不能用"V得/不C"。如：

  他每天都在家，我想今天也不会出去（*也出不去）

刘文所举例句中，上句的"塌不下来"本身是一种比喻的说法，因为这里的"下来"可以理解为一种傀儡补语，"塌不下来"相当于"塌不了"，其中"塌"为非自主动词，不是有意发出的动作。该句并非标准的"V不C"结构，不存在"V不C"结构通常表达的愿而不能的意思，这里用"V不下来"表示的是认识情态意义，相当于"不会V"。而下句中用"我想"加以提示，用"不会"也表示认识情态的推测义。如果说上句中进行估计的依据主要是主客观条件，那么下句进行推测的依据就主要是说话人自己的经验。二者相比，上句的确定性强；下句的"不会出去"不能用"出不去"替换，但可以改为"出去不了"。之所以能这样改，是因为"出不去"突出显示动作行为"出"无法实现"去"这种结果，而"出去不了"中"出去"呈现的动作和结果的关系意义减弱，倾向于表示一种动作行为，所以后边可加"不了"表示对这种行为的否定，如同"来不了"之类的结构。刘月华（1980）中的例句还有"他每天都踩着铃儿来，今天也早来不了"，与此类似。一些性质形容词进入此结构，也会呈现出推测义，如：

  他平时从没有早来过，我想明天也早不了（不会早来）

目前见到的表示认识情态义的可能补语式多是"V不了（或其他傀儡补语）"，而且能出现在此式中的V是有限制的，即仅限于一些性质形容词。这种可能式的意义从动力情态演变到认识情态需要一定的条件：一是进入该式的词语范围从动词扩大到性质形容词，二是一般限于否定形式和用在反问句中的肯定形式。这和单音节助动词"能""得"以及可能补语"V得"的语义变化（在词性和结构的组成成分不变的情况下产生出新义）有所不同，两者有着不同的演变机制。所以，与其说是"V不了"的语义发生了演变，不如说是该式在特定的条件下产生了新的意义。

  (2) **A不过**O、**A不到哪去** 其中A代表性质形容词。"A不过O"形式上是一个比较结构，O代表比较的对象，如"轻不过鸿毛""热不过三伏天"等，该式中的O通常会选取一个在性质A上的极值来作比较，其用意并非真的将两种事物相比，而是在一个让步句的铺垫下，通过比较的形式，显示原事物属性 A 的程度是有限的，如《现代汉语八百词》（1999a：250）有这样一组例子：

<blockquote>
这山再高，能高得过喜马拉雅山去吗？｜天气再热，也热不过抢险队员的心去｜这天再冷，也冷不过三九天去
</blockquote>

原文的解释是"形容词＋得（不）＋过＋名＋［去］"结构表示"超过"，反问句中用肯定式形表示否定意义，所以这种结构并不适于表达肯定意义。

"A 不过 O（去）"表达的意义类似于前述"形容词＋不了"[①]，属于是认识情态意义，其中"过……（去）"相当于一个傀儡补语，其特殊之处是能够引出比较对象，其实一般的傀儡补语也可以后接宾语，如：

<blockquote>
时间这么紧，他来不了学校了
</blockquote>

下面这种说法能更清楚地体现"A 不到哪里去"的认识情态类推测义：

<blockquote>
这天再热也热不到哪去了
</blockquote>

其中"A 不到哪去了"表示"不可能更 A"的意思。由于可能语义的肯定和否定在逻辑上不对称，这种否定的推测义其实接近必然性，柯理思（2005）指出了这一点。吴为善、夏芳芳（2011）也认为"A 不到哪里去"表达的是主观评述性的有限程度量。

3. 方言中表示认识情态的可能补语式

"V 不了"在普通话中可以表达认识情态意义，在使用该形式的方言中也具有同样功能。除此之外，在一些使用"VC 了/喽"可能补语式的北方方言中，"VC 了/喽"也用于表达或然性语义，河南、山东部分地区方言存在这种现象。

河南开封方言中"VC 喽"表示可能语义。在一些语境中"VC 喽"还可以用来表示警示、提醒，如：

<blockquote>
【开封】你就那拿电脑弄坏喽_{你那样拿电脑会弄坏的}｜穿嘞少喽冻着喽_{穿得少了会冻坏的}（自拟）
</blockquote>

山东聊城方言中也存在类似用法，如：

[①] 第一句中"高得过"出现在肯定形式的反问句中，相当于"高不过"，句尾的"去"可以自由隐现。此例中"能"有推测义，但整句话去掉"能"也完全成立。

【聊城】路不好，摔倒喽_{不要摔倒了}｜早睡觉，起晚喽_{今晚早睡，明早不要起晚了}｜想开点儿，愁病喽_{不要愁病了}｜火忒旺，烧饼烤糊喽_{不要烤糊了烧饼}（张鹤泉 1995：168）

上述例句可分为两类，一类前后分句是因果关系，和上举开封话中的情况相同，如"路不好，摔倒喽""火忒旺，烧饼烤糊喽"；另一类前后分句无法理解为因果关系，如"想开点儿，愁病喽"，中间省去了"否则""不然"之类的词语，属于邢福义（2002：226）所说的假转句。两类句子中的"VC 喽"都可以理解为"会 VC 的"。

在聊城方言中，"VC 喽"前也可以加上"不要""别""小心"等表示禁止、警戒的词语，使语气变得舒缓些，如：

【聊城】靠边走，轧着喽｜靠边走，别轧着喽（张鹤泉 1995：169）

类似用法在山东阳谷、济南、枣庄方言中也存在：

【阳谷】跑这么快，摔倒唠｜穿这么薄，冻着唠｜跑这么快，别摔倒唠｜穿这么薄，别冻着唠（董绍克 2005：314）

【济南】别乱拆，弄坏唠｜天气冷，冻着唠（高文达 1992：71）

【枣庄】砸着喽，快躲开！＝快躲开，砸着喽！（吕俭平 2011：177）

以上方言中，"VC 喽"能够起到表示警示、提醒的作用，说话人从主观上推断有可能出现 VC 这种结果，"VC 喽"这时表达认识情态意义。该结构在这些方言中还能够作为可能补语式表达可实现性。尽管表示认识情态意义的"VC 喽"不宜再作可实现性解读（由于 VC 是负面的，下文详述），但从两种语义的关系上说，事实上的可实现性是形成这种认识的基础，所以我们把两种意义的"VC 喽"视为一种形式。[①]

而这些方言中同样用来表示警示的"别 VC 喽"中，"VC 喽"则不被视为可能补语式，因为并不表示可能语义，其中的"喽"可以视为一种虚化的补语，表示 VC 的完成[②]，是具有实义的补语"了"的进一步虚化，类似于马希文（1982）所说的北京话命令句中读为 [lou] 的"了"。

[①] 普通话中的可能补语式"V 得 C"不具有这样的功能，表达这种意义通常使用"会 VC 的"。

[②] 这种用法是可能补语结构形成历史过程中的一个阶段，详见本章第二节中"后标型可能式的产生"相关部分。

这里的"VC喽"出现在否定词"别"之后的虚拟语境中，所以和同属虚拟语义的可能义"VC喽"使用同一种形式，二者中的"了"读音均为[lou]，即方言中所写的"喽"或"唠"。

河南开封方言中表示警示、提醒还有一种说法是"VC啦"，如：

【开封】赶紧搁那儿吧，再拿手里弄坏啦｜赶紧买吧，不买卖完啦（自拟）

这种表示警示、提醒的"VC啦"和起同样作用的"VC喽"意义不同，"VC喽"是"会VC"，"VC啦"是"马上要VC"，"啦"相当于普通话的"了$_2$"，表示即将出现的变化。

以上例句中，表示认识情态意义的"VC喽"对VC的语义是有要求的，这时的VC通常表示负面内容，是说话人不希望发生的情况，而且其中C不是说话人可以控制的结果，这和通常表示可实现性意义的"VC喽"中V和C的关系不同，后者中C一般是可控的，如"吃得完""搬得动"，也有不可控的情况，如"听得懂""看得见"，但都是一种积极的能力。因此，方言中使用可能补语肯定形式表示认识情态意义和普通话中使用"V不了"的情况类似，即都对其中有关词项在意义上有特殊要求。

第二节 形式的发展

一、或然性语义表达方式的发展

可能语义的表达方式从古到今经历了一些变化。以或然性语义为例，在汉语史上，先后出现过多种表达方式，如上古时期的句子语气、先秦时期的副词、唐宋以后的助动词，以及现代汉语中的"V不了"可能补语式等。

在商代的甲骨文中，能愿动词只有一个，就是"克"（张玉金2001a：4）[①]。从殷商一直到春秋时期，另一个和可能语义相关的词语是语气副词"其"。通常认为"其"是表示推测，即或然性，如马悦然

[①] 据张玉金（2003：115），郑继娥《甲骨文动词语法研究》认为能愿动词有"克""可"两个，但张认为"可"是能愿动词属于误判，当是名词。李明（2016：13）引用裘锡圭的考证结果，认为甲骨文中"肩"的意义同"克"，应当也属于表示能力或客观条件可能性的助动词。

(1982)认为《左传》当中表达情态意义的"其"字中有 73 个表达甲类情态（能力、意愿等），有 482 个表达乙类情态（或然性、推测）。何乐士（2004：409）分析《左传》中的"其"表推测、判断的占 48%，其他的表反诘、疑问、祈使等，但"各种语气之间有时很难截然区分，特别是推测判断语气常或多或少地包含在多种语气之中，成为'其'的基本用法。"

张玉金（2001b）认为，甲骨、金文中的"其"一是表达将要，二是表达命令语气，除此之外，没有其他义项。杨逢彬（2003：242）提出甲骨刻辞中"其"的单功能性，认为"语气副词'其'很可能和句末语气词一样是单功能的，它本身可能并不表示任何语气，只是通过强调谓语来加强句中原有的语气，而不能改变原有的语气"。杨逢彬、陈练文（2008）进一步通过整个先秦时期的语气副词系统证实了这一观点。

以上研究表明，传统观点认为，从殷商到春秋时期汉语表达或然性可能语义所使用的是语气副词"其"，但新近的研究倾向于认为当时表达这种意义的不是哪个单独的语气副词，而是整句的语气，"其"只不过是加重和强调了这种语气。按照这种认识，这一时期推测义的表达和句子语气是分不开的，也就是说早期汉语中或然性语义和测度语气是很难分开的①。中古时期"其"用于表示推测义的比重下降，句尾一般仍有语气词（栗学英 2011）。而据朱冠明（2008：39-41），在东晋时期的《摩诃僧祇律》中，助动词"能"有 22 例表示认识情态意义，但常常要和"脱""或"等表主观推测的副词连用，独立表主观推测的仅有 1 例，说明这一时期助动词表达认识情态意义仍不普遍，直到现代，"能"表或然性语义仍多见于疑问句、否定句中。唐宋时期，助动词"解""会""可能"开始出现表或然性语义的用法。现代汉语中才有"V 不了"在特定的条件下表达认识情态推测义的用法，表达或然性语义的形式主要集中在助动词和副词上。

或然性语义的表达方式，从最初只用句子语气发展到用副词、助动词，但原来的语气表达手段也并未消亡，而是几种手段并存，其含义有着细微的差异。或然性语义又和测度语气发生分化，各自对应不同的表达方式，这些发展变化是随着汉语语法的严密化和精细化而逐步出现的。

---

① 可对比如下说法："测度语气和或然的语意有密切的关系，但是这两者并不是二而一的"（吕叔湘 1982：299）。

二、后标型可能式的产生

（一）"V 得（C）"的产生

1. 两种基本观点：后移和虚化

先秦时期，"得"可作为助动词用在动词前表示可能语义，唐宋时期先后出现了"V 得"和"V 得 C"可能式，原来只在动词前的"得"开始出现在动词后，语义仍与可能有关，其中"V 得 C"除了可能语义外还可以表示状态。关于这两种带"得"标记述补结构的产生途径有两种观点：一种观点认为状态述补结构中的"得"和可能述补结构中的"得"是两回事，前者来自虚化，后者来自表可能的助动词"得"的后移，持此看法的有杨建国（1959）、祝敏彻（1996）、岳俊发（1984）等；另一种观点认为两式中的"得"相同，都是从用于动词后原本具有获得义的补语"得"虚化而来的，持此看法的是王力（1980：302）。太田辰夫（2003）认为"VO 不得"和"V 得 O"两式中的"得"未必出于同一来源，因为否定形式出现的时间更早。蒋绍愚（2005：199）认为只有"VO 不得"中的"得"是能愿动词后置而来的，其他后标型可能式中的"得"都是沿"获得—达成—可能"途径发展而来的；而"V 不 C"格式原本表示 VC 的否定，后逐步语法化为可能语义，和"V 得 C"的形成过程无关。

关于后标型可能式"V 得 C"，无论是认为"得"来自后移还是虚化，都和动词前的助动词"得"有着不可分割的关系。如果认为是后移，那么后标记就和助动词是同一个成分；如果认为是虚化，那么后标记和助动词经历了相似的虚化过程，因为用于动词前表示可能的"得"也经历了"获得—达成—可能"的形成过程（李明 2016：23）。因此，研究助动词"得"的形成过程对于认识后标型可能式的形成具有重要参考价值。而对于后标型可能式的形成，目前主流的说法是表示实现的形式用在未然语境中产生了可能义，但具体如何运用到哪些未然语境中未见详细说明。接下来先分析助动词"得"的形成过程，再在此基础上进一步观察后标型可能式"V 得 C"的产生。

2. 动词前的"得"

"得"本为动词，义为"得到"，在文言中经常后接名词作为宾语，有时也可后接动词，杨伯峻（1956）认为《论语》中的 V 前的"得"是助动词。李明（2016：24）认为当"得 VP"中 VP 是已完成的动作时，"得"义为"得以"，表达成。巫雪如（2018：327）认为"得"的达成义是因为后接谓词性成分所表示的动作或状态不具体而出现的，她还认为"得"后接的名词宾语开始抽象化后（如"仁"），"得"的得到义也开始虚化。以上研究将助动词"得"的虚化过程加以细化，一方面认为"得"后接谓词性成分时有可能还不是助动词，另一方面提出在"得"后接抽象名词时语义已经虚化，将"得"从动词到助动词的转变过程向两端延伸，有助于加深对这个变化过程的认识。

（1）考察古汉语语料，先秦时期"能""得"都有助动词用法，一般认为，"能"用于表示主观能力，"得"用于表示客观条件的可能（杨伯峻1956；王力 1989：245；祝敏彻 1996）。对于这种传统的认识，杨平（2001）提出不同意见，认为先秦时期"得"可作为动词使用，后接动词宾语，表示实现、达到某种结果的意思，助动词"得"即来源于此，在未然的语境中表示能实现、达到某种结果。刘承慧（2002：74）、杜轶（2007）均支持这种观点，认为先秦时期"得＋VP"结构中"得"表示获得或实现某种结果，"得"表示可能语义只是上述结构出现在特定语境中的结果，这时"得"并未取得独立表示可能语义的助动词资格。

据观察，先秦时期表示已经实现某种行为的"得＋VP"中"得"的确无法解释为"能"，因为将其解释为"能"即使不出现逻辑上的冲突（"已经实现"蕴含"能够实现"），也会违反言语行为理论中的"量的准则"，即实际上是已经实现，而只表述为一种潜在的能够（具备能力和条件）实现，没有遵守足量原则。有时用"能"来解释"得"会出现语句不通的情况，如：

　　身今得见王，而家宅乎齐，意恶能直？（《吕氏春秋·贵直》）

此例转引自刘承慧（2002：74）。刘文认为句中"得"表述已然实现的事件，以"能"释"得"反而显得冗赘。但是我们发现，用得到、实现来解释此句中的"得"，虽然从语义上说符合事实，但仍然无法保证语句上的通顺，因为在叙述已然情形时，句中的主要动词是 V 而不是"得"，"得"作为表示实现义的动词功能减弱，而是表明主要动词的动作行为在时间上的一个阶段和状态。吕叔湘（1982：227-233）认为当时间观念已经融化在动作观念里的时候，"将""方""已"等限制词表达的不是时间，而是动相。先秦时期用在动词前的"得"也是这样一个表示动相的词语，接近于现代所说的体标记的含义和作用，这是助动词"得"

演变过程中的一个重要环节。当上述结构用于特定语境下，其中的"得"便有了可能义。

(2) 考察方言语料，也能看出助动词"得"的形成过程中的某些环节。动词"得"单用或后接名词时可带"了"，如：

【贵阳】你得了_{你得到了}｜你得了一本书（汪平 1983）

"得"也可以用在其他动词前，本身可以带宾语，也可以不带，表示遇到好的事；"着"表示遇到坏事，如：

【贵阳】你得看了｜他得缝了一件新衣裳｜你得坐车，我着走路（李荣 2002：3876）

汪平（1983）将上述用例中"得"认定为句子的第一动词，将"得+VP"结构看作连动式，说明"得"动词性很明显。"得"后动词可带"了$_1$"，说明是已经完成的动作行为，这时的"得"应是表示达成义。另据肖万萍（2010），广西北部的永福官话中"得"可用于名词前表示"得到"，也可以用在谓词性成分前表示得到某种好的际遇或机会，如：

【永福】他得去过周杰伦的演唱会_{他得到机会去参加过周杰伦的演唱会}（肖万萍 2010）

普通话释义中增加了名词"机会"，改变了"得"的搭配对象，"得到机会"这种解释反映出在当地人语感中"得"语义实在。但实际上例句中的"得"已经不是这种解释所指的得到义动词，句中"得"后动词"去"带有经验体标记"过"，所以"得"只能解释为达成义。这里的"得"和上例贵阳话中的"得"都不好用普通话对应解释。又如：

【柳州】我昨天得吃了块芝士蛋糕（用于表述已然事件）（易丹 2014）

以上"得 V"用例中"得"后无法使用完成体标记"了$_1$"，这和"得"单独使用以及后接名词时是不同的，这种情况说明"得"后接动词时已经失去了典型动词的某些特征，但语义仍相对实在具体。

"得 V"中的"得"进一步虚化就是变为 V 的辅助成分。贵阳话中"我得吃了"的否定形式是"我没得吃"，"我得坐车"的否定形式是"我没得坐车"。贵阳话的"没得"或"不得"相当于普通话的"没有"，二者意义、用法都一样（汪平 1983）。通过以下对比可以看出贵阳话的特殊之处：

我吃了——我没有吃

【贵阳】我得吃了——我没得吃（没得＝没有）

从否定形式看，普通话和方言中的说法相同，而肯定形式的方言中多了一个"得"，这是普通话中所不具有的成分，所表达的达成义在普通话中找不到相应的词语。从举例看，表示现实义的"得V"如果后续没有"了"或者"过"则无法自足[①]，但当其表示虚拟意义（假设或条件）并且有后续分句时则可以成立[②]，如：

【柳州】妹心高，得吃龙眼想仙桃，得吃山珍想海味，得吃双料想三熬（李荣 2002：3876）

此例来自民歌唱词，其中字词用法更为保守一些，不易发生新的变化。在这个用例中，"得"后动词不带完成体标记，无法明确证实其为实际发生的动作行为。如果理解为假设关系，这时"得"进一步虚化，表示的是一种虚拟语境下的达成，只能理解为表示能够义的助动词；如果理解为现实语义，整句话表示的是前一动作行为实现后又有了新的更高的愿望，那么前边动作行为的实现是靠"得"来表示的，"得"相当于普通话中用在动词后的"了$_1$"，基本成为V的一个附着成分，所不同的是"得"位于动词之前，可以认为是用在动词前的完成体标记。而在西南其他地区的相似民歌中，上例中动词前"得"有的改用动词后"了$_1$"来表示，如：

【重庆（永川）】这山看到那山高，吃了龙眼想仙桃，得了新来丢了旧，穿了狐皮丢锦袍（《中国歌谣集成·重庆市永川县卷》1988：40）

【广西】这山望见那山高，得吃龙眼想仙桃，得了新来丢了旧，穿了狐皮丢烂袍（《民间文学集刊》第一本，上海文化出版社 1957：26）

后一例接连三句歌词中依次使用"得吃""得了""穿了"，清楚地显示了当地方言完成体标记从使用动词前的"得"到改用动词后的"了$_1$"的过程。中间一句使用"得了"大概是因为无法重复使用"得得"这种

[①] 这说明在普通话的影响下，现代贵阳方言中"得"在动词前不具有单独标示完成体的功能，动词后加上"了"之后，动词前的"得"功能转为表示某种情态意义。

[②] 李兴亚（1989）详细讨论了普通话"了$_1$"的自由隐现规律，其中一种情况是：有表示连续动作的后续小句，并且动词后头有表结果义的补语。

形式。

　　以上情况说明,"得V"结构中的"得"在虚拟语境中通常被理解为可能标记,在现实语境中相当于动词完成体标记。由此看来,"得"的句法语义表现和北方方言中"了"既可以作为可能标记,又可以表示完成、完结,是完全一致的。表示可能的助动词"得"就形成于从达成义动词到完成体标记的虚化过程当中,是由表示动相的"得"在特定的语境中演化而成的。

　　先秦时期,肯定形式的"得V"用例较少,在经常引用的为数不多的肯定用法中,表示可能的助动词"得"大都出现在假设复句的偏句之中①:

　　　　圣人,吾不得而见之矣;得见君子者,斯可矣。(《论语·述而》)

　　　　夫子加齐之卿相,得行道焉,虽由此霸王,不异矣。(《孟子·公孙丑上》)

　　　　既得见四方之君子,则将先语?(《墨子·鲁问》)

　　　　若以大夫之灵,得保首领以没,先君若问与夷,其将何辞以对?(《左传·隐公二年》)

　　吕叔湘(1982:419、274)指出:文言里常利用"者"字把条件纳入词组成为隐含的假设句,若除去"者"、后加"则",就成了普通的假设句;句尾的语气词"矣"表变动性事实,"也"表静止性事实。上述"者……矣/也"句表示在某一条件实现后的变化,例句中"得见君子"表示的正是这种假设的条件,其假设意义并非为"得"字所有,而是由句式赋予的(马建忠1983:184),一般认为"得"在这里表示客观条件的可能。

　　由此看来,通常说的在未然语境中表示可能语义未必准确。第一章讨论可能语义的性质时指出,"未然"多半是一个时间上的概念,然而可能语义并非是从时间上来说的。在前引四个例句中,"得"表述的都是假设中的已然实现,促使"得"产生可能语义的是假设/条件中的偏句位置。这种句式陈述一种事理,没有已然、未然之分,而是讲条件是否具备。在让步句中出现的"不得"也呈现出可能语义:

　　　　且予纵不得大葬,予死于道路乎?(《论语·子罕》)

----

① 这组例句中前三例为杨平(2001)引用,后一例为李小华(2007)引用。

出现在叙实语句中的"不得"既有可能语义，同时也表示现实事件的状态，如下面例句中"不得"表示的都是已经发生的事实：

> 回也视予犹父也，予不得视犹子也。（《论语·先进》）
>
> 孔子下，欲与之言。趋而辟之，不得与之言。（《论语·微子》）

一般认为，否定形式的"得"已经从动词转化为助动词，如刘利（1998：284）认为受否定副词"不"修饰是"得VP"中"得"虚化为助动词的一个标志，因为"不"和"得到"意义不相协调，此时"得"不可能是表示得到义的动词。李明（2016：24）认为，当"得"前有否定词时，"得"表示可能而不是达成。根据石毓智（2001），否定也是一种虚拟语境，这样看来，否定形式中"得"产生可能义和假设条件等句式中的道理相同，与虚拟语境中实现和可能之间界限模糊有关（详见表6-2）。所以，促成可能义助动词"得"形成的关键因素不是时间上的未然，而是假设、让步以及否定等虚拟语境。

3. 动词后的"得"

（1）"V得"中"得"的虚化过程。根据杨平（1989）、曹广顺（1995）的研究，从先秦时期开始，动词"得"可以用在带有取得义的动词之后，构成连动结构；汉代以后，这种"V得"连用形式逐渐增多，其中V以取得义动词为主，也出现了少量的非取得义动词后加"得"的用例，这种用法近似于一种表示完成和实现的述补结构。唐代以后，"得"用作补语的例子增多，同时又在此基础上进一步虚化为动态助词，一些"动词+得+宾语"结构中的"得"类似于今天表示完成体的"了$_1$"。周法高（1975）认为唐代以前动词后的"得"有表既事之义，这种说法和今天所说的动相补语含义类似。吴福祥（2009）认为"得"是在作动相补语的环节上演化为可能标记的；刘璐、陈前瑞（2017）将这一演化过程具体化，认为是在动相补语的完结体意义上演化为可能标记的。

以上演变过程的不同阶段在今天的汉语方言中都有所保留，比如在西南官话中，"得"除了作为一般的实义动词表示得到义外，还可以用在别的动词后表示完成、有结果，充当句子主要动词的补语，也有用于表示完成体意义的，如：

【柳州】你那个高柜做得了，可以拉回去了｜人家都考得_{考取}了，就你没考得（李荣2002：3876）｜老百姓把竹子砍得以后摆成竹筏

｜驾照领得了｜读得两年书回来再工作（易丹 2014）

【贵阳】在书店买得本书｜才写得两行字｜绕得两转就昏噢（涂光禄 1997）

【黔东南】我买得票嘎｜今天赚得一百块（肖亚丽 2015）

粤语、赣语中也有类似用法：

【香港】出得站嚟都五点钟咯（郑定欧 1997：361）

【广丰】赚得现个，去赊赊个得了眼前利益，而失去了长远的利益（胡松柏 2003）

"得"作为完成体标记的用法是由动相补语"得"进一步虚化而来的。在这些方言中，"V 得"也表示可能语义。

在一些民族语言中，表示可能语义的后标记也具有完成体标记的用法。布央语从汉语中借用的 dai^{24}（得）在该语言中具有可能标记用法，同时也具有完成体标记的用法，相当于汉语普通话中的"了$_1$"（李锦芳 1999：79）：

va^{11} tok^{11} tsiŋ^{24} dai^{24} a^0 pi:ŋ^{312} la^0
去　读　书　得　一　年　　了　出去读了一年书了

kɛ^{54} kan^{54} dai^{24} aɔ^{24} qha:ŋ^{54} koi^{11}
他　吃　得　一锅　饭　完　他吃得完一锅米饭

仡佬语中，lai^3（得）既可以作为完成体标记，又可以用作可能补语中的可能标记（王均、郑国乔 1980：68）：

jɔŋ^6 lai^3 ta:m^1 mɛ^1
用　得　三　年　能用三年

tjeu^6 tsa^2 lai^3 ta:m^1 fan^1
调查　得　三　天　调查了三天

与"V 得"中"得"的虚化相关，某些可能式中的标记兼有表达结果体的功能。陈前瑞（2008：99）虽然未将作动相补语使用的"了[liao]""得"列入完结体或结果体，但也承认这些动相补语意义上和完结体或结果体是相通的，也表完结或结果阶段，只是使用范围比较窄。这里所说的使用范围，很大程度上是指这两个成分多出现在可能式相关结构中，所以我们有理由认为作动相补语使用的"了[liao]""得"也具有表达结果体的功能。

"得""了""下"等成分从作为动相补语到在特定语境中转化为可能标记,其结果体功能是否得以保留,需要用一定的形式规则来进行验证。"得"位于动词前虽然不能称为动相补语,但功能与位于动词后的动相补语相当,这里也一并讨论。

前标记"得"在语法化过程中保留结果体意义,只用来表示已经实现的事实中的可能,如文言中的"得见",否定形式有"未得见";现代汉语中前标记"得"可受"没有"的否定,形成"没有得VP"结构。普通话中"能VP"逐渐获得这种功能,也可受"没有"否定,但是一些方言仍不使用"没有能VP",这说明普通话中的"能"具有了结果体的功能,而一些方言中的"能"则没有这种功能。开封方言中前标型可能式"得V(C)"可以受"冇(没有)"的否定:

【开封】他冇得来|他冇得来成|他冇得来了[lou⁵⁵](自拟)

由此可知,这里的可能标记"得"兼有结果体的功能,当V后有补语C时,这种功能有所削弱,因为补语C能够起到标示动作V的结果的作用,"得"显现出来的主要是可能标记功能。

孙凡(2012:68)提出,实现体(完成体)和结果体的否定形式不同,实现体标记不能和否定词"没"共存于一个句子当中,而结果体标记可以和否定词"没"共存。根据可能式的具体情况,来看如下例子:

他来了|他没来|＊他没来了("了"为实现体标记)
他没有认识到事情的严重性("到"为结果体标记)
【开封】他冇来喽|他冇去成("喽"和"成"均为结果体标记,非轻声)

开封方言中的"喽"还是可能后标记,作可能标记时声调变为轻声,可能式"VC了"不受"没有"的否定,所以说其中的可能标记"了"不具有结果体标记功能。

普通话中"V得"可能式中后标记"得"是动词,表示实现,"V得"中还可以加入"不"构成否定形式,说明"得"义具体实在;"V得C"中"得"是助词,是VC结构的一个附着成分。两式均不能接受"没有"的否定,其中"得"标记不具有结果体标记功能。个别方言中情况有所不同,据鲍厚星等(1999:337),在湖南长沙方言中,可能式"V得C"能够受"冇"(也写作"冒",相当于普通话"没有")否定,说明

271

该式同时兼有实现义,可能标记"得"兼有结果体标记功能,"冇 V 得 C"的含义相当于普通话中的"没有能 VC"和开封方言中的"冇得 VC"[①]。

另外,可能式"VP 下"也有受"没有"否定的情况(赵绿原 2015:47,例见第五章第一节),说明该式中的可能标记"下"兼有结果体标记的功能。

(2)"V(O)不得"的性质。前文"可能式语义的发展"一节讨论"V 不得"的语义发展时提到,早期的"V(O)不得"结构,有人理解为结果式,有人理解为可能式。这两种理解都是将该结构分析为动补关系。对"V(O)不得"结构的另一种理解是主谓关系,即把"不得"看作对"V(O)"的陈述说明。梅祖麟(1981)认为"妾摇手不得"和"子胥解梦了"都是"主谓谓"结构,"不得"是用来陈述"(主语+)V(O)"的状态或情貌的。由于"摇手不得""卖买不得"中"不得"的直接成分不是单音节动词,而是 VO(摇手)或类似 VO(如"欲出""求出")的结构,即使不是这种结构,如"卖买",在语义上也是倾向于表示事件而非动作,所以将"V(O)不得"的结构关系理解为主谓而不是补充。这时可认为"得"是一个表示完成、达成义的动词,受"不"否定时表示无法达成。该结构类似于成语"欲罢不能""求死不得"之类的说法,这时"得"后无动词,不同于"不得 VP"中的"得"。

古代、近代汉语中有一个与"得"意义相近的动词"成",二者有许多相同的用法,《墨子》中有"以此谋事则得,举事则成"(引自杨平 2001),《歧路灯》中同时使用"了不得"和"了不成",意思相同。据曹志耘(2008:070),甘肃临夏、青海同仁说"吃成了",这里"了"为可能标记,"吃成了"意思相当于普通话"吃得";普通话中的"吃不得"在宁夏中卫、银川,内蒙古鄂尔多斯,陕西神木、户县都说成"吃不成","得"与"成"在可能补语结构中具有相同的作用。沈家煊(2006:273)提出:"摇手不得"和"学书不成"非常接近,二者都表示没有达成,整个结构可以分析为主谓关系。

"得"不仅在动词后表示完成义和"成"有一致性,在动词前也很相似。蒋绍愚(1980)谈到杜诗中的"不成"是未能之义;徐时仪(1993),江蓝生、曹广顺(1997)都将唐宋时期出现在动词前的"不成"解释为"不能"或"未能"。但杨永龙(2000)认为,这些理解都只是

---

① 详细讨论见第五章第一节"后标型可能式的否定"部分。

"不成V"结构在不同语境中所体现出的语用义,"不成V"只是对"使V所代表的动作行为得以实现"进行否定,"不成V"中的"成"不是表达能够义的助动词,而是表达实现义的动词。理解上的差别恰恰说明了可能语义从由语境产生到集中到助动词上的过程,"得"和"成"的区别在于后者不是一个典型的及物动词,所以"成"没有成为助动词并不是这种语境的原因,而是语言系统及其自身特性决定的。

由此可见,动词前后"得"的虚化过程有很强的一致性,都经历了表示达成义的动词这个阶段。动词后"得"在虚化过程中由于牵涉宾语、补语的因素,所以不像助动词"得"形成得那么直接,但生成机制和语境都是相同的。沈家煊(2006:275)认为"VO不得"发展成为"V不得O"则变成了可能式,储泽祥、谢晓明(2002)认为动词后表可能的"得"首先在否定式和疑问式中发展出可能语义,这两种句式同样都是和叙实句相对的虚拟句(石毓智2001)。

(3)"V得(C)"可能式最早出现的语境。文献中经常讨论的"V得(C)"可能式早期主要出现在假设句中,如:

若使火云烧得动,始应农器满人间。(来鹄《题庐山双剑峰》,转引自太田辰夫2003:216)

道得亦权下死,道不得亦权下死。(《祖堂集》,转引自张美兰2003:310)

若答得则宿;若答不得,则进前行。(同上)

某甲若道得,则是客中主。(《祖堂集》,转引自曹广顺等2011:404)

者个事军国事一般,官家若判不得,须唤村公断。(同上)

若有人弹得破,莫来,若也无人弹得破,却还老僧。(《祖堂集》,转引自太田辰夫2003:216)

我们也找到一些出现在假设偏句中的可能补语用例:

陛下若答得,即却归长安;若□□(答不)得,应不及再归生路。(《唐太宗入冥记》,王重民等《敦煌变文集》)

若果能立,如何到这般田地?……立是你立,却问我如何立,若立得住,何须把捉?(《象山语录》,转引自刘坚1985:86)

这些例子是否确为可能义,也是有疑问的。如太田辰夫(2003:217)认为唐五代时期一些可能补语例证不一定只是表示可能的意思,也可以理解为表结果之意。蒋绍愚（2005：175）认为"V 得"后带补语在已然情况下表示达成，在未然或假设语境中表示可能。

沈家煊（2005）认为吴福祥（2002a）文中举的早期可能式用例都出现在非现实句和对举句中，有三例不属于这类句子的"V 得 C"，应理解为实现式而非可能式。沈文所称的非现实句即吴文所说的未然句，包括否定、疑问、假设、推测等。张美兰（2003：299）认为，《祖堂集》中出现在"V 得（O）"前的能性助动词、出现在句中的假设连词"如、若、设使"可以视作判定能性述补结构的一个辅助性形式标志。① 因此，虚拟语境是造成可能补语式形成的一个重要原因，其中又以假设句式的偏句位置最为典型，联系到助动词"得"肯定用法也是在假设句中首先出现，可以认为是偏句的位置促成了后标型可能式的形成。

（4）"得"类标记可能式形成的认知动因。造成假设、条件等句式偏句位置所述内容虚实模糊的深层原因是说话人的主观视点，邢福义（1985、1991）在分析汉语复句结构和语义的关系时曾详细论述虚拟句中的虚实关系，其基本观点可以用来解释实现和可能两种语义之间的转换。

从句式的作用上来看，虚拟条件句中偏句的位置能够起到化实为虚的作用，表现了说话人的主观视点。邢福义（1991）指出，复句语义关系既反映客观实际又反映主观视点，在虚拟句中，主观上虚拟为真，客观上不一定非真。如"即使 p，也 q"句式中的 p 大多数情况下是主观上虚拟为真，客观上实际非真，然而有些时候，p 确是事实，"即使"起着化实为虚的作用。而最典型的虚拟句式"如果 p，就 q"，其句式上所标明的虚跟客观实际的虚也没有绝对的必然的联系，即"如果"之后，仍然可以接真实的事件，而句子体现的只是说话人主观上的化实为虚。邢福义（1985）更明确指出，"'即使'实言句所说的事往往显得若有若无，似实似虚"。以这种观点来看处在假设偏句位置的"V 得 C"（包括下文将讨论的"VC 了"），则其既可以是真正实现了的，也可以是尚未实现的，但进入这个句式之后都被假设为真，同时也被说话人从主观上化实为虚，如②：

---

① 关于"能（可）+V+得（C）"结构中可能义是由"能"还是由"得"来表达有不同意见，如沈家煊（2005）认为吴福祥（2002a）所举"地脉尚能缩得短"中由"能"表示可能义，而不是"缩得短"表示可能。李平（1984）认为在《世说新语》《百喻经》和《搜神记》中有个别"V 得"用例表示可能，但同时又说"这时期的'V+得'表可能，往往在它前面有'能''可'等助动词"；李文认为"V 得"唐代开始独立作可能补语。

② 以下两例张美兰（2003：306）、王力（1980：301）分别引用。

见即见，若不见，纵说得出，亦不得见。(《祖堂集》)

纵使青春留得住，虚语，无情花对有情人。(欧阳修《定风波》)

从上例可知，不仅假设语境具有这种功能，表示让步的分句也可以将现实和虚拟沟通起来。吕叔湘（1982：435）认为："'纵'字是代表的纵予关词，因为他兼有'假使'和'虽然'两层意思"。一般倾向于将这里的"V得C"理解为可能语义，让步句偏句位置反映的也是说话人的主观视点。这两句的句式虽相同，但其中"V得C"的语义性质有些差异。"说得出"既能理解为实现（说出来了），也可以理解为可能（能说出来），二者在假设语境中界限模糊。而"青春留得住"即通常所说的反事实条件，不可能真正实现，假设意味明显，更凸显了说话人的主观视点。即使是实现语义，进入该句式后也会变成一种虚拟的情况，而虚拟的实现语义和可能语义之间的界限是模糊的；特定句式对语言结构的固有意义产生很大影响，进而使其语义发生转变，最终使得临时语境义成为该结构的固定含义。

含"得"可能补语式就是在这种语境中形成的，早期用例多不易确定是实现还是可能，至宋代以后发展出表示能力的"V得（O）"结构，才独立表示可能语义，如：

今人但见口头道得，笔下去得，纸上写得，以为如此便了，殊不知圣贤教人初不如是，而今所读，亦自与自家不相干涉也。(《朱子语类》，北京大学CCL语料库)

看迎儿生得：短胳膊，琵琶腿。劈得柴，打得水。会吃饭，能窝屎。(《简贴和尚》，转引自刘坚1985：146)

纺得纱，绩得苎，能裁能补能绣刺。做得粗，整得细，三茶六饭一时备。推得磨，捣得碓，受得辛苦吃得累。(《快嘴李翠莲记》，同上，227)

刘承慧（2002：75）认为：能义之"得"先是寄身于获得/领得义之"得"，然后又寄身于结果义之"得"，直到宋代表能性之"得"字式语法地位确立，才中止寄身关系。

（5）虚拟语境对实现语义的虚化作用。虚拟句式在实现和可能两种语义之间建立起了一个桥梁，两种语义均可由这种句式表达。如果有更多的上下文背景，就可以确定句式是实现还是可能；反之，当语境不明的时候，就会出现两可的理解。即使是实现语义，进入该句式后也会带上虚拟的意味，而虚拟的实现语义和虚拟的可能语义基本相同，差别仅在于一个假定已经实现，另一个是假定有能力、有条件实现，而这两种语义在逻辑上是不矛盾的，已经实现蕴含有能力实现，有能力实现又可转化为真正实现。

通常认为普通话"VC""VC了"表示实现，"V不C"表示可能，但在假设语境中，这种界限会变得模糊。如刘月华（1980）发现假设句中有"VC"和"V不C"呼应连用的例子，认为"V不C"有时不一定包含不能的意思，或不能的意思很不明显，而只表示做了某个动作，但没有取得某种结果。① 再如雅洪托夫（1958：163）认为下面这个句子里"赶上了"是可能式：

忙得饭也顾不上吃，赶上了，跟人家吃一口两口饽饽，赶不上，稀里糊涂的也过去了。（袁静、孔厥《新儿女英雄传》）

但我们的理解是，由于这里"赶上了"和"赶不上"均出现在假设偏句的位置，此处"赶不上"只表示"做了某个动作，但没有取得某种结果"，与之相对的"赶上了"也未必就是可能式。将其理解为可能还是实现，不会影响对整个复句语义的理解，这说明位于假设句中偏句位置的动补结构是表达实现还是可能语义具有模糊性。

这里用的"VC""VC了"都和近代汉语中表示实现语义的"V得C"有一定的关联——近代汉语中"VC"的来源之一就是"V得C"。蒋绍愚、曹广顺（2005：337）认为，宋代以后，表示结果实现的"V得C"式由于和同义的 VC 式太接近而趋于消失，更确切地说，是向 VC 归并。因此这里出现在偏句中的 VC 和近代汉语中出现在同样位置的"V得C"性质是相同的，这种句法位置造成其语义理解介于可能和实现之间的模糊状态，给可能式的形成提供了机会。两种语境的对比如表 6-2 所示：

---

① 吴福祥（2002a）认为肯定式"V得C"是不完全语法化的形式，因为当 C 是状态形容词时有两种含义：状态或可能。但该文收入《语法化与汉语历史语法研究》（2006）时有些修改，认为"V不C"也未完全语法化。吴福祥（2006：69）引用刘月华（1980）的上述例子后说："V不C"在某种语境里（如假设/虚拟句）有时只表示实施了某种动作但并未取得某种预期结果，换言之，这时"V不C"表达的是（或主要是）实现义而非可能义。这就是说，现代汉语中"V不C"多少还保留着一点结果补语结构的"遗传因子"。

表 6-2　现实、虚拟语境中可能、实现语义理解的对比

语境	句型	语义对比	理解效果
现实语境	单句	实现 vs. 可能	差距较大，界限清晰，难以互通
虚拟语境	假设偏句	如果实现 vs. 如果能够实现	差距较小，界限模糊，易于互通

4. 后移和虚化两种观点的对立统一

前文提到关于可能补语式中"得"的来源有后移和虚化两种观点，目前论证较为充分的是虚化说，后移说解释较少。从语言事实上看，两种观点都存在证据，但也都存在解释的盲区。后移说的证据是共同语中随着后标记"得"的形成，前标记"得"逐渐减少并趋于消亡（杨平 2001）。但后移说无法否认 V 后"得"的虚化，如"得 V 得"形式中后一个"得"肯定是虚化的；也无法排除同形的可能补语和状态补语"V 得 C"中"得"的联系，直到今天普通话中仍存在可能、实现的两解。

而虚化说虽有大量论说、语料为证据，但要想从根本上否定后移说，还需要为古今汉语可能标记"得"从主要用于动词前变化为主要用于动词后找出一个后移之外的理由。此外，虚化说无法否定杜轶（2007）提出的"V 得 O"和"得 OC"这种复合，而这种复合本身就是虚化说所认同的"V 不得"结构的形成方式。

因此要想做到证明仅存一种途径、不存在另一种有很大困难，目前还没有见到这样的有力证据。两种观点都仅仅是证明了自己的存在，但没有办法从根本上否定对方。

鉴于此，我们认为后移是发展的结果，而非发展的原因。表示可能的"得 V"形成于假设语境的偏句中，这和含"得"可能补语式最初出现的语境是一致的，二者形成的机制相同。可以说动词前后可能标记"得"是在同一种机制下形成的。自可能补语式产生后，表示可能的助动词"得"在共同语中逐渐衰微，含"得"可能补语式的使用渐趋普遍，从表面看"得"确实是后移了，但更准确地说这种后移并非每一个可能式中的"得"都经历的过程，而是一种长期发展的趋势和结果。

（二）"VC 了"的产生

"VC 了"可能式广泛分布于我国北方地区。关于其形成过程，柯理思（1995）认为可能补语式中的标记词"了"和"得"具有平行性，两者都是从表示实现语义转到表示可能语义的；辛永芬（2006）结合"V

得 C"的演变推测可能式"VC 了"是实现式"VC 了"用于未然语境而形成的；孙利萍（2008）提出标记词"了"虚化过程为"完了"义动词→结果补语→动相补语→可能补语标记；王衍军（2009、2015）结合历史语料，具体论证了"未然语境说"，并从方言的角度探讨了可能标记的形成过程。综观已有论述，"未然语境说"获普遍认同。然而"了"本身表示"动作的完成"（朱德熙 1982：69），这样的含义如何运用到未然语境中表示未发生的事件？究竟什么是未然语境，是否只有假设复句这种情况？动相补语和可能标记之间的具体演变过程如何？"了"如何从作补语的实体成分转化成了纯粹的可能式标记成分？以下将围绕这些问题，分别从近代汉语和方言中的"VCO 了"可能式、方言中的"了"标记动趋可能式语序、可能标记"了"语法化过程中的语义发展及认知动因等几个方面展开论述，最终回答是什么性质的"了"如何成为可能标记这个问题。

1. 可能标记"了"的来源

（1）从近代汉语和方言语料看"VCO 了"可能式中"了"的性质。在使用"VC 了"可能式的北方方言中，该式带宾语的语序通常为"VCO 了"[①]，如：

【聊城】他买起彩电喽_{他买得起彩电}｜他挑动水喽_{他挑得动水}（钱曾怡 2001：285）

【利津】我拿动这些书哩_{我拿得动着些书}｜我看清这个字哩_{我看得清这个字}（同上）

【开封】我吃完仨馍喽_{我吃得完三个馍}｜我够着那个树枝喽_{我够得着那个树枝}（自拟）

【浚县】我听着你嘞声音了_{我听得见你的声音}（辛永芬 2006：303）

和普通话中"V 得 C"可能式带宾语的情况相比，这种结构的语序很特殊。"V 得 C"通常是将宾语放在最后，形成"V 得 CO"结构，而"VC 了"是将宾语放在 C 后"了"前，形成"VCO 了"结构。普通话中，陈述实际发生的"VC 了"如果带宾语，有两种情况：一种是将宾语置于"了"后，形成"VC 了 O"结构，和方言"VC 了"可能式带宾语的语序不同，所以可能标记"了"不会来自历史上的这种结构；另一

[①] 由于各地方音不同，"了"在不同方言语料中使用的汉字并不一致，这里统一写作"了"。

种和方言"VC了"可能式带宾语语序相同，也是"VCO了"结构，但此时"了"是语气词"了$_2$"，也不可能演化为"VC了"可能式中的标记词，因为不符合语法化的单向性原则，即语法化一般是从实词到虚词而不是相反。

从历史的观点来看，"VC了"可能式也不可能是从今天普通话中某种结构演化而来的，而应该形成于近代汉语的某个阶段。在动词"了"的虚化过程中，曾经存在一个语序为"VCO了"的发展阶段，这种语序在今天的一些方言中仍然存在。作为和"VC了"可能式带宾语时语序相同的结构，其中"了"的性质代表了可能标记"了"语法化前的状态。只有通过观察历史和方言语料中语序为"VCO了"（且其中"了"既不是动词后缀"了$_1$"，也不是语气词"了$_2$"）的用例，才能确定是何种性质的"了"演化成了可能标记。

观察近代汉语语料，从南唐时期的《祖堂集》开始一直到明清时期的白话小说中，都有"VCO了"结构存在，如：

雪峰放却垸水了云："水月在什摩处？"（《祖堂集》，转引自曹广顺1995：88）

读尽昨所讲经文了，讲师即读次文，每日如斯。（《入唐记》卷二，转引自孙锡信1999：82）

又上大树望见江西了，云……（《祖堂集》，同上）

看书且要依文看得大概意思了，却去考细碎处。（《朱子语类》卷七，转引自刘坚1985：72）

如梨树极易得衰，将死时须猛结一年实了死。（《朱子语类辑略》，孙锡信1999：82）

方才叫住郭立，相问了一回，怕恩王不信，勒下军令状了去。（《碾玉观音》，同上）

施恩道："请吃罢酒了同去。"（《水浒全传》第二十八回，同上）

对于这些例句中"了"的性质，多位学者都有分析。曹广顺（1995：88）认为"雪峰放却垸水了"中的"了"为"了$_2$"的形成创造了条件。孙锡信（1999：82）认为，其中的"了"既难以看作动态助词（或称词尾），也难以看作句末语气词，妥当的办法是仍旧看作补语，表示动作行为的完成、结束，其性质与"VO了"中的"了"一样，是实词作补语，所不同的是VC代替了V。蒋绍愚（2001）认为"又上大树望见江西了"的"了"是表示完成的动相补语，离完成貌词尾已经很近了，但它要发展成完成貌词尾还必须再跨进一步：紧贴在动词后面，即使出现宾语，也不被宾语隔开。杨永龙（2009）认为《祖堂集》中的"雪峰放却垸水了"虽然"了"前面是述补结构带宾语，"了"比较虚，但这是一个背景小句，"了"用于说明前后关系，而不是告诉新情况的"了$_2$"。各家的论述普遍认为此处的"了"既不是"了$_1$"，也不是"了$_2$"，而是有一定实际意义的动词，是处于行为动词向助词转化过程中的一个阶段，其语法功能是作"VCO"的动相补语，表示"VCO"整个事件的完成、有结果。

观察方言语料，河北昌黎方言中相当于普通话词尾"了"的语素读音是［liou］，《昌黎方言志》中写作"嚼"，可以用来表示完成、过去、条件，也可以用在命令句中，同时可以组成"VC 嚼"可能补语式。《昌黎方言志》（1960：29）给出如下用例：

【昌黎】有嚼人啥事儿都好办｜他们说完嚼话就出来咧｜夜儿黑家昨天晚上我看完嚼戏就回来咧｜天晴嚼就叫你走

并这样描写"嚼"表示条件的用法：

这项用法没有时间限制。"有嚼人啥事儿都好办"这句话可以是泛指，后头可以加上"你信不信？""天晴嚼就叫你走"，说话的时候天还没有晴，指的是未来的事。

"嚼"表示条件，位置可以在宾语后头，例如：

看见你哥哥嚼，替我问候一声｜到家嚼，记着来封信（《昌黎方言志》1960：29）

根据文中说的"'嚼'表示条件，位置可以在宾语后头"，"说完嚼话"等两例也可以这样说：

他们说完话嚼就出来咧｜夜儿黑家昨天晚上我看完戏嚼就回来咧

以上两句中"VCO 嚼"结构无论是语序还是组成成分都和当地方言中可能补语的情况完全相同。在昌黎方言中，肯定形式的可能补语带宾语将宾语置于标记词"嚼"前头，如：

【昌黎】他病好咧，吃得干饭嚼（《昌黎方言志》1960：25）

河南安阳方言中也存在类似用法，王琳（2010）提到安阳方言有一个助词"咾$_2$"，黏附于动词性结构，表示事态的实现，有一定的完毕义，这个词是普通话中没有的，其例句中有一例"VCO 了"语序：

【安阳】你用罢我嘞书咾₂还给我 你用完我的书之后还给我

同样，安阳方言中也用"咾₂"作为可能标记，即"VC 了"可能式中的"了"：

【安阳】你搬过来诺桌的咾₂吧 你能搬过来那张桌子吧？| 黑板上嘞字儿我瞧见咾₂ 黑板上的字我能看见（王琳 2010）

在开封方言中也存在"VCO 了"语序，如：

【开封】考上大学喽给你买个手机 考上了大学给你买个手机（自拟）

这句话用于对未来的许诺，"考上大学"和"买手机"之间可以理解为先后关系，也可以理解为条件关系，其中的"喽"相当于昌黎方言的"嚼"、安阳方言的"咾₂"。同样，"喽"在开封方言中也用作可能标记：

【开封】我吃完喽 吃得完（自拟）

以上现象说明，在这些方言中，相关结构还保留着近代汉语的语序，其中的"了"可以看作是"VCO"结构的动相补语，表示该事件的实现和完成。普通话中，意义相近的"了"常常要放在宾语之前，紧跟着动词和补语，虚化程度更高一些，方言中存在的"VCO 了"是其与共同语发展不同步的表现。范晓蕾（2021）也认为北方方言中的可能标记"了"是由作为动相补语的"了"在非现实语境中带上特定的语义特征而形成的，二者的句法层级和语法化程度是相等的。

总之，从形式上来说，上举历史、方言语料中的"VCO 了"结构就是今天"VC 了"可能式同类结构的前身，演化为可能标记的"了"是一个作动相补语使用的动词，方言中所写的"嚼""咾""喽"是同一个可能标记"了"在各地不同的语音表现形式。

（2）从方言动趋可能式看标记"了"的虚化程度。在普通话中，动趋式加"了"可以有两种语序："动+趋+了"和"动+了+趋"①，如：

他爬了上来 | 他爬上来了

两种形式有一定的语义差别，也反映了"了"虚化的不同程度。根据吴继章（2007）的研究，"动+了+趋"在近代汉语和山东、山西等地

---

① "动+了+趋"中"趋"一般是双音节，单音节限于"来""去"，本书不讨论这些限制条件。

方言中不同程度地存在着，但在整个河北方言中都不成立。在开封方言中，表达实现语义只有"动+趋+了[lɤ]"式，相应的可能式也只能用"动+趋+了[lou]"，没有"动+了+趋"的实现式或可能式。如：

【开封】他爬上来了[lɤ]（实现式）｜他爬上来了（[lou]，或写作"喽"）（可能式）

方言中"了"在动趋式中所处的位置说明其语义相对实在，地位相对独立，还不完全是词尾"了₁"。借用吕叔湘（1990）论述动词后"得""不"等词序问题时的说法，一个成分越靠近动词，说明其对动词依附性越强，即虚化程度越高。在动趋式加"了"结构中，"了"的位置也说明这一点。河北、河南等地的方言不能说"动+了+趋"，说明这些方言的"了"没有虚化到动词词尾（必须紧贴动词）的程度。在普通话中，动趋式的可能式标记词"得"位于动词和趋向动词之间，如"爬得上来""咽得下"；在北方方言中，动趋可能式标记词"了"只能放在趋向动词之后，不同于普通话可能式标记词"得"的位置。

可能标记"了"在动趋式中的位置和可能式"VC了"带宾语时的语序（VCO了）这两个现象反映了同一个本质，就是可能标记"了"的前身和动词的关系不像动词词尾和动词之间那么紧密。

2. 可能标记"了"语法化过程中的语义发展

近代汉语和方言中"了"作VCO结构的动相补语时，均出现在背景事件中，这种语用环境清楚地表明该结构演化为可能式的具体条件。在前引语料中，"VCO了"结构所在的句子都有后续小句①，根据句义，后续小句中的动词才是整句话的焦点，这种语境和位置是其句法意义和功能发生变化的基础和条件。由于可能标记"了"出现时间较晚，历史文献中出现次数较少，而动词"了"虚化历程的研究较为充分，路线基本清楚，所以可以将可能标记"了"的形成置于"了"虚化的大背景下讨论。笔者认为"了"在从补语动词到可能标记的演化过程中经历了两次重要的语义转变：从先后关系到广义的因果关系，从广义因果关系到可能式标记词。

首先是从先后关系到广义的因果关系。历史文献中"VCO了"结构的出现依赖于动结式VC后接宾语和动词"了"的虚化。现有研究表明，

---

① 另有作为结句的"VC（O）了"结构，通常倾向于认为其中的"了"是"了₂"的前身（石毓智 2000）。

中古汉语当动词（V）后同时出现宾语（O）和陈述性成分（C）时，语序多为VOC，如蒋绍愚（1999）所引各例：

> 今当打汝两前齿折。（《贤愚因缘经》卷十一）
> 以梨打我头破乃尔。（《百喻经·以梨打破头喻》）
> 即便以嘴啄雌鸽杀。（《百喻经·二鸽喻》）
> 风来吹叶动。（沈约《咏桃》）

这些例子中的"C"并未完全与前V复合，因为中间还隔着宾语O，可以认为还是动词，语义上具有独立性，是对O的陈述；可以认为这些VOC结构是VO和OC的复合形式，其间的O合二为一了。

与此相一致的是，动词"了"虚化的早期用例也多呈现为"VO了"的语序（曹广顺1995：16），其中"了"在句中作谓语。这种结构和上述VOC是平行的，其中"了"相当于C；不同的是这时的"了"并非对O的陈述，而是对整个VO事件的陈述。早期出现在复合句前分句末尾的"VO了"中的"了"也属这种用法，并且此种用法后世一直存在，如曹广顺（1995：79）引用的例子：

> 二哥再吃几杯了去。（《水浒传》第二十四回）
> 你且去买一道了来。（同上，第二十五回）

当动结式VC逐渐凝固为一体之后，一方面对动作结果的表述更加精细化，另一方面可以出现在VO结构中V的位置，即VC结构带宾语，这样便很自然地有了"VCO了"结构。与此同时，该结构中的"了"也不再是前分句中具有陈述功能的实义补语成分，而是倾向于表示前后分句所述事件在时间上的先后关系。林新年（2006：24）认为，《祖堂集》中"VCO了"和"VCO后"在构成和表达的语法意义上具有很大的相似性，"后"是时间副词，表达动作和事件的完成，与表达完成的"了"在语义上十分相近。以下是林著中的引例：

> 有善知识言，学道人但识得本心了，无常来时，抛却壳漏子一边著。（《祖堂集》，转引自林新年2006：24）
> 直饶剥得彻底，也只是成得个了，你不可便将当纳衣下事。（同上）

这时的"了"在功能上逐渐变为前后分句间的一个连接成分，在保留原有意义特征的基础上，成为表示分句间某种逻辑关系的一个关联词。杨永龙（2001：113）谈道，表因果关系的"V了，V"是从表先后关系的"V了，V"发展来的；陈前瑞、张华（2007）认为在《祖堂集》中用在前分句末尾的"了"理解为因果、条件关系的情况还不多，而到了《三朝北盟汇编》中，用在前分句末尾的"了"更多地表示因果关系。先后发生的两个事件往往存在着内在的逻辑关系，这就使得先后关系非常自然地演化出其他的逻辑关系。如果是述实的，二者表现为并列、承接关系，无主次之分；但如果陈述的重点不是实际发生的情况，而是包含说话人主观看法的一种道理、前提，则向偏正复句演化。"汉语的动词后缀'了'和印欧语动词的过去时词尾不同。印欧语动词过去时表示说话以前发生的事，汉语的'了'只表示动作处于完成状态，跟动作发生的时间无关，既可以用于过去发生的事，也可以用于将要发生的或设想中发生的事。"（朱德熙1982：69）作为动词后缀的前身，演化中的"了"同样具有这样的特征，正因如此，"了"逐渐成为广义因果关系复句前分句末尾的标记词。

其次是从广义因果关系到可能式标记词。太田辰夫（2003：212）在分析"了"表示变化和表示假定的用法时说，"表变化和表假设两者在古代大约不是那样截然分开的"。但是，这中间还是有一个发展变化的过渡阶段，"了"从表示先后（即变化）到表示条件、假设的中间环节就是因果关系，而"假设、条件都可以认为是一种广义的因果关系"（吕叔湘1982：427）。

假设、条件复句前分句中的"VCO了"的语义可以理解为实，即"真正实现了VCO"，也可以理解为虚，即"能够实现VCO"。两种理解对全句表达的意义没有影响，实现与可能这两种语义在逻辑关系上是不矛盾的——已经实现蕴含有能力实现，有能力实现在适当的条件下又可转化为真正实现，如果有更多的上下文背景，很容易确定到底是实现还是可能。反之，当语境不明的时候，就无法确定是陈述实际发生的事件，还是说一种无时间特征、具有恒常性的道理，这就会造成实现与可能两可的理解。

如果说是假设、条件等句式赋予了"VCO了"结构可能语义，那么其中的补语"了"原有的实现语义在能够语义的支配下就显得多余了，原本其作用在于标示状态实现，而在可能语义中无需标示此种语义；而且，补语C表示动作达成的状态，本身就有完成、实现的含义在其中。从另一个角度来说，句式使其产生的可能语义具有一定的依赖性，即必须有相应的语境才便于理解，这不符合该结构使用面扩大的要求，因而该结构亟须一个独立于语境之外的能够标示可能语义的成分，于是，

"了"就从具有一定实义的补语成分转化成了一个纯粹的标记词。可以说是特定句式、实现和可能之间的语义关系特征、特定结构使用面的扩大等因素共同促使"VCO 了"中的"了"从动相补语成分转化为可能式的标记成分。

基于以上两次语义转变，再看可能标记和假设标记的关系。在北方使用"VC 了"可能式的方言中，可能标记"了"还常用作假设标记[①]，如：

【晋城】有咾人，甚也好办｜去迟咾，就不好意思进去（沈慧云 2003）

【林州】球场修好了［lau］，咱打一场球吧（陈鹏飞 2005）

【开封】去晚喽斗就赶不上车了（自拟）

按照前文的论述，可能标记的用法是从在特定语境中表示假设、条件的用法中产生的，那么作可能标记和作假设、条件标记是否一定共存呢？从历史语料以及今天某些方言的情况看，某些表示假设的标记词并不表示可能语义，没有成为可能标记。曹国安（1996）论述了近代汉语中"时"有表示假设的用法，并且提到在湖南永兴方言中仍用"时"表假设。作者认为，"时"表假设，可能是受"后"的影响。其实这些都是表示时间概念的词语，"了"也同样[②]，所不同的是未见"时""后"作为可能标记使用，而"了"可以，所以表示假设的词语并不必然经过可能语义这个阶段。

从历史来源上看，可能语义是由假设语境下的完成语义产生的。假设语义更多的是一种句式关系，当说某个词是假设标记时，其实是将整个句式的因素包含在内的。马建忠（1983：184）说："礼中庸：唯天下至诚，为能尽其性，能尽其性，则能尽人之性……云云，'能尽其性'者，犹云'设如能尽其性'也，经生家即以'能'字有假设之意，不知凡挺接之句，或重叠前文，如'能尽其性'之类，皆寓有假设之语气，不必以用'能'字为然也。"按照马氏的观点，假设语义并非"能"字所有，而是由句式赋予的。前文分析了"得见君子者，斯可矣"，认为是假设句式造成"得"向助动词的转化，而不是反过来。同样，可能补语式

[①] 这里所说的假设包括条件，在形成可能标记的过程中，假设和条件之间的区别并不重要，重要的是二者都具有虚拟性质。

[②] 前文已经提到林新年（2006：24）在研究了《祖堂集》中"VCO 了"和"VCO 后"之后，也得出二者在构成和表达的语法意义上具有很大相似性的结论。

是由假设语境促成的，后标记的可能语义并不是其假设义的来源。

"了"的假设语义应是来自其作为动词的完结、完毕意义，当这种含义的"了"用在有后续小句的前句末尾时，其表达的是一种先后关系，前后分句之间是一种承接关系，而这种关系是因果关系的前身；当不再强调二者时间上的先后而着重表示逻辑上的因果时，"了"就成为一个表示因果关系的标记词，而假设关系和因果关系是同属于一类的。吕叔湘（1982：427）谈道，"假设句、推论句和因果句从根本上说表示的是一个相同的关系：广义的因果关系"；邢福义（1991：362）指出"假设句的分句与分句之间也有因果关系，它同因果关系的不同之处在于前分句表示假设，后分句表示由这一假设推导出来的结果"。"了"的这种语义发展在"VC了"可能式的形成过程中也起到了重要作用。宋文辉（2017）认为假设标记复句在实际使用中会形成假设完成和能性的歧义，这是"VC了"语法化为可能补语式的关键语境，这种观点也说明可能标记"了"来自表示假设关系的"了"。

3. 早期的"VC了"可能式

"VC了"可能式的形成与"V得（C）"可能式的形成具有相同的机制，即都是在虚拟语境中发生的。

罗骥（2003：57-59）提到，北宋时期"动+结果补语/完成貌形尾+（宾语）+了"结构多表示时态变化已经完成。其所举例句中有"VC了"接后续小句的用法，整个句子属于假设复句，表示假设某种情况实现后会有的结果，符合前文所谈的可能式出现的条件，从实际句义来看，亦可理解为可能式，意义相差不大。如：

> 红炉上一点雪去，若打破了，或喝或掌，一切皆得。（《圆悟佛果禅师语录》卷十三，转引自罗骥2003：775）

王衍军（2009）通过对具有明末清初山东方言色彩的《醒世姻缘传》的研究，发现其中存在和"V得C"并用的少量"VC了"可能式，由此确认"VC了"可能式最迟在明末清初的山东方言中已经出现。从前文分析的形成过程来看，这种可能式在宋代即具备了在特定语境中表达可能义的条件，在从宋到明末清初的这段时期内的历史语料中肯定会留下一些线索。在元杂剧《窦娥冤》中有这样的句子：

> 行医有斟酌，下药依《本草》；死的医不活，活的医死了。（臧晋叔《元曲选》）

此处"医不活"和"医死了"相对应，均表示可能语义而非已发生的事实。从上下文来看，"了"和"草"押韵，读音应与［liao］相近。虽然通常认为《窦娥冤》的作者是关汉卿，但《元刊杂剧三十种》收录的关汉卿作品中并没有该剧，目前所见最早收录该剧的是明代臧晋叔编选的《元曲选》，鉴于臧晋叔编选元杂剧时对剧作的加工客观存在，《元曲选》属于后时资料，吕叔湘、太田辰夫均把《元曲选》作为元明时期的语料。吕叔湘（1999b：2）曾这样评述《元曲选》中宾白的语言价值："臧书宾白，虽未必全系元人面目，亦必有所依承，且剧曲用语，率趋守旧，取为元末明初白话语料，或不致大谬。"所以可以认为最迟在元明时期的北方汉语中就已经存在独立的"VC了"可能式用法了[①]。

在关汉卿的另一部杂剧《救风尘》中，还发现一个可以作事实和可能两种理解的"VC了"用例：

（正旦上，云）小闲，我这等打扮，可冲动得那厮么？（小闲做倒科）（正旦云）你做甚么哩？（小闲云）休道冲动那厮，这一会儿连小闲也酥倒了。（臧晋书《元曲选》）

这段对话末句中的"酥倒了"既可以理解为表示能力，也可以理解为表示已然发生的事实。从上下文来看，问句"可冲动得那厮么"（可V得O）问的是能力，将答句理解为表达能力的形式没有什么说不通的。但文中还出现了"小闲做倒科"，这样看来答句中的"VC了"很可能是述实的。但即使是实际发生的，说话人的表述出发点也可以不在其是否真实发生，而在于讨论其是否有能力发生。这里倾向于将其理解为可能语义，这种理解更符合上下文故事情节和说话人身份。

根据调查，元杂剧中可能式大多使用"得"标记。这两例可能式"VC了"都出自下层民众之口。《窦娥冤》中的用例见于赛卢医的四句定场诗当中，从说话口吻来看是一种插科打诨；从说话人的身份来说，赛卢医是一个江湖游医，在剧中角色类型属于"净"，这个角色在元曲中通常是脾性恶劣的反面人物，《救风尘》中的"小闲"身份类似于仆从，而《窦娥冤》中官员身份的窦天章说"张千，亏你也睡的着，快起来，

[①] 何乐士（1992：127）将此句中"医不活"归入结果补语，不过从其对动补结构的分类来看并无可能补语这一项，关汉卿的名句"我是个蒸不烂、煮不熟、捶不扁、炒不爆、响当当一粒铜豌豆"中的"V不C"也归入了结果补语，显然其结果补语中包含可能语义的小类。梁银峰（2006：325）将"蒸不烂、煮不熟……"句子中的"V不C"作为表不可能的典型用例来讨论，并认为何乐士将此作为"动词加结果补语的否定式"是不准确的。

有鬼有鬼",用的是"V得C"可能式。关汉卿杂剧语言"曲白酷肖人物声口,符合人物身份",真正做到了"人习其方言,事肖其本色,境无旁溢,语无外假"。① 不同的身份选择不同的语言,底层人物说可能式"VC了"是符合实际的。另外同样是下层民众的张驴儿也说"做得去",这是由"V得C"在文学语言中的强势和正统地位造成的。在书面语言中,"VC了"不是一个普遍的说法,上举例句中使用"医死了"应该还有上下文押韵的原因。

4. 和"VC了"可能式形成发展相关的其他因素

宋代以后,表示实现的"V得C"结构中的"得"进一步虚化,该位置可以呈现为一个零形式,"V得C"从而向"VC"归并。使用"V得C"结构表示结果或趋向,一般要在后边再加上一个更为明确的标记成分"了",构成"V得C了"或直接用"VC了"的形式(蒋绍愚、曹广顺 2005:337)。这种变化的结果一方面促成了"V得C"成为表示可能或者状态的专用形式,另一方面也使得"VC了"成为专门表示实现的结构。可能式"VC了"在历史上主要存在于民间口语中,极少见于正统的书面文学作品(第七章第二节将详论)。究其原因,一方面是书面作品多采用共同语写成,方言成分不易进入;另一方面也与标记"了"和完成体标记"了"、语气词"了"无法从书面上区分有关。

在今天的河南开封方言中并不存在可能式"V得C","V得(嘞)C"仅表示状态,而表示结果或趋向的实现要用"VC了 [lɤ]",这和"得"在这一区域方言中的演化有关。开封方言完成体标记也不用"了₁",而是用"罢"。"了 [lou]"成为一个专用于表示先时、假设作用的助词,功能更像是前面动词的补语,始终未发展成纯粹的完成体标记。这就使得"VC了 [lou]"得以成为可能式,其可能标记"了"与其在假设、先时等条件下的读音相同,而与用在句末的语气词"了₂"读音不同,从语音上看,可能式和结果式"VC了"并不混同。

可能式"V得"产生后在南北方言中的发展并不一致。在南方成为表达可能语义的主流形式,只是在部分地区发展为主要表示许可意义;在北方则成为遗存形式,仅存少量固定结构,常常后接宾语,主要表示能力义,如开封、周口等地方言中的"V嘞(O)"。"V得"在北方话中生命力不强,或者让位于"能V",或者如在昌黎方言中形成"V得噜",

---

① 该评论引自《关汉卿全集》(广东高等教育出版社,1988:7)。

与"VC了"结构统一,但意义有别。

本章小结

汉语可能式从古到今经历了意义和形式两方面的发展和变化,可能式在各地方言之间的差异、方言和共同语之间的差异是发展不平衡导致的。

汉语表示可能语义的助动词和可能补语都存在历时的语义演变,其演变过程受到语义自身发展机制、语用原则、语言系统内部相关表达方式等因素的共同影响。方言中的语义演变和共同语有着相同的机制和原则,但具体的表现和结果不完全相同。

从演化方向来看,可能式语义沿着从动力情态向道义情态、从动力情态向认识情态这两条道路发生变化;从情态意义发展的一般规律看,主观性较强的认识情态意义由不具有主观性的动力情态意义发展而来。从演化结果来看,方言中有许多不同于共同语的现象。比如"能"在普通话中很少用于肯定的许可义,这是由"可以"一词的竞争导致的,而在一些方言中,"能"可用于表达肯定的许可义;表示认识情态意义的"得"今天主要存在于方言当中,普通话中同样的意义要用"会"来表示,而在闽语中使用助动词"解"表达这一意义;可能式"V得/V不得"在普通话中仅限于表达许可义,很少表达能够、能力意义,其演变表现为意义的替换,而在广州话中则两种意义都可表示,其演变表现为意义的叠加。表达认识情态意义的可能补语式在普通话中仅有"形容词+不了",肯定形式"形容词+得+傀儡补语"表达认识情态意义仅见于反问句;北方的一些方言中,可能式"VC了"可以表示警示、提醒,意义相当于表示主观判断的"会VC的"结构。

表达可能语义使用的语言手段从古到今发生了很大变化。殷商时期的甲骨文中只有表示能力的助动词,这一时期许可义、或然性意义要靠动词、句子语气、语气副词等来表示。随着语言的发展,助动词表示许可义、或然性意义的用法逐渐出现,开始多见于否定句、反问句中,春秋时期助动词表达三种可能语义的局面始现雏形。表达可能语义的动补结构到唐宋之后逐渐定形,汉语表达可能语义的语法形式逐渐丰富。

后标型可能式的形成过程比较复杂,不同标记的后标型可能式具体形成过程不尽相同。出现在动词前后表达可能语义的"得"多见于假设、让步句的偏句当中,某些用法中实现语义和可能语义的界限不甚分明,在虚拟语境中两种语义有相通之处,化实为虚的主观视点在其中起到了沟通虚实的作用。

方言中可能后标记来源有两种:后移和虚化。北方方言中广泛使用的"了"标记来自作补语的动词"了"的虚化,由于"了"多用作不及物动词,作及物动词时也不接动词宾语,只带名词宾语,所以"了"从未产生助动词用法,不存在后移的情况。后标记"下"的情况与"了"标记相同。闽语中的"解"作为后标记来自助动词"解"的后移,"解"从未产生完成体标记(或结构助词)的用法,不存在虚化的情况。而"得"在历史上既有助动词用法,又有完成体标记的用法,理论上存在后移和虚化两种可能,如果把后移看作汉语语法发展的一个结果,而不是每一个后标型可能式都要经过的一个过程,后移和虚化两种观点是相统一的。

第七章　可能式的类型和层次

语言是不断发展变化的，语言的发展变化造成古今语言的不同和各地方言的差异，这两个方面又有着内在的联系。赵元任（1980：104）指出："原则上大概地理上看得见的差别往往也代表历史演变上的阶段。所以横里头的差别往往就代表竖里头的差别。一大部分的语言的历史往往在地理上的散布看得见。"语言的发展变化是渐变而不是突变，这种变化方式在空间分布上的反映就是各个方言区之间存在过渡地带，方言区的界限往往不是泾渭分明，但不同方言核心区的特征差别明显；在时间上的反映就是某一时代的语言中往往包含着过去时代留存下的语言成分。以上两个方面就是语言/方言的类型分布和层次面貌问题。

本章第一节从共时角度考察方言可能式的类型分布，具体讨论组成类型的相关概念及具体种类，包括单一类型可能式方言及复合类型可能式方言，并和一些民族语言的情况做比较。第二节考察可能式的层次面貌，讨论各种动补短语的可能式（"助动词+VC""V 得 C""VC 了"）和动词的可能式（"助动词+V""V 得了""V 得"）的层次问题。

第一节　可能式的类型分布

一、汉语方言可能式的组成类型

（一）可能式组成类型和结构类型的关系

将可能式划分为前标型和后标型是按照可能式自身结构特点进行的分类，前标型和后标型可能式都可根据可能标记的类型、位置进一步分出下位类别，这些分类都属于可能式的结构类型。

可能式的组成类型是指一种语言（或方言，下同）使用几种可能式，具体都是何种结构类型的可能式。比如，在普通话中，可能式的组成类型包括前标型和后标型两种；在河南开封方言中，不存在"V 得 C"可能补语结构，但存在与之相对应的"VC 了"，此外还有前标型可能式"能 VC"，所以开封方言也使用两种类型的可能式。普通话和开封方言虽然在后标型可能式的结构类型上存在差异，但在表达 VC（动结式或动趋式）的可能语义时所使用可能式的组成类型却是一致的，即都有前标型和后标型两种。而这种一致又是有范围要求的，普通话中"V 得"和"可以 V"都可以表示 V 的可施行性，而开封方言中表达此义只有"能 V"而无"V 得"，也没有其他与"V 得"相当的后标型有能式，所以说在表达 V 的可能语义时，普通话和开封方言可能式的组成类型又是有差别的。

从以上分析可知，汉语方言可能式的结构类型和组成类型密切相关但又有所不同，可能式的组成类型依据结构类型划分，结构类型特征又在组成类型中得到体现。结构类型是就一种可能式来说的，组成类型是就一种方言来说的。结构类型显示了可能式表达语义采取的不同语法手段，组成类型显示了一种方言对这些手段的选择和使用。可能式的结构类型显示可能式自身的结构规律，可能式的组成类型显示方言自身的语序类型特征，二者共同体现了汉语共同语及方言可能式的复杂性，图 7-1 表示二者的不同：

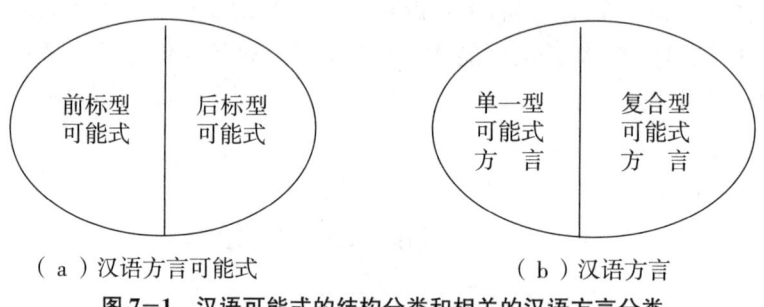

（a）汉语方言可能式　　　　　　（b）汉语方言

图 7-1　汉语可能式的结构分类和相关的汉语方言分类

（二）从可能式组成类型进行汉语方言分区

根据可能式组成类型的含义，如图 7-1（b）所示，可以将汉语方言分为两大类：单一型可能式方言和复合型可能式方言，前者指仅使用前标型或后标型可能式的方言，后者指兼用两种可能式的方言，然后可以按照可能式的标记类型和结构特征进一步分类。这是使用语法标准对方言进行分区的一种尝试。

语音作为语言的物质外壳,是自然语言最易感知的部分,也是人们对一种方言最直观的印象。现代语音学以国际音标作为标音工具,使得语音的准确描写和记录有了统一的标准。在经过方音调查掌握了方言的语音特征之后,采用语音标准对方言进行分类无疑是最为可行的方法,从语音对方言进行的分类结果,也最符合人们的听感,和方言之间的通解度相一致。语音还是语言要素中系统性、规律性最强的内容,按照语音标准进行分类,自然最易操作,遇到的麻烦和问题最少,加之汉语各方言有一个共同的比照标准就是中古音,所以利用古音和今音的音类分合对汉语方言进行分区就是一个比较可行的办法,无论是七大方言区,还是后来的十大方言区都是以大规模的方音调查结论为基础的。随着方言调查研究的全面深入,方言词汇、语法现象越来越多地被报道出来,于是又有方言分区的词汇标准、语法标准的提出(李如龙 2001a:35-40)。

与国内主要利用语音对方言进行分区不同的是,国外一些汉语研究学者倾向于用多重标准对汉语方言进行分区,其中不乏词汇和语法标准,而汉语的虚词也是语法的重要内容。桥本万太郎(2008:184)提出"汉语的阿尔泰化"和南北方汉语的概念;与这种粗略地划分为南北两种方言不同,罗杰瑞(1995:161)按照包括音韵、词汇和语法三个方面的10条标准将汉语分为北方、中部和南方方言三个区域。

可能式作为方言语法特点中的一项重要内容,不仅和虚词、语序有关,而且还涉及语音、语义的多方面因素,因此从可能式类型上考察汉语方言的区域特征是对语音、词汇分区的一个重要补充,对认识汉语方言的地区差异有着独特的价值和作用。鉴于以往研究多从结构类型入手谈某种类型的可能式在汉语方言中的分布,如讨论较多的"VC了"可能式的分布,本节着重从可能式的组成类型来对汉语方言进行分类,属于从语法标准进行的方言分区探索。

需要说明的是,在讨论可能式的组成类型时只考察肯定形式,根据曹志耘主编的《汉语方言地图集·语法卷》(2008,以下简称《图集》),全国无"V不C"结构的方言点如下:黑龙江漠河,山西左权,陕西西安[①],安徽霍山,湖南泸溪湘、新邵、洞口,福建南平,广东番禺、信宜、廉江、阳西。"V不得"在河南(郭熙 2005)、莱州(钱曾怡等 2005:316)方言中存在,但没有相应的肯定形式,《图集》中也显示郑

---

① 但是据孙立新(2007:328-330),西安方言有"V不C"结构。

州有"V不得"但没有"V得"。如果一个地方方言没有某类后标型可能式的肯定形式，那么此类后标型可能式在当地是不完整的。否定形式"V不C"可以和不同的肯定形式（能VC、V得C、VC了）相对应，可见否定形式不适宜作为确定某地方言可能式组成类型的依据。

二、单一型可能式方言

（一）前标型可能式方言

此类方言表达可能语义只使用前标型可能式，不用后标型可能式。根据现有资料，目前还无法清晰地划出此类方言的区域，但可以找出表达某类可能语义时仅使用前标型可能式的方言，即某类意义上的前标型可能式方言。如果该方言多类可能语义的表达都只使用前标型可能式①，那么该方言就是一种前标型可能式倾向的方言。以下先从某些类别可能语义的表达方式上看前标型可能式方言的分布情况，然后重点分析东北方言的前标型可能式倾向。

1. 表达"V得"意义仅用前标型可能式的方言

普通话里，"V得"主要表达可施行性意义。在华北、东北以及东南的一些方言中，不存在与之对应的结构，表达其意义要使用"能V"类前标型可能式（含与"能"相当的助动词）。从已掌握的文字资料来看，这些方言点有黑龙江的哈尔滨（黄伯荣 1996：770）、山东的临清（张鸿魁 1990：164）、山西的太谷（黄伯荣 1996：773）、长治（侯精一 1985：113）、河南的郑州（卢甲文 1992：141）、浚县（辛永芬 2006：301）和广东的汕头（施其生 1997：151）等地。根据曹志耘（2008）图070的标注，全国有19个省份共计286个方言点属于这种情况，具体如表7-1所示：

---

① 这里说的不是"全部可能意义"，因为现有资料一般都没有列出一种方言"全部可能意义"使用的所有表达方式。另外，不同学者记录的同一选点资料中存在矛盾的地方，如表7-1中出现的上海嘉定，汤珍珠、陈忠敏（1993：81）记录有这样的例句"迭个吃得个，衣个吃勿得"，而曹志耘（2008）标注当地无对应结构。

表7-1　无普通话"V得"可能式及对应结构的方言点

省份	方言点
黑龙江（13/13）	哈尔滨　牡丹江　延寿　克山　呼玛　佳木斯　齐齐哈尔　海伦　勃利　孙吴　富锦　漠河　伊春
吉林（10/10）	长春　吉林　双辽　松原　白城　桦甸　安图　靖宇　东辽　集安
辽宁（12/12）	彰武　沈阳　北镇　辽阳县　岫岩　宽甸　朝阳县　兴城　凌源　瓦房店　大连　清源
内蒙古（9/11）	扎兰屯　乌兰浩特　通辽　赤峰　太仆寺　集宁　呼和浩特　包头　临河
新疆（8/11）	乌鲁木齐　哈密　吉木萨尔　伊宁　沙湾　喀什　和田　阿克苏
宁夏（6/7）	银川　吴忠　盐池　中卫　海原　隆德
陕西（8/21）	神木　大荔　西安　商洛　户县　永寿　宝鸡　城固
山西（15/24）	代县　偏关　忻州　太原　中阳　左权　襄垣　霍州　长子　陵川　大宁　襄汾　临猗　平陆　阳城
河南（24/26）	清丰　滑县　鹤壁　沁阳　开封　洛阳　嵩县　社旗　西峡　镇平　鲁山　灵宝　渑池　民权　夏邑　柘城　获嘉　扶沟　禹州　郑州　项城　确山　西平　新蔡
山东（26/30）	无棣　夏津　成武　东明　单县　郓城　济南　章丘　兖州　聊城　苍山　沂南　青岛　平度　日照　肥城　新泰　荣成　潍坊　临朐　诸城　莱阳　滕州　淄博　桓台　蓬莱
河北（17/31）	围场　丰宁　承德县　张北　宣化　阳原　涞源　香河　南皮　平山　石家庄　晋州　赞皇　威县　永年　磁县　广平
甘肃（7/15）	瓜洲　嘉峪关　张掖　武威　兰州　秦安　西峰
安徽（19/48）	亳州　濉溪　灵璧　五河　滁州　利辛　霍邱　霍山　舒城　合肥　巢湖　无为　枞阳　和县　马鞍山　当涂　芜湖市　芜湖县　繁昌
江苏（29/40）	赣榆　邳州　丰县　宿迁　射阳　泗洪　盱眙　东台　江都　如东　泰兴　扬中　句容　常州　丹徒　丹阳　靖江吴　江阴　无锡　苏州　常熟　南通　张家港　通州　启东　昆山　太仓　宜兴　溧水
浙江（27/84）	于潜旧　临安　余杭　杭州　绍兴　余姚　上虞　慈溪　镇海　舟山　鄞州　奉化　诸暨　嵊州　新昌　宁海　天台　三门　临海　黄岩　仙居　温岭　玉环　乐清瓯　乐清台　新登旧　象山
福建（27/69）	浦城吴　屏南　周宁　古田　宁德闽　闽侯　连江　福州　长乐　永泰　福清　平潭　莆田　仙游　永春　尤溪　龙岩　华安　长泰　同安　南靖　漳州　龙海　平和　云霄　诏安　东山

续表7-1

省份	方言点
广东（11/108）	饶平　南溪　潮州　揭东　潮阳　揭西　普宁　惠来　陆丰 汕头　澄海
上海（7/10）	嘉定　闵行　南汇　浦东　青浦　上海　松江
台湾（11/15）	台北　宜兰　花莲　台中　彰化　云林　嘉义　台南　屏东 台东　高雄

表中可见，此类方言分属北方官话、吴方言和闽方言，整个东北三省以及内蒙古的东北地区，河南、山东的绝大部分地区没有"V得"及类似结构。

2. 表达"V得C"意义仅用前标型可能式的方言

普通话中"V得C"可能式表示具备达成某种动作行为结果的能力和条件，方言语法调查中一般都有相关例句，如"拿得动吗？我拿得动，他拿不动"。所以很多地区方言语法资料中都有与此对应的方言说法，从中可以看出当地方言表达"V得C"意义时使用的结构。如下列这些地方只用前标型可能式表达此种意义：

【忻州】能拿动哇？我能拿动，他拿不动（温端政1985：130）

【阳曲】能拿动咭？我能拿动，他拿不动（孟庆海1991：130）

【大同】拿动拿不动/能拿动不能？我能拿动，他拿不动（马文忠、梁述中1986：106）

柯理思（1995）根据调查画出了一幅"结果补语可能式（VC了）分布图"，标注了表达此意义仅用前标型可能式的方言点，表7-2是具体地点和所在的省份：

表7-2　晋豫鲁三省无"VC了"可能式及对应结构的方言点

省份	方言点
山西	天镇　大同　怀仁　朔县　山阴　原平　忻州　阳曲　清徐 汾西　洪洞　临汾　吉县　河津　万荣　永济
河南	巩县
山东	菏泽　莘县　滕县　枣庄　苍山　临沂　莒南　即墨　牟平 招远　长岛　掖县

辛永芬（2006：303）调查证实在浚县两个乡的方言中，不用"VC了"，而只用"能VC"，否定形式仍使用"V不C"。按照曹志耘（2008）

图 072，表达此意义只能用前标型可能式（即无"V 得 C"对应结构）的方言点如表 7-3 所示：

表 7-3 无普通话"V 得 C"可能式及对应结构的方言点

省份	方言点
黑龙江（13/13）	哈尔滨　牡丹江　延寿　克山　呼玛　佳木斯　齐齐哈尔　海伦　勃利　孙吴　富锦　漠河　伊春
吉林（10/10）	长春　吉林　双辽　松原　白城　桦甸　安图　靖宇　东辽　集安
辽宁（10/12）	彰武　沈阳　北镇　辽阳县　岫岩　宽甸　兴城　凌源　瓦房店　大连
内蒙古（4/11）	扎兰屯　赤峰　太仆寺　集宁
甘肃（2/15）	定西　西和
宁夏（2/7）	海原　隆德
青海（4/4）	门源　西宁　湟源　乐都
陕西（7/21）	略阳　户县　西安　商洛　大荔　永寿　宝鸡
山西（4/24）	忻州　左权　长子　平陆
河南（2/26）	洛阳[①]　渑池
山东（7/30）	日照　单县　青岛　莱阳　蓬莱　乳山　荣成
河北（6/31）	承德县　张北　阳原　晋州　威县　永年
安徽（5/48）	亳州　濉溪　灵璧　霍山　巢湖
江苏（3/40）	泗洪　盱眙　金坛
浙江（2/84）	宁海　象山
贵州（2/17）	都匀　荔波
福建（1/69）	宁德畲
广东（1/108）	东莞
广西（1/66）	百色
湖南（1/92）	邵东

[①] 关于河南洛阳的情况，有以下不同的报告：曹志耘（2008）反映洛阳只用"能 VC"；据袁家骅等（2001：52），普通话的"拿得动""拿不动"在洛阳话中说"能拿动""不能拿动"；贺巍（1993：25）介绍洛阳有可能式"VC咾"和"V不C"。

按照表7-3的数据，全国有20个省份都存在无"V得C"对应结构的方言[①]，特别是东北地区，几乎全部选点都不存在"V得C"对应结构，这些方言主要是东北官话。

3. 东北方言的可能式类型

对比表7-1、7-3，其中凡是重合的都属于在表达这两类意义时仅使用前标型可能式的地区，相较于河南、山东等地仅存分散的几个点外，整个东北地区（含东北三省和内蒙古自治区的东北部）几乎没有后标型可能式出现，也就是说这个地区的汉语方言表示这两类可能语义只使用前标型可能式，东北方言表现出强烈的前标型可能式倾向。之所以使用"倾向"和"几乎"这样的词语而没有更绝对化地下结论，一是由于现有资料是选点调查，无法覆盖所有地区；二是由于现有资料中还有一些特殊情况。以下从东北方言的可能补语结构及其带宾语的结构两方面详述这种倾向。

根据黄伯荣（1996：770），哈尔滨话表示可能的主要形式是在动词前加能愿动词，而不用助词"得"（即我们所说的可能后标记）；另据曹志耘（2008），哈尔滨方言无"V得"和"V得C"可能式的对应形式。这样看来哈尔滨方言应该属于前标型可能式倾向方言，然而尹世超（2002：328）这样描写哈尔滨的可能式：

> 北京话及普通话在"得"后带可能补语，哈尔滨话或在动词前面加"能"，或在补语后面加"了"（liǎo）。例如："能说好/说好了（说得好）""能看着/看着了（看得着）""能搬动/搬动了（搬得动）"。

另据刘宇（2015：119），哈尔滨方言中，表示可能语义时"能"与"V（C）了"经常搭配使用，有些情况下更是句子成立的必备条件。其所列的可能式中，有的并不是北方普遍存在的"VC了"结构，如"能V了O"中的"了"是补语而不是可能标记，"能VC了O"中的宾语位于"了"后，不同于北方"VC了"可能式带宾语的语序，其中的"能"不

[①] 需要指出的是，有的文字材料所反映的情况和柯理思（1995）、曹志耘（2008）中所标示的结果存在差异，具体方言点有山阴（杨增武、崔霞 2007：132）、巩县（《巩县志》1991：669）、洛阳（贺巍 1993：25）、哈尔滨（尹世超 2002：328）。这些资料显示，上述地区除了使用"能VC"之外，存在"VC了"可能式。此外，钱曾怡主编的《山东方言研究》（2001：286-287）所列的荣成、菏泽两地除了"能VC"，分别还有"V得C"和"VC了"表示可能语义。

允许省略。这说明在当地方言中"VC 了"并不是独立使用的可能补语结构，可能意义的表达主要还是依靠前标记"能"来实现。

以上事实说明，哈尔滨方言中的"VC 了"可能式是不纯粹的，依靠前标记"能"来表达可能语义是其主要方式，体现出强烈的前标型可能式倾向。

根据曹志耘《图集》(2008)，辽宁清源存在"V 得 C"可能式；辽宁朝阳，内蒙古通辽、乌兰浩特存在"VC 了"可能式。另据迟永长（2010）介绍，辽宁西部方言中也存在表可能的语尾助词"了"（liǎo），包括盘锦、锦州、葫芦岛、阜新等地。这些都属于东北方言前标型可能式倾向的异质因素，但总体来看，东北地区没有大面积使用后标型可能式的方言点，存在"VC 了"的区域是和河北等使用该式的地区连成一片的，可以认为是受了关内方言影响，这也进一步说明东北地区方言是倾向于不用可能补语的。

"V 得 CO"是指可能补语带宾语的结构，其中 V 后各成分的顺序因方言而异，但总的原则是 V 在首位，如果某方言中表达此类意义要把 O 置于 V 前，则属于无可能补语带宾语的结构。根据张成材（1997：38），西宁方言不用可能补语带宾语，如普通话中的"我嘴笨，说不过他"在西宁方言中说成"我嘴拙啊，我把家说不过"，"说不过"不带宾语。《图集》图 080"V 得 CO"中标注了该式在各地对应的表达形式，青海省西宁、湟源、同仁等地属于无对应结构的地区[①]。

《图集》图 080 还标出了只用"能/管/解/有 V 得 CO（OC）"结构表达普通话"V 得 CO"含义的方言点，即这些地方表达此意义时只用前标型可能式，具体如表 7-4 所示：

表 7-4 可能式带宾语无普通话"V 得 CO"及对应结构的方言点

省份	方言点
黑龙江（13/13）	哈尔滨　牡丹江　延寿　克山　呼玛　佳木斯　齐齐哈尔　海伦　勃利　孙吴　富锦　漠河　伊春
吉林（8/10）	长春　双辽　松原　白城　安图　靖宇　东辽　集安
辽宁（6/12）	北镇　宽甸　兴城　瓦房店　清源　大连

---

① 此处例子和《图集》中标注内容的略有出入，这是否定形式，而《图集》显示的是肯定形式，但总的倾向是一致的，即当地宾语一般前置。兰州话也有类似倾向，张文轩、莫超（2009：14）说"兰州话喜用把字句，北京话中不用把字句的，兰州话往往用'把'字句表示"。

续表7-4

省份	方言点
内蒙古（7/11）	扎兰屯　赤峰　太仆寺　集宁　阿拉善左　乌兰浩特　通辽
甘肃（6/15）	临夏县　定西　秦安　岷县　西和　环县
河北（6/31）	承德县　张北　平山　永年　广平　赞皇
陕西（7/21）	米脂　铜川　略阳　商洛　大荔　永寿　宝鸡
山西（4/24）	代县　忻州　大宁　平陆
河南（2/26）	洛阳　鹤壁
山东（6/30）	临邑　诸城　青岛　乳山　荣成　平度
安徽（6/48）	利辛　濉溪　灵璧　合肥　滁州　亳州
江苏（3/40）	泗洪　盱眙　涟水
福建（8/69）	古田　屏南　周宁　福安　宁德闽　平潭　闽清　宁德畲

按照一般的理解，那些没有可能补语"V得C"对应形式（含"VC了""V会C"等）的区域，当然也就没有可能补语带宾语的结构，表7-4中的方言点应该和无"V得C"对应结构的地区重合。按照这种思路，由于东北方言基本不存在可能补语结构，那么也不会存在可能补语带宾语的结构，应该是全部使用前标型可能式表达这种意义。然而上表所示的调查结果并不是这样，观察表中东北地区的情况，黑龙江全部选点、内蒙古属于东北地区的4个选点都仅使用前标型可能式表达此类意义，符合上述推理，而吉林省有两地、辽宁省有6个选点表达普通话"V得CO"的含义使用的语言形式情况复杂些，详情如表7-5所示：

表7-5　吉林、辽宁部分地区表达普通话"V得CO"含义的语言形式

省份	方言点	普通话"V得C"对应的方言形式	普通话"V得CO"对应的方言形式
吉林省（2地）	吉林、桦甸	能VC	VCO了；能VCO
辽宁省（6地）	辽阳县、岫岩	能VC	VCO了；能VCO
	沈阳、彰武、朝阳县、凌源	（沈阳、彰武、凌源）能VC；（朝阳县）VC了	VCO了

由上表可知，吉林省的吉林、桦甸，辽宁省的辽阳县、岫岩4地表达普通话"V得C"的意思只能用"能VC"，而表达普通话"V得CO"

的含义却可以有两种方式："能VCO"和"VCO了"①。辽宁沈阳、彰武、凌源三地有"能VC"却无"能VCO"，而是用带有"了"标记的"VCO了"。以上现象说明当地方言并非纯粹的前标型可能式方言，当地可能后标记"了"必须出现在VC带宾语的情况下，"VC了"无法单独使用，这种现象可能反映了标记"了"形成发展的某些线索，即最初是必带宾语的。根据刘宇（2015：123），哈尔滨方言中唯一一类可以省略"能"的可能补语式为"能VCO了"，说明此类可能式的成立和带宾语有一定关系。

以上情况说明，东北方言不是纯粹的前标型可能式方言，但呈现出强烈的前标型可能式倾向。如果能够进一步认定个别地方的后标型可能式属于本地方言的异质成分，那么就可以断定东北方言属于前标型可能式方言。

（二）后标型可能式方言

1. 纯粹的后标型可能式方言

纯粹后标型可能式方言中所有的可能语义都只使用可能补语结构来表达，不存在前标型可能式。从现有资料看，明确说当地只使用后标型可能式的仅有甘肃和青海的一些地区。据王森（1993），临夏话只用"谓词（＋补）（＋不）＋下"表示可能或不可能，"（不）＋下"在其中充当可能补语，如：

【临夏】兰州你去下啦？我去下呢_{你能去兰州吗？我能去}｜三碗黄酒你喝上下啦，我喝上下呢_{你能喝三碗黄酒吗？我能喝}

另据莫超（2004：167），白龙江流域下游的武都洛塘、文县一般不说"能吃、不能吃""会做、不会做"，而只说"吃得、吃不得""做得来、做不来"，即只采用中补结构来表达：

【文县】毛衣我织得来，毛裤我织不来_{我会织毛衣，可不会织毛裤}｜四川话我说得成，武都话我说不成_{我会说四川话，不会说武都话}

据杨永龙、赵绿原（2021），青海甘沟汉语方言中不存在情态动词，表达情态语义均要使用后补型结构，其中可能式有：

---

① 也有相反的情况，某些地方表达普通话"V得C"的意思用"V得C"，如辽宁清源；而表达普通话"V得CO"的含义却用"能VCO"。这说明当地后标型可能式无法带宾语，带宾语时倾向于用前标型可能式。

【甘沟】这个吃的成哩_{可以吃这个}｜我的话十分钟就说完下哩_{就能说完}｜老师学生的作业哈看成下的，学生的日记啊看不成_{可以看学生的作业，不能看学生的日记}

2. 带有后标型可能式倾向的方言

在我国南方方言中常见多用后标型可能式、少用前标型可能式的现象，这些方言虽然不是纯粹的后标型可能式方言，但具有一定的后标型倾向，具体表现为没有"能""可以"等前标记、用后标型可能式表示"会"两个方面。

（1）"能"是共同语和北方方言普遍采用的能愿动词，在共同语中，"能"的可能语义最为丰富，但现有资料表明，我国很多南方方言中不用"能"，表达相应的语义通常要用后标型可能式。

根据胡光斌（2010：589），由于老派遵义方言没有能性助动词"能""可以"，不存在"能+V"，"可以+V"也属于后起的说法，只通行于一部分人群中，因此，表示主客观条件允许进行某种动作时，一般都用"V+得"。既然当地没有助动词"能""可以"，那么当然不会有"能+VC""可以+VC"的说法。另据胡光斌（2010：585）介绍，遵义有"得V"形式，即助动词"得"用于动词、形容词之前，表示客观或情势的可能性，但这种用法主要限于老年人，如：

【遵义】衣裳挂在这里得干不呀？｜三尺三的裤子他穿的话得短不呀？（胡光斌2010：587）

因此，遵义方言在表达能够、许可义时仅使用后标型可能式，在表达或然性语义时可以使用前标型可能式"得V"。但年轻人表达该意义多改用普通话的"会"，受共同语影响，"得V"这种用法趋于萎缩和消亡。

据张大旗（1985），长沙话不使用"能"，所以"得"用得很普遍、很自如，几乎是没有任何阻碍。这主要是指"得"用作可能补语的情况。同时，长沙话中"得"还可用于动词前构成前标型可能式，但很少单独出现在动词前，多出现在"何得、才得、得不得"等结构中。总体来说，后标型可能式使用上占优势。湖南洞口方言情况大抵与此相同，胡云晚（2005）认为洞口方言只承继了古代"得"这一个助动词，普通话用助动词"会""能"或"可以"的地方，洞口方言几乎都能用"得"。如：

看样子会下雨｜能挑二百斤的担子上山｜谁都可以提意见

【洞口】看样子得落雨｜担得两百斤个担子上山｜哪个都提得意

见（胡云晚2005）

从举例来看，前标型可能式仅限于用"得"表示推断义，而其他类可能语义多是使用后标记"得"构成的后标型可能式来表达。

没有能愿动词"能"的南方方言点还有广州（詹伯慧2002：76）、安徽宿松（黄晓雪2010：76）、四川西充（王春玲2011：210）等地①，这些地方多用含"得"标记的后标型可能式来表达相应的可能语义。

据黄晓雪（2010：76），安徽宿松方言没有表可能的"能VC"形式，可能补语的肯定形式"V得C"的使用频率较高，肯定形式和否定形式的出现比例基本持平。另据王春玲（2011：210），四川西充方言一般不用"能VC"或"可以VC"，而采用"V得C"来表达，因此肯定、否定比例上具有对称性。

以上这些方言，虽然严格说是属于复合型可能式方言，但由于表达特定可能语义时前标型可能式使用较少，所以呈现出一定的后标型可能式倾向。

(2) 用后标型可能式表示"会"。在普通话和北方方言中，表示掌握某种技能可以使用"会"，在南方一些方言中，也用"晓得""解"等助动词。在普通话中，"我会游泳"一般不说"我游得了泳"，"我不会说英语"也不说"我说不了英语"，"V不了"常常是指"由于受主客观条件限制，不能实现某种动作或变化"（刘月华1980），并非表达未掌握某种技能。但在方言中情况有些不同，据柯理思（1995）报告：

【长治】我骑了了＝我会骑（马）
【潞城】他打了了＝他会打（乒乓球）

这些"V了了"相当于普通话的"V得了"。如前所述，普通话中不太使用"V得了"表示"会V"的意义，但这些方言却可以。有些方言使用别的傀儡补语来表示这种意义，如：

【武汉】我妈妈用不到电脑_{不会用电脑}（张义2005：9）｜伢几大了？走不走得倒路了？｜你玩不玩得倒牌啊？好像冇有看你玩过咧（赵葵欣2012：159）

【大冶】电脑我用得倒_{电脑我会用}｜汽车我开得倒_{汽车我会开}（汪国胜2000a：49）

---

① 黄伯荣（1996：701）提到，杭州存在"会不会"，但不用"能"，不说"能不能"，"杭州话在表示'能否'这个意义时，从来不用'能'这个词，而只用'会'来表示"。

【当阳】英语我也讲得倒_{英语我也能讲}（汪国胜 1990）

【重庆】你讲不讲得来英语_{你会不会讲英语}？讲得来_{会讲}/讲不来_{不会讲}｜你骑不骑得来自行车_{你会不会骑自行车}？骑得来_{会骑}/骑不来_{不会骑}（翟时雨 1996：35）

【金华】渠讲得普通话来_{他会讲普通话}｜我写得墨笔字来_{我会写毛笔字}（曹志耘 2001）

【云南】吃不来_{不会吃}｜跳不来_{不会跳}（黄伯荣 1996：715）

湖北武汉、浙江金华存在表示掌握某种技能的"会V"结构（见第二章相关引例），也就是说这些地方表达这种意义存在两种方式；上述其余地方是否使用"会"，未见相关资料介绍，但用后标型可能式是非常普遍的。赵葵欣（2012：159）介绍说，这类格式的问句在武汉话里都可以用"会不会VP"来替换，比如说"伢几大了？会不会走路了？""你会不会玩牌啊？"等，但是，用能愿结构的说法明显比较文气，而"V不V得倒"却有较浓的方言色彩。这说明一些南方话在用"会"的同时更倾向于用后标型可能式去表达这种意义。毛泽东带有湖南方言特征的讲话中有如下用例：

我过去读过孔夫子的书，读了四书、五经，读了六年。背得，可是不懂。（《关于哲学问题的讲话》，李锐《早年毛泽东》）

某些北方话也有这样的用法，如：

【乌鲁木齐】洋话学咧几年咧，说下说不下_{会不会说}？（王景荣 2004）。

总的来说，南方方言中使用后标型可能式来表示"会"的意义更为普遍，这也是南方话呈现后标型可能式倾向的一个例证。

三、复合型可能式方言

复合型可能式方言指使用两类可能式表达可能语义的方言。这里所说的"两类"是指前标型和后标型，而非两种不同标记的前标型或两种不同标记的后标型。

根据现有资料来看，全国大部分地区方言在表达补充结构 VC 的可能语义时使用两类可能式，属于复合型可能式方言。一方面，带有强烈的前标型可能式倾向的东北方言中也有个别存在后标型可能式，如哈尔滨方言；另一方面，目前所见的纯粹的后标型可能式方言很少，仅有甘肃、青海个别地区方言属于此类，而全国有后标型可能式的大多数方言同时还使用能愿动词，"能"的分布非常广，即使南方一些不用"能"的地区也存在其他能愿动词。根据使用的主要可能标记，可以对复合型可能式方言进一步分类。

(一)"能"＋"VC了"类方言

1. 前标记"能"的分布

根据表7-1，北方官话区的方言中很多地方不使用普通话中的"V得"形式，仅用前标型可能式来表达此类意义，其中的前标记主要是"能"(在豫东、苏北、皖北等地区还使用"管")，如：

【万荣】这布能做窗帘(李荣2002：3495)

【银川】路修宽了，能过汽车了｜炕上能睡下十个人(同上，3495)

【平邑】能看见_{看得见}｜能上去_{上得去}｜能吃_{吃得}｜能用_{用得}(黄伯荣1996：772)

【潍坊】能说清_{说得清}｜能够着_{够得着}(钱曾怡、罗福腾1992：108)

【长治】树上的枣子能吃不能吃？熟了，能吃(侯精一1985：113)

【洛阳】这是熟的，能吃，那是生的，不能吃(贺巍1993：17)

【杞县】红薯叶管吃，土豆叶不管吃(苏若阳2017)

由于方言调查通常不重视和普通话相同的内容，所以我们无法得出一个完整的"能"的分布区域，但可以肯定，在北方官话区，可能标记"能"有着广泛的分布。

2. "VC了"可能式的分布

相对于表7-1，方言点中仅使用前标型可能式表达"V得C"可能语义的地区就少许多，除了东北地区外，其他大多省份都有相应的后标型可能式表达此义。具体来说主要有三类：北方官话方言的"VC了"、南方官话及南方其他方言的"V得C"和闽语中的"V会C"。

"VC了"可能式的分布区域非常广，柯理思(2006)将"VC了"可能式的分布区域描述为"东到山东诸城、利津，北到昌黎、遵化，西到山西广陵、平遥，南到淮河"。根据陆续发表的材料，这个范围可以扩

305

大到辽宁、新疆、甘肃和青海等地：

【辽西】借着了_{能借着}｜穿上了_{能穿上}（迟永长 2010）

【延川】人不多，车上坐下咧_{坐得下}｜背起咧_{背得起}（黄伯荣 1996：774）

【敦煌】挪过咧_{能挪过}｜盖严咧_{能盖住}（刘伶 1988：220）

【白龙江流域（部分地区）】：我纸烟吃下哩，旱烟吃不下①_{我能抽纸烟，不能抽旱烟}（莫超 2004：166）

【西宁】我拿动俩［lia］_{我拿得动}（张成材 1997：37）

【兰州】我拿动哩，他拿不动（王森、赵小刚 1997：27）

【乌鲁木齐市米东区芦草沟乡】吃饱哩｜打过他哩（王新青等 2016）

根据曹志耘《图集》(2008)，使用"VC了"表达普通话"V得C"可能式意义的地区如表 7-6 所示：

表 7-6 使用"VC了"表达普通话"V得C"可能式意义的地区

省份	方言点
内蒙古（4/11）	临河　包头　通辽　乌兰浩特
辽宁（1/12）	朝阳
甘肃（9/15）	武威　永登　兰州　临夏县　岷县　秦安　华亭　西峰　环县
青海（1/4）	乐都
宁夏（1/7）	盐池
陕西（1/21）	神木
山西（2/24）	偏关　中阳
河南（22/26）	清丰　滑县　鹤壁　沁阳　嵩县　社旗　西峡　镇平　鲁山　灵宝　民权　夏邑　柘城　获嘉　扶沟　禹州　郑州　项城　确山　西平　新蔡　开封
山东（20/30）	无棣　夏津　成武　东明　郓城　济南　章丘　聊城　苍山　沂南　平度　肥城　新泰　潍坊　临朐　诸城　滕州　淄博　桓台　临邑
河北（16/31）	围场　丰宁　青龙　昌黎　丰润　唐海　宣化　唐县　黄骅　南皮　平山　石家庄　故城　赞皇　磁县　广平
安徽（2/48）	利辛　霍邱

---

① 此处的"下"是傀儡补语，"哩"（相当于"了"）是可能标记。

按照《中国语言地图集·汉语方言卷》的分区，这些方言主要是中原官话、冀鲁官话和晋语。

3. 并用"能"和"VC了"的地区

将表7-6和表7-1对比，表7-6所列的内蒙古、辽宁、宁夏、甘肃、山西、陕西、河南、安徽的方言点均包含在表7-1中；表7-6中山东20地除去临邑（既有"VC了"，也有"V得"）的19地、河北16地中的围场、丰宁、南皮、平山、石家庄、赞皇、磁县和广平等8地包含在表7-1中，也就是说这些地区都属于"能"＋"VC了"类可能式方言[①]，此类方言主要分布在河南（南部的商城、信阳除外）、山东境内。需要说明的是，这些地区中不仅有"能V"，也有"能VC"，也就是说表达V的可能语义只有一种形式，表达VC的可能语义有两种形式。

（二）"可以/好"＋"V得（C）"类方言

1. 前标记"可以"的分布

前文提到"V得"可能式在吴语区有用"好V"来表示的，在江淮官话以及吴语中，前标记还有"可以"。据徐烈炯、邵敬敏（1998：168），上海方言中，"能"很少单独使用，普通话用"能"的地方常常用"可以"或"好"：

【上海】你可勿可以/好勿好帮伊一把_{你能不能够帮他一把}？｜侬下半日可以/好来一趟伐_{你能不能够下午来一趟}？

鲍厚星等（1999：336）介绍，长沙方言很少用"能＋动"结构，且能愿动词不是"能"，而是"可以"，主要使用"动＋得"结构。另据张大旗（1985），长沙话中"得"字能与"可以"并用，使语气更为加强，如"可以吃得｜可以走得"等。湖南岳阳、江西萍乡方言也用"可以"：

【岳阳广兴洲】我可以剪□te那根铁丝｜个只地方大，可以栽树_{这个地方大，可以栽树}（杨雨蒙2015：17）

【萍乡】他病好嘎唎_{完全好了}可以出院了（李荣2002：889）

[①] "能"＋"VC了"类可能式方言的实际分布更广一些，表7-6、7-7、7-8均不含可并用其他可能式的地区。根据曹志耘（2008），山东兖州、内蒙古鄂尔多斯说"能吃饱了"和"吃饱了"两种形式，未列入表7-6中；淮南、信阳说"吃得饱"和"能吃得饱"，未统计入表7-7中。这种并用说明这些地方助动词"能"的使用非常普遍，后标型可能式独立性弱一些。也存在"能"＋"V得C"类可能式的方言。

据陶原珂（2018：201），在能力、效率义的表达上，普通话使用助动词"能、能够"，广州话用"可以"：

【广州】猎犬可以揾到狼踪（陶原珂 2018：202）

据了解，北京口语和江苏南京、四川一些地方的方言都使用"可以"。[①] 但方言调查语料中较少反映与普通话相同的项目，所以无法准确给出"可以"的分布区域，但可以肯定，"可以"一词在南方地区有着广泛的分布。

2."V 得 C"可能式的分布

根据曹志耘（2008），"V 得 C"可能补语式分布区域如表 7-7 所示：

表 7-7 "V 得 C"式可能补语分布方言点情况

省份	方言点
北京（2/3）	北京　延庆
天津（1/1）	天津
辽宁（1/12）	清源
内蒙古（1/11）	阿拉善左
新疆（11/11）	乌鲁木齐　哈密　吉木萨尔　伊宁市　沙湾　喀什　和田　阿克苏　吐鲁番　焉耆　博乐
甘肃（1/15）	嘉峪关
陕西（11/21）	米脂　靖边　志丹　铜川　佛坪　城固　延安　清涧　镇安　平利　镇巴
山西（18/24）	大同　右玉　代县　岢岚　临县　娄烦　平遥　襄垣　霍州　大宁　万荣　临猗　阳城　陵川　平定　太原　灵丘　襄汾
河南（1/26）	商城
山东（1/30）	平邑
河北（1/31）	霸州
安徽（39/48）	除 9 地（亳州　濉溪　灵璧　霍山　巢湖　利辛　霍邱　舒城　淮南）外剩余选点
江苏（37/40）	除 3 地（泗洪　盱眙　金坛）之外剩余选点

---

① 据北京大学郭锐教授的讲解获知。2019 年 11 月在广州中山大学中国语言学年会中向郭锐教授请教相关问题，得到了耐心细致的解答，谨此致谢。

续表 7-7

省份	方言点
浙江（72/84）	除 12 地（宁海　象山　天台　永康　永嘉　温州　瑞安　平阳　文成　洞头　苍南吴　苍南闽）外剩余选点
上海（10/10）	全部选点
湖北（32/32）	全部选点
四川（19/19）	全部选点
重庆（7/7）	全部选点
江西（87/87）	全部选点
贵州（15/17）	除 2 地（都匀　荔波）外剩余选点
福建（24/69）	松溪　武夷山　政和　建阳　光泽　邵武　顺昌　泰宁　建宁　将乐　南平　沙县　明溪　三明　宁化　清流　永安　长汀　连城　武平　上杭　永定　寿宁　浦城吴
广东（92/108）	除 5 地（雷州　东莞　湛江闽　茂名　龙川）以及使用"V 会 C"的 11 地外的 92 个选点
广西（63/66）	除 3 地（百色　融水　全州）外剩余选点
云南（15/15）	全部选点
湖南（91/92）	除 1 地（邵东）外剩余选点
海南（13/14）	除 1 地（儋州）外剩余选点
台湾（1/15）	桃园

从表 7-7 可知，"V 得 C"可能式分布很广，主要在我国南方地区，在北方主要集中于新疆、陕西、山西以及京津等地。从地图上看，河北境内多地并用"V 得 C"和"VC 了"，如涞源、徐水、安国、河间、隆尧、冀州等地。霸州靠近京津，只用"V 得 C"可能式，当是受了京津方言的影响。

3. 并用"可以/好"和"V 得（C）"可能式的地区

使用助动词"可以/好"表示可能语义的区域和"V 得 C"可能式分布区域有部分重合，这些区域主要在南方，除闽方言区外的地区都存在这种用法，而北方只有京、津等大城市如此。按照《中国语言地图集·汉语方言卷》的分区，并用"可以/好"和"V 得 C"的方言主要是西南官话、江淮官话、湘语、赣语、客家话、粤语、平话等，从地理区划上看，主要分布在我国南北地理分界线秦岭-淮河一线以南，也就是平时所说的南方地区。

(三)"会"+"V会C"类方言

"会"作为助动词在我国大部分地区均有使用,然而多表示掌握学习来的技能以及或然性意义,作为表示条件允许意义的助动词使用只在闽语中存在。如普通话说"门开了,风可以吹进来",在闽语中"可以"用"会"替换。又如:

【福清】香蕉会食的,草菇䆃食的_{香蕉可吃,草菇不能吃}｜汝固会讲乜乇_{你还能讲什么}(冯爱珍 1993:134)

【福州】伲囝明年暝会读书了_{明年可以上学了}(李荣 2002:4902)

这一区域往往使用后标型可能式"V会(解)C",根据曹志耘《图集》(2008)统计,使用该可能式的区域如表7-8所示:

表7-8 可能式"V会(解)C"分布方言点情况

省份	方言点
福建(33/69)	福鼎 福安 周宁 古田 尤溪 闽清 大田 德化 闽侯 福州 连江 平潭 仙游 泉州 惠安 南安 晋江 永春 漳平 龙岩 安溪 同安 华安 长泰 厦门 南靖 漳州 龙海 漳浦 平和 云霄 东山 宁德闽
台湾(13/15)	台北 宜兰 花莲 台东 屏东 高雄 台南 嘉义 云林 南投 彰化 苗栗 新竹
广东(11/108)	海丰 陆丰 普宁 惠来 潮阳 揭东 潮州 澄海 南澳 汕头 饶平

上述三种复合型可能式类型仅选取方言可能式中最为典型的特征加以命名,现实中大多数复合型可能式方言的情况不这么单纯,说某方言属于某类复合型可能式并不意味着该方言中只有这两种形式,多数情况下该方言还有其他助动词和可能补语式用来表示可能语义。比如开封方言是"能"+"VC了"类方言,没有助动词"可以",也没有可能补语式"V得C",但该方言中还存在助动词"管"、少量已经固化的可能补语式"V嘞(得)";尽管如此,我们无法否认开封方言是一种典型的"能"+"VC了"类方言,因为别的可能式或者来自历史遗留,或者来自其他方言的影响,在本地方言中不占主流。

此外,在以上三种类型之外还存在其他组合的复合型可能式方言,比如今天北京话用"能"+"V得C",尽管北京话中表示可能的助动词还有"可以""可能",但无法否认"能"的主体地位。和周边众多的北方方言相比，北京话可能补语式不用"VC了"，显得很特别，这和北京话形成的过程和其特殊地位有关，详见下一节中的讨论。①

四、南北方言和相邻民族语言可能式类型的比较

（一）东北方言和满—通古斯语言

根据《中国的语言》（1996）的介绍，与东北方言相邻的主要是阿尔泰语系满—通古斯语族的几种语言，如满语、锡伯语、赫哲语、鄂温克语和鄂伦春语，它们都属于使用后加成分的黏着型语言，动词有时、体、态和人称等语法范畴，一些语言中也有表示可能的助动词，但与汉语的可能标记有很大区别。比如在现代满语中，表示可能语义的能愿动词是mut'umi，意思是能、会、可以，本身也可以作为动词单用（赵杰1989：138）：

  pi mut'umi, t'ələ mut'uaxoɔ（mut'umi是谓语动词）
  我 会 他 会 不 _{我会，他不会}

mut'umi更多是作能愿动词，放在中心动词词干后边，和中心动词一起构成句子的谓语，语法功能的变化在能愿动词上表示。

  ərə χaʁatɕie pɛeit'ə iɕikiɛnmu'tumi
  这 小子 事情 办理 能 _{这小伙子能办事}
  tʂ'əmaʁa pi kənəmu'tumi
  明天   我 去 可以 _{明天我可以去}

这些民族语言中表示可能的助动词都用在动词后，但是并不形成类似汉语的述补结构，这里的助动词常常和相关成分形成一个整体，通常有词形的变化。汉语的能愿动词放在动词前边，特别是东北地区几乎没有后标型可能式，也就没有后置可能标记的情形。汉语的能愿动词没有时体形式的变化，不会发生助动词和中心动词形式上的合并。这些情况都表明，东北地区汉语方言和相邻民族语言的可能式存在较大差别。东北方言中几乎没有可能补语形式，其原因并非相邻民族语的影响，而是和自身特性有关。这些民族语言中也没有可能补语式，这是阿尔泰语系

---

① 根据北京大学郭锐教授的介绍，"可以"是北京话中的底层成分，和早期北京话形成的过程有关。另据范晓蕾（2021），早期北京话有"VC了"可能式，这样看来，早期北京话的特殊之处在于它是"可以"+"VC了"类方言，不同于周边方言。

语言的黏着语性质决定的，黎意（2004：95）认为，阿尔泰语系语言的一些特征抑制了述补结构的产生和发展，造成阿尔泰语系语言普遍缺乏像汉藏语系中那样的述补结构。

（二）南方方言和相邻民族语言

1. 南方各民族语言可能式情况

我国南方民族语言较为复杂，按照语言系属关系，分别属于汉藏语系、南亚语系和南岛语系，表7-9是对我国南方各种民族语言可能标记与中心词相对位置的情况统计：

表7-9 我国南方各民族语言可能标记与中心词的相对位置[①]

	语种	标记居前	标记居后	资料来源
汉藏语系	藏语		我洗完去可以（我已洗完，可以走了）	金鹏（1983：39）
	门巴语		完成能够	陆绍尊（2002：173）
	仓洛语		这蘑菇吃不可毒有	张济川（2007：883）
	彝语		做能够｜做可以	陈士林等（1985：97）
	傈僳语		说不会	李教昌（2018：87）
	拉祜语		我做会	孙宏开等（2007：295）
	哈尼语		字写会｜搬完能	李永燧（1990：46）
	基诺语		写会｜吃可以	孙宏开等（2007：335）
	纳西语		你回去可以了	和即仁、姜竹仪（1988：53）
	堂郎语		编会｜打赢能	孙宏开等（2007：373）
	末昂语		他将来说会（助）	周德才（2014：81）
	桑孔语		写会	李永燧（2002：135）
	毕苏语		我们干会	孙宏开等（2007：416）
	卡卓语		我也唱会	木仕华（2003：122）
	柔若语		这种木耳吃可以	孙宏开等（2007：94）
	怒苏语		溜索这根过能过不能	孙宏开等（2007：486）
	土家语		狗门守会（狗会看门）	陈康（2006：97）
	白语	你们这可以做	你们这做会（你们会做这样）	徐琳等（1984：40）
	景颇语		去见很可能	戴庆厦、徐悉艰（1992：160）
	独龙语		今天雨下，走（不）能	孙宏开（1982：121）

[①] 由于此表仅为说明能愿动词的位置，表中仅列了用汉语词对译民族语言的内容，这样足以显示其语序，个别难懂的在括号中用汉语说明意义，均不再呈现民族语言原文。

续表 7-9

	语种	标记居前	标记居后	资料来源
汉藏语系	格曼语		狗人咬会	李大勤（2002：1280）
	阿侬语		他很吃能	孙宏开、刘光坤（2005：101）
	义都语		汉话说会	江荻（2005：87-88）
	崩尼—博嘎尔语		谁上能	孙宏开等（2007：676）
	崩如语		他家（助）回可能（他会回来的）	孙宏开等（2007：715）
	阿昌语		哥哥做会	戴庆厦、崔志超（1985：47）
	载瓦语	会做｜能说	不说准许（不准说）	孙宏开等（2007：764）
藏缅语族	浪速语	我的孩子路会走	（表示情态和性质的助动词后置）	戴庆厦（2005：69）
	波拉语	能做，会写	去想（想去）	戴庆厦等（2007：118）
	蒲溪羌语		话说能做（能说话了）	黄成龙（2007：97）
	普米语		写会	陆绍尊（2001：168）
	嘉绒语		缝会｜做能	林向荣（1993：264）
	白马语		写会｜写不会	孙宏开等（2007：98）
	木雅语		你去敢，我也去敢①	黄布凡（1985）
	史兴语		你衣服缝会（否定）会	徐丹（2009）
	贵琼语		门宽车子也（趋向前缀）来来能（门很宽，卡车开得进来）	宋伶俐（2011：122）
	拉坞语		你来能吗？	孙宏开等（2007：1050）
侗台语族	壮语	能挑		韦庆稳、覃国生（1980：41）
	布依语	会吃		喻翠容（1980：23）
	傣语	他会写傣文		喻翠容、罗美珍（1980：59）
	临高语	会犁田		梁敏、张均如（1997：80）
	标话	会(熟)唱歌｜敢讲	挑得起	孙宏开等（2007：1186）
	侗语	肯做	看得吃不得	孙宏开等（2007：1203）
	水语	会唱		孙宏开等（2007：1220）
	仫佬语	能不能做？	吃得	王均、郑国乔（1980：40、68）
	毛南语	我不敢说		孙宏开等（2007：1266）

---

① 木雅语材料中明确提到能愿动词用在动词后，未提供例句。其他例句中有"敢"，但未见可能标记。

续表 7-9

语种		标记居前	标记居后	资料来源
汉藏语系	侗台语族	莫语	我不会唱歌｜你能爬		杨通银（2000：109）
		佯僙语	肯让（未见可能标记）		薄文泽（1997：84）
		拉珈语	（能愿动词大致同汉语）		孙宏开等（2007：1315）
		茶洞语	坐会就能吃了		孙宏开等（2007：1333）
		黎语	会做花（绣花）		孙宏开等（2007：1346）
		村语	会唱歌		孙宏开等（2007：1362）
		仡佬语	我会吹管芦笙		贺嘉善（1983：29）
		普标语	会做	我上得去	孙宏开等（2007：1422、1426）
		拉基语	我会唱歌不（我不会唱歌）	挑得担	孙宏开等（2007：1432）李云兵（2000：115）
		布赓语	会唱歌		李云兵（2005：121）
		木佬语	好放鱼（可以养鱼）		薄文泽（2003：79）
	苗瑶语族	苗语	我会做	吃得	王辅世（1985：59，83）
		布努语	不能去｜会唱		孙宏开等（2007：1517）
		炯奈语	会唱歌	吃得	孙宏开等（2007：1554、1557）
		勉语	会说｜可以吃	打鸟要不得	毛宗武（2004：240、286）
		优诺语	会织布	穿不得	毛宗武、李云兵（2007：83）
南岛语系		卡那卡那富语	不能吃没有火（没有火不能开伙）		孙宏开等（2007：2356）
		回辉语	（借自汉语）		孙宏开等（2007：2365）
南亚语系		佤语	能去｜会纺	吃得饱	赵岩社（2006：163，156）
		德昂语	能去		孙宏开等（2007：2407）
		布朗语	能做｜会汉文	做得完	李道勇等（1986：30、56）
		克木语	会犁地｜能做		陈国庆（2002：156）
		克蔑语	能做｜会讲汉语		陈国庆（2005：99）
		京语	会说客（会说汉语）		孙宏开等（2007：2472）

续表 7—9

<table>
<tr><th colspan="2">语种</th><th>标记居前</th><th>标记居后</th><th>资料来源</th></tr>
<tr><td rowspan="3">南亚语系</td><td>莽语</td><td>会飞</td><td></td><td>高永奇（2003：82）</td></tr>
<tr><td>布兴语</td><td>会算会写</td><td></td><td>高永奇（2004：87）</td></tr>
<tr><td>佤语</td><td>会做（唱）民歌｜黄牛能犁田</td><td>能上得去</td><td>李旭练（1999：130、167）</td></tr>
<tr><td rowspan="2">混合语</td><td>五屯话</td><td></td><td>我汉话一点儿说会有（我会讲一点汉话）</td><td>孙宏开等（2007：2574）</td></tr>
<tr><td>扎话</td><td></td><td>狗（助）人咬会（狗会咬人）</td><td>孙宏开等（2007：2612）</td></tr>
</table>

从表中数据来看，汉藏语系藏缅语族的语言以能愿动词（可能标记）居动词后为惯常语序，其中极少数语言存在可能标记居前的情况，但其他助动词有居于动词之后的现象。汉藏语系的侗台语族、苗瑶语族，南岛语系，南亚语系诸语言都以能愿动词居动词前为惯常语序，这些语言中不同程度地存在类似汉语的可能补语结构。五屯话和扎话都是由藏语参与而形成的混合语，其能愿动词的位置也是居后的。[①]

根据赵斌（1989），汉藏语系的侗台语族、苗瑶语族，南亚语系，南岛语系的诸语言属于 VO 型；汉藏语系藏缅语族语言属于 OV 型，和北方阿尔泰语系语言的语序类型相同。可能标记和主要动词的相对位置也能体现这两类语言的区别，即 VO 型语言可能标记居前，而 OV 型语言可能标记居后。这种分布特征符合语序类型学对相关成分位置的预测，即在 SVO 型语言中助动词在实义动词之前，而在 SOV 型语言中助动词在实义动词之后（宋在晶 2008：91）。

2. 南方地区汉语方言可能式和藏缅语族语言的一致性

由此看来，在我国南方地区汉语方言中使用较为普遍的"V 得"可能式，和汉藏语系藏缅语族语言中能愿动词后置于动词的情况是一致的。以藏缅语族语言的观点来看待汉语方言，也可以将其理解为"动词+能愿动词"的结构，只不过能愿动词的形式不同罢了。汉语方言的能愿动词是"得"，彝语中是 to（能够）、hi（可以）（陈士林等 1985：97），哈尼语中是 nia（会、能）、hhap（可以）（李永燧 1990：45），等等。汉语

[①] 据孙宏开等（2007：30、145）的数据，我国已经发现确定 130 种语言，这里共列举 75 种语言资料。我国境内共有 46 种藏缅语族语言，这里列出 37 种。有 3 种藏缅语可能标记居前（不含白语），对比结果显示出明显的倾向性，也能够反映藏缅语族的整体情况。

共同语中能愿动词是居前的，在和汉语关系较为密切的民族语言中也可见到这种特征的影响，比如白语中有两类能愿动词，一类是本族语固有的，另一类是借自汉语的。根据徐琳、赵衍荪（1984：40），白语中的助动词放在动词后表示可能语义，如：

  na lia tsu khu
  你们 这 做 会 _{你们会做这样}

如果助动词是现代汉语借词，则词序和汉语一样放在主要动词前边：

  na lia kho ji tsu
  你们 这 可以 做 _{你们可以这样做}

根据赵燕珍（2012：117－119），赵庄白语中表示可能意义的 $tɛ^{33}$（可以、得）是固有的助动词，通过语音屈折构成否定式 tuo^{33}（不行、不可以、不得），置于主要动词后：

  $tsɿ^{55}$ $tɛ^{33}$ $tsɿ^{55}$ tuo^{33} $ȵi^{55}$ $nɔ^{33}$ zu^{33} ki^{44} tu^{44} $ʑi^{42}$
  做 得 做 不得 都 你 知道 不得（语气词）_{能做不能做}
_{你都不知道吗？}

$khɔ^{33}ʑi^{33}$（可以）、xui^{35}（会）是借自汉语的，语序和汉语相同：

  $pɔ^{03}$ $klɯ^{33}ʑi^{33}$ ka^{44} $nɯ^{55}$ $ŋɛ^{21}$ $lɯ^{44}$
  他 可以   跟 你 去（语气词） _{他可以跟你去}

  $ŋɔ^{33}$ $pɯ^{33}$ xui^{35} ka^{44} $nɯ^{55}$ $ŋɛ^{21}$
  我 不 会   跟 你 去 _{我不会跟你去}

这种情形和汉语南方方言相似，根据前文的叙述，我国南方一些方言具有较强的后标型可能式倾向，常用的是后标型（"得"标记）可能式，而这些方言中的前标记"能"来自共同语的渗透，并非本地方言固有成分。

不仅如此，白语中还有类似于"VC 得"的可能式（黎意 2004：47）：

  se^{33} ka^{35} $tɕiɯ^{32}$ $tɔ^{33}$ $lɯ^{44}$
  洗 干 净   得（助词） _{洗得干净}

  $tsho^{55}$ tso^{33} $tsɿ^{21}$ $tɔ^{33}$ $lɯ^{44}$
  推 上 去 得（助词） _{推得上去}

上述用法和汉语的可能补语式没有区别，汉语方言中也存在"VC

得"可能式，如云贵方言（袁家骅等 2001：52）、长沙方言（张大旗 1985）、新县方言（卢海 2010）。从某种意义上说，上述白语中的"VC 得"和北方方言中的"VC 了""VC 下"可能式都属于同一类型，即都是可能标记居尾型可能式。

别的民族语言中也有类似情况，如彝语（黎意 2004：42）：

tshʅ³³　si⁴⁴　ndʐa⁵⁵　to⁴⁴
洗　（助词）　干净　能　_{洗得干净}

zi³¹　ta³³　to⁴⁴
抓　住　能　_{抓得住}

哈尼语（李永燧 1990：46）：

Miqkoq dyul neesoq bavq saq qaol
柴　些　明天　搬　完　能　_{这些柴明天能搬完}

将能愿动词后置称为可能补语式，这可能只是一个术语问题，如胡素华（2002：57）认为彝语中以下用例是可能补语：

ŋa³³　dʑi44to³³　si⁴⁴　bo³³　a³¹to³¹　o⁴⁴
我　累　（助词）　走　不能　（语气词）　_{我累得走不动了}

总之，我国南方汉语方言较多使用"V 得"可能式，这和藏缅语族语言中能愿动词后置的规律一致。南方汉语方言通常还有少量不同形式的前标型可能式，这一方面和汉语共同语的特征一致，同时又和侗台语族、苗瑶语族以及南亚语系、南岛语系等语言助动词前置的特征相同，这些状况表明南方汉语方言和民族语言之间存在错综复杂的相互影响。①

第二节　可能式的层次面貌

一、汉语方言学中"层次"的内涵

（一）"层次"概念的引入和应用范围

"层次"是历史语言学中一个常用的概念，中西方语言学对层次的理

---

① 国外有学者认为侗台语族、苗瑶语族不属于汉藏语系，而属于南亚语系、南岛语系。通过比较可以发现藏缅语族和侗台语族、苗瑶语族在可能标记位置上存在差异。

解不完全相同。据何大安（2000），汉语语言学中"层次"一词是英文（sub-)stratum 的翻译，原义是"遗物"或"遗存"，"遗物"与"遗物"不一定有系统的联系。在西方语言学中，"层次"概念主要用于解释语言区域的形成和语言的变化；引入汉语方言学后，应用范围逐渐扩大，而且特别注重层次之间的联系。最初关注的层次问题仅限于方言中的文白异读，但进一步的研究证明一个方言的层次可能不止文白两层，往往是不同历史层次累积的结果。近来学界普遍认为，除了语音之外，在词汇和语法中也存在不同的层次。王洪君（2006）说：历史语言学中，"层次"指一个语言（或方言）中成系统地存在外语言的成分，外来层次是语言接触的产物。张振兴（2009）举例谈到汉语方言的词汇层次问题，方言中有"妈、娘、奶"等不同说法指母亲，有"爸、爹、大"等不同说法指父亲，其中就有层次的分别。

朱德熙（1985，1991）率先将层次观念运用于汉语方言语法研究中，提出"可 VP"和"VP 不 VP"两种句式属于不同类型，相互排斥，它们在某些方言（扬州、苏州和汕头方言）中共存的现象是由不同层次的累积造成的，两种句式并不属于同一时代层次，其中必有一种产生的时代较晚。朱先生讨论的正反问句中有不少是可能式的正反问形式，可以说可能式较早地进入了汉语方言语法层次研究的视野。

（二）方言层次的判别标准

游汝杰（1993）研究了吴语中反复问句的层次，提出了判别层次的四条途径：

第一，有无共同语的文献可用于断代？

第二，有无方言文献可用于断代？

第三，从方言类型学的角度看，哪些形式见于方言演变较慢的地区？

第四，并存形式使用主体（老派、新派）、使用频率（常用、少用）的差别。

游汝杰（2000：141）更明确地指出："在方言中有可能发现用不同的语法形式表达相同的语法意义，这些共存的形式一般来自不同的历史层次。"吴福祥（2003）对粤语中可能补语带宾语形式的不同语序进行了研究，认为不同形式分属于不同的历史层次。

根据上述对方言语法形式层次的理解，共时存在的表达同一语义的不同可能式应有层次分别。以下分别讨论共同语和方言中表达相同可能语义的不同形式之间的层次关系。

二、"能 VC"和"V 得 C""VC 了"的不同层次

(一)"能 VC"和"V 得 C""VC 了"的历史层次

1. "能 VC"和"V 得 C""VC 了"可能式的并用

"能 VC"是前标型可能式,而"V 得 C"和"VC 了"是后标型可能式。一般认为,普通话中可能补语式"V 得 C"的语义就是"能 VC",如:

"走得开"是说"能走开","放得下"是说"能放下"。(丁声树等 1961:60)

"看得见"是说能看见,"看不见"是说不能看见。(朱德熙 1982:132)

普通话中"能 VC"(或者"可以 VC")有两种意义,一种表示具有完成、达到 VC 的能力和条件,另一种表示允许、许可实施 VC 这种行为结果。与"V 得 C"意义相当的是前一种。

以下是老舍《四世同堂》中的用例,基本代表了北京话中"能/可以 VC"和"V 得 C"并用的现象:

虽然英雄已死,她可是还能看到些英雄的遗物。

由他的半旧的衣服可以看出来,他要拜访的一定不是什么高贵的人。

心眼放正,老天爷看得见!

在大多数方言中,"能 VC"和"V 得 C"类后标型可能式的意义关系与普通话中的情况类似,所不同的是方言中可能标记有别的形式,前标记除了"能"之外还有"可以""管"(豫苏皖部分地区),后标记除了"得"(构成"V 得 C"),还有"了"(构成"VC 了")。根据前文的分析,"能 VC"和"V 得 C""VC 了"三类可能式共存的方言点均在北方地区。

据钱曾怡(2001:286-287),山东 23 个方言点中,三种标记("能""得""了")可能式共存很常见,仅存一种的地方少见,且不存在只用"得"可能补语的地方,具体情况如表 7-10 所示:

表 7-10　山东部分方言点可能标记使用情况

类型	标记	方言点
一种	能	即墨　博山
	了	金乡　郓城　临清
两种	能　得	荣成　牟平
	能　了	蓬莱　莱州　平度　诸城　沂水　德州　新泰　临沂　菏泽
	得　了	利津　无棣
三种	能　得　了	龙口　寿光　济南　曲阜

另据殷相印（2006：161），在山东微山地区的 14 个方言点中，并用"能 VC"和"VC 喽"的有 8 个，并用"能 VC""V 得 C"和"VC 喽"的有 4 个，并用"能 VC"和"V 得 C"、并用"能 VC"和"VC 喽"的各 1 个。可见，"能 VC"和"V 得 C""VC 了"可能式三种或其中两种并用是一种常见现象。

2. 普通话及方言中两类可能式的使用频率和范围

根据刘月华（1980）对现代文学作品的统计，普通话里表达甲类可能语义（相当于我们所说的可实现性和或然性）的前标型可能式（能 VC、可以 VC）和后标型可能式（V 得 C）的使用比例为肯定形式 181∶42，疑问形式 24∶61，否定形式 4∶1211，使用"V 不 C"表示否定占绝对优势。总体来看，可能补语肯定形式的出现频率低于助动词，否定形式高于助动词，鉴于否定形式"V 不 C"有独立的产生途径，讨论可能式层次时将其和肯定形式分开处理，以下仅讨论肯定形式的情况。

方言中各可能式的使用比例虽无具体数据，但研究者一般认为前标型可能式要比后标型可能式使用得广泛。北方一些方言中"VC 了"可能式并不占优势，很多时候需要配合"能"来使用。据马静、吴永焕（2003：242），山东临沂方言中，与普通话"V 得 C"相当的表达形式是"VC 啦"和"能 VC 啦"。据张金圈（2015：356），山东无棣方言中，"VC 哩"可能式大都用于疑问句及其相应的答句中，很少用于独立的陈述句中，当需要在独立的陈述句中表示可能语义时，一般使用助动词"能"，如"我能一下子扛动两袋儿麦子"。根据笔者对开封方言的观察，"能 VC"的使用频率要高于"VC 了"。使用频率和范围的不同说明各种可能式在方言中所处的地位不同，应该属于不同的历史层次。

3. 从产生时代看两类可能式的历史层次

助动词"能""可以"在先秦时期就有丰富的用法，动结式的产生一般认为是在汉代以后的六朝时期（蒋绍愚 1999），述补结构之间夹带宾语的隔开式（VOC）在历史上更为多见。吴福祥（2002a）谈道："在宋代以前的文献里，能性助动词通常只表示某种动作的可能，极少表示实现某种结果的可能，即一般没有'助动词+VC'格式。"检索北京大学 CCL 语料库，发现有下面的用例：

借问游天汉，谁能取石回？（宗楚客《安乐公主移入新宅侍宴应制》）

谁能唤得姮娥下，引向堂前子细看。（元稹《八月十四日夜玩月》）

泪岂挥能尽，泉终闭不开。（令狐楚《立秋日悲怀》）

"能取石回"就是"能"接述补结构的隔开式，"能唤得姮娥下"也类似于这种结构，但其中"得""下"还有很强的实义，"得"并非可能标记，"下"也不是纯粹的补语成分，很大程度上是作谓语动词。"挥能尽"应该是"能挥尽"的变化形式。这三例均可视为"能+VC"用法的早期形式。变文中有的"能 V 得 O"结构中"得"也并非可能标记，而是表完成的补语，该结构也属于"能+VC（O）"的用法：

若是世间医者能医身病，菩萨法药能医得身心二病……（《维摩诘经讲经文 1》，王重民等《敦煌变文集》）

臣能止得吴军，不须寸兵尺剑……（《伍子胥变文》，同上）

能却得吴军兵者，赐金千斤、封邑万户。（同上）

这一时期，"得"可用于不同的动词后表示有结果，原因是当时的 VC 式中 C 的发展不成熟。同时，在唐诗中也存在"能 V 得 C"或"能 V 得 O"及"能 V 得 OC"结构：

地脉尚能缩得短，人年岂不展教长。（吕岩《七言》，北京大学 CCL 语料库）[1]

谁能抛得人间事，来共腾腾过此生。（白居易《答元八郎中、杨十二博士》，同上）

---

[1] 吴福祥（2002b）引用此例，认为"缩得短"是可能式，但沈家煊（2005）认为可能义由"能"表示，"缩得短"表实现。

谁能截得曹刚手,插向重莲衣袖中。(白居易《听曹刚琵琶兼示重莲》,同上)

溪涧岂能留得住,终归大海作波涛。(李忱《溪涧联句》,同上)

未能抛得杭州去,一半勾留是此湖。(白居易《春题湖上》,同上)

这些结构进而发展成"能VC"式的途径是:

第一,"能V得C"中"得"省略,即表实现的"V得C"向VC式归并,出现在宋代以后(蒋绍愚、曹广顺2005:337);

第二,"能V得O"中O省略或提前作主语,表示完成、有结果义作补语的"得"被意义更为准确具体的补语形式代替,如"抛得人间事"发展为"抛去人间事",进而成为"抛去";

第三,"能V得OC"中"得"省略,同时O省略或提前,如"抛得杭州去"发展为"抛去"。

综上所述,"能VC"的前身"能V得OC""能V得O""能V得C"等形式在唐代即已出现,随着汉语动补结构的完善与成熟,逐渐形成"能VC"。可能式"V得C"初见于唐末,但往往无法和实现式准确分开,至宋代表示可能语义的"V得C"才逐渐成熟;根据第六章的相关研究,可能式"VC了"最早见于元明时期,而且这两种后标型可能式最初是出现在虚拟偏句中的,始终没有被不加限制地大规模普遍使用,直到今天仍然是如此。相对而言,"助动词+VC"自从VC式真正形成之后,就一直占据着优势地位,这种优势在共同语和一些北方方言中都有具体体现。①

(二)历史文献中"V得C"和"VC了"的文白层次

可能式"V得C"和"VC了"在今天汉语方言中的分布大致呈互补格局,"V得C"主要分布在南方,"VC了"主要分布在北方,只在少数北方方言中存在两种可能式并用的情况(钱曾怡1995;张安生2005)。北京话采用"V得C"式,不同于北方普遍使用的"VC了"式,显得很特别,柯理思(1995、2006)认为"北京话的例外表现只能从其特殊的形成过程寻找原因"。王衍军(2009)认为"VC了"结构"最迟在明末清初之际于山东方言中已经出现,而且此时该句法格式在方言中与〔V

---

① 南方方言由于不使用"能",而且有明显的后标型可能式倾向,缺少更详细的资料,这里不做讨论。

得C〕式能性述补结构并存并用"。以下拟通过语言事实说明"V得C"和"VC了"分属于文、白两个不同的层次,北方方言口语中的"VC了"可能式从元明时期开始在书面作品中有所反映,"V得C"式自产生后在北方方言口语中一直未普遍使用。近代以来,二者在共同语和方言中的发展结果并不相同,二者不同的演变过程和北京话的特殊成因可以解释北京话和普通话何以不用"VC了",而用"V得C"。

1. 近代汉语文献中"VC了"可能式的语用特征

(1) 元杂剧中的"VC了"可能式。第六章第二节在讨论早期"VC了"的使用时,提到元杂剧中这种可能式主要出现在下层民众口中。从语用环境上说,"VC了"均出现在非叙述性语言中。《窦娥冤》中赛卢医的定场诗从说话口吻来看是一种插科打诨的自我介绍,是表明人物身份特点的独白;而《救风尘》中小闲的话语则是纯粹的对话。

(2) 明清小说中的"VC了"可能式。明清时期使用"VC了"可能式的小说数量不多,已见用例的语用特征与关汉卿杂剧中情况基本相同,多见于普通民众生活中的对话。比如,在王衍军(2011)列出的《醒世姻缘传》11个"VC了"用例中,有8例出现在对白中,说话人分别是掌柜的、狄周媳妇、狄员外、素姐、大奶奶、吴学周、寄姐等人,其中3例是教书先生(吴学周)、员外、掌柜的说的,其他5例都出自家庭妇女之口。《歧路灯》中的2例分别出自"滑氏""王氏"与人的对话当中,也是出自家庭妇女之口:

> 惠养民笑道:"等黑了,街上认不清人时,我去给你买去,何如?"滑氏道:"再迟一会月亮大明起来也认清了,不如趁此月儿未出,倒还黑些。你去罢。"于是向床头取出二百钱,递与惠养民。(第三十九回)

> 巫翠姐道:"你一个男子汉大丈夫,买一件圈圈子,就弄下一场官司。像我当闺女时,也不知在花婆手里,买了几十串钱东西,也不觉怎的。我到明日叫花婆子孟玉楼,与我捎两件钗钏儿,看怎的!"王氏道:"咱也打造起了,花婆子从来未到过咱家,我从来不认的,何必叫他捎呢?"(第五十五回)①

王衍军(2009)所引的《儿女英雄传》中2例分别出自"老爷"和

---

① 这两例王衍军(2009)有引用。

"太太",前者为叙述语言,后者为对话。检索该书共发现 8 例"VC 了"①,其中 7 例用在对话中,说话人全都是女性:

  (十三妹)想了一想,便对大家说道:"……如今诸事已妥,就便这和尚再有些伙党找了来,仗我这口刀,多了不能,有个三五百人儿还搪住了。……"(第九回)

  安太太道:"这两桩事都不用老爷费心,公馆我已经叫晋升找下了。"老爷道:"一处不够。"太太道:"找得这处很宽绰,连亲家都住下了。"(第十三回)

  褚大娘子是个敞快人,见这光景,便道:"这么样罢。"因合他父亲说:"竟是你老人家带了女婿陪了二叔合大爷回去,我们娘儿三个都住下,这里也挤下了。"(第二十回)

  张姑娘道:"不用费事了,两分铺盖里都带着梳洗的这一分东西呢。我们天天路上就是那么将就着使,连大姐姐你也用开了。"②(同上)

  太太道:"还要房子作甚么?那边尽办开了。赶到过来,难道不叫他三口儿一处住吗?"(第二十三回)

  正在为难,便听舅太太笑道:"这么着罢,叫他先跟了我去罢。连沐浴带更衣,连装扮带开脸,这些零碎事儿索兴都交给我,不用姑太太管了。你们那天要人,那天现成。"因指着何小姐笑道:"不信,瞧我们那么大的件事,走马成亲,一天也办完了。这算了事了?"③(第四十回)

2. 同一作品中不同可能式的语料性质

  使用"VC 了"可能式的历史文献,包括关汉卿杂剧和明清小说,均同时使用"V 得 C"可能式,这种情况是否能够说明当时方言中也并用这两种可能式?再结合今天北方方言中这两种形式的分布状况,能否得出二者之间存在替代关系的结论呢?要回答这些问题,首先要弄清近代汉语书面文献语言的性质和同一作品中"V 得 C""VC 了"两种可能

---

  ① 王衍军文中引用的第一例是叙述语言中用例,这里未重复列出。
  ② 据中州古籍出版社出版的《儿女英雄传》(1998:273)注释:"用开了"是"够用的意思"。根据笔者的理解,此处"用开了"也是"VC 了"可能式,相当于"能用开""用得开",表示有限的物品能够为多人轮换使用。
  ③ 此例中的"办完了"和"算了事了?"都是可能式,相当于普通话"办得完""算得了事?"

式各自反映的语言事实。

关于近代书面文献语言的性质，很多学者都作过相似的论述。胡明扬（1989）说："我国自秦汉以后形成了一个以古代汉语为基础的文言文传统，这以后在宋元时期又形成了一个新兴的白话文学作品的书面语传统，因此现存的文献绝少有纯粹反映当时当地口语实际的作品，即使是最接近口语的作品，也总掺杂大量的传统成分，再由于汉字很难确切地反映口语的实际音读，普遍存在着用传统的同义或近义语词替代新兴的方言语词的现象。"蒋绍愚（2005：324）指出："近代汉语的作品，绝大多数是用通行全国各地的共同语写成的，纯粹的方言作品为数不多。但由于作者受自己方言的影响，在一些用共同语写的作品中也有多少不等的方言成分，呈现一定的方言色彩。"袁宾（1992：22-25）认为近代汉语文献语言的两个特点是"口语和文言相间杂"与"常常带有方言色彩，反映了口语的地域性"。根据以上论述，在同一作品中出现的可能式"V 得 C"和"VC 了"语义功能相同，都表达述补结构 VC 的可能语义，很可能代表了不同层面的语言事实。另外，从语言系统经济性的角度来看，一个语言系统不可能同时使用完全同义的两种不同结构（且都是述补结构）。

在出现"VC 了"可能式的几部作品中，都同时存在"V 得 C"可能式，且后者占绝对优势。表 7-11 是从元明时期到清末几部作品中二者使用的比例，其中三部小说数据来自王衍军（2009）：

表 7-11　元明时期到清末作品中"V 得 C"和"VC 了"的使用数量

语料来源（体现的方言特色）	时代	V 得 C	VC 了
《窦娥冤》（北方方言）	元明	3	1
《醒世姻缘传》（山东方言）	明末清初	161	11
《歧路灯》（河南方言）	清初	60	2
《儿女英雄传》（北京方言）	清末	165	6[①]
总计		389	20

前文分析了以上有限的"VC 了"用例，发现"VC 了"可能式多出现在社会底层普通民众的对话当中，未见到在上层人物口中出现。"V 得 C"这种形式不仅出现在作者的叙述语言当中，也出现在人物的对话当

---

① 据统计，《儿女英雄传》中"VC 了"可能式用例至少有 8 例，具体情况见前文。

中，以《歧路灯》为例，普通民众也使用"V得/的C"结构，是否说明该结构也存在于当时的河南民间口语中呢？事实可能并非如此。文学作品的叙述语言大多反映当时的共同语，作品中有些人物的对话语言可能也不是当时民间方言的真实反映，这些人物往往有着较高文化水平和社会地位。

从"V得C"可能式的产生发展来看，"V得C"定形于唐宋时期，这种结构相对于唐宋八大家的"古文"来说反映了当时的口语，广泛见于唐代变文、宋儒语录当中。而唐宋时期的共同语是此后白话文所使用的文学语言①的前身，"V得C"结构作为正统书面语言中的一种形式在民间创作、文人加工的话本、小说中得以传承，即便是在具有浓厚方言色彩的《歧路灯》《醒世姻缘传》和《儿女英雄传》这样的白话小说中也占有绝对优势。我们有理由相信，当时河南、山东和北京方言区的普通民众在日常生活中说的是一种形式，到了文学作品中很可能改用另一种形式，这就造成在舞台上、小说中的人物说出他们生活中并不使用的"V得C"可能式，这在文学作品写作过程中也是一种常见的做法。书面文献中不同阶层的民众都使用"V得C"的事实恰恰反映了这种结构具有共同语性质和书面语特征，所以"V得C"可归入"文"的层次。

"VC了"可能式的语用特征说明该结构的确是普通民众日常生活用语，而人们日常生活中的口语最能反映当地方言实际，尤其是受教育程度不高的普通民众日常对话，采用富有特色的地域方言来塑造鲜活人物形象也是文学作品常用的方法。因此这些作品中的"VC了"用例反映了当时这几地方言中的实际说法，是和共同语中的"V得C"相对应、体现方言特点的一种特殊结构。具体来说，关汉卿杂剧代表的不仅仅是元大都话的面貌，而是一种更广泛意义上的北方话；《醒世姻缘传》《歧路灯》分别带有当时山东、河南方言特点；《儿女英雄传》则带有清末北京话的特点，其中包括属于北京话但不是共同语的成分，即北京土话。在这些方言的历史上，都存在"VC了"可能式，这种结构具有方言性质和口语特征，可归入"白"的层次。

结合前文所述近代书面文献的语料性质，根据这里分析的两种层次，可以知道《歧路灯》《醒世姻缘传》和《儿女英雄传》所使用的语言并不完全是当时的河南、山东、北京方言。这是因为文学创作并不完全使用

---

① "文学语言"是加工、规范的书面语，不同于"文艺作品的语言"（黄伯荣、廖序东 2002：2）。

普通民众的口语，唐宋通语流传后世成为白话文学的创作语言，这种语言使用的是"V 得 C"可能式。具体就《歧路灯》来说，其作者李绿园三十岁中举，五十岁之后宦游二十年，行迹广至半个中国，告归后回老家河南新安教过书，后到北京居住过一段时间，八十四岁死于河南宝丰。其创作《歧路灯》始于四十二岁时，历时三十年，成书后二百年来向以抄本流传[①]。这样的背景下创作的一部小说，显然不会使用百分之百的河南话，该书长期以抄本形式流传也必然是在更大范围内能够被人读懂。那么在叙述语言中使用"V 得 C"就是一种最好的选择，而出现在本地人（特别是老人、妇女）口语中的"VC 了"则可能是作者为突出人物形象进行的有意安排，抑或是作者自身方言母语无意间的自然流露[②]。

今天的河南、山东方言面貌不会是在上述作品之后形成的，因为这两个地区由于其政治、文化地位，其方言没有经历北京方言的那种重大转变。在明清之后的时间内，河南、山东方言不可能从主要说"V 得 C"而逆转为几乎全部说"VC 了"。

3. "V 得 C""VC 了"近代以来在方言中的发展

（1）V 得 C　梅祖麟（2000）认为，"V 得 C"可能式最初发生于以长安话为标准的唐代北方方言，当北方方言在晚唐宋初时期变为全国的共同语，该结构也散播至其他方言。从今天的方言来看，南方大部分地区方言（含西南官话，不含闽语）使用"V 得 C"可能式，但在华北很大一部分地区，其方言是排斥这种可能式的，有很多地方与"V 不 C"相对应的肯定说法只用"能 VC"（柯理思 1995；乔全生 2000），一些地区则使用与之对应的"VC 了"结构。即便在该结构的产生地，这种形式如今的使用也受很大的局限：西安方言中"V 得 C"可能式仅在疑问句中使用，不在肯定句中独立表达可能语义（王军虎 1995）。根据曹志耘（2008），在东北大部分地区，基本不存在"V 得 C"和"VC 了"这两种可能式。

由此可见，"V 得 C"可能式从产生到今天，在北方一些方言中并未得到广泛的传播和接受。在反映 20 世纪北方方言基本面貌的金刻本《刘知远诸宫调》中，"述语+可能补语"构成的可能性述补结构肯定形式只有"VC（O）"，其中的 C 包括"得""过""跌""住"等动词，但没有

---

① 据栾星为《歧路灯》校本所写的序言。见李绿园《歧路灯》（中州书画社，1980）。
② 项梦冰《说"冰雹"》（2013）也分析了《歧路灯》作者母语及个人经历和小说语言、小说中叙述语言和人物对话、人物身份和个性语言的关系，和本书的观点相同。

"V得C"形式（杨永龙、江蓝生2010：231）①。而通常认为，"V得C"可能式从唐末变文开始萌芽，至宋代已经开始独立使用，可以不依赖于语境而表达可能语义，用例在共同语语中随处可见，但此时的《刘知远诸宫调》中却没有使用，足见当时北方地区某些方言中没有"V得C"可能式。

所以，"V得C"可能式是在当时的共同语，而非纯粹的北方方言中产生的（当然，这种共同语带有北方方言的某些特征），在北方的一些区域，"V得C"可能式自产生开始至今都不存在于当地的方言口语当中。

在南方，"V得C"可能式在方言中得以广泛传播。北宋末年王室南迁，加剧了北方共同语对南方方言的影响，由于北方地区政治形势的变化，北方汉语方言在全社会的语言声望逐渐下降，其作为标准语基础方言的地位也发生了改变，与之相伴随的是南方官话地位逐渐上升。有研究认为，明代官话的基础方言是南方话，直到清末，南方官话的地位都高于北方方言（鲁国尧1985、2007；张卫东1998）②，而"V得C"可能式存在于这种官话当中，同时，该结构在南方方言口语中也广泛存在。

北京话的情况也许是个特例。从唐代开始，北京一直是北方重镇，元代起又成为首都，北京特殊的城市地位决定了北京官话相对于周边北方方言，受共同语和文学书面语言的影响会更多，北京话中的"V得C"可能式就是受这种影响而形成的。在此基础上，加上明代迁都带来的南京话的影响，以及20世纪初期的白话文运动、国语运动、新中国成立后推广普通话运动的影响，北京话中"V得C"可能式获得统领地位，而作为和周边华北地区方言相协调的北京土话（其中含"VC了"可能式）则逐渐衰微。在今天北方的省会城市济南（钱曾怡1995）、石家庄（袁家骅等2001）以及山西、山东、河北的一些县市的方言中存在可能式"V得C"，这可以视为在共同语和权威方言的影响下该结构在北方话中的发展。在并用"VC了"的地区，"V得C"只能作为方言中的外来层次而存在。

（2）VC了 "VC了"可能式最迟在元明时期的北方汉语中就已经形成，当时在华北地区有着广泛的分布。清末《儿女英雄传》中的"VC

---

① 原文页下注说：有一例似乎是"V得C"，但前面有缺文，不知确切意思。
② 这些文章谈的主要是标准语音的问题。语法格式也存在同样的标准问题，特别是在书面的文学语言中，语法格式比语音更容易受到强势语言的影响，如赵元任（1979：331）提到的"有+VP"传入共同语一例。

了"可能式用例说明当时的北京方言中有这种形式，至少说是不排斥（不常说，但能听懂）这种广泛分布于华北地区方言中的说法。范晓蕾（2021）调查到老北京话中有"VC（O）了"可能补语式，并且提到有学者记录20世纪初北京话中也有"你一个人拿动了能拿动吗"的说法。此后，在外部因素的影响下，北京话中可能式"VC了"逐渐趋于消亡，至现代北京话中已经绝迹，但我们今天还能在北京话中看到曾经存在"VC了"可能式的一些痕迹。

可能标记"了"的前身是用在复合句中前一小句末尾作补语的虚化动词"了"，其发展过程是"先后关系标记—假设关系标记—可能标记"（参见第六章）。从现代北京话的某些特征来看，北京话具有产生这种可能式的条件。陈刚（1957）证明北京话中有一个用在祈使句、条件分句、假设分句末尾的"了［lou］"；马希文（1982）指出北京话中有一个作补语的动词"了［lou］"；胡明扬（1987）说："喽"有人写作"咯"，大概是轻声的原因。"喽"也可以是"了"的一种变体，用在比较土的家常语体中，带有亲昵和玩笑的意味。这些记录反映了20世纪中后期的北京话的状况，应该是直接继承了清末民初老北京话的说法。

今天河南、河北、山东等地方言中"VC了"有着广泛的分布，在很多方言中依然是唯一的一种可能补语式。但由于从北宋之后中原官话地位逐渐下降（何九盈2007：169），该结构未成为共同语中普遍采用的形式，在一些区域中心城市及靠近京津的地区，也逐渐让位于可能式"V得C"，只在方言口语层中有使用。现有辞书对北方口语中的这种可能式还是有所反映的，《现代汉语八百词》（1999a：567）"下"条目中谈道："'动+得（不）+下［+数量+名］'格式可以表示能（不能）容纳一定的数量。有时不加"得"，仍然表示可能。"所举的例子是：

不就二十斤吗？这个口袋装下了｜这屋子大，再来几个人也睡下了

在"开"条目（1999a：330）中也谈到这种特点，例子是：

这屋子十个人也住开了｜书摆开了，还要不要书架

这种无"得"的可能式末尾都有一个"了"，例句里的"装下"是和"了"一起表示可能语义的，其中的"了"为必不可少的可能标记，也就是我们所说的"VC了"可能式。因为可能式之后不用动词后缀"了$_1$"（赵元任1979：206；朱德熙1982：132），所以如果认为这里的"了"是

接在可能式上的句尾语气词"了₂",那么句子的意思衔接上就有问题,"这个口袋装下了"相当于"装得下了",意思是"(换了很多口袋都装不下,)现在这个可以装下了",这种理解和前面的"不就二十斤吗"在语义上很难相衔接。

另外,《现代汉语词典》第5版词条"开"下有一项解释为:

> 趋向动词,用在动词或形容词后,表示容下:屋子小,人多坐不开|这张大床,三个孩子也睡开了

此处"睡开了"也是"VC了"可能式。这些例子中能够充当补语C的词语仅限于"下"和"开",这两个词在《儿女英雄传》中也多次出现在可能式"VC了"中C的位置上,所以这两部词典中记录的"VC了"可能式反映的是北方方言的实际用法,属于北方话口语("白")层次的内容①。

三、"能/管/可以V"和"V得""V得了"的不同层次

(一) 共同语中的情况

1. 普通话和北京话中三种可能式的并用

在普通话中,"V得"和"能/可以V"以及"V得了"在某些意义上相当,以下是文献中的相关论述:

> "偷得"就是"能偷"……"动弹不得"是"不能动弹"……"来得了、来不了"是"能来、不能来"。(丁声树等 1961:61~62)

> "说得"是"能说"的意思,"说不得"是"不能说"的意思。(朱德熙 1982:133)

"能/可以V"和"V得"都可以表示可施行性和可实现性两种可能语义,在具体的语言环境中呈现其中一种,而"V得了"只表示可实现性意义。以下分别从可施行性和可实现性两种可能语义上作对比。

根据刘月华(1980)的原始数据,可以计算出代表性现代文学作品中表示可施行性意义各类形式出现的次数②,如表7-12所示:

---

① 2012年修订的《现代汉语词典》第6版将第5版中的"睡开了"改为了"睡得开",由此可见,"了"不再被认为是普通话中的可能标记。《现代汉语词典》第7版与第6版相同。

② 表中数据的具体计算方法是:"能V"的用例数(17)由"能"的乙类意义用例数(17)减去"能VC"的乙类意义用例数(0)。"不能V""(不)可以V"用例数计算方法相同。

表 7-12 现代文学作品中可施行性意义各类形式使用情况

能 V	不能 V	可以 V	不可以 V	V 得	V 不得
能　17 能 VC　0 能 V=17	不能　252 不能 VC　11 不能 V=241	可　184 可 VC　11 可 V=173	不可　35 不可 VC　0 不可 V=35	1	47

经统计，各家作品中使用前标型可能式表示动作可施行性的用例为466例，而后标型可能式仅有48例。两类不同的形式出现频率存在明显差异，前标型可能式占据明显优势①。

用同样方法可以计算出表示可实现性意义各类形式出现的次数，如表7-13所示：

表 7-13 现代文学作品中可实现性意义各类形式使用情况

能 V	不能 V	可以 V	不可以 V	V 得	V 不得	V 得了	V 不了
能　566 能 VC　131 能 V=435	不能　148 不能 VC　4 不能 V=144	可　220 可 VC　50 可 V=170	不可　8 不可 VC　2 不可 V=6	24	132	6	238

统计得知，前标型可能式表示可实现性意义有755例，后标型可能式为400例。然而表示可实现性意义的"V得/不得"用例中一大部分是熟语，"V得/不得"的能产性是很弱的，并且现代汉语中"V不得"主要用于表示可施行性（不许可）意义，但这种用例也只有47例。因此无论是哪一种意义，前标型可能式的使用频率都远高于后标型可能式，两类形式在共同语中的地位是不相等的。

2. 历史语料中"V得"和"能（解、可）V"的并用

从共同语发展的历史上看，以上两种类型的可能式产生于不同的历史时期。助动词早已有之，而可能补语结构是到了一定的历史阶段才产生的，否定形式出现时间早于肯定式。实际上可能式"V得/不得"从产生开始，在共同语中一直都不占据优势地位，吴福祥（2004a：37、157；2004b：77、305）统计了唐宋时期的变文12种和《朱子语类辑略》中两类可能式的使用数据，如表7-14所示：

---

① 如果考虑到"助动词+V"有时候表示准许义，并不属于"V得"所表示的可能语义（详见第四章），助动词使用的次数应有所减少，但整体的多寡形势不会改变。下引统计数据中存在同样问题。

表 7-14 变文 12 种和《朱子语类辑略》中两类可能式的使用情况

	V（不）得	（不）能 V	（不）解 V	（不）可（以）V	（不）得 V
变文 12 种	17	48	6	16+2	29
《朱子语类辑略》	276	311	0	191+39	25

以上数据中，前标型可能式表义限于能力和条件，而后标型可能式表义既有能力和条件，也包括许可。所以仅从表示能力、条件义来看，这些文献中前标型可能式的使用频率远高于可能补语式。由此可知，在所统计的历史语料中，"V（不）得"并不占据优势，使用前标型可能式表达相关意义的例子要多一些。

（二）方言中的情况

1. 北方方言中"V 得"和"能 V"的不同层次

在北方方言中，"V 得"可能式的分布很有限，其中在河南部分方言中有类似结构存在，如周口方言中表示可能的"V 嘞"：

【周口】这条裤子，你还穿嘞穿不嘞_{你还能不能穿了}？穿嘞_{能穿}/穿不嘞_{不能穿}｜这么硬嘞核桃，你吃嘞吃不嘞_{你能不能吃}？吃嘞_{能吃}/吃不嘞_{不能吃}（杜明鸳 2012：35-36）

但是这种可能式的使用频率不高，据介绍，"V 嘞 V 不嘞"说法比较传统，目前很多人年轻人都已经不再使用了，甚至一些中年人也不用了，只在一些老年人的话语中还有所保留。替代它的说法是"管不管 V"，意思是"能不能 V"或"可不可以 V"，如：

【周口】你明天管不管出院_{能不能出院}？管_能/不管_{不能}（杜明鸳 2012：35-36）

以上情况说明，在周口方言中"V 嘞"和"管 V"是两种同义但存在层次区别的形式，这里的"嘞"就是可能标记"得"在方言中的变体，而"管"则相当于普通话中的"能"或"可以"。郭熙（2005）也提到河南方言中有"V 哩"可能式，相当于普通话的"V 得"：

【河南】这事干哩干不哩_{干得干不得}？｜这菜吃不哩_{吃不得}｜这东西买不哩_{买不得}（郭熙 2005）

这种说法的使用很有限，并且趋于固定，无法形成更多的组合形式，河南方言中更多使用能够灵活组合的"能 V",根据王秀玲(2009)的考察,"得"字可能式和"哩"字可能式在现代河南大部分地区是基本不用的。"V 得"自产生以来在北方方言中一直未获得普遍使用,大多数地区不使用该式表达许可义,仅存表达能够义的用法残迹,而"能/管 V"一直是北方方言中的主要可能式,这和共同语中的情况是一致的。

2. 南方方言中"V 得"和"能 V"的不同层次

南方方言多以"V 得"可能式为地道的说法,一般是老年人在使用,而"能 V"的说法多是年轻人在使用,不够口语化。钱乃荣(2003:285)描述上海话时说:

> "勿得",表示主观情理上的不许可。如:生水吃勿得。|恐怖片小人看勿得。但这种用法偏旧,现年轻人多用:生水勿可以吃。|恐怖片小人勿好看。其肯定式"V 得"今已不用。

赵葵欣(2012:158)介绍说,武汉方言中,"V 不 V 得"是用来询问可否的问句,问的是主客观条件是否容许实现某种动作,如:

> 【武汉】这杯茶我喝不喝得?苦不苦啊?|这是哪个的笔啊,我用不用得?|这些话说不说得?搞不好要得罪人的(赵葵欣 2012:158)

作者接着解释说:以上这些例句在武汉话里都可以转换为"能不能 VP",如说成"这杯茶我能不能喝?""我能不能用?"等,但这样的说法比较文气,不如"V 不 V 得"口语化。其他如遵义(胡光斌 2010:589)、洞口(胡云晚 2005)方言都是主要使用"V 得","助动词+V"多是年轻人在用,整体上使用频率不高。

以上所列事实和北方方言情况不同。北方部分方言中是老年人话语中保留有"V 得/哩/嘞",但使用频率、组合能力都有限,老年人、年轻人都较多使用"能/管 V";南方方言中"V 得"出现频率非常高,"能 V"(或者"好 V""可以 V")多为年轻人使用,老年人较少使用。这说明"V(不)得"在具有此类结构的南方方言,主要是湘语、赣语、粤语以及西南官话等中占有重要地位。基于以上事实,我们认为在这些南方方言中,后标型可能式"V 得"是固有成分,前标型可能式"可以 V"

等是外来成分,分属于两个不同的层次①。

固有成分和外来成分的区分还可以从引申可能义的表达形式来看。在方言中,表示勤于、善于这种引申可能义时,明显存在两种类型——"能V"和"V得",前者主要在北方使用,而后者则主要见于除闽语外的南方方言中,包含西南官话(相关例句见第四章)。即使在并用前标型和后标型可能式的地区,在表达这种引申义时,往往也只使用一种确定的形式,如普通话中表示食量大只用"能吃"而不用"吃得",后者在今天普通话中多表许可义。而据彭小川(1998),广州话中,表达准许不准许做某事,既可以用"V得"结构,也可以用"唔可以",而"食得"可以是指某人具有吃东西的基本能力,也可指他很能吃。施其生(1995:123)提到,广州话并非所有的助词或形尾都有同义的副词,像"条友真擦得那家伙真能吃"这种意义就没有"副词+动词"的表达形式,也就是说广州话不用助动词形式表达引申可能义。

据杨雨蒙(2015:19),湖南岳阳广兴洲方言中表示用途时,也用"可以",如"个西葫芦老哒可以做瓢这个西葫芦老了可以用来做瓢";但是,表示值得义时,一般不用"可以",而是采用能性述补结构;用"能"表示"能力"时一般指能力非常大,超出一般水平,但是使用得非常少,一般都是选用"得"字及相关结构,如:

【岳阳广兴洲】他就真吃得啦,一餐吃个三碗饭冇点事他很能吃,每餐吃三碗饭没有一点问题 | 九寨沟去得九寨沟值得去 | 个份工做得这份工作值得干(杨雨蒙2015:23)

表达引申可能义的语言形式,应该是一个方言中使用频率高、应用范围广的可能式,因为引申义的产生是长期习用的结果,一个外来的新增形式很难具备这样的条件。

---

① "固有"和"外来"的说法中含有先后的意思,这无异于说"V得"出现早,"能/可以V"出现晚,这仅针对当下所见的情况,并不涉及漫长的历史发展,因为很难从一两代人口中的差异来判断几千年的语言发展。传统观点认为,现在的汉语各方言都是从一个源头(古代汉语共同语)发展而来的,按此观点,汉语南方方言在历史上应该有"能/可以V",但后来消失了,以至于今天几乎不用这种形式。或者存在另外一种可能,即南方方言另有源头,历史上一直都没有"能/可以V"这种前标型可能式,近来受共同语影响才有年轻人使用。

本章小结

"可能式的类型分布"一节是从可能式组成类型对汉语方言进行的地理分类，分类结果表现为方言（点）的归属而不是可能式结构本身的归属，分类的过程中要用到可能式的结构特征。

按照可能式的组成类型，可将汉语方言分为两类：单一型可能式方言和复合型可能式方言。单一型可能式方言仅使用前标型或后标型一种可能式，前标型主要分布在东北地区，后标型仅见于甘肃、青海某些地区。尽管区内某些具体方言点表现得不那么纯粹，但整个区域的总体倾向是非常明显的。复合型可能式方言同时使用前标型和后标型两种可能式，全国大部分汉语方言属于此种类型，具体有三种典型形式："能/管" + "VC了"类、"可以/好" + "V得C"类、"会" + "V会C"类。东北方言和相邻民族语言属于不同系属的语言，可能式之间不存在相互影响；南方方言多用后标型可能式，这和相邻藏缅语族语言能愿动词后置的特征一致。汉语南方方言某些前标型可能式受共同语影响很大，又和苗瑶语族、侗台语族等语言存在一致性，汉语南方方言和相邻民族语言之间存在较多的相互影响。

表7-15是针对动补结构（VC）的可能式，综合运用组成类型和结构类型对汉语方言进行的分类，并加入普通话的情况进行对比：

表7-15 汉语方言可能式分类情况及与普通话的对比

语言类型			肯定形式		否定形式
方言	单一型	前标型	"能"标记	东北地区（明显倾向）	少数地区无"V不C"结构，全国大部分地区否定词居中
		后标型	"下"标记	甘肃临夏、青海甘沟	
			"得"标记	白龙江流域下游	
	复合型	后标记居尾型	"能" + "VC了"	华北地区	
		后标记居中型	"可以" + "V得C"	南方地区	部分方言（闽语、粤语等）否定词居前
			"会" + "V会C"	闽语区	

335

续表7-15

语言类型			肯定形式	否定形式
普通话	复合型	后标记居中型	"能（可以）"＋"V得C"	"V不C"

"可能式的层次面貌"一节是对同义可能式来源、性质的分析。方言中共存的同义可能式存在历史、文白等层次上的差别，产生时代、使用主体、上下文语境等多种因素共同决定了一种方言中可能式的层次面貌。

从可能式的发展历史来看，共同语中后标型可能式是后起的，一直未能取得支配性地位和优势，独立使用的能力较弱，使用频率相对较低。共同语和一些北方方言中，"能VC"和"V得C"（或"VC了"）共存，两者相比，前者均处于优势地位。

"VC了"可能式产生于北方官话区方言当中，主要出现在普通民众的日常口语当中，是不同于共同语的方言表达方式，这种可能式自产生起一直未取得正统的书面语地位，始终处于"白"（口语）的层次。"V得C"可能式自产生开始，就属于近代白话文学的标准书面语言，后逐渐发展成为民族共同语中的表达形式，属于"文"（书面）的层次。近代以来，"V得C"在北京土话中逐步取代了"VC了"，今天北京话在这一点上不同于其周边的北方话。可能式"V得C"和"VC了"分属于文、白两个层次，前者属于共同语、文学语言、书面语言，后者属于方言、生活语言、口头语言，二者并不是同一语言系统中存在继承、替代关系的两种形式。北京话中"VC了"的消亡和历史上的移民、权威方言的影响等因素有关。北方部分方言并用这两种可能式亦是由于这些外部因素的影响，并非方言自身内部发展的结果。

大部分北方方言没有和普通话"V得"相当的后标型可能式，河南部分方言中存在少量的"V哩/嘞"形式，但不具有能产性，只有老年人偶尔使用；无论是年轻人还是老年人，主要使用"能V"可能式。在这些方言中，"V哩/嘞"可能式属于历史用法的遗迹，而"能V"可能式始终处于优势地位。南方一些方言中，"V得"可能式的使用频率高于"能/可以V"，老年人更多使用"V得"可能式，只有年轻人使用"能/可以V"形式；在表达某些引申可能义的时候，只能使用"V得"式，这说明"V得"可能式属于固有层次，而"能/可以V"属于后起层次。

第八章　结　语

通过前文各章的分析和讨论，我们对汉语语法中的可能范畴、汉语方言可能标记、可能式的结构和语义、可能式的历史发展以及类型分布等问题有了全面深入的认识，同时也对若干理论问题进行了初步的探讨。本章是全书的总结，包括基本内容和结论、研究过程中的思考和存在的不足等。

第一节　基本认识

一、汉语可能范畴

（一）概念

可能范畴是汉语语义语法范畴的一种，是可能语义及其表达形式的统一体。汉语语法研究中所说的"可能"是指事物是否具备发生某种与之相关的动作行为（或达到该动作行为的特定结果）的能力或条件，既可以是对现实的客观描述，也可以是说话人的主观推断，"可能"的决定因素有的来自事物自身，有的来自事物所处的自然环境或社会环境。汉语语法研究中的可能语义被看作事物的一种广义属性，可能范畴是一个具有鲜明民族特点的语法概念。

（二）可能语义的性质

可能语义描述的是潜在的关系，而非真实发生的动作行为。可能语义属于汉语语法中的虚范畴，和实范畴相对。无论事实上是否发生，动作行为和其相关主体的潜在关系都可以在虚范畴中得到反映。

（三）句法形式

汉语普通话中表达可能语义的句法形式有前标型和后标型两种。前标型可能式古已有之，后标型可能式是伴随着汉语动补结构的产生和发展出现的，普通话使用的"得"标记可能式直接继承了唐宋以来共同语中的用法，和诸多南方方言中的情况相同，北方方言广泛使用"了"标记后标型可能式，其他地区还存在"下"标记和"会"标记可能式。

（四）和西方语言学情态范畴中"可能"的对比

情态范畴理论也研究"可能"，但和汉语语法的理解有所不同。"情态"也称"模态"，是一个来自逻辑学的概念，可能性和必然性是模态逻辑研究的中心内容，但逻辑学中的可能性不包含能力义，包含能力义的动力情态是否归属于情态范畴存在争议。而汉语语法研究中，自从可能范畴的概念提出，能力义一直是其核心内容。

汉语语法研究中的准许类语义（及与之相对的禁止类语义）不属于可能范畴，而在情态范畴的分类中，准许义属于道义情态；汉语可能式往往能够表达善于、勤于等引申义，这是汉语可能范畴不同于情态范畴中可能语义的一个突出特点。

二、汉语方言可能式的基本面貌

（一）标记成分

按照和动词的相对位置，可能标记分为前标记和后标记两种。方言中前标记可分为动词、助动词和副词三类，后标记有动词、助动词和助词三类，前后标记的性质大体相当。方言中存在一些特有的标记形式，前标记有"能得""会得""晓得""识（得）""得能""好""中""有""管""敢"等，后标记有"了""会""通""下"等。即使是方言和普通话中同形的标记，其语义内涵和句法分布也并不一定完全相同，如"能"在有的地区可以表达肯定的许可义，"得"在某些方言中可以构成"得不得"的形式来提问。汉语方言可能标记主要来源于四类形式：表示懂得、知道义的动词，具有完成、终结义的动词，表示适于、合宜义的动词，和能力、权力、意志等义相关的词语。

（二）句法结构

可能式的句法结构和可能标记的类型和性质密切相关。前标记参与构成的是前标型可能式，具体可分为动宾式、状动式以及特殊的"助动词+次句"三种类型；后标记参与构成的是后标型可能式，一般认为是补充结构，"V 得"结构简单，"V 得 C"在普通话和方言中的结构分析不同，"VC 了"和"VC 下"中可能标记是附属于整个 VC 结构的，闽语中的"V 会 C"是"会"和 C 先组合，然后和动词 V 构成补充结构。

前标型可能式表达勤于、善于等引申义时经常需要强调其程度意义，反映在句法上有三种手段：前加状语、后加补语和助动词重叠。某些方言表达引申义的前标型可能式有固化成词的倾向。

方言中存在特殊语序的后标型可能式，标记位于动补结构的末尾，如"VC 得""VC 了"。方言中傀儡补语的形式有"了""得""倒""起""来""成""下"等，后标型可能式可以进行有限的内部扩展，傀儡补语往往出现在扩展式中起到连接作用，但也有方言不用傀儡补语即可扩展。和表达引申义的前标型可能式一样，表达此类意义的"V 得"也可以加上状语或补语来提高其表义强度。方言中后标型可能式带宾语的语序和普通话不完全相同：使用不同于普通话后标记的可能式，宾语所处的相对位置不同；和普通话用同一种标记的可能式，方言中宾语的位置也更为灵活。前者反映了可能式的不同构造，后者反映了同一种构造的不同发展阶段。可能标记和傀儡补语使用相同的形式，造成方言中存在"V 得得"和"V 咾咾"这样的后标型可能式，同时还有"V 得"和"V 咾"的形式，其中可能存在同音归并现象。在有的方言中，后标型可能式又存在成分衍生的现象，具体有标记的衍生和傀儡补语的衍生两种情况。

个别方言中存在零标记的述补结构可能式，但造成歧义的情况很少，在当地方言语法系统中有其他手段起到区分作用。很多方言中都可以在正反对举等语境中省去肯定形式中的可能标记，语境也会起到标示可能意义的作用。标记的共现是调整可能语义表达强度的一种手段。从历史看，标记共现是后标型可能式产生初期表达方式的遗留；从现实看，标记共现来自可能标记语义磨损后的人为添加。

（三）语义类型

可能式的语义分为基本义和引申义两大类。基本义或者是对事实的客观描述，或者是说话人的主观推测，具体包括可实现性、可施行性和或然性三种，可实现性包括能力和能够义，可施行性包括适于和许可义，或然性有推测和推理义两种。

引申义特指对基本可能语义在程度上加以强化而形成的特定意义。并非所有的可能式都能产生引申义，动词（可带宾语）的可能式具有产生引申义的条件，个别动趋式的可能式也有引申义，而动结式的可能式则无法产生引申义。可能式引申义主要是从可实现性、可施行性两类意义引申而来，引申义的产生需要一定的语义基础，在特定的语言环境中受语用原则的影响，得以强化和凸显。可能式的引申义具体可分以下四类：显著的能力（精于、勤于）、突出的特点（易于、耐受于）、便利的条件（以便、便于）、鲜明的倾向（值得、应该）。按照语义地图连续性的原则可以在可能义内部各种语义间建立起关联，揭示不同意义之间的蕴含关系。"自然属性适于"类可能义可进一步分为"适于（有益）"和"适于（无害）"，与"值得"和"耐受于"两种引申义分别对应，四种语义间的概念关联是"耐受于—适于（无害）—适于（有益）—值得"。

（四）否定和疑问

和普通话相比，方言可能式的否定在词汇和句法上都有一定的特殊性。

方言中存在一些特殊的否定词，如"勿""弗""怀""冇/冒"等，即使和普通话相同的否定词，其否定能力也未必相同，如"没（有）"对"能（够）"和"得"的否定。普通话中存在"没能 VP"结构，而一些方言中，相应的意思要用"没得 VP"来表示，这是对近代汉语中的表达方法的沿用，部分方言中"能"在此类结构中并未取代"得"，所以"没（有）"在这些方言中不用来否定"能"。方言否定词"没/冇/冒得"来自"否定词+助动词"的组合，通过后接成分的改变实现了结构性质的改变，西南地区部分方言中存在这个演变过程的证据。

部分方言后标型可能式在否定方式和否定意义上有特殊之处，如闽、粤方言。否定方式的特殊性体现在两个方面：否定形式中是否出现可能标记和否定词在可能式中的位置。共同语中可能式否定形式不出现可能标记，而在某些闽、粤方言中则出现；共同语中否定词"不"出现在 VC（或"V 得"）之间构成否定形式，而在粤方言中否定词"唔"则出现在前边。否定意义的特殊性体现在某些闽、粤方言中后标型可能式的否定可以表达不允许、不许可义，这种意义在普通话和别的方言中只能用前标型可能式来表达。

可能式的疑问只能采用是非问和正反问两种形式，这是由其语义性质决定的。在表达一般性询问时，是非问不是主要的疑问形式，有的方言没有是非问。方言中"VP 不 VP"、KVP 和 VP－neg 三种结构都可用于可能式的疑问，"VP 不 VP"问句在方言中有多种简省式，最具代表性的是北方的"VCV 不 C"和南方的"V 不 V 得 C"两种，这两种正反问具有不同的结构特征和形成过程。普通话中，对状态补语和可能补语的提问形式有别，而客家方言中这两种提问可以采用同一形式。

三、可能式的历史发展

（一）语义的发展

同一种可能式在不同时期的语义会有所变化，助动词和可能补语的语义发展遵循同样的规律，但在共同语、不同方言中演化的结果并不完全相同，这和当地方言系统内各因素的相互影响和制约有关。共同语和方言中的"能"都从能力义发展出许可义，但普通话至今很少将"能"用于肯定形式，而中原官话区很多方言的"能"完全可用于表达肯定的许可意义，这和当地没有"可以"一词有关。"会"从能力义发展出或然性意义是受助动词"解"的影响而完成的，闽语中存在使用助动词"解"表达能够和许可义的用法。后标型可能式"V 得/V 不得"从可实现性意义发展出可施行性意义，在普通话中的演变表现为两种意义的替换，在广州话中则表现为两种意义的叠加。普通话中"V 不了"在特定的情况下可表示认识情态意义，在北方的一些方言中"VC 了"可以用于警示、提醒，相当于表示主观判断的"会 VC 的"结构，这时"VC 了"表达的是认识情态意义。

（二）形式的发展

表达可能语义的语言形式从古到今发生了很多变化，最重要的就是后标型可能式的产生。后标型可能式的形成过程涉及因素众多，不同标记的后标型可能式形成过程不尽相同。北方方言中的"VC 了"可能式产生于动词"了"虚化为助词的过程当中。在复合句的前分句末尾，"了"在语义上从表示先后关系发展出表示因果关系的用法，当表示结果的"VC 了"用在假设、条件和让步等偏句末尾时，产生可能与实现两解的现象，"了"从动补结构的动相补语逐步演变为该结构的可能标记词，其虚化程度介于补语动词和助词之间。闽方言中的"V 会 C"可能式来自"会 C"结构和 V 的复合,也可以认为是助动词"会"的后置形成的。V 和"会 C"之间结构松散,可以加入其他成分。历史上"得"既有作完成补语、完成体标记的用法,也有作助动词的用法,所以从理论上说可能式"V 得 C"的形成有后置和虚化两种途径。

四、可能式的类型和层次

(一)可能式的类型分布

可能式的类型分布是按照可能式的组成类型并结合结构类型对汉语方言进行的分区研究。

汉语方言可以分为单一型可能式方言和复合型可能式方言两类。单一型可能式方言仅使用前标型或后标型一种可能式,又可分为前标型可能式方言和后标型可能式方言两类,前者主要存在于东北地区,后者主要分布于甘肃、青海某些地区。

复合型可能式方言兼用前标型和后标型两种可能式,全国大部分汉语方言属于此种类型,其中有三种典型形式:"能/管"+"VC 了"类,主要分布河北、河南和山东等北方地区;"可以/好"+"V 得 C"类,主要分布在西南、江南和华南等地区;"会"+"V 会 C"类,主要分布在东南的闽方言区。

在我国南方方言中存在多用后标型可能式的倾向,这和藏缅语族能愿动词后置的特征一致;而东北方言和相邻的民族语言系属不同,在可能式类型上没有可比性。

(二)可能式的层次面貌

表达同一语义的不同形式如果存在使用频率上的差异,则一般分属于不同的语言层次。可能式的层次面貌可以从产生时代、文白语境、使用主体三个角度来分析。

从共同语的发展历史来看,后标型可能式是到一定的阶段才出现的。共同语和北方方言中,"V(不)得"不及"能/可以 V""不能 V"使用频率高,"V 得 C""VC 了"也不及"能 VC"的使用频率高,这说明前标型可能式是固有层次,后标型可能式是后起层次。

在一些历史文献中,"V 得 C"和"VC 了"两种可能式都有使用但频率差异较大,出现语境明显不同。"V 得 C"代表了一种正统的文学语言形式,属于"文"的层次;"VC 了"限于民众日常口语,属于"白"

的层次。

从使用主体来看，南方地区年轻人和老年人都使用"V得"可能式，年轻人也使用"能/可以V"可能式，二者相比，"V得"显得接近口语，属于本地固有的语言成分，而"能/可以V"则显得比较文雅，属于受共同语影响的外来成分；北方一些地区各年龄段的人群均普遍使用"能V"可能式，只有老年人偶尔会用到少量的"V嘞/哩"可能式，说明"能V"是该方言中从古到今一直使用的形式，而"V嘞/哩"是历史上曾经出现但未能取得优势地位的遗留形式。

第二节 几点思考

一、关于研究内容的思考

（一）语义语法范畴对汉语语法研究具有重要意义

汉语没有明显的形态变化，这是汉语不同于印欧语系语言的最大特点。吕叔湘（1979：11）说："汉语有没有形态变化？要说有，也是既不全面也不地道的玩意儿，在分析上发挥不了太大的作用。"纵观汉语语法研究的历史，很容易看到西方语言学的形态语法范畴应用于汉语产生的很多疑难问题，比如词类、结构层次和结构关系。笔者在对可能标记的词性、可能式结构等问题的分析中充分体会到这种困难，有些问题长期以来存在争议，目前也没有从根本上得到解决。

20世纪40年代，吕叔湘《中国文法要略》以语义为纲描写汉语句法，提出许多富有启发性的见解（朱德熙1999）。王力《中国现代语法》提出"能愿式""使成式""处置式"等概念，也是从语义出发分析汉语语法的创举。此后受结构主义语言学影响，汉语语法研究并未给予语义充分的重视，目前通行的各种现代汉语教材，语法部分按照语义语法范畴编写的几乎没有。20世纪80年代，张志公主编的中央广播电视大学教材《现代汉语》出版，中册专门讲语法，包括概论、组合和表达三个部分，这种体系和吕叔湘《中国文法要略》有一定的渊源（邢福义1986）。但比较二者可以发现，张先生主编教材的表达部分中没有"可能"的相关内容。另外，赵世开主编的《汉英对比语法论集》（1999）以范畴为纲进行跨语言比较，也没有"可能"的内容，这些情况说明对汉语可能范畴的研究还很不充分。

《中国文法要略》的某些观点和今天情态理论的一些认识相近，这说明其具有前瞻性，我国学者对汉语的研究和认识更占据母语者的优势。近年来，汉语语法学界多位学者论述了语义语法范畴在汉语语法研究中的重要意义，由于不同方言在语法形式上的差异，方言语法研究作为汉语语法研究的一部分，更要注重对语义范畴的考察。

（二）方言研究有助于认识共同语的现状和历史

李荣（1990）指出：普通话在方言之中，又在方言之上，"普通话的定义有三句话……很多人批评这个定义，不过重下定义不见得能比这个更妥当。这个定义的好处在于第一句说得明确，后两句说得概括。概括不是含胡。能说明确、该说明确的地方说不明确，这叫含胡。只说要点，不说细节，管得宽，管得多，这叫概括"。李先生的文章着重阐述了普通话定义"第一句说得明确"的相关问题，未过多解释"后两句说得概括"，不过他的这个简单的断语很值得思考。语音方面哪些是方言的，哪些是普通话的，很容易说清楚，然而词汇和语法方面普通话和方言的界限却不是那么容易说清的，所以只能是"概括"。

20世纪中叶，张志公（1957）从语言规范的角度呼吁加强面向应用的语法研究，张先生举例说：对于"听得见听不见？"能不能说成"听见听不见？""听不听得见？"不同的人有不同的看法，语法研究者不能认为这样的争论没有意义，要对这样的问题给予回答。《初级中学课本汉语教学参考书》中说："在肯定否定相连的疑问方式里也有不用'得'的"，即"VCV 不 C"这种问法。但同时指出"这种不用'得'的表可能的补语普通话里是不大说的"。（张志公 1997：177）周清海提道：新加坡华语中对可能补语的提问方式有三种，以"看见"为例，"看得见看不见""看不看得见""看得见不见"都可以用来问能否看见。① 通过对汉语方言可能式疑问方式的考察，我们知道"听见听不见"广泛存在于北方方言当中，"看不看得见"广泛存在于南方方言当中，而最为特殊的"看得见不见"则和客家方言中存在的一种提问方式有关②。

再者，"了"从动词发展成为助词的过程是否可以划分出一个中间阶段。据对"VCO 了"可能式形成过程的考察，可以认为可能标记"了"

---

① 根据周清海先生 2010 年秋在华中师范大学的一次演讲。
② 根据谢留文（1995），"佢字写得好^{5}好"既可问状态，又可问可能。

是在其作为状态补语（动相补语）阶段形成的。今天北方方言可能标记"了"的读音多为复韵母，大体介于动词"了[liau]"和助词"了[lə]"之间；从句法位置上看这一判断也是成立的。所以可以认为，可能标记"了"就是历史上作为状态补语"了"的遗迹和实证。

  王力（1989：99）说："动词形尾'了'和'着'的产生，是近代汉语语法史上划时代的一件大事。它们在未成为形尾以前，经历过一些什么发展过程，是值得我们深切注意的。"这里虽只提到"了"和"着"，但其用意应包含曾经在历史上充当过动词词尾的"得"等同类形式。在王力先生研究的引导下，近年来对这些词尾产生过程的探讨逐步展开，也日渐深入。本书对可能补语产生过程的分析，正是建立在这些研究的基础上。在"得""了"由动词到完成体词尾的变化过程中，由用于虚拟语境而产生了可能标记的用法，从而形成了汉语中的后标型可能式，这也可以算作"得""了"在未成为词尾前所经历的一个重要的发展阶段。

（三）超越语序看待汉语语法中的一些现象

  通常认为语序和虚词是汉语最重要的两种语法手段，汉语语法研究也按照不同的位置来确定语法性质，比如现在通常说的助动词是位于动词前的，动词后的成分不叫助动词。但是动词后的某些成分和动词前的助动词功能是一致的，从汉语可能式中能够清楚地看到这一点。从历史发展来看，所谓助动词，就是动词在某些语境中的虚化形式，用在动词后的补语成分，有的也是由动词虚化而来的，所以二者的来源有一致性，表义功能上也相同，唯一不同的是位置（或者说是"语序"）。

  本书将动词前后帮助构成可能式的成分称为可能标记，虽然仍然区分前后，但也是为了淡化词类划分上的争议。当然，词性、句子成分是分析汉语句法的一些基本概念，现有的研究必须在这个基础上进行。

  有两个相关的事实支持这种做法。一个是关于汉语介词和方位词的处理，传统研究一般将其看作两种词，介词属于虚词，方位词属于名词的附类，近来有研究将二者分别作为前置词和后置词，合称为"介词"，如刘丹青在《语序类型学与介词理论》（2003：115）一书中谈道："缺少后置词的概念，确实给汉语的语法学框架造成了复杂而难以解释的局面。因此，我们需要一个包含了后置词的汉语介词研究框架。"另一个是关于某些副词和助词的关系问题，杨永龙（2001：21）说："通常所说现代汉语的'体标记'并非严格意义上已经形态化了的东西，有的还具有很实在的词汇意义，如'过$_1$'。既然动词后的'过$_1$'可以看作体标记，那么动词前的'已经'为什么不能看作体标记呢?"正是受到这些论述的启发,加上所掌握的汉语方言事实,经过对动词前后可能标记"得"的使用语境分析,笔者得出二者形成机制和过程有一致性的结论。

(四)跨方言的语法范畴研究需要深度(母语方言)和广度(其他方言)的结合

本研究是跨方言的语法范畴比较研究,其中缺少对母语方言的系统性分析,这是由研究的重点和体例决定的,但这并不等于说可以忽略对母语方言的微观分析,像很多方言学者提倡的那样,母语方言对方言比较研究而言非常重要。

本研究中的方言事实一部分来自他人已发表成果,另一部分来自对母语方言的内省和观察。将出自多人之手的大量材料加以分类比较,需要一定的分析综合能力,对母语方言的描写和解释需要细致深入的语言观察力。很多时候,对母语方言细致入微的全方位了解提供了研究的思路,然后找来其他方言语料加以分析,最终系统成书,这个过程虽未反映在书稿当中,但对于完成此项研究确实起到了很大的帮助作用。比如:受母语方言中"舍嘞喽"格式的启发,对可能式中的成分衍生现象进行了专门讨论;母语方言中无"可以"标记词,"能"具有在肯定形式中表示许可意义的能力,启发思考可能式的多义性因语言、方言而异;母语方言中可能式的结构类型启发思考可能式的组成类型问题;母语方言中的"VC 了/喽"可能式的多义性和"V 得/嘞 C"可能式的单义性,正好与普通话中同类形式形成对比,说明不同方言在语义发展中对形式的不同选择;母语方言中"VC 了"可能式具有的认识情态意义促使我们去寻找临近的山东方言中的同类现象,揭示北方方言可能式在语义发展上不同于普通话的独特之处。

在深入理解母语方言的有关特点之后,要想进行跨方言的范畴比较研究,还必须广泛地掌握其他方言的语言事实。比如过去受所掌握的语料范围影响,研究一般没有将耐受于义纳入可能语义范畴。在普通话及大多北方方言中,耐受于和适于采用不同形式来表示,很难想到这两种意义之间的关联,但是放眼更广阔的方言语料,就会发现在某些方言(如成都、遵义方言)中,"V 得"可能式兼有这两种含义。这促使我们思考其中的关联,通过和多地方言相关事实的比较,结合语义构成要素的分析,最终整理出可能式适于义的语义地图,概括出相关语义间的蕴含关系。

二、关于研究方法的思考

(一) 方言语法研究中对"两个三角"方法的应用

1. 语音是重要的语表形式

语音是语言的物质外壳，一切语言首先必须是有声语言，然而文字产生之后人们往往会更注重书面语言，语言的本来面目有时甚至被文字掩盖。在方言研究中，由于用字的问题，相同的东西有时会表现为不同的形式，这就要求必须凭借语音来考察语言现象。而语音则是语言最为本质的外形，是"表里值"中"语表"的重要内容。

语音问题往往是语法问题。北方话中表示完成和可能都用"VC 了"，从字形上看完全一致，但读音是有区别的，这时，只有求助于语音，才能讲清这两种不同的语义。记录方言"VC 了"可能式时所用的"咾""喽"等不同汉字其实是不同读音的反映，是用汉字来表示语音，背后代表的是同一个语素。

语音形式还是发现历史演变脉络的重要手段。从河南开封方言来看，可能标记"了"和假设句、条件句偏句中"VC 了"的"了"读音相同，柯理思（1995）调查说这种情况在使用"VC 了"可能式的方言中普遍存在。从这种相同的语形很容易联想到二者之间的衍生关系。明清小说中很多"V 得 C"可能式写作"V 的 C"，这标志着"得"语音的弱化，与之伴随的是语法功能的变化。清代"V 得 OC"式用例开始减少，岳俊发（1984）认为该结构沿着三条途径向现代汉语转化：用"把"字将宾语提前，变成"把 OV 得 C"；重复动词，变成"VOV 得 C"；宾语提前作主语，变成"SV 得 C"。可以发现，变化后的结构中"得"后不再出现宾语 O，只有补语 C，这标志着"得"从动词开始虚化以来一直滞留的得到、实现义消失殆尽，而补语 C 原本就是汉语动补结构发展成熟后对初期简单笼统的补语"得""了"的补充、完善和替代，"得""了"从原来具有一定程度的实义逐渐变成只具有结构意义了。在汉语方言丰富的语言事实中，存在着大量的语言成分虚化伴随语音弱化的例子。

2. 方古比较有助于深刻理解方言句法格式

由于汉语的连续性，又由于表意文字跨越时代、跨越地域的共通性，汉语方言与古、近代汉语之间有密切的联系。很多学者都从不同侧面论述过方言研究和历史语法研究的相关性。梅祖麟（2000）谈道："汉语语法史是四十年代才兴起的一门学问,很多方面需要向汉语音韵史借镜。从高本汉开始,音韵史和方言学结合在一起研究,以致成果远远超过清儒。历史语法和方言语法结合在一起研究也是早晚要走的一条路。"李如龙(2001a:153)指出:"方言语法特点的探讨在某种程度上可以说是比较相同的语义关系在不同方言中所采用的不同的语法形式的表现,若没有专门的语法史研究作背景,这种从共时比较得出的语法特点一般不大容易说清它的历史演变过程。"

现代汉语共同语中的某个语法现象,可能是历史上汉语特征的遗留,也可能是在历史的基础上发展出来的。而方言中的语法规则与共同语有同有异,不同的方言走过的发展道路可能不尽相同,汉语的所有方言间接反映了汉语的历史,但不排除某些历史没有留下任何痕迹。方言是活着的古代汉语、中古汉语、近代汉语,从方言的可能式当中可以找到不同阶段可能语义表达形式的相关证据。

3. 形义错配[①]是方普比较的考察重点

关于方言语法研究,很多学者都提倡从自己的母语方言开始。这种倡议其实有一个暗含的原则,就是在和普通话语法对比的基础上研究自己的方言。然而仅仅和普通话对比,未必能够揭示出该方言的全部特点,也无法深入理解方言语法现象所体现的区域性特征。除了和普通话对比,更要和临近方言(有时包括临近的民族语言)相比较,在一个广阔的视野下,才能够看清楚一个地点的方言语法现象的本质,才能真正看出母语方言的语法特点。在这种方言与方言、方言与普通话的比较当中最重要的是形义错配问题,此处"错"是"交错"而非"错误"。同一语义在不同方言中使用不同的形式,只要义、形对应是整齐的,就很简单,而那些义、形对应参差的情况却是至关重要的。甲方言中某语法形式及其语法意义与乙方言中相同形式的关系往往是错综复杂的,可能补语最能体现这种差别。如"V得了",在昌黎话中表达为"VC了"式,而在普通话中则是"V得C"式。同一个形式表达不同的意义,牵涉到语音、层次结构等诸多方面的不同。

方言间语法形式的形义关系类似于方音中音值和音类的关系。如果各地只存在音值的差异,那么情况就很简单,而一旦涉及音类的差异,就会比较复杂。赵元任(1980:102-103)谈道:"……光是音的不同

---

① "形义错配"和赵元任(2002:636)所说的"偏侧关系"相似。

啊，这种关系比类的不同简单多了。"吕叔湘（2006：100）谈到方言语音差异时明确地说："我们要谈的语音差异是音类上的，不是音值上的。"这些论述说明方言间音类差异研究的重要性，也可以帮助我们理解方言语法研究中形义错配问题的重要性。

4. 表里互证是确立汉语可能范畴的有效方法

胡明扬（1994）主张从语义着手去寻找相应的句法组合从而确立汉语语法范畴，同时特别强调要"从语义到形式，从形式到语义反复推敲"。

这里所说的"从语义到形式，从形式到语义反复推敲"和"两个三角"中所强调的表里互证的精神是相同的。本研究在确定汉语可能范畴的外延时，特别强调不包括准许义，因为从语义上说这种含义不体现事物自身及外部环境和动作行为之间的关系，而仅仅是来自他人的意志和要求；从语言形式上说在共同语中这种语义不能使用可能补语来表示。相关论证过程和结果正体现了表里互证、形义结合的研究思路。

（二）继承本土研究成果和借鉴外来理论观点

1. 继承本土传统研究的优秀成果和经验

汉语研究有着悠久的历史，在传统语文学时期，很多学者为解经而对语言文字进行了深入的分析，以文字、音韵、训诂为主体的传统小学在古代取得了辉煌的成就，其中不乏揭示汉语本体规律的一些真知灼见，也蕴含着普通语言学的一些基本原理。

近现代以来，在国外相关理论的影响下，汉语语法研究取得了众多的成果。早期的《马氏文通》《新著国语文法》模仿西方语法框架，讨论汉语语法问题；此后学者一直努力脱离西方语言学的羁绊，但实际上又深受西方语言理论的影响，20 世纪 40 年代产生的《中国文法要略》《中国现代语法》和《汉语语法论》等著作都是这种探索的成果，标志着那个时代对汉语认识的最高水平。20 世纪 80 年代以来，汉语语法研究进入一个新的时期，邢福义（1996：5）总结这一时期的特点是"通过对汉语事实的发掘和探究，追求有中国特色的思路和研究方法"。

汉语语法学界经常谈道，吕叔湘 20 世纪 40 年代的著作中已经有了配价语法、格语法的某些思想。也有文章（邢福义、王耿 2010）指出，邢福义的研究中经常提到的主观视点的看法和近来广受关注的语言的主观性不无关系。对于我国学者的优秀成果，必须加以继承和发扬。这种继承有助于我们的语言学研究更加关注汉语事实，在很多地方更为切合汉语实际。本书详细梳理了传统研究中的相关论述，对可能语义的定名、定性、分类等都充分吸收我国现代语言学的研究成果。对后标型可能式形成机制的论述，也受到邢福义《现代汉语的"即使"实言句》（1985）、《汉语复句格式对复句语义关系的反制约》（1991）等一系列文章的启发。

2. 借鉴国外研究的独到见解

回顾汉语语法学的历史，与对汉语自身特点深入挖掘和探索相伴随的是对国外语言学理论的持续引进和吸收。汉语语法学诞生于对西方语言学的模仿，此后每当国外有新的重要的语言学理论出现时，国内就会产生相应的回响和潮流，各个历史时期的汉语研究莫不如此。

中西民族思维特点的差异客观存在，反映在语言研究中，所用方法和所得成果也有很多不同。中国传统研究重视事实的观察和积累，"例不十，法不立"的名言显示了对归纳法的重视和对进行理论总结的慎重。而西方语言学则新理论、新思想层出不穷，基于简单的几个事例就能生发出一种抽象的理论，演绎推理的方法被运用到了极致。

我们不能盲目排外，必须采取兼容并包的态度吸收国外语言学理论中的先进思想。吸收不是为了从汉语中寻找例证，而是为了发现汉语的特点，了解了国外的理论和思想，会有观察汉语的新视角。

滞留原则是本研究解释"得"虚化后保留实现、结果义时采用的一个重要的语法化理论。"得"作动词时意为得到，本身包含有结果义。先秦时期，当其演变为助动词时，不完全等同于"能"，而是表示"能实现达到某种结果"（杨平 2001）。中古时期，"得"仍是唯一具有"结果"这种断言义素的可能类助动词（段业辉 2002：74）。郑远汉（1997）指出："近代汉语的'得'在引出补语的同时还不同程度地保留了表动作行为已实现、有了结果的含义，所以可以同时带宾语。""得"在不同历史时期表现出的这种相似的特点，都和其语法源义有关系，而滞留原则是解释这种现象的一个很好的手段。

在研究汉语方言可能式的类型分布时，笔者借助曹志耘主编的《汉语方言地图集·语法卷》中和可能式有关的几幅地图，发现东北地区几乎不用后标型可能式这个事实，联系到一些语料所显示的南方多用后标型可能式的特点，笔者认为这是汉语方言可能式类型分布的一个重大特征，将其作为组成类型来分析。但是为什么能够形成这种局面？为什么在东北地区没有形成主要使用后标型可能式的局面，或者说在南方没有形成主要使用前标型可能式的局面，这本身就是一个有趣的问题。桥本万太郎在《语言地理类型学》中提出的汉语的南方型和北方型与可能式的这种分布格局是一致的[①]，这种观点启发我们深入探索可能式的类型分布以及层次面貌等问题。

此外，太田辰夫《中国语历史文法》中关于可能助动词"禁"的论述坚定了笔者对"耐受于"这种可能引申义处理的信心，该书中对白话"了"表示假设的解释也对笔者论述"VC 了"可能式的形成有重要的启示。

第三节 不足之处

一、关于可能语义的分类

语义是语言研究中的难点，也是语法研究必须要面对的内容。在研究可能语义的过程中，笔者切实感受到了这种困难。现有对可能语义的分类大都呈现三分的格局，但进一步的分类结果就不尽相同，同一标准有不同的理解，同一个名称的含义也不一定统一，所以可能语义的分类存在很大的主观性，对同一个可能式所属的类别会有不同的认识。如第四章中提到的不同学者对同一个句子的语义是"能"还是"可"的不同理解，就是由作为解说工具的语言和解释对象之间错综复杂的意义关系导致的。

本书将可能式的基本可能义分为三大类，对三种语义的定名感到非常困难，最初将其称为能类语义、可类语义和或然性语义，但"能""可"本身在汉语中就是多义的，各自既能表示能类语义，又能表示可类语义，状况非常混乱。最终，笔者放弃这种称法而采用可实现性、可施行性、或然性意义的分类，同时又按照是否具有主观性从上位层次加以区分，得出客观描写类和主观推断类两种类型，并且在对适于义内部进行微观分析时引入语义地图的方法。各种促成可能的因素之间相互联系，无法截然分开，这就造成某些归类让人难以断定，如客观条件和社会道

[①] 当然，可能式分布情况更为复杂一些，如闽语的可能式在南方方言中是比较独特的，甘肃的临夏、青海的甘沟也没有前标型可能式，单靠南方和北方的分类还不能概括可能式的分布。

德因素之间的界限如何划定。但也正因如此，不同可能语义之间才会有发生转化的可能，才有同一语言形式的意义演变。分类本身有时会把原本连续的东西人为地截断，如何划定边界是一个难点；语义分类的标准如何和语表形式准确对应，尚难给出明确的解决方法。

二、关于可能标记的语音

前文谈到方言语法研究应结合语音，本研究从两个方面贯彻这一原则。一方面，注意到语音的变化很可能与语法功能的变化相关，在很多北方方言中，可能标记"了"的语音并不同于当地语气词"了"的读音，而是和词尾"了"相同，又和假设句、条件句中偏句末尾的"了"读音相同。另一方面，注意到具有不同读音、使用不同字形的后标记实质上可能是同一个语素，从而将其归为一类。但由于所据的方言材料的限制，对语音问题的关注还很有限，而且主要集中于有关"VC 了"可能式的语料，对其他方言中的情况讨论较少。

跨区域方言用字不同，但语音相近、功能相似的语言成分还是有一些，它们之间的关系如何，本研究没有涉及。如吴语里有一种特殊的助词"来 [l$_E$13]"和"得来 [tə^5 l$_E$13]"，《汉语方言概要》把"来"看作"得来"的简化形式，把它们称为后附的程度副词，江蓝生（2000）讨论了二者的关系。在浚县、开封等中原官话中，有一个读音为 [lc] 的结构助词，一般写作"嘞"，辛永芬（2008）提出浚县方言中补语标记"嘞"来自"得"，其是否和唐宋时期用作助词的"来"有关有待探讨。再如，"哩"在某些方言中是"了"标记的当地形式，而在另一些方言中是"得"标记的当地形式。据谢奇勇（2016：211），在湖南道县土话中，表示得到义的"得"、作补语的"得"、表示完成的"了"都读为 [tɤ^{35}]，"了"实际上是表示完成的"得"，那么"得""了"在汉语历史发展中的关系到底如何？郭熙（2010）认为，中原官话中广泛使用的"哩"的来源很可能是多方面的，如"得""来"，字形的变化仅表示语音的改变，而不是词的改变。戴昭铭（2001）记录浙江天台吴语中有否定性助动词"没勒 [ləʔ]"和"弗勒 [ləʔ]"，其中"勒"和普通话的"得"相当。崇明、宁波也有后标记"嘞"（见第二章），其语音形式和语法功能之间的对应关系如何，需要进一步调查研究。

郭锐等（2017）考察早期北京话，认为"了"的语音弱化经过了四个阶段，对应不同的语法功能。"得""了"从实义动词到可能标记也应伴随着语音的弱化，是否也可以分出这些不同的阶段，这方面的研究较少。同样，傀儡补语的语音也存在弱化的现象，如昌黎话"吃得嚼"中"得"为傀儡补语，音［ti］；山东一些方言中使用"吃不的［ti］"的形式，同样是语音弱化在字形上的表现。这些问题都有待进一步的研究。

三、关于语法研究中的定量统计

定性分析和定量统计相结合，是现代语言学研究的常用方法，一定数量、富有代表性的用例是得出科学结论的前提和基础，也是归纳推理所必需的。

笔者虽然尽最大的努力来搜集汉语方言可能式的语料，但相较于汉语丰富多彩的方言事实，已发表的语料总是不够的，研究中笔者时常感到语料不能满足论证的需要，没有办法的时候只能用自己熟悉的方言举例分析，概括性地得出结论。比如"能"在肯定形式中表示许可义的比例有多大、范围有多广，都需要进一步的调查统计，可是目前这方面的工作做得很少。

本研究对历史语料的占有也是非常有限的，将主要精力放在了对演化机制的分析上。找到的早期"VC了"用例仅有元杂剧中的一两个，几乎是孤证。但例子少并非不能说明问题，之所以认为《窦娥冤》中的"VC了"是可能式，除了语境支持，更重要的是这种用法出现在动词"了"开始虚化的大背景下，此前有"了"从先后关系到因果关系的转变，此后又有明清小说中这种可能式的用例，辅以元杂剧基础方言中至今仍存在的大量此类用法，所以这样的判断不至于是误判。虽然从文白层次的角度认为在传世的文学作品中"VC了"可能式不会很多，但在元代语料中是否还有用例、元代之前情况如何，这些方面还有待进一步扩大语料查找范围，加以充实。如果能发现更早的用例，可以将这种可能式的产生时间再向前推进一些。

本研究没有方言语法的定量统计分析，这和方言语料的来源有关。目前的方言语料多为按照拟写的有针对性的例句调查得来，或作者自拟，缺乏现实语境中的自然语料。李如龙（2001a：142）谈道："研究普通话语法有取之不尽的现代白话文著作的语料，这是任何方言都不具备的。有的方言虽然也有山歌及地方戏曲的脚本，但往往同日常口语表达有一定的距离，并非理想的语料，人们只能自己动手记录大量故事、对话等材料来建立方言口语语料库。"一些论著中称某方言肯定形式"V得C"和否定形式"V不C"出现频率相当的结论，也是作者基于当地缺乏"能VC"可能式并通过观察推断得出的，并非建立在统计数据的基础上。

但是，方言语法研究的深入必须建立在自然语料的搜集上，大规模语料库中的统计数据对各种用法的使用频率最有说服力。目前在缺少这些必备条件的情况下，定量统计分析无法进行，无法获知某些特定的句型（如后标型可能式带宾语）在实际语言应用中的出现频率。

  以上三个方面是研究中比较欠缺的地方。由于方言可能式的牵涉面广，涉及因素多，目前所呈现出来的只是一个阶段性研究得到的初步认识，很多内容尚待深入。各地汉语方言情况复杂，我们对现有材料的理解和归纳是否准确，也需要更多的方言母语者来验证。此外，"得""了"两个词的虚化过程、使成式的形成等都是汉语语法史研究中的经典话题，也存在不少争论。可能式的语言历史与这些内容都有密切的关系，本书中的某些判断只是根据笔者所掌握的有限语言事实结合自己的理解作出的，难免有疏忽不当甚至错误的地方，这些都有待大家的批评，以便进一步修正。

参考文献

安徽省地方志编纂委员会（1997）. 安徽省志·方言志［M］. 北京：方志出版社.

白晓红（1997）. 先秦汉语助动词系统的形成［A］//南开大学中文系《语言研究论丛》编委会. 语言研究论丛（第七辑）［C］. 北京：语文出版社.

薄文泽（1997）. 佯僙语研究［M］. 上海：上海远东出版社.

薄文泽（2003）. 木佬语研究［M］. 北京：民族出版社.

鲍红（2016）. 安庆方言研究［M］. 合肥：安徽教育出版社.

鲍厚星（1998）. 东安土话研究［M］. 长沙：湖南教育出版社.

鲍厚星，崔振华，沈若云、伍云姬（1999）. 长沙方言研究［M］. 长沙：湖南教育出版社.

鲍士杰（1998）. 杭州方言词典［M］. 南京：江苏教育出版社.

北京大学中国语言文学系语言学教研室（1995）. 汉语方言词汇：第2版［M］. 北京：语文出版社.

北京语言学院语言教学研究所（1992）. 现代汉语补语研究资料［M］. 北京：北京语言学院出版社.

贝罗贝，李明（2008）. 语义演变理论与语义演变和句法演变研究［A］//沈阳，冯胜利. 当代语言学理论和汉语研究［C］. 北京：商务印书馆.

蔡国妹（2018）. 闽语莆仙方言的差比句研究［J］. 中国语文，6.

蔡权（1990）. 吉县方言志［M］. 太原：山西高校联合出版社.

曹广顺（1995）. 近代汉语助词［M］. 北京：语文出版社.

曹广顺（2005）. 试论动态助词的形成过程［A］//吴福祥. 汉语语法化

---

① 所列文献包括参考文献和语料来源两类，很大一部分参考文献本身又是语料来源，因此不严格区分是属于参考文献还是语料来源，统一按照作者姓名音序排列。

研究［C］. 北京：商务印书馆.

曹广顺，梁银峰，龙国富（2011）.《祖堂集》语法研究［M］. 开封：河南大学出版社.

曹国安（1996）. "时"可表示假设［J］. 古汉语研究，1.

曹海东（2001）. 先秦时代"可得而V"式考释［J］. 华中师范大学学报，5.

曹延杰（1991）. 德州方言志［M］. 北京：语文出版社.

曹延杰（2005）. 德州方言补语表示法［J］. 德州学院学报，3.

曹志耘（2001）. 金华汤溪方言的"得"［J］. 语言研究，2.

曹志耘（2008）. 汉语方言地图集·语法卷［M］. 北京：商务印书馆.

陈诚（2011）. 六枝话中的"得"［J］. 群文天地，16.

陈承泽（1982）. 国文法草创［M］. 北京：商务印书馆.

陈法今（1992）. 泉州方言的述补结构［J］. 方言，3.

陈凤霞（2004）. 蓟县话的可能补语［A］//马庆株，石锋，王泽鹏. 刘叔新先生七十华诞纪念文集［C］. 北京：中国广播电视出版社.

陈刚（1957）. 北京话中 lou 和 le 的区别［J］. 中国语文，12.

陈刚（1981）. 谈"没动了宾/补"式［J］. 中国语文，1.

陈刚（1985）. 关于"没V了"［J］. 中国语文，5.

陈刚，宋孝才，等（1997）. 现代北京口语词典［M］. 北京：语文出版社.

陈国庆（2002）. 克木语研究［M］. 北京：民族出版社.

陈国庆（2005）. 克蔑语研究［M］. 北京：民族出版社.

陈康（2006）. 土家语研究［M］. 北京：中央民族大学出版社.

陈满华（1996）. 安仁方言［A］//胡明扬. 汉语方言体貌论文集［C］. 南京：江苏教育出版社.

陈曼君（2004）. 闽南话助动词"通"的句位功能［J］. 语文研究，3.

陈曼君（2013）. 惠安闽南方言动词谓语句研究［M］. 北京：中国社会科学出版社.

陈鹏飞（2005）. 林州方言"了"的语音变体及其语义分工［J］. 南开语言学刊，1.

陈前瑞（2008）. 汉语体貌研究的类型学视野［M］. 北京：商务印书馆.

陈前瑞，张华（2007）. 从句尾"了"到词尾"了"——《祖堂集》《三朝北盟会编》中"了"用法的发展［J］. 语言教学与研究，3.

陈士林，等（1985）. 彝语简志［M］. 北京：民族出版社.

陈淑静（1988）．平谷方言的语法特点［J］．河北大学学报，3．

陈淑静（1990）．获鹿方言志［M］．石家庄：河北人民出版社．

陈淑梅（2000）．谈鄂东方言的"V得得"［J］．方言，3．

陈淑静，许建中（1997）．定兴方言［M］．北京：方志出版社．

陈望道（1978）．文法简论［M］．上海：上海教育出版社．

陈郁（2012）．湘潭方言中"冇V得C"结构研究［D］．上海：上海师范大学．

陈媛婧（2011）．确山方言中的几个助动词［D］．开封：河南大学．

陈泽平（1998a）．福州方言研究［M］．福州：福建人民出版社．

陈泽平（1998b）．福州话的否定词与反复疑问句［J］．方言，1．

迟永长（2010）．辽西话表可能的语尾助词"了"（liǎo）［J］．辽宁师范大学学报，6．

储泽祥，肖扬，曾庆香（1999）．通比性的"很"字结构［J］．世界汉语教学，1．

储泽祥，谢晓明（2002）．汉语语法化研究中应重视的若干问题［J］．世界汉语教学，2．

戴庆厦（2005）．浪速语研究［M］．北京：民族出版社．

戴庆厦，崔志超（1985）．阿昌语简志［M］．北京：民族出版社．

戴庆厦，蒋颖，孔志恩（2007）．波拉语研究［M］．北京：民族出版社．

戴庆厦，徐悉艰（1992）．景颇语语法［M］．北京：中央民族学院出版社．

戴维·克里斯特尔（2000）．现代语言学词典［M］，沈家煊，译．北京：商务印书馆．

戴耀晶（2003）．现代汉语助动词"可能"的语义分析［A］//语法研究与探索（13）［C］．北京：商务印书馆．

戴昭铭（2001）．天台话的否定词和否定表达方式［J］．方言，3．

邓永红（2006）．湘南桂阳六合土话的否定词［J］．语言研究，2．

丁崇明（2005）．昆明方言语法研究［D］．济南：山东大学．

丁健（2011）．台州方言的否定词与相关格式［A］//南方语言学（第3辑）［C］．广州：暨南大学出版社．

丁声树（1961）．关于进一步开展汉语方言调查研究的一些意见［J］．中国语文，3．

丁声树（1989）．方言调查词汇手册［J］．方言，2．

丁声树，吕叔湘，李荣，等（1961）．现代汉语语法讲话［M］．北京：

商务印书馆.

丁声树，李荣（1956）. 汉语方言调查简表［M］. 北京：中国科学院语言研究所.

董绍克（2005）. 阳谷方言研究［M］. 济南：齐鲁书社.

董绍克，张家芝（1997）. 山东方言词典［M］. 北京：语文出版社.

董树人（2010）. 新编北京方言词典［M］. 北京：商务印书馆.

董秀芳（2002）. 词汇化：汉语双音词的衍生和发展［M］. 成都：四川民族出版社.

都兴宙（2001）. 西宁方言中"下"的读音及用法分析［J］. 青海师范大学学报，1.

杜明鸳（2012）. 周口方言的助词研究［D］. 成都：四川师范大学.

杜轶（2007）. "得＋VP"结构在魏晋南北朝的发展——兼谈"V得C"结构的来源问题［A］//语法化与语法研究（三）［C］. 北京：商务印书馆.

渡边丽玲（2000）. 助动词"能"与"会"的句法语义分析［A］//陆俭明. 面临新世纪挑战的现代汉语语法研究［C］. 济南：山东教育出版社.

段业辉（2002）. 中古汉语助动词研究［M］. 南京：南京师范大学出版社.

范慧琴（2007）. 定襄方言语法研究［M］. 北京：语文出版社.

范继淹（1963）. 动词和趋向性后置成分的结构分析［J］. 中国语文，2.

范继淹，饶长溶（1964）. 再谈动词结构前加程度修饰［J］. 中国语文，2.

范俊军（2008）. 桂阳方言词典［M］. 北京：民族出版社.

范晓蕾（2011）. 以汉语方言为本的能性情态语义地图［A］//语言学论丛（43）［C］. 北京：商务印书馆.

范晓蕾（2012）. 语义演变的共时拟测与语义地图——基于"能性情态语义地图"的讨论［A］//语言学论丛（46）［C］. 北京：商务印书馆.

范晓蕾（2014）. 以"许可—认识可能"之缺失论语义地图的形式和功能之细分：兼论情态类型系统之新界定［J］. 世界汉语教学，1.

范晓蕾（2016）. 助动词"会"情态语义演变之共时构拟——基于跨语言/方言的比较研究［J］. 语言暨语言学，2.

范晓蕾（2017）. 语义地图的解析度及表征方式——以"能力义为核心的语义地图"为例［J］. 世界汉语教学，2.

范晓蕾（2021）. 论"了₂"的时体助词与动相补语之分 [J]. 语言科学，1.

方清明，孙利萍（2011）. 北方方言能性述补结构带宾语的语序类型考察——以部分方言点为例 [J]. 宁夏大学学报，1.

方松熹（1993）. 舟山方言研究 [M]. 北京：社会科学文献出版社.

方松熹（2000）. 义乌方言研究 [M]. 杭州：浙江省新闻出版局.

冯爱珍（1993）. 福清方言研究 [M]. 北京：社会科学文献出版社.

冯爱珍（1998）. 从闽南方言看现代汉语的"敢"字 [J]. 方言，4.

福建省地方志编纂委员会（1998）. 福建省志·方言志 [M]. 北京：方志出版社.

傅丹丹（2014）. 叶县方言"中"的意义和用法研究 [D]. 开封：河南大学.

傅书灵（2005）.《歧路灯》中的能性"V 不得（O）" [J]. 信阳师学院学报，2.

傅书灵，祝建军（2004）. 助动词"会"的起源新探 [J]. 烟台大学学报，3.

高艾军，傅民（2001）. 北京话词语（增订本）[M]. 北京：北京大学出版社.

高葆泰，林涛（1993）. 银川方言志 [M]. 北京：语文出版社.

高名凯（1957）. 语法范畴 [A] //语法论集（第二集）[C]. 北京：中华书局.

高名凯（1986）. 汉语语法论 [M]. 北京：商务印书馆.

高文达（1992）. 济南方言志 [J]. 山东史志丛刊，1992 年增刊.

高晓虹（2011）. 章丘方言志 [M]. 济南：齐鲁书社.

高永奇（2003）. 莽语研究 [M]. 北京：民族出版社.

高永奇（2004）. 布兴语研究 [M]. 北京：民族出版社.

龚娜（2011）. 湘方言程度范畴研究 [D]. 长沙：湖南师范大学.

巩县志编纂委员会（1991）. 巩县志 [M]. 郑州：中州古籍出版社.

谷向伟（2006）. 河南林州方言中表可能的情态助词"咾" [J]. 殷都学刊，4.

桂诗春（1988）. 应用语言学 [M]. 长沙：湖南教育出版社.

郭辉（2015）. 濉溪方言研究 [M]. 合肥：安徽教育出版社.

郭利霞（2010）. 晋语五台片的重叠式反复问句 [J]. 中国语文，1.

郭利霞（2011）. 山西方言疑问句中的"敢"[J]. 语文研究，2.

郭利霞（2015）．汉语方言疑问句比较研究——以晋陕蒙三地为例［M］．天津：南开大学出版社．

郭攀（2003）．湖北浠水方言中的叠合式正反问［J］．中国语文，3．

郭锐，陈颖，刘云（2017）．从早期北京话材料看虚词"了"的读音变化［J］．中国语文，4．

郭熙（2005）．河南境内中原官话中的"哩"［J］．语言研究，5．

郭熙（2010）．再谈河南境内中原官话中的"哩"［A］//南方语言学（第2辑）［C］．广州：暨南大学出版社．

郭笑，姜礼立，唐贤清（2017）．河南洛阳方言的程度副词"血"——兼论程度副词"血"在汉语方言中的地理分布［J］．语文研究，2．

郭昭军（2003）．汉语情态问题研究［D］．天津：南开大学．

郭志良（1991）．表示存在某种可能性"能"和"可以"［A］//第三届国际汉语教学讨论会论文集［C］．北京：北京语言学院出版社．

郭志良（1993）．试论能愿动词的句法结构式及其语用功能［J］．中国语文，3．

哈杜默德·布斯曼（2003）．语言学词典［M］．陈慧瑛，等，编译．北京：商务印书馆．

海涅，库夫特（2012）．语法化的世界词库［M］．龙海平，谷峰，肖小平，译．北京：世界图书出版公司．

郝世宁（2010）．河北邢台方言中的几种特殊句式［J］．邢台学院学报，1．

何大安（2000）．语言史研究中的层次问题［J］．汉学研究，18，特刊．

何耿镛（1994）．汉语方言研究小史［M］．太原：山西人民出版社．

何九盈（2007）．汉语三论［M］．北京：语文出版社．

何乐士（1992）．元杂剧语法特点研究［A］//程相清．宋元明汉语研究［C］．济南：山东教育出版社．

何乐士（2004）．《左传》虚词研究［M］．北京：商务印书馆．

何茂活（2007）．山丹方言志［M］．兰州：甘肃人民出版社．

何守伦（1989）．永胜方言志［M］．北京：语文出版社．

何自然（1988）．语用学概论［M］．长沙：湖南教育出版社．

和即仁，姜竹仪（1982）．纳西语简志［M］．北京：民族出版社．

河北省昌黎县县志编纂委员会，中国科学院语言研究所（1960）．昌黎方言志［M］．北京：科学出版社．

河南通志馆（1935）．河南方言调查：凡例、表格及说明［J］．河南教育月刊，5（7）.

贺嘉善（1983）. 仡佬语简志［M］. 北京：民族出版社.

贺巍（1989）. 获嘉方言研究［M］. 北京：商务印书馆.

贺巍（1990）. 获嘉方言的特点［J］. 方言，2.

贺巍（1991）. 获嘉方言的疑问句——兼论反复问两种句型的关系［J］. 中国语文，5.

贺巍（1993）. 洛阳方言研究［M］. 北京：社会科学文献出版社.

侯精一（1981）. 平遥方言的动补式［J］. 语文研究，2.

侯精一（1985）. 长治方言志［M］. 北京：语文出版社.

侯精一（1999）. "'敢'犹可也"补例［A］//现代晋语研究［C］. 北京：商务印书馆.

侯瑞芬（2009）. 从力量与障碍看现代汉语情态动词"可以"、"能"、"会"［A］//语言学论丛（40）［C］. 北京：商务印书馆.

侯小丽（2009）. 咸阳方言补语及相关现象［D］. 福州：福建师范大学.

胡附，文炼（1982）. 句子分析漫谈［J］. 中国语文，3.

胡光斌（2010）. 遵义方言语法研究［M］. 成都：巴蜀书社.

胡利华（2008）. 安徽蒙城方言的"可"字句［J］. 方言，3.

胡明扬（1987）. 北京话初探［M］. 北京：商务印书馆.

胡明扬（1989）.《西游记》的助词［J］. 语言研究，1.

胡明扬（1992）. 近代汉语的上下限和分期问题［A］//胡竹安，杨耐思，蒋绍愚. 近代汉语研究［C］. 北京：商务印书馆.

胡明扬（1994）. 语义语法范畴［J］. 汉语学习，1.

胡双宝（1981）. 文水话的若干语法现象［J］. 语文研究，2.

胡松柏（2003）. 广丰方言"得"字的意义和用法［J］. 汉语学报，5.

胡素华（2002）. 彝语结构助词研究［M］. 北京：民族出版社.

胡裕树（1995）. 现代汉语（重订本）［M］. 上海：上海教育出版社.

胡裕树，范晓（1996）. 动词研究综述［M］. 太原：山西高校联合出版社.

胡云晚（2005）. 洞口方言能性"得"字研究［J］. 南昌大学学报，3.

胡壮麟（2003）. 语法化研究的若干问题［J］. 现代外语，1.

黄伯荣（1959）. 广州话里补语宾语的词序［J］. 中国语文，6.

黄伯荣（1996）. 汉语方言语法类编［M］. 青岛：青岛出版社.

黄伯荣（2018）. 广东阳江方言研究［M］. 广州：中山大学出版社.

黄伯荣，廖序东（2002）. 现代汉语：增订三版（下册）［M］. 北京：高等教育出版社.

黄布凡（1985）. 木雅语概况［J］. 民族语文，3.

黄成龙（2007）. 蒲溪羌语研究［M］. 北京：民族出版社.

黄丁华（1958）. 闽南方言里的常用否定词［J］. 中国语文，1.

黄国营（1986）. 汉语"吗"字句纵横初探［J］. 亚非言语文化研究（东京），31.

黄群（2016）. 广西昭平方言的"得"［J］. 方言，2.

黄群建（1994）. 阳新方言志［M］. 北京：中国三峡出版社.

黄晓雪（2010）. 宿松方言带"里"和带"得"的述补结构［J］. 方言，1.

黄雪贞（1993）. 江永方言研究［M］. 北京：社会科学文献出版社.

黄正德（1988）. 汉语正反问句的模组语法［J］. 中国语文，4.

霍凯特（2002）. 现代语言学教程［M］. 索振羽，叶蜚声，译. 北京：北京大学出版社.

江蓝生（2000）. 吴语中"得"和"得来"［A］//近代汉语探源［C］. 北京：商务印书馆.

江蓝生，曹广顺（1997）. 唐五代语言词典［M］. 上海：上海教育出版社.

蒋静（2018）. 建始方言中的"不得"［J］. 红河学院学报，6.

蒋军凤（2016）. 湖南东安石期市土话研究［M］. 长沙：湖南师范大学出版社.

蒋绍愚（1980）. 杜诗词语札记［A］//语言学论丛（第六辑）［C］. 北京：商务印书馆.

蒋绍愚（1994）. 论词的相因生义［A］//蒋绍愚自选集［C］. 郑州：河南教育出版社.

蒋绍愚（1999）. 汉语动结式产生的时代［A］//国学研究（第6卷）. 北京：北京大学出版社.

蒋绍愚（2001）.《世说新语》、《齐民要术》、《洛阳伽蓝记》、《贤愚经》、《百喻经》中的"已""竟""讫""毕"［J］. 语言研究，1.

蒋绍愚（2005）. 近代汉语研究概要［M］. 北京：北京大学出版社.

蒋绍愚（2007）. 从助动词"解"、"会"、"识"的形成看语义的演变［J］. 汉语学报，1.

蒋绍愚，曹广顺（2005）. 近代汉语语法史研究综述［M］. 北京：商务印书馆.

金桂桃（2018）．近两百年来广州方言正反问句的发展演变［J］．语言科学，1．

金鹏（1983）．藏语简志［M］．北京：民族出版社．

鞠彩萍（2011）．《祖堂集》动词研究［M］．北京：中国社会科学出版社．

康瑞琮（1987）．东北方言中的反复问句［J］．天津师范大学学报，3．

柯理思（1995）．北方官话里表示可能的动词词尾"了"［J］．中国语文，4．

柯理思（2001）．从普通话里跟"得"有关的几个格式去探讨方言类型学［J］．语言研究，2．

柯理思（2005）．“形容词＋不了”格式的认识情态意义［A］//吴福祥．汉语语法化研究［C］．北京：商务印书馆．

柯理思（2006）．北方方言和现代汉语语法研究：从几个具体的事例谈起［A］//邢向东．西北方言与民俗论丛（第2辑）［C］．北京：中国社会科学出版社．

柯理思，刘淑学（2001）．河北冀州方言"拿不了走"一类的格式［J］．中国语文，5．

兰宾汉（2011）．西安方言语法调查研究［M］．北京：中华书局．

蓝利国（1999）．柳州方言的句法特点［J］．广西大学学报，2．

黎锦熙（1992）．新著国语文法［M］．北京：商务印书馆．

黎意（2004）．汉藏语述补结构研究［D］．北京：中央民族大学．

李崇兴（2009）．元代含"得"和"不"的述补结构［J］．长江学术，1．

李大勤（2002）．格曼语研究［M］．北京：民族出版社．

李大勤（2004）．苏龙语研究［M］．北京：民族出版社．

李道勇，聂锡珍，邱锷锋（1986）．布朗语简志［M］．北京：民族出版社．

李逢丹（2010）．开封话中的"得"［J］．河南广播电视大学学报，2．

李会荣（2008）．山西娄烦方言之情态动词"敢"［J］．晋中学院学报，6．

李剑影（2007）．现代汉语能性范畴研究［D］．长春：吉林大学．

李教昌（2018）．怒江傈僳语参考语法［D］．上海：上海师范大学．

李锦芳（1999）．布央语研究［M］．北京：中央民族大学出版社．

李劲荣（2010）．赣语樟树话中的"V不得"的语义及其肯定式［C］//戴昭铭，J．A．马提索夫．汉藏语研究四十年——第40届国际汉藏语言暨语言学会议论文集．哈尔滨：黑龙江大学出版社．

李明（2016）．汉语助动词的历史演变研究［M］．北京：商务印书馆．

李讷，石毓智（1997）．论汉语体标记诞生的机制［J］．中国语文，2．

李平（1984）．《世说新语》和《百喻经》中的动补结构［A］//语言学论丛（14）［C］．北京：商务印书馆．

李人鉴（1983）．关于所谓"助动词"［J］．语文研究，3．

李荣（1990）．普通话与方言［J］．中国语文，5．

李荣（2002）．现代汉语方言大词典：综合本［M］．南京：江苏教育出版社．

李如龙（1996）．论汉语方言的类型学研究［J］．暨南学报，2．

李如龙（1997）．泉州方言的动词谓语句［A］//李如龙，张双庆．动词谓语句［C］．广州：暨南大学出版社．

李如龙（2001a）．汉语方言学［M］．北京：高等教育出版社．

李如龙（2001b）．闽南方言的结构助词［J］．语言研究，2．

李如龙（2007）．闽南方言语法研究［M］．福州：福建人民出版社．

李如龙，潘渭水（1998）．建瓯方言词典［M］．南京：江苏教育出版社．

李如龙，邹光椿，梁玉璋，陈泽平（1994）．福州方言词典［M］．福州：福建人民出版社．

李思明（1991）．《祖堂集》中的"得"字的考察［J］．古汉语研究，3．

李思明（1992）．晚唐以来可能性动补结构中宾语位置的发展变化［J］．古汉语研究，2．

李思明（1996）．《祖堂集》中能可助动词"得""可""能""解"的异同［A］//温端政，沈慧云．语文新论［C］．太原：山西教育出版社．

李小凡（2016）．汉语方言语法研究九十年［A］//刘丹青，邢向东，沈明．方言语法论丛（第7辑）［C］．北京：商务印书馆．

李小华（2007）．论汉语能性"得"字的后置［J］．汉语学报，2．

李小华（2009）．永定客家方言"得"字能性述补结构［A］//李如龙，邓晓华．客家方言研究［C］．福州：福建人民出版社．

李小华（2014）．闽西永定客家方言虚词研究［M］．广州：华南理工大学出版社．

李小军（2018）．”敢”的情态功能及其发展［J］．中国语文，3．

李小平（2020）．山西晋语临县方言的"可"［J］．汉语学报，3．

李晓琪（1985）．关于能性补语式中的语素"得"［J］．语文研究，4．

李新魁（1994）．广东的方言［M］．广州：广东人民出版社．

李兴亚（1989）. 试说动态助词"了"的自由隐现［J］. 中国语文, 5.

李秀红（2011）. 论河南周口方言中的助动词"管""得"［J］. 周口师范学院学报, 1.

李旭练（1999）. 俫语研究［M］. 北京: 中央民族大学出版社.

李学军（2016）. 河南内黄方言研究［M］. 北京: 中国社会科学出版社.

李永明（1986）. 衡阳方言［M］. 长沙: 湖南教育出版社.

李永明（1991）. 长沙方言［M］. 长沙: 湖南出版社.

李永燧（1990）. 哈尼语语法［M］. 北京: 民族出版社.

李永燧（2002）. 桑孔语研究［M］. 北京: 中央民族大学出版社.

李永延（1989）. 巧家方言志［M］. 北京: 语文出版社.

李云兵（2000）. 拉基语研究［M］. 北京: 中央民族大学出版社.

李云兵（2005）. 布赓语研究［M］. 北京: 民族出版社.

李宗江（1994）. "V得（不得）"与"V得了（不了）"［J］. 中国语文, 5.

李宗江（1999）. 汉语常用词演变研究［M］. 上海: 汉语大词典出版社.

栗学英（2011）. 中古汉语的语气副词"其"［J］. 南京审计学院学报, 2.

梁德曼（1982）. 四川方言与普通话［M］. 成都: 四川人民出版社.

梁德曼（1993）.《成都方言词典》引论［J］. 方言, 1.

梁敏, 张均如（1997）. 临高语研究［M］. 上海: 上海远东出版社.

梁式中（1960）. 关于助动词［J］. 中国语文, 5.

梁银峰（2006）. 汉语动补结构的产生与演变［M］. 上海: 学林出版社.

林华东（2008）. 泉州方言研究［M］. 厦门: 厦门大学出版社.

林华勇, 肖棱丹（2016）. 四川资中方言"来"的多功能性及其语法化［J］. 中国语文, 2.

林连通（1993）. 泉州市方言志［M］. 北京: 社会科学文献出版社.

林连通（1995）. 福建永春方言的述补式［J］. 中国语文, 6.

林刘巍（2019）. 汉语情态强度研究［M］. 北京: 社会科学文献出版社.

林刘巍, 张寒冰（2016）. 论现代汉语中表示道义情态的"不敢"——兼论表示道义情态的"敢"义词句法分布的蕴含共性［J］. 语言科学, 3.

林焘（2001）. 现代汉语补语轻音现象反映的语法和语义问题［A］//林焘语言学论文集［C］. 北京: 商务印书馆.

林涛（2012）. 宁夏方言概要［M］. 银川: 宁夏人民出版社.

林文金（1958）．莆田话的实词重叠形式［A］//方言与普通话集刊（一本）［C］．北京：文字改革出版社．

林向荣（1993）．嘉戎语研究［M］．成都：四川民族出版社．

林新年（2006）．《祖堂集》的动态助词研究［M］．上海：上海三联书店．

林亦，覃风余（2008）．广西南宁白话研究［M］．桂林：广西师范大学出版社．

刘承慧（2002）．汉语动补结构历史发展［M］．台北：翰芦图书出版有限公司．

刘村汉（1992）．随州方言语法条例［A］//刘海章．荆楚方言研究［C］．武汉：华中师范大学出版社．

刘村汉（1995）．柳州方言词典［M］．南京：江苏教育出版社．

刘丹青（1997）．苏州方言的动词谓语句［A］//李如龙、张双庆．动词谓语句［C］．广州：暨南大学出版社．

刘丹青（2003）．语序类型学与借词理论［M］．北京：商务印书馆．

刘坚（1960）．论助动词［J］．中国语文，1．

刘坚（1985）．近代汉语读本［M］．上海：上海教育出版社．

刘坚（2005）．刘坚文集［M］．上海：上海辞书出版社．

刘坚，江蓝生，白维国，曹广顺（1992）．近代汉语虚词研究［M］．北京：语文出版社．

刘丽华（2001）．娄底方言研究［M］．长沙：中南大学出版社．

刘利（1994）．从《国语》的用例看先秦汉语的"可以"［J］．中国语文，5．

刘利（1998）．先秦助动词"得"字用法的考察［A］//郭锡良．古汉语语法论集［C］．北京：语文出版社．

刘利（2000）．先秦汉语助动词研究［M］．北京：北京师范大学出版社．

刘伶（1988）．敦煌方言志［M］．兰州：兰州大学出版社．

刘璐，陈前瑞（2017）．“V得（O）”从动相到能性的语义演变［A］//吴福祥，陈前瑞．语法化与语法研究（八）［C］．北京：商务印书馆．

刘纶鑫（2008）．芦溪方言研究［M］．北京：文化艺术出版社，中国社会科学出版社．

刘叔新（1999）．谈汉语语法范畴的研究［A］//马庆株．语法研究入门［C］．北京：商务印书馆．

刘祥柏（1997）．六安丁集话的反复问形式［J］．方言，1．

刘勋宁（1985）．现代汉语句尾"了"的来源［J］．方言，2.

刘宇（2015）．哈尔滨方言语法现象研究［D］．长春：吉林大学．

刘育林（1988）．陕北方言略说［J］．方言，4.

刘月华（1980）．可能补语用法的研究［J］．中国语文，4.

刘月华，潘文娱，故韡（2001）．实用现代汉语语法（增订本）［M］．北京：商务印书馆．

刘子瑜（2008）．《朱子语类》述补结构研究［M］．北京：商务印书馆．

龙安隆（2012）．江西永新赣语的述补结构［J］．井冈山大学学报，2.

卢海（2010）．河南新县方言补语的可能式［J］．现代语文（语言研究版），6.

卢甲文（1992）．郑州方言志［M］．北京：语文出版社．

卢君（2014）．河南周口沈丘方言中的"管"及其语法化过程［J］．红河学院学报，4.

卢烈红（2002）．＂动+得+可能补语＂中＂得＂字的语法性质［A］//训诂语法丛谈［C］．武汉：湖北人民出版社．

鲁国尧（1985）．明代官话及其基础方言问题［J］．南京大学学报，4.

鲁国尧（2007）．研究明末清初官话基础方言的廿三年历程——"从字缝里看"到"从字面上看"［J］．语言科学，2.

鲁晓琨（2004）．现代汉语基本助动词语义研究［M］．北京：中国社会科学出版社．

陆俭明（1984）．关于现代汉语里的疑问语气词［J］．中国语文，5.

陆俭明（2004）．关于汉语方言语法调查研究之管见［J］．语言科学，2.

陆俭明，沈阳（2003）．汉语和汉语研究十五讲［M］．北京：北京大学出版社．

陆镜光（1999）．粤语"得"字的用法［J］．方言，3.

陆绍尊（2001）．普米语方言研究［M］．北京：民族出版社．

陆绍尊（2002）．门巴语方言研究［M］．北京：民族出版社．

陆志韦（1957）．汉语构词法［M］．北京：科学出版社．

罗常培（2004）．汉语方音研究小史［A］//罗常培语言学论文集［C］．北京：商务印书馆．

罗常培，王均（2002）．普通语音学纲要［M］．北京：商务印书馆．

罗福腾（1996）．山东方言里的反复问句［J］．方言，3.

罗骥（2003）．北宋语气词及其源流［M］．成都：巴蜀书社．

罗杰瑞（1995）．汉语概说［M］．张惠英，译．北京：语文出版社．

罗天明，余志均（2015）．雨城方言［M］．北京：中国文史出版社．

罗昕如（1998）．新化方言研究［M］．长沙：湖南教育出版社．

吕俭平（2011）．枣庄方言语法研究［M］．济南：山东人民出版社．

吕建国（2015）．慈利方言的能性"得"字句［J］．语言科学，2．

吕叔湘（1979）．汉语语法分析问题［M］．北京：商务印书馆．

吕叔湘（1980）．现代汉语八百词［M］．北京：商务印书馆．

吕叔湘（1982）．中国文法要略［M］．北京：商务印书馆．

吕叔湘（1985）．疑问·否定·肯定［J］．中国语文，4．

吕叔湘（1990）．与动词后"得"与"不"有关之词序问题［A］//吕叔湘文集（第2卷）［C］．北京：商务印书馆．

吕叔湘（1999a）．现代汉语八百词（增订本）［M］．北京：商务印书馆．

吕叔湘（1999b）．释您、俺、咱、喒，附论们字［A］//汉语语法论文集：增订本［C］．北京：商务印书馆．

吕叔湘（2006）．语文常谈［M］．北京：生活·读书·新知三联书店．

吕叔湘，孙德宣（1990）．助词说略［A］//吕叔湘文集（第2卷）［C］．北京：商务印书馆．

吕晓玲（2010）．闽南南安方言的述补结构及其标记［A］//南方语言学（第2辑）［C］．广州：暨南大学出版社．

马贝加（1996）．"会"在温州话中的意义和来源［A］//温端政，沈慧云．语文新论［C］．太原：山西教育出版社．

马凤如（2000）．金乡方言志［M］．济南：齐鲁书社．

马国凡，邢向东，马叔骏（1997）．内蒙古汉语方言志［M］．呼和浩特：内蒙古教育出版社．

马建忠（1983）．马氏文通［M］．北京：商务印书馆．

马静，吴永焕（2003）．临沂方言志［M］．济南：齐鲁书社．

马企平（1984）．临夏方言语法初探［J］．兰州学刊，1．

马庆株（1992）．汉语动词与动词性结构［M］．北京：北京语言学院出版社．

马文忠，梁述中（1986）．大同方言志［M］．北京：语文出版社．

马希文（1982）．关于动词"了"的弱化形式［·lou］［A］//中国语言学报（1）［C］．北京：商务印书馆．

马悦然（1982）．关于古代汉语表达情态的几种方式［J］．中国语文，2．

毛宗武（2004）．瑶族勉语方言研究［M］．北京：民族出版社．

毛宗武，李云兵（2007）．优诺语研究［M］．北京：民族出版社．

梅祖麟（1981）. 现代汉语完成貌句式和词尾的来源［J］. 语言研究，1.

梅祖麟（1998）. 汉语语法史中几个反复出现的演变方式［A］//郭锡良. 古汉语语法论集［C］. 北京：语文出版社.

梅祖麟（2000）. 唐代、宋代共同语的语法和现代方言的语法［A］//梅祖麟语言学论文集［C］. 北京：商务印书馆.

梅祖麟（2002）. 几个闽语虚词在文献上和方言中出现的时代［A］//何大安. 南北是非：汉语方言的差异与变化［C］. 台北："中央研究院"语言学研究所筹备处.

孟庆海（1991）. 阳曲方言志［M］. 北京：社会科学文献出版社.

孟祥英（1989）."能"与"会"使用上的几个问题［J］. 天津师范大学学报，4.

莫超（2004）. 白龙江流域汉语方言语法研究［M］. 北京：中国社会科学出版社.

缪锦安（1990）. 汉语的语义结构和补语形式［M］. 上海：上海外语教育出版社.

聂仁发（2001）. 否定词"不"与"没有"的语义特征及其时间意义［J］. 汉语学习，1.

帕莫（Palmer, F. R.）（2007）. 语气·情态（Mood and Modality）［M］. 北京：世界图书出版公司.

潘悟云（1997）. 温州方言的动词谓语句［A］//李如龙，张双庆. 动词谓语句［C］. 广州：暨南大学出版社.

彭慧（2019）. 湖南永顺方言语法研究［D］. 长沙：湖南师范大学.

彭兰玉（2002）. 衡阳方言语法研究［D］. 长沙：湖南师范大学.

彭利贞（2007）. 现代汉语情态研究［M］. 北京：中国社会科学出版社.

彭小川（1998）. 广州话的"V得（O）"结构［J］. 方言，1.

彭小川（2006）. 关于是非问句的几点思考［J］. 语言教学与研究，6.

彭小川（2010）. 广州话助词研究［M］. 广州：暨南大学出版社.

彭泽润（1999）. 衡山方言研究［M］. 长沙：湖南教育出版社.

平田昌司（1997）. 休宁方言的动词谓语句［A］//李如龙，张双庆. 动词谓语句［C］. 广州：暨南大学出版社.

戚雨村（1985）. 语言学引论［M］. 上海：上海外语教育出版社.

钱曾怡（1993）. 博山方言研究［M］. 北京：社会科学文献出版社.

钱曾怡（1995）.《济南方言词典》引论［J］. 方言，4.

钱曾怡（2001）. 山东方言研究［M］. 济南：齐鲁书社.

钱曾怡，罗福腾（1992）．潍坊方言志［M］．潍坊：潍坊新闻出版局．

钱曾怡，太田斋，陈洪昕，杨秋泽（2005）．莱州方言志［M］．济南：齐鲁书社．

钱乃荣（2003）．上海方言的否定词和否定句［A］//北部吴语研究［C］．上海：上海大学出版社．

钱乃荣（2004）．上海方言中的虚拟句［J］．方言，2．

黔东南州地方志办公室（2007）．黔东南方言志［M］．成都：巴蜀书社．

乔全生（2000）．晋方言语法研究［M］．北京：商务印书馆．

桥本万太郎（2008）．语言地理类型学［M］．余志鸿，译．北京：世界图书出版公司．

琼·拜比，里维尔·珀金斯，威廉·帕柳卡（2017）．语法的演化［M］．陈前瑞，等，译．北京：商务印书馆．

沁水县志编纂办公室（1987）．沁水县志［M］．太原：山西人民出版社．

饶秉才，等（1997）．广州话词典［M］．广州：广东人民出版社．

饶秉才，欧阳觉亚，周无忌（2010）．广州话方言词典［M］．香港：商务印书馆（香港）有限公司．

饶长溶（1995）．长汀话表可能的"V 得"组合［A］//中国语言学报（6）［C］．北京：商务印书馆．

热西旦·马力克（2014）．哈密方言的"呢"［J］．新疆大学学报，3．

任溪（2013）．南阳方言参考语法［D］．长沙：湖南师范大学．

阮桂君（1996）．宁波方言语法研究［D］．武汉：华中师范大学．

三台县志编委会（1992）．三台县志［M］．成都：四川人民出版社．

山东省地方史志编纂委员会（1993）．山东省志·方言志［M］．济南：山东人民出版社．

杉村博文（1982）．V 得 C、能 VC、能 V 得 C［J］．沙野，译．汉语学习，6．

杉村博文（2010）．可能补语的语义分析——从汉日语对比的角度［J］．世界汉语教学，2．

单韵鸣（2017）．广州话的疑问句［A］//陶寰，陈振宇，盛益民．汉语方言疑问范畴研究［C］．上海：中西书局．

邵敬敏（2016）．现代汉语通论：第 3 版［M］．上海：上海教育出版社．

邵敬敏，等（2010）．汉语方言疑问范畴比较研究［M］．广州：暨南大学出版社．

邵敬敏，王鹏翔（2003）．陕北方言的正反是非问句——一个类型学的过渡格式研究［J］. 方言，1.

邵敬敏，周娟（2007）. 汉语方言正反问的类型学比较［J］. 暨南学报（人文科学与社会科学版），2.

邵敬敏，周芍（2005）. 汉语方言语法研究的现状与思考［J］. 暨南学报，1.

邵宜（2007）. 赣语宜丰话"得"的研究［J］. 语文研究，1.

沈慧云（2003）. 晋城方言的助词"哩"和"咾"［J］. 语文研究，4.

沈家煊（2001）. 语言的"主观性"和"主观化"［J］. 外语教学与研究，4.

沈家煊（2005）. 也谈能性述补结构"V得C"和"V不C"的不对称［M］//沈家煊，吴福祥，马贝加. 语法化与语法研究（二）. 北京：商务印书馆.

沈家煊（2006）. 认知与汉语语法研究［M］. 北京：商务印书馆.

沈兴华（2005）. 黄河三角洲方言研究［M］. 济南：齐鲁书社.

盛银花（2010）. 安陆方言语法研究［M］. 武汉：华中师范大学出版社.

盛银花（2015）. 安陆方言研究［M］. 武汉：华中师范大学出版社.

施关淦（1985）. 关于助词"得"的几个问题［A］//语法研究和探索（三）［C］. 北京大学出版社.

施关淦（1990）. 名词 动词 形容词［M］. 北京：人民教育出版社.

施其生（1995）. 论广州方言虚成分的分类［J］. 语言研究，1.

施其生（1996）. 论"有"字句［J］. 语言研究，1.

施其生（1997）. 汕头方言的动词谓语句［A］//李如龙，张双庆. 动词谓语句［C］. 广州：暨南大学出版社.

施其生（2009）. 汉语方言中语言成分的同质兼并［J］. 语言研究，2.

石毓智（1990）. "V得C"和"V不C"使用频率差别的解释［J］. 语言研究，2.

石毓智（2001）. 语法的形式和理据［M］. 南昌：江西教育出版社.

石毓智（2007）. 汉语方言中动词重叠的语法意义和功能的差别［J］. 汉语学报，4.

史有为（1994）. 得说"不能来上课了"［J］. 汉语学习，5.

宋伶俐（2011）. 贵琼语研究［M］. 北京：民族出版社.

宋文辉（2017）. 河北正定方言可能补语标记"了［·lou］"的形成机制［J］. 中国语言文学研究，2.

宋永圭（2007）. 现代汉语情态动词否定研究［M］. 北京：中国社会科

学出版社.

宋在晶（2008）. 语言类型学［M］. 北京：北京大学出版社.

苏俊波（2007）. 丹江方言语法研究［D］. 武汉：华中师范大学.

苏俊波（2012）. 丹江方言语法研究［M］. 武汉：华中师范大学出版社.

苏若阳（2017）. 论杞县话的情态词"管"［J］. 许昌学院学报，6.

苏晓青，万连增（2011）. 赣榆方言研究［M］. 北京：中华书局.

孙凡（2012）. 现代汉语结果体研究［D］. 长春：吉林大学.

孙宏开（1982）. 独龙语简志［M］. 北京：民族出版社.

孙宏开，胡增益，黄行（2007）. 中国的语言［M］. 北京：商务印书馆.

孙宏开，刘光坤（2005）. 阿侬语研究［M］. 北京：民族出版社.

孙立新（2004）. 户县方言的"得"字［A］//邢向东. 西北方言与民俗论丛［C］. 北京：中国社会科学出版社.

孙立新（2007）. 西安方言研究［M］. 西安：西安出版社.

孙利萍（2008）. 北方方言中表可能的"了"的历时演变［J］. 华侨大学学报，2.

孙锡信（1992）. 汉语历史语法要略［M］. 上海：复旦大学出版社.

孙锡信（1999）. 近代汉语语气词［M］. 北京：语文出版社.

孙玄常（1984）. 宾语和补语［M］. 上海：上海教育出版社.

孙妞爱（2009）. 现代汉语可能补语研究［D］. 北京：北京语言大学.

太田辰夫（1991）. 汉语史通考［M］. 江蓝生，白维国，译. 重庆：重庆出版社.

太田辰夫（2003）. 中国语历史文法［M］. 蒋绍愚，徐昌华，译. 北京：北京大学出版社.

谭邦君（1996）. 厦门方言志［M］. 北京：北京语言学院出版社.

汤廷池（1979）. 助动词"会"的两种用法［A］//国语语法研究论集［C］. 台北：学生书局.

汤廷池（1988）. 汉语词法句法论集［M］. 台北：学生书局.

汤珍珠，陈忠敏（1993）. 嘉定方言研究［M］. 北京：社会科学文献出版社.

陶寰，盛益民，金春华（2015）. 吴语绍兴方言否定词的词形特征和语义类别［J］. 语言研究集刊，1.

陶炼（1995）. 助动词［A］//胡裕树，范晓. 动词研究［C］. 开封：河南大学出版社.

陶原珂（2018）. 广州话表意范畴研究［M］. 北京：北京师范大学出

版社.

田兆胜, 张元柏（1995）. 泰安方言与普通话［M］. 泰安：泰安市新闻出版局.

涂光禄（1997）. 贵阳方言动词的体貌、情态、状态格式［J］. 贵州大学学报, 4.

汪国胜（1990）. 当阳方言的语法特点［J］. 华中师范大学学报, 5.

汪国胜（1994）. 大冶方言语法研究［M］. 武汉：湖北教育出版社.

汪国胜（1996）. 大冶话做补语的"倒"和后附成分"倒"［A］//胡明扬. 汉语方言体貌论文集［C］. 南京：江苏教育出版社.

汪国胜（1998）. 可能式"得"字句的句法不对称现象［J］. 语言研究, 1.

汪国胜（1999）. 大冶方言表示可能的"得"字句［A］//张晓山. 立说传薪风雨人——庆祝詹伯慧教授从教45周年［C］. 广州：暨南大学出版社.

汪国胜（2000a）. 大冶方言句法研究［D］. 武汉：华中师范大学.

汪国胜（2000b）. 新时期以来的汉语方言语法研究［J］. 华中师范大学学报, 3.

汪国胜（2004）. 新世纪汉语方言语法研究之走势［A］//21世纪的中国语言学［C］. 北京：商务印书馆.

汪国胜（2011）. 湖北大冶方言两种特殊的问句［J］. 方言, 1.

汪国胜（2014）. 谈谈方言语法研究［J］. 华中师范大学学报, 5.

汪国胜, 李曌（2019）. 汉语方言的是非型正反问句［J］. 方言, 1.

汪国胜, 王自万（2013）. 开封方言表示可能的"得"和"得能"［J］. 语言研究, 4.

汪化云（2004）. 鄂东方言研究［M］. 成都：巴蜀书社.

汪平（1983）. 贵阳方言的语法特点［J］. 语言研究, 1.

王春, 陈聪颖（2016）. 方言副词"忒"语法及语义特征［J］. 唐山师范学院学报, 1.

王春玲（2011）. 西充方言语法研究［M］. 北京：中华书局.

王辅世（1985）. 苗语简志［M］. 北京：民族出版社.

王还（1987）. 门外偶得集［M］. 北京：北京语言学院出版社.

王洪君（2006）. 文白异读、音韵层次与历史语言学［J］. 北京大学学报, 2.

王箕裘, 钟隆林（2008）. 耒阳方言研究［M］. 成都：巴蜀书社.

王景荣（2004）．乌鲁木齐方言表"完成—已成事实"体貌助词"下"〔J〕．语言与翻译，4.

王军虎（1995）．《西安方言词典》引论〔J〕．方言，2.

王均，郑国乔（1980）．仫佬语简志〔M〕．北京：民族出版社.

王黎阳（2013）．方城话中的几个情态词〔D〕．开封：河南大学.

王力（1980）．汉语史稿〔M〕．北京：中华书局.

王力（1984）．中国语法理论〔M〕．济南：山东教育出版社.

王力（1985）．中国现代语法〔M〕．北京：商务印书馆.

王力（1989）．汉语语法史〔M〕．北京：商务印书馆.

王力（2000）．王力古汉语字典〔M〕．北京：中华书局.

王力（2002）．语法的民族特点和时代特点〔A〕//20世纪现代汉语语法八大家·王力选集〔C〕．沈阳：东北师范大学出版社.

王琳（2010）．安阳方言中表达实现体貌的虚词"咾""啦"及其与"了"的对应关系〔J〕．语言科学，1.

王年一（1960）．也谈助动词〔J〕．中国语文，5.

王鹏，马贝加（2011）．助动词"会"的情态发展〔J〕．现代语文（语言研究版），4.

王鹏翔，王雷（2008）．陕北志丹话的"得V"句〔J〕．语文研究，1.

王钱超（2016）．汉英情态表达对比研究：以情态动词为例〔M〕．合肥：合肥工业大学出版社.

王琴（2008）．安徽阜阳方言的"可VP"反复问句〔J〕．方言，2.

王求是（2018）．孝感方言的"得"字句〔J〕．湖北工程学院学报，4.

王森（1993）．甘肃临夏话作补语的"下"〔J〕．中国语文，5.

王森（2000）．东干话的若干语法现象〔J〕．语言研究，4.

王森，王毅，王晓煜（2015）．中亚东干话调查研究〔M〕．北京：商务印书馆.

王森，赵小刚（1997）．兰州话音档〔M〕．上海：上海教育出版社.

王绍新（1985）．"得"的语义、语法作用衍变〔J〕．语文研究，1.

王士元（1990）．现代汉语中的两个体标记〔J〕．当代语言学，1.

王世华，黄继林（1996）．扬州方言词典〔M〕．南京：江苏教育出版社.

王伟（2000）．情态动词"能"在交际过程中的义项呈现〔J〕．中国语文，3.

王伟（2003）．"能"的个案：现代汉语情态研究的维度〔A〕//赵汀阳．论证（3）〔C〕．桂林：广西师大出版社.

王文卿（2007）．晋源方言研究［M］．北京：语文出版社．

王晓华（2001）．词典编纂应具有生态意识［J］．咬文嚼字，3．

王晓凌（2009）．非现实语义研究［M］．上海：学林出版社．

王新青，海峰，马晓慧（2016）．乌鲁木齐市米东区芦草沟乡汉语方言［J］．语言与翻译，4．

王衍军（2009）．《醒世姻缘传》中的［VC 了］式能性述补结构试析［J］．暨南学报，3．

王衍军（2011）．《醒世姻缘传》中的［VC 了］式能性述补结构［J］．方言，3．

王衍军（2014）．泗水方言研究［M］．广州：暨南大学出版社．

王衍军（2015）．泗水方言表能性的助词"了"及其历史来源［J］．方言，4．

王洋河（2017）．西南官话"晓得"的语法化——兼论"晓不得"［J］．宜宾学院学报，1．

王怡瑶，王春玲（2020）．四川方言"得"的多功能用法及其语法化［J］．河南科技学院学报，9．

王毅，王晓煜，王森（2004）．甘宁青方言"着"字新探［A］//邢向东．西北方言与民俗论丛［C］．北京：中国社会科学出版社．

王锳（1995）．古汉语中"敢"表"能"义例说［J］．古汉语研究，4．

王志敬（2009）．藏汉语亲属关系研究［M］．北京：民族出版社．

王自万（2015）．可能式"V 得 C"和"VC 了"的文白层次［J］．中南大学学报，3．

王自万（2016）．汉语方言"VC 了"可能式的语法化［J］．新疆大学学报，1．

王自万（2020）．"可能"和"能性"的名实之辨［J］．许昌学院学报，3．

王自万（2021）．汉语方言可能标记的来源类型［J］．汉江师范学院学报，4．

王自万（2021）．河南开封方言的可能补语式［J］．郑州师范教育，4．

王自万（2022）．汉语方言可能式的结构类型和组成类型［J］．忻州师范学院学报，3．

王宗炎（1998）．连淑能《英汉对比研究》序［A］//语言学和语言的应用［C］．上海：上海外语教育出版社．

韦庆稳，覃国生（1980）．壮语简志［M］．北京：民族出版社．

375

魏钢强（1998）. 萍乡方言词典［M］. 南京：江苏教育出版社.

温端政（1985）. 忻州方言志［M］. 北京：语文出版社.

文炼（1982）. "会"的兼类问题［J］. 汉语学习，6.

巫雪如（2018）. 先秦情态动词研究［M］. 上海：中西书局.

毋效智（2005）. 扶风方言［M］. 乌鲁木齐：新疆大学出版社.

芜崧（2014）. 荆楚方言语法研究［M］. 武汉：武汉大学出版社.

吴成虎（2007）. 维西汉语方言词典［M］. 上海：上海辞书出版社.

吴福祥（1996）. 敦煌变文语法研究［M］. 长沙：岳麓书社.

吴福祥（1998）. 重谈"动+了+宾"格式的来源和完成体助词"了"的产生［J］. 中国语文，6.

吴福祥（2002a）. 汉语能性述补结构"V得/不C"的语法化［J］. 中国语文，1.

吴福祥（2002b）. 能性述补结构琐议［J］. 语言教学与研究，5.

吴福祥（2003）. 南方方言能性述补结构"V得/不C"带宾语的语序类型［J］. 方言，3.

吴福祥（2004a）. 敦煌变文12种语法研究［M］. 开封：河南大学出版社.

吴福祥（2004b）. 《朱子语类辑略》语法研究［M］. 开封：河南大学出版社.

吴福祥（2005）. 粤语能性述补结构"Neg-V得OC/CO"的来源［J］. 方言，4.

吴福祥（2006）. 语法化与汉语历史语法研究［M］. 合肥：安徽教育出版社.

吴福祥（2009）. 从"得"义动词到补语标记：东南亚语言的一种语法化区域［J］. 中国语文，3.

吴福祥（2010）. 汉语方言里与趋向动词相关的几种语法化模式［J］. 方言，2.

吴继光（1986）. 徐州话中的"肯"、"很"、"管"［J］. 徐州师范大学学报，3.

吴继章（2007）. 河北魏县方言的"了"——与汉语普通话及其他相关方言、近代汉语等的比较研究［J］. 语文研究，3.

吴竞存，梁伯枢（1992）. 现代汉语句法结构与分析［M］. 北京：语文出版社.

吴启主（1995）. 常宁方言的语法特点［A］//中国语言学报（第五期）

［C］.北京：商务印书馆.

吴为善,夏芳芳（2011）."A 不到哪里去"的构式解析、话语功能及其成因［J］.中国语文,4.

吴越（2020）.《温州方言词典》所见方言语法特点及其他［J］.辞书研究,4.

伍巍,陈卫强（2008）.一百年来广州话反复问句演变过程初探［J］.语言研究,3.

现代汉语规范问题学术会议秘书处（1956）.现代汉语规范问题学术会议文件汇编［C］.北京：科学出版社.

香坂顺一（1997）.白话词汇研究［M］.江蓝生,白维国,译.北京：中华书局.

项梦冰（1990）.连城（新泉）话的反复问句［J］.方言,2.

项梦冰（1997）.连城客家话语法研究［M］.北京：语文出版社.

项梦冰（2013）.说"冰雹"［J］.现代语言学,1.

肖辉嵩（1984）.否定词"没有"的语义及其指向［J］.汉语学习,6.

肖萍（2015）.赣语吴城方言中带"得"字的补语［J］.宁波大学学报,3.

肖万萍（2010）.桂北永福话的否定词［J］.汉语学报,4.

肖亚丽（2010）.贵州锦屏方言的否定词［J］.方言,1.

肖亚丽（2015）.贵州黔东南方言特殊语法现象举要［J］.凯里学院学报,1.

谢留文（1995）.客家方言的一种反复问句［J］.方言,3.

谢留文（2019）.汉语方言研究七十年［J］.方言,3.

谢奇勇（2016）.湖南道县祥霖铺土话研究［M］.长沙：湖南师范大学出版社.

辛永芬（2006）.浚县方言语法研究［M］.北京：中华书局.

辛永芬（2007）.豫北浚县方言的反复问句［J］.汉语学报,3.

辛永芬（2008）.豫北浚县方言的"嘞"［J］.河南大学学报,5.

邢福义（1985）.现代汉语的"即使"实言句［J］.语言教学与研究,4.

邢福义（1986）.语法问题探讨集［M］.武汉：湖北教育出版社.

邢福义（1990）.现代汉语语法研究的两个"三角"［J］.云梦学刊,1.

邢福义（1991）.汉语复句格式对复句语义关系的反制约［J］.中国语文,1.

邢福义（1993）.句子成分辨察［A］//邢福义自选集［C］.郑州：河南

教育出版社，1993.

邢福义（1995）. 否定形式和语境对否定度量的规约［J］. 世界汉语教学，3.

邢福义（1996）. 汉语语法学［M］. 长春：东北师范大学出版社.

邢福义（2000）. 语法研究中"两个三角"的验证［J］. 华中师范大学学报，5.

邢福义（2002）. 汉语语法三百问［M］. 北京：商务印书馆.

邢福义（2003a）. 词类辨难［M］. 北京：商务印书馆.

邢福义（2003b）. 现代汉语（全一册）［M］. 北京：高等教育出版社.

邢福义，汪国胜（2003）. 现代汉语［M］. 武汉：华中师范大学出版社.

邢福义，王耿（2010）. 中国语言学要有一颗中国心——邢福义访谈录［J］. 语文教学研究，4.

邢向东（2005）. 陕北晋语沿河方言的反复问句［J］. 汉语学报，3.

邢向东（2006）. 陕北晋语语法比较研究［M］. 北京：商务印书馆.

邢向东，蔡文婷（2010）. 合阳方言调查研究［M］. 北京：中华书局.

熊赐新（2014）. 黔东南政协文史资料·黎平方言［M］. 成都：巴蜀书社.

熊文（1992）. 助动词研究述略［J］. 汉语学习，4.

熊文（1999）. 论助动词的辨释成分［J］. 世界汉语教学，4.

熊正辉（1995）. 南昌方言词典［M］. 南京：江苏教育出版社.

徐春兰（2005）. 新疆汉语方言补语结构特征［J］. 新疆大学学报，6.

徐丹（2009）. 下游史兴语的某些特点［J］. 民族语文，1.

徐慧（2001）. 益阳方言语法研究［M］. 长沙：湖南教育出版社.

徐杰（2012）. 词缀少但语缀多——汉语语法特点的重新概括［J］. 华中师范大学学报，2.

徐烈炯，邵敬敏（1998）. 上海方言语法研究［M］. 上海：华东师范大学出版社.

徐琳，赵衍荪（1984）. 白语简志［M］. 北京：民族出版社.

徐时仪（1993）. 也谈"不成"词性的转移［J］. 中国语文，5.

徐思益（1979）. 汉语动词后置的"得"与"不得"［J］. 新疆大学学报，Z1.

徐悉艰，徐桂珍（1984）. 景颇族语言简志·载瓦语［M］. 北京：民族出版社.

徐阳春（1998）. 南昌话"得"字研究［J］. 南昌大学学报，4.

许宝华，宫田一郎（1999）. 汉语方言大词典［M］. 北京，中华书局.

许宝华，汤珍珠（1988）. 上海市区方言志［M］. 上海：上海教育出版社.

许和平（1991）. 汉语情态动词语义和句法初探［A］//第三届国际汉语教学讨论会论文选［C］. 北京：北京语言学院出版社.

许和平（1992）. 试论"会"的语义与句法特征——兼论与"能"的异同［A］//汉语研究（三）［C］. 天津：南开大学出版社.

许绍早（1992）. 略论补足语（节选）［A］//现代汉语补语研究资料［C］. 北京：北京语言学院出版社.

许慎（1963）. 说文解字［M］. 北京：中华书局.

许卫东（2005）. 山东招远话中的AA式和AAB式正反问句［J］. 中国语文，5.

雅洪托夫（1958）. 汉语的动词范畴［M］. 陈孔伦，译. 北京：中华书局.

亚里士多德（2005）. 范畴篇　解释篇［M］. 方书春，译. 北京：商务印书馆.

严修鸿（2001）. 平远客家话的结构助词［J］. 语言研究，2.

阎德亮（1990）. 南阳方言语法拾零［J］. 南都学坛，2.

颜森（1993）. 黎川方言研究［M］. 北京：社会科学文献出版社.

杨伯峻（1956）. 从上古汉语几组同义词的考察试探在词汇方面古今分合现象的规律［J］. 北京大学学报，2.

杨伯峻（1980）. 论语译注［M］. 北京：中华书局.

杨伯峻（1981）. 古汉语虚词［M］. 北京：中华书局.

杨德峰（2001）. "动+趋+了"和"动+了+趋"补议［J］. 中国语文，4.

杨逢彬（2003）. 殷墟甲骨刻辞词类研究［M］. 广州：花城出版社.

杨逢彬，陈练文（2008）. 对语气副词"其"单功能性质的考察［J］. 长江学术，1.

杨佳（2017）. 湖南汨罗方言的补语标记"得"和"唧"［J］. 方言，1.

杨建国（1959）. 补语式发展试探［A］//语法论集（第3集）［C］. 北京：中华书局.

杨敬宇（2005）. 三部粤讴作品中的可能式否定形式［J］. 方言，4.

杨敬宇（2006）. 清末粤方言语法及其发展研究［M］. 广州：广东人民出版社.

杨平（1989）. "动词+得+宾语"结构的产生和发展［J］. 中国语文，2.

杨平（1990）. 带"得"的述补结构的产生和发展［J］. 古汉语研究，1.

杨平（2001）. 助动词"得"的产生和发展［A］//语言学论丛（23）［C］. 北京：商务印书馆.

杨秋泽（1990）. 利津方言志［M］. 北京：语文出版社.

杨树达（1984）. 高等国文法［M］. 北京：商务印书馆.

杨苏平（2017）. 隆德方言研究［M］. 北京：中国社会科学出版社.

杨通银（2000）. 莫语研究［M］. 北京：中央民族大学出版社.

杨文波（2014）. 山东兖州方言可能补语的构式及其语用［A］//"语言的描写与解释"国际学术研讨会. 上海：复旦大学.

杨小静（2017）. 禹州方言中程度副词"可"的研究［J］. 焦作师范高等专科学校学报，1.

杨信川（1994）. 滇南方言可能补语的否定式［J］. 广西大学学报，3.

杨秀芳（2001）. 从汉语史观点看"解"的音义和语法性质［J］. 语言暨语言学，2.

杨永龙（2000）. 近代汉语反诘副词"不成"的来源及虚化过程［J］. 语言研究，1.

杨永龙（2001）. 《朱子语类》完成体研究［M］. 开封：河南大学出版社.

杨永龙（2009）. 不同的完成体构式与早期的"了"［M］//历史语言学研究（第二辑）. 北京：商务印书馆.

杨永龙，江蓝生（2010）. 《刘知远诸宫调》语法研究［M］. 开封：河南大学出版社.

杨永龙，赵绿原（2021）. 青海甘沟话的情态表达与相关形式的来源［A］//中国语言学会第二十届年会. 杭州：浙江大学.

杨雨蒙（2015）. 湖南岳阳广兴洲方言能性结构研究［D］. 广州：暨南大学.

杨月蓉（2006）. 谈重庆方言中表示能愿的"得"类词语［J］. 重庆社会科学，1.

杨月蓉（2012）. 重庆市志·方言志（1950—2010）［M］. 重庆：重庆出版社.

杨增武，崔霞（2007）. 山阴方言研究［M］. 太原：山西人民出版社.

姚丽娟（2011）. 贵州绥阳方言的"得"［J］. 毕节学院学报，5.

姚振武（2005）. 《晏子春秋》词类研究［M］. 开封：河南大学出版社.

叶蜚声，徐通锵（1997）. 语言学纲要［M］. 北京：北京大学出版社.
叶雅琪（2014）. 泉州方言能愿动词研究［D］. 福州：福建师范大学.
易丹（2014）. 柳州方言"得"的用法［J］. 语文建设，5.
易亚新（2007）. 常德方言语法研究［M］. 北京：学苑出版社.
殷相印（2006）. 微山方言语法研究［D］. 南京：南京师范大学.
尹世超（2002）. 汉语语法修辞论集［M］. 北京：中国社会科学出版社.
游汝杰（1981）. 温州方言的语法特点及其历史渊源［J］. 复旦学报，S1.
游汝杰（1993）. 吴语里的反复问句［J］. 中国语文，2.
游汝杰（2000）. 汉语方言学导论［M］. 上海：上海教育出版社.
于克仁（1992）. 平度方言志［M］. 北京：语文出版社.
于丽娟（2011）. 临桂四塘平话中的可能补语研究［J］. 桂林师范高等专科学校学报，2.
语言学名词审定委员会（2011）. 语言学名词［M］. 北京：商务印书馆.
语言研究所方言组（1981）. 方言调查词汇表［J］. 方言，3.
喻翠容（1980）. 布依语简志［M］. 北京：民族出版社.
喻翠容，罗美珍（1980）. 傣语简志［M］. 北京：民族出版社.
袁宾（1992）. 近代汉语概论［M］. 上海：上海教育出版社.
袁家骅，等（2001）. 汉语方言概要：第二版［M］. 北京：语文出版社.
岳俊发（1984）. "得"字句的产生和演变［J］. 语言研究，2.
曾兰燕（2016）. 独山方言研究［M］. 北京，西安：世界图书出版公司.
曾毓美（2001）. 湘潭方言语法研究［M］. 长沙：湖南大学出版社.
翟时雨（1996）. 重庆方言志［M］. 重庆：西南师范大学出版社.
詹伯慧（2002）. 广东粤方言概要［M］. 广州：暨南大学出版社.
詹伯慧（2009）. 汉语方言研究30年［J］. 云南师范大学学报，2.
占升平（2013）. 常宁方言中"得"的能性用法研究［J］. 武陵学刊，2.
张安生（2005）. 同心方言研究［M］. 北京：中华书局.
张宝胜（2008）. 河南汝南话的"了$_1$"和"了$_2$"［A］//邵敬敏. 21世纪汉语方言语法新探索［C］. 广州：暨南大学出版社.
张宝胜（2012）. 河南汝南话里的几个助动词［A］//中国语言学报（15）［C］. 北京：商务印书馆.
张斌（2001）. 现代汉语虚词词典［M］. 北京：商务印书馆.
张斌（2005）. 现代汉语语法十讲［M］. 上海：复旦大学出版社.
张成材（1997）. 西宁话音档［M］. 上海：上海教育出版社.

张崇（1990）．延川方言志［M］．北京：语文出版社．

张大旗（1985）．长沙话"得"字研究［J］．方言，1．

张鹤泉（1995）．聊城方言志［M］．北京：语文出版社．

张洪年（2007）．香港粤语语法的研究：增订版［M］．香港：香港中文大学出版社．

张鸿魁（1990）．临清方言志［M］．北京：中国展望出版社．

张华文（1991）．昆明方言"得"字用法［J］．方言，2．

张华文（2001）．昆明方言的助词"得"和"呢"［J］．云南师范大学学报，4．

张惠英（1993）．崇明方言词典［M］．南京：江苏教育出版社．

张济川（2007）．门巴族仓洛语简志［M］//中国少数民族语言简志丛书（修订本•卷壹）．北京：民族出版社，2009．

张建民（1991）．泰县方言志［M］．上海：华东师范大学出版社．

张金圈（2015）．无棣方言志［M］．广州：世界图书出版广东有限公司．

张静（1986）．新编现代汉语［M］．上海：上海教育出版社．

张静（1997）．汉语语法问题［M］．北京：中国社会科学出版社．

张立飞（2015）．汉语"没+MVp"构式的认知理据和语义结构［J］．世界汉语教学，1．

张立飞，严辰松（2010）．现实与非现实：现代汉语否定词语法意义的语义基础［J］．外国语文，4．

张立飞，严辰松（2011）．现代汉语否定构式的认知研究［M］．北京：高等教育出版社．

张琳，邓云华（2016）．从人类语言共性看助动词的语法地位［J］．中国外语，4．

张美兰（2003）．《祖堂集》语法研究［M］．北京：商务印书馆．

张敏（2010）．\"语义地图模型\"：原理、操作及在汉语多功能语法形式研究中的运用［A］//语言学论丛（42）［C］．北京：商务印书馆．

张宁（1987）．昆明方言的重叠式［J］．方言，1．

张启焕（1991）．略论汴洛语音的历史地位［J］．古汉语研究，1．

张启焕，陈天福，程仪（1993）．河南方言研究［M］．开封：河南大学出版社．

张清源（1996）．成都话里虚化的"得"［A］//胡明扬．汉语方言体貌论文集［C］．南京：江苏教育出版社．

张树铮（1995）．寿光方言志［M］．北京：语文出版社．

张卫东（1998）. 试论近代南方官话的形成及其地位［J］. 深圳大学学报，3.

张文轩，莫超（2009）. 兰州方言词典［M］. 北京：中国社会科学出版社.

张燕芬，林亦（2009）. 广西平乐闽方言研究［M］. 桂林：广西师范大学出版社.

张洋（2009）. 新疆汉语方言与维吾尔语比较研究［M］. 乌鲁木齐：新疆人民出版社.

张一舟，张清源，邓英树（2001）. 成都方言语法研究［M］. 成都：巴蜀书社.

张义（2005）. 武汉方言的否定句［D］. 武汉：华中师范大学.

张映庚（1990）. 大关方言志［M］. 北京：语文出版社.

张永言（1992）. 世说新语辞典［M］. 成都：四川人民出版社.

张玉金（2001a）. 甲骨文语法学［M］. 上海：学林出版社.

张玉金（2001b）. 甲骨金文中"其"字意义的研究［J］. 殷都学刊，1.

张玉金（2003）. 20世纪的甲骨语言学［M］. 上海：学林出版社.

张运玲（2009）. 开封话的实现体和经历体标记［D］. 上海：上海师范大学.

张振山（1990）. 沁县方言志［M］. 太原：山西高校联合出版社.

张振兴（1992）. 漳平方言研究［M］. 北京：中国社会科学出版社.

张振兴（2009）. 汉语方言调查研究的未来走向［J］. 云南师范大学学报，2.

张志公（1957）. 语法研究的理论意义和实用意义［J］. 中国语文，1.

张志公（1997）. 《初级中学课本汉语教学参考书》节录［A］//张志公汉语语法教学论著选［C］. 太原：山西教育出版社.

张志静，丁振芳（1992）. 曲阜方言志［J］//山东史志丛刊，增刊.

赵斌（1989）. 中国各民族语言的语序共性分析［J］. 语言研究，1.

赵长才（2000）. 汉语述补结构的历时研究［D］. 北京：中国社会科学院研究生院.

赵和平（1999）. 荆门方言的"没得"［J］. 沙洋师范专科学报，1.

赵葵欣（2012）. 武汉方言语法研究［M］. 武汉：武汉大学出版社.

赵葵欣（2015）. 武汉方言"得"的模态用法及其语法化［A］//吴福祥，汪国胜. 语法化与语法研究（七）［C］. 北京：商务印书馆.

赵绿原（2015）. 甘沟方言的动词后附成分——兼论接触背景下的时体系

统［D］．北京：中国社会科学院研究生院．

赵绿原（2019）．西安方言疑问副词"得是"的形成［J］．宝鸡文理学院学报，3．

赵日新（2001）．绩溪方言的结构助词［J］．语言研究，2．

赵日新，沈明，扈长举，等（1991）．即墨方言志［M］．北京：语文出版社．

赵世开（1999）．汉英对比语法论集［M］．上海：上海外语教育出版社．

赵岩社（2006）．佤语概论［M］．昆明：云南大学出版社．

赵燕珍（2012）．赵庄白语参考语法［M］．北京：中国社会科学出版社．

赵元任（1956）．钟祥方言记［M］．北京：科学出版社．

赵元任（1979）．汉语口语语法［M］．吕叔湘，译．北京：商务印书馆．

赵元任（1980）．语言问题［M］．北京：商务印书馆．

赵元任（1992）．北京、苏州、常州语助词的研究［J］．方言，2．

赵元任（2002）．赵元任全集（第一卷）［M］．北京：商务印书馆．

郑定欧（1997）．香港粤语词典［M］．南京：江苏教育出版社．

郑庆君（1999）．常德方言研究［M］．长沙：湖南教育出版社．

郑懿德（1985）．福州方言的"有"字句［J］．方言，4．

郑远汉（1997）．近代汉语结果式"得"字句［J］．古汉语研究，4．

中国社会科学院语言所古代汉语研究室（1999）．古代汉语虚词词典［M］．北京：商务印书馆．

中国社会科学院语言研究所，民族学与人类学研究所，香港城市大学语言资讯科学中心（2012）．中国语言地图集：第2版（汉语方言卷）．北京：商务印书馆．

周德才（2014）．末昂语研究［M］．北京：民族出版社．

周法高（1975）．中国语法札记［A］//中国语言学论文集［C］．台北：联经出版事业公司．

周洪学（2015）．安仁方言语法研究［M］．北京：社会科学文献出版社．

周家筠（1983）．成都话的"得"［J］．四川大学学报，1．

周磊（1994）．乌鲁木齐方言词典引论［J］．方言，4．

周磊（1995）．乌鲁木齐方言词典［M］．南京：江苏教育出版社．

周利芳（2008）．内蒙古丰镇话的语气副词"管（兀）"和"敢情"［J］．语文研究，4．

周小兵（1989）．"会"和"能"及其在句中的换用［J］．烟台大学学报，4．

周有斌（2010）．现代汉语助动词研究［M］．合肥：安徽大学出版社．

周元琳（2006）．江淮官话庐江方言中的"得 V"结构［J］．中国语文，1．

周长楫，周清海（2002）．新加坡闽南话词典［M］．北京：中国社会科学出版社．

周政（2009）．平利方言调查研究［M］．北京：中华书局．

周政，戴承元（2016）．安康方言调查研究［M］．西安：陕西人民教育出版社．

朱德熙（1982）．语法讲义［M］．北京：商务印书馆．

朱德熙（1985）．汉语方言里的两种反复问句［J］．中国语文，1．

朱德熙（1991）．V－Neg－VO 与 VO－Neg－V 两种反复问句在汉语方言里的分布［J］．中国语文，1．

朱德熙（1999）．汉语语法丛书·序［A］//朱德熙文集（第 3 卷）［C］．北京：商务印书馆．

朱冠明（2003）．汉语单音情态动词语义发展的机制［J］．解放军外国语学院学报，6．

朱冠明（2008）．《摩诃僧祇律》情态动词研究［M］．北京：中国戏剧出版社．

朱建颂（1992）．武汉方言研究［M］．武汉：武汉出版社．

朱建颂（1995）．武汉方言词典［M］．南京：江苏教育出版社．

朱彤，郭玉贤（1999）．柳州话的否定词［A］//朱方枫．广西语言研究［C］．桂林：广西师范大学出版社．

祝敏彻（1996）．"得"字用法演变考［A］//近代汉语句法论稿［C］．郑州：中州古籍出版社．

邹欣芝（2015）．四川中江方言的"得"字研究［D］．南昌：南昌大学．

Croft，W.（2014）．十年来类型学与语言学理论之我见［A］．黄成龙，译．//戴庆厦，汪峰．语言类型学的基本方法与理论框架［C］．北京：商务印书馆．

Mullie，J.（1937）．*The Structural Principles of the Chinese Language*：*An Introduction to the Spoken Language*（*Northern Pekingese Dialect*）．Vol. Ⅱ & Ⅲ．北平：西什库天主堂遣使会印书馆．

后　记

　　本书的基础是2012年的博士学位论文，毕业后一直在不断地修改，部分内容已经发表，2017年获得国家社科基金后期资助项目立项后，又按照评审专家的意见重新考虑修改事宜，目前呈现出来的是这些年来对这个题目思考的结果，也是我学习汉语方言语法的一个阶段性总结。

　　感谢导师汪国胜教授为本书所付出的心血。本选题的缘起是老师的文章，最初的结构框架也是老师帮助确定的，甚至一些提法直接出自老师。书稿虽经多次修改，增删了一些内容，调整了某些章节的次序，但基本结构并没有根本改变，仍然保留了原毕业论文的整体面貌。修改的过程中，论文写作时的一幕幕又清晰地出现在脑海中，当某些章节遇到困难时，是老师的鼓励和指导让我得以坚持。难忘老师在2011春节前夕，还专门发邮件将阅读中偶然发现的语料提供给我，帮助我树立走下去的信心。汪老师不仅是毕业论文的设计者，在某些问题的研究上可以说是直接参与者。

　　毕业后老师对我此项研究的关注并未停止，鼓励我修改论文以待将来出版，同意担任申报后期资助项目的推荐人，并在立项后帮助我分析评审专家意见。书稿正式出版前，汪老师又在百忙之中写来序言，介绍此项选题的来龙去脉，并对书稿的出版寄予厚望。这本书不仅是老师在专业上指导的成果，同时也饱含着老师对学生无限的关爱之情。

　　感谢邢福义先生。最初接触邢先生的著作是在1995年前后，那时我刚刚本科毕业，开始从事中师语文教学，邢先生的著作解决了我教学中的不少难题。2004—2006年在武汉大学读硕士期间，萧国政老师最常说的就是邢先生提倡的"以写带读"，并推荐我们阅读先生的文章，学习朴实的文风和研究方法；2009年入华中师范大学读博，得以有机会聆听先生的讲座，并细读其著作，论文选题时更获得先生的指导和鼓励，本项研究中一些重要问题的解决也是从邢先生文章中得到的启示。这些年来我学习语言学的过程，可以说就是一个不断阅读先生著作的过程。在与先生有限的接触中，我深切地感受到他的平易近人、和蔼可亲。先生教给我们的不仅是语言学专业知识，更是为人为文的哲理，这是一笔值得终身学习的宝贵财富。

感谢华中师大语言学科众多优秀老师。在校期间，有幸听到了多位老师的精彩授课，在他们的课堂上不仅学习了科学研究的方法，更感受到锐意进取的探索精神。徐杰老师、张邱林老师都曾对论文选题与写作给予指导、提供咨询，张老师还是项目申报的推荐人之一，获得立项后一直关心项目进展情况，并提出宝贵的建议。语言所和文学院多位年轻老师年龄并不比我大多少，甚至有的还比我小很多，然而学识却远在我之上，与他们的接触开阔了眼界、启迪了思维，他们的专业素养和敬业精神令人敬佩。

感谢本成果在不同阶段的匿名评审专家。他们以高度负责的工作态度给出客观全面的评审意见，在肯定优点的同时指出存在的问题，这些意见对于拓展作者思路、提高成果质量起到了重要作用。

读博和后续修改书稿期间，得到众多师友的帮助。社科院语言所李明先生慷慨提供未出版的博士论文作为参考；学术会议期间向郭锐老师、杨永龙老师请教问题，得到耐心细致的解答；在不同场合向河南大学张生汉、辛永芬、段亚广等老师请教方言研究问题；与董祥冬、袁海霞、张金圈、王玉红、刘洋、李艳、白玉寒、张莹、司罗红、王桂亮等同学交流讨论；早年同窗天津师范大学陈鹏飞教授，惠赠专著并提供建议；支建刚博士帮助调查天津蓟县方言情况。所有这些，都对本研究的完成起到了重要的帮助作用。

感谢本书责任编辑黄蕴婷老师。项目成果进入出版环节后，黄老师积极协助办理各种手续，答复我的各种疑问。从出版的角度对书稿认真审读，指出存在的问题，提出修改意见；并充分考虑我的教学工作，合理安排调整时间节点，方便我利用假期核对书稿，为本书的顺利出版和书稿质量尽了自己最大的努力。

感谢我的工作单位河南警察学院。本项研究时间跨度长，一直得到学校和院系领导、同事们的大力支持，他们在多方面提供便利和帮助，保证了项目的完成和书稿的修改与出版。

当年新入学研究生见面会上，汪老师要求我们通过学位论文学会如何做研究，提出论文要过"三关"，也就是选题关、研究关和表达关，要有"进取的意识""怀疑的胆量"，等等。刚开始听到这些并没有太多的理解，在完成毕业论文，特别是完成书稿修改后，才对这些教导有了更深切的体会。虽然自己努力去落实这些要求，但很难说都做好了，书中肯定存在这样那样的问题，甚至是错误的地方，敬请各位专家学者给予批评，以纠正作者的失误，共同推进对汉语方言可能式的研究和认识。

王自万

2023 年 3 月 15 日